BASTEI LÜBBE

Über den Autor:

Daniel L. Schacter ist einer der einflussreichsten und bekanntesten Gedächtnisforscher der Welt und lehrt als Professor der Psychologie an der Harvard University in Cambridge, Massachusetts. Er erhielt den Troland Research Award der National Academy of Sciences und ist mit zahlreichen Veröffentlichungen zur Gedächtnisforschung hervorgetreten, darunter *Wir sind Erinnerung. Gedächtnis und Persönlichkeit* (1999/2001). Daniel L. Schacter lebt in Newton, Massachusetts.

Besuchen Sie Professor Daniel L. Schacter auf seiner Homepage: www.wjh.harvard.edu/~dsweb/

Daniel L. Schacter

AUSSETZER

Wie wir vergessen und uns erinnern

Aus dem Englischen von
Hainer Kober

BASTEI LÜBBE

BASTEI LÜBBE TASCHENBUCH
Band 60578

1. Auflage: Januar 2007

Für meine Familie:
Susan, Hannah und Emily

Vollständige Taschenbuchausgabe der im Gustav Lübbe Verlag
erschienenen Hardcoverausgabe

Bastei Lübbe Taschenbücher und Gustav Lübbe Verlag
in der Verlagsgruppe Lübbe

Titel der Originalausgabe: *The Seven Sins of Memory: How the Mind Forgets and Remembers*

Wissenschaftliches Lektorat: PD Dr. Ulrich Müller,
Klinik f. Psychiatrie d. Universität Leipzig /
Departments of Experimental Psychology and Psychiatry,
University of Cambridge
Textredaktion: Boris Heczko, München
Register: Barbara Lauer, Bonn
Umschlaggestaltung: Atelier Versen, Bad Aibling
Titelbild: © Studio-83/G.Versen
Fotografik, Layout und Satz: JahnDesign Thomas Jahn, Erpel/Rhein
Druck und Verarbeitung: Ebner & Spiegel, Ulm
Printed in Germany
ISBN 978-3-404-60578-1

Inhalt

Einleitung:

Ein Geschenk der Götter

In Yasunari Kawabatas beklemmender Kurzgeschichte »Yumiura«[1] erhält ein Romancier unerwarteten Besuch von einer Frau, die behauptet, sie sei ihm vor 30 Jahren begegnet. Sie hätten sich kennen gelernt, als er die Stadt Yumiura während eines Hafenfestes besucht habe. Der Schriftsteller kann sich beim besten Willen nicht an sie erinnern. Da er in letzter Zeit auch unter anderen beunruhigenden Gedächtnislücken leidet, sieht er in dieser Begebenheit ein weiteres Anzeichen für seinen geistigen Verfall. Sein Unbehagen verwandelt sich in Angst, als die Frau ihm berichtet, was geschah, als sie ihn eines Tages auf seinem Zimmer besuchte. »Du hast mich gebeten, dich zu heiraten«, erinnert sie sich wehmütig. Dem Schriftsteller schwindelt angesichts seiner Vergesslichkeit. Nie habe sie ihre gemeinsame Zeit vergessen, sagt die Frau, und die Erinnerung an ihn laste schwer auf ihrer Seele.

Nachdem sie gegangen ist, sucht der zutiefst erschütterte Romancier die Stadt Yumiura auf der Karte, weil er hofft, auf diese Weise die Erinnerung an den Ort und den Grund für seinen Besuch abrufen zu können. Doch die Stadt taucht auf keiner Karte und in keinem Buch auf. Dem Schriftsteller wird klar, dass er zu der Zeit, von der die Frau gesprochen hat, gar nicht in dem betreffenden Landesteil gewesen sein kann. Obwohl die Frau glaubte, ihre detaillierten Erinnerungen seien zutreffend, waren sie vollkommen falsch.

Kawabatas Geschichte führt uns eindringlich vor Augen, wie viele Spielarten das Gedächtnis kennt, uns in Schwierigkeiten zu bringen. Manchmal vergessen wir die Vergangenheit, und manchmal verzerren wir sie. Manche verstörenden Erinnerungen verfolgen uns jahrelang. Gleichzeitig ermöglicht uns das Gedächtnis, im Alltag eine erstaunliche Vielfalt von Aufgaben zu verrichten. Wir erinnern uns an Gespräche mit Freunden, entsinnen uns an Familienurlaube, rufen uns wichtige Verabredungen und Besorgungen ins Gedächtnis, vergegenwärtigen uns Wörter, die wir brauchen, um zu anderen zu sprechen und sie zu verstehen, erinnern uns an Speisen, die wir mögen und nicht mögen, prägen uns das Wissen ein, das wir für neue berufliche Aufgaben brauchen – und all das hängt in der einen oder anderen Weise vom Gedächtnis ab. Das Gedächtnis spielt eine so allgegenwärtige Rolle in unserem Alltag, dass wir es oft als selbstverständlich hinnehmen, bis irgendein Vorfall – etwas, das wir vergessen haben, eine Erinnerung, die wir verfälschen – unsere Aufmerksamkeit erregt.

In diesem Buch befasse ich mich mit den Aussetzern des Gedächtnisses, schlage neue Ansätze zu ihrem Verständnis vor und erörtere, was wir unternehmen können, um negative Folgen zu vermeiden. Gedächtnisfehler faszinieren die Wissenschaft schon lange, und in den letzten zehn Jahren gewannen sie in unserer Gesellschaft zunehmend an Bedeutung. Mit dem Altern der Babyboom-Generation nehmen die Gedächtnisprobleme in dieser großen Bevölkerungsgruppe ständig zu. 1998 verkündete das Nachrichtenmagazin *Newsweek*, das Gedächtnis sei zum wichtigsten Gesundheitsthema der geschäftigen, gestressten und vergesslichen Babyboomer – und vieler anderer – geworden. Vergessene Verabredungen, verlegte Brillen und die Unfähigkeit, sich an die Namen von Bekannten zu erinnern, sind regelmäßige Erfahrungen für viele Erwachsene, die unablässig versuchen, die Anforderungen von Arbeit und Familie unter einen Hut zu bekommen und die verwirrende Vielfalt der Kommunikationstechnologien zu bewältigen. Wie viele Passwörter und PINs müssen Sie sich merken, nur um Ihre Angelegenheiten im Internet zu erledigen, vom Voicemail im Büro und dem Handy gar nicht zu reden? Mussten Sie schon einmal auf einer Website ein vorläufiges Passwort erbitten, weil Sie Ihr richtiges vergessen hatten? Mir jedenfalls ist das schon mehr als einmal passiert.

Neben den Frustrationen, die uns die Gedächtnislücken im Alltag bereiten, versetzt uns das drohende Gespenst der Alzheimer-

Krankheit in Angst und Schrecken. In dem Maße, wie die Krankheit durch prominente Opfer wie Ronald Reagan ins Bewusstsein der breiten Öffentlichkeit gelangt, verstärkt die Aussicht auf ein Leben, das durch katastrophales Vergessen zerstört wird, die Sorge um unser Gedächtnis.

Obwohl das Ausmaß der Gedächtnisverfälschung, unter der die Frau in »Yumiura« leidet, kaum glaublich erscheint, gibt es im Alltag durchaus vergleichbare und noch dramatischere Fälle. Nehmen Sie nur das Schicksal von Binjimin Wilkomirski,[2] der 1996 mit seinen Holocaust-Erinnerungen *Bruchstücke. Aus einer Kindheit 1939 bis 1948* – der Schilderung des Lebens in einem Konzentrationslager aus der Sicht eines Kindes – weltweit Anerkennung gewann. Wilkomirski gab seine unmittelbaren, lebhaften Erinnerungen an das namenlose Grauen wieder, das ihm als kleinem Jungen widerfahren war. Seine eindringliche und wortgewaltige Prosa veranlasste einen Kritiker zu dem Bekenntnis, das Buch sei »moralisch so gewichtig und so frei von aller literarischen Prätention, dass ich mich frage, ob ich überhaupt das Recht habe, es zu loben«. Noch bemerkenswerter ist der Umstand, dass Wilkomirski viele Jahre seines Erwachsenenlebens nichts von diesen traumatischen Kindheitserinnerungen wusste und sie erst in einer Therapie wieder entdeckte. Da seine Geschichte und Erinnerung viele Menschen tief beeindruckten, wurde Wilkomirski zu einer internationalen Berühmtheit und zu einem Helden für Holocaust-Überlebende.

Die Geschichte löste sich jedoch in Luft auf, als Ende August 1998 Daniel Ganzfried, ein Schweizer Journalist und selbst Sohn eines Holocaust-Überlebenden, einen verblüffenden Artikel in einer Züricher Zeitung veröffentlichte. Ganzfried enthüllte, dass Wilkomirski in Wirklichkeit Bruno Dossekker heißt und 1941 von einer jungen Frau namens Yvone Berthe Grosjean zur Welt gebracht wurde. Später hat sie ihn einem Waisenhaus überlassen und zur Adoption freigegeben. Der kleine Bruno verbrachte die Kriegsjahre bei seinen Pflegeeltern, den Dossekkers, in den sicheren Grenzen seiner Schweizer Heimat. Ganz gleich, woher seine traumatischen »Erinnerungen« an die NS-Schrecken rührten, sie stammten nicht von Kindheitserfahrungen in einem Konzentrationslager. Ist Dossekker/Wilkomirski also einfach ein Lügner? Wahrscheinlich nicht, denn er ist immer noch der festen Überzeugung, seine Erinnerungen seien real.

Wir sind in der Lage, unsere Vergangenheit zu verzerren. Denken Sie an die Zeit zurück, als Sie in die achte Klasse gingen: Haben Ihre Eltern Sie dazu angehalten, Sport zu treiben? War die Religion hilfreich für Sie? Gab es in Ihrer Familie körperliche Strafen als Erziehungsmaßnahmen? Der Psychiater Daniel Offer und seine Mitarbeiter von der Northwestern University haben diese und ähnliche Fragen 67 Männern Ende 40 gestellt. Ihre Antworten waren von besonderem Interesse, weil Offer diesen Männern dieselben Fragen schon einmal 34 Jahre zuvor gestellt hatte, in ihrem ersten Jahr an der Highschool.[3]

Woran sich diese Männer aus ihrer Jugend erinnerten, hatte wenig Ähnlichkeit mit dem, was sie als Highschool-Neulinge berichtet hatten. Weniger als 40 Prozent der Männer wussten von elterlichen Aufforderungen, Sport zu treiben, dagegen hatten rund 60 Prozent als Jugendliche davon berichtet. Kaum ein Viertel entsann sich, dass ihnen die Religion geholfen hatte, doch fast 70 Prozent hatten dies als Jugendliche angegeben. Und obwohl nur ein Drittel der Erwachsenen meinte, vor Jahrzehnten körperlich gezüchtigt worden zu sein, hatten die Jugendlichen diese Frage zu fast 90 Prozent bejaht.

Gedächtnisfehler sind ebenso faszinierend wie bedeutungsvoll. Was für ein System sorgt für Entstellungen, wie sie in Kawabatas fiktiver Geschichte beschrieben werden, im Fall Wilkomirski vorliegen oder in den Ungenauigkeiten zum Ausdruck kommen, die Offer in seiner Untersuchung dokumentiert? Warum kommen wir

manchmal nicht auf die Namen von Personen, deren Gesichter uns vollkommen vertraut sind? Wie sind die Fälle von verlegten Schlüsseln, Brieftaschen und Ähnlichem zu erklären? Warum scheinen einige Erfahrungen spurlos aus unserem Bewusstsein zu verschwinden? Warum rufen wir uns immer wieder schmerzliche Erlebnisse ins Gedächtnis, die wir liebend gern vergessen würden? Und was können wir tun, um diese Störanfälligkeit unserer Gedächtnissysteme zu verhindern oder auf ein Mindestmaß einzuschränken?

Psychologen und Neurowissenschaftler haben zahlreiche Artikel über spezifische Aspekte des Vergessens und der Erinnerungsfehler verfasst. Bislang aber wurde noch kein theoretischer Rahmen entwickelt, in dem sich zusammenfassen ließe, welche verschiedenen Möglichkeiten das Gedächtnis hat, um uns zu narren. Mit diesem Buch möchte ich einen solchen Überbau liefern. Ich versuche einen neuen Ansatz zum Verständnis von Gedächtnisaussetzern zu entwickeln, einen Ansatz, der zum ersten Mal die Möglichkeit bietet, die große Vielfalt von Problemen, die das Gedächtnis verursachen kann, unter einer einheitlichen Perspektive zu betrachten.

Da ich seit mehr als 20 Jahren in der Gedächtnisforschung tätig bin, interessiere ich mich natürlich auch seit langem für Gedächtnisausfälle. Doch erst an einem schönen Maimorgen des Jahres 1998 stellte ich mir auf meinem täglichen Spaziergang eine einfache, aber entscheidende Frage: Welche verschiedenen Möglichkeiten hat das Gedächtnis, uns in Schwierigkeiten zu bringen?[4] Plötzlich begriff ich, dass man diese Frage beantworten muss, um zu einem umfassenden Verständnis der Gedächtnisfehler zu gelangen. Doch gleichzeitig wurde mir klar, dass diese Frage bisher noch nicht gestellt worden war. In den nächsten Monaten trug ich alles zusammen, was ich über die Unzulänglichkeiten des Gedächtnisses wusste, und versuchte irgendeine Ordnung in die ungeheure Fülle von Lücken, Fehlern und Verzerrungen zu bringen. Nachdem ich eine Reihe unbefriedigender Ansätze zur theoretischen Erfassung dieser verschiedenen Beobachtungen ausprobiert hatte, fand ich endlich ein gedankliches Konzept, das alle Aspekte erfasste und ein stimmiges Gesamtbild ergab.

Meine These lautet, dass sich die Fehlleistungen des Gedächtnisses in sieben »Sünden« unterteilen lassen. Ihre Bezeichnungen sind: *Transienz (Vergänglichkeit), Geistesabwesenheit, Blockierung, Fehlattribution, Verzerrung und Persistenz (Beharrlichkeit).*[5] Wie die sieben Todsünden des Katholizismus sind auch die Gedächtnissünden häufige Begleiterscheinungen des Alltags und können schwer wiegende Folgen für jeden von uns haben.

Transienz, Geistesabwesenheit und Blockierung sind Unterlassungssünden: Wir schaffen es nicht, uns eine Tatsache, ein Ereignis oder eine Idee, an die wir uns erinnern möchten, ins Bewusstsein zu rufen. Mit Transienz ist eine Schwächung oder ein Verlust des Gedächtnisses im Laufe der Zeit gemeint. Wahrscheinlich haben Sie jetzt keine Schwierigkeit, sich an die Dinge zu erinnern, die Sie während der letzten Stunden getan haben. Doch wenn ich Sie in sechs Wochen, sechs Monaten oder sechs Jahren nach diesen Tätigkeiten frage, werden Sie sich wahrscheinlich immer weniger und weniger daran erinnern. Transienz ist eine fundamentale Eigenschaft des Gedächtnisses und schuld an vielen Erinnerungslücken.

Geistesabwesenheit beruht auf einem Ausfall der Schnittstelle zwischen Aufmerksamkeit und Gedächtnis. Fehler durch Geistesabwesenheit – verlegte Schlüssel und Brillen oder vergessene Verabredungen zum Mittagessen – kommen in der Regel zustande, weil wir durch Probleme oder Sorgen abgelenkt sind und unsere Aufmerksamkeit nicht auf die Dinge fokussieren, an die wir uns erinnern sollten. Die benötigten Informationen sind nicht im Laufe der Zeit verloren gegangen; entweder wurden sie nie ins Gedächtnis eingespeichert, oder wir sind in dem Augenblick, da wir sie

brauchten, nicht richtig bemüht, sie abzurufen, weil unsere Aufmerksamkeit anderen Dingen gilt.

Bei der dritten Sünde, der Blockierung, wird die Suche nach Informationen vereitelt, obwohl wir uns verzweifelt bemühen, sie abzurufen. Wer kennt es nicht: Man hat ein vertrautes Gesicht vor sich und versucht vergeblich, auf den Namen zu kommen. Dieses frustrierende Erlebnis bleibt uns auch dann nicht erspart, wenn wir uns ganz auf diese Aufgabe konzentrieren und wenn der Name nicht aus unserem Gedächtnis verschwunden ist – wie uns deutlich bewusst wird, wenn er uns Stunden oder Tage später unverhofft wieder einfällt.

Im Gegensatz zu diesen drei Unterlassungssünden sind die weiteren vier Sünden – Fehlattribution, Suggestibilität, Verzerrung und Persistenz – Begehungssünden: Es liegt eine Form von Erinnerung vor, aber sie ist entweder falsch oder unerwünscht. Bei der Sünde der Fehlattribution wird eine Erinnerung der falschen Quelle zugeschrieben: Wir verwechseln Fantasie mit Realität, oder unser Gedächtnis teilt uns fälschlicherweise mit, wir hätten irgendeine Lappalie von einem Freund gehört, während wir sie tatsächlich in einer Zeitung gelesen haben. Fehlattribution ist viel häufiger, als die meisten Menschen glauben, und unter Umständen von großer forensischer Bedeutung. Die verwandte Sünde der Suggestibilität betrifft Erinnerungen, die durch Suggestivfragen, Meinungsäußerungen oder andere Formen der Beeinflussung vorgegeben werden, wenn eine Person versucht, sich eine frühere Erfahrung zu vergegenwärtigen. Wie die Attribution spielt die Suggestibilität im Rechtssystem eine wichtige Rolle – und kann dort unter Umständen großen Schaden anrichten.

Die Sünde der Verzerrung zeigt, wie nachhaltig unsere aktuellen Kenntnisse und Überzeugungen unsere Erinnerungen an die Vergangenheit beeinflussen. Häufig kommt es vor, dass wir im Lichte dessen, was wir heute wissen oder glauben, unsere früheren Erlebnisse unwissentlich und unbewusst verändern oder vollkommen »umschreiben«. Das Ergebnis kann eine entstellte Wiedergabe eines bestimmten Vorfalls oder auch eines längeren Lebensabschnitts sein, eine Wiedergabe, die mehr darüber aussagt, wie wir uns *jetzt* fühlen, als darüber, was *damals* geschah.

Die siebte Sünde – die Persistenz – betrifft den wiederholten Gedächtnisabruf störender Informationen oder Ereignisse, die wir am liebsten ganz aus unserem Bewusstsein verbannen würden. Es handelt sich also um die Erinnerung an Dinge, die wir nicht vergessen können, obwohl wir es liebend gern täten. Jeder kennt diese Persistenz bis zu einem gewissen Grad: Erinnern Sie sich an das letzte Mal, als Sie plötzlich um drei Uhr nachts wach wurden, unfähig, den Gedanken an einen peinlichen Schnitzer am Arbeitsplatz oder an ein enttäuschendes Ergebnis in einem wichtigen Examen zu verscheuchen. In extremeren Fällen von ernsthafter Depression oder traumatischen Erfahrungen kann Persistenz zu schweren Beeinträchtigungen führen und sogar lebensbedrohlich werden.

Im vorliegenden Buch berücksichtige ich neue Entdeckungen, die zum Teil bahnbrechenden Fortschritten in der Neurowissenschaft zu verdanken sind. So sind wir in der Lage, die Arbeitsweise des Gehirns zu beobachten, während es lernt und erinnert, und auf diese Weise die Grundlagen der sieben Sünden zu erhellen. Diese Studien werfen ein ganz neues Licht auf die Prozesse, die bei den frustrierenden und für unseren Alltag möglicherweise höchst folgenreichen Gedächtnisausfällen oder -fehlern in unserem Kopf ablaufen. Ferner erörtere ich, wie unsere wachsenden Erkenntnisse über die sieben Sünden dazu beitragen können, ihnen entgegenzuwirken. Doch um die sieben Sünden genauer zu verstehen, müssen wir auch fragen, warum unsere Gedächtnissysteme diese störenden und manchmal sogar gefährlichen Eigenschaften entwickelt haben: Stellen die sieben Sünden Fehler dar, die Mutter Natur im Laufe der Evolution gemacht hat? Ist das

Gedächtnis mit Mängeln behaftet, die unsere Art in unnötige Gefahr gebracht haben? Ich glaube nicht. Ganz im Gegenteil, ich behaupte, dass jede der sieben Sünden das Nebenprodukt ansonsten wünschenswerter und adaptiver Eigenschaften des menschlichen Geistes ist.

Betrachten wir zum Vergleich die sieben Todsünden aus alter Zeit. Hochmut, Zorn, Neid, Habgier, Völlerei, Wollust und Trägheit können uns unter Umständen in große Schwierigkeiten bringen. Doch jede der Todsünden lässt sich auch als übertriebene Ausprägung eines Charakterzuges verstehen, der nützlich und manchmal sogar notwendig für das Überleben ist. Völlerei mag uns krank machen, doch unsere Gesundheit hängt davon ab, dass wir genügend Nahrung zu uns nehmen. Wollust kann einen ungetreuen Ehemann um die Liebe seiner Frau bringen, doch der Geschlechtstrieb ist entscheidend für den Fortbestand der Gene. Zorn kann zu einem gefährlichen Anstieg des Blutdrucks führen, aber auch dafür sorgen, dass wir uns wirkungsvoll verteidigen, wenn wir bedroht werden. Und so fort.

Ich plädiere für eine ähnliche Einstellung gegenüber den Gedächtnissünden. Statt sie als Planungsschwäche oder Mangel des Systems zu verstehen, kann man in ihnen auch aufschlussreiche Hinweise auf die adaptiven Fähigkeiten des Gedächtnisses sehen. Anhand der sieben Sünden können wir besser würdigen, warum das Gedächtnis so gut funktioniert, zumindest meistens, und warum es im Zuge der Evolution mit dem Bauplan ausgestattet wurde, den es heute besitzt. Obwohl ich mich auf die Probleme konzentriere, welche die sieben Sünden im Alltag verursachen, habe ich keineswegs die Absicht, das Gedächtnis lächerlich zu machen oder zu verunglimpfen. Stattdessen möchte ich zeigen, warum das Gedächtnis ein überwiegend zuverlässiger Führer zu unserer Vergangenheit und Zukunft ist, auch wenn es uns gelegentlich auf zwar ärgerliche, aber auch aufschlussreiche Weise im Stich lässt.

Im ersten Kapitel werde ich mich zunächst mit dem Wesen und den Folgen der Transienz beschäftigen. Gegen Ende des 19. Jahrhunderts begannen die Pioniere der Psychologie, die Beeinträchtigung des Erinnerungsvermögens über die Zeit zu messen. Das Ergebnis war eine legendäre Vergessenskurve. Aus neueren Untersuchungen wissen wir, welche Arten von Informationen im Laufe der Zeit leichter dem Vergessen anheim fallen. Die Ergebnisse dieser Forschungsarbeiten haben Bedeutung für so unterschiedliche Themen wie Präsident Clintons Aussage über seine Erinnerungen an die Treffen mit Monica Lewinsky und Vernon Jordan, die Dinge, die Sie vermutlich von einem Tag im Büro erinnern, und den Einfluss des Alters auf das Vergessen. Wir werden uns auch mit den aufregenden Fortschritten auf dem Gebiet des Neuroimaging befassen, den bildgebenden Verfahren, die uns Momentaufnahmen vom lernenden und erinnernden Gehirn ermöglichen. Mithilfe des Neuroimaging hat meine Forschungsgruppe auf der Suche nach den Wurzeln der Transienz Gehirnaktivitäten erforscht, die in den Momenten auftreten, da eine neue Erinnerung geboren wird. Erkenntnisse über die Ursachen der Transienz lassen Rückschlüsse auf neue Methoden zu ihrer Bekämpfung zu. Ich werde eine ganze Reihe von Ansätzen zur Verringerung der Transienz erörtern, unter anderem psychologische Techniken zur besseren Enkodierung neuer Informationen, die Wirkung so verbreiteter Mittel wie *Ginkgo biloba* und neuere Forschungsergebnisse der Neurobiologie, aus denen hervorgeht, welche Gene für das Erinnern und Vergessen zuständig sind.

Im zweiten Kapitel wird die lästigste der sieben Sünden behandelt, die Geistesabwesenheit. Wir haben alle schon mehr Schlüssel verloren und Besorgungen vergessen, als wir erinnern wollen. Geistesabwesenheit kann uns in erhebliche Schwierigkeiten bringen, wie der große Cellist Yo-Yo Ma im Oktober 1999 erfahren musste, als er sein 2,5-Millionen-Dollar-Instrument im Kofferraum

eines Taxis vergaß. Zum Glück für Ma konnte die Polizei das Instrument sofort sicherstellen.[6] Ich werde von einem ähnlichen Fall mit einem höchst merkwürdigen Ausgang berichten. Um zu verstehen, warum uns solche Fehler unterlaufen, müssen wir uns mit der Schnittstelle zwischen Aufmerksamkeit und Gedächtnis beschäftigen, die Rolle von Signalen und Gedächtnishilfen bei der Ausführung alltäglicher Aufgaben untersuchen und begreifen, wie wichtig automatisches Verhalten für Alltagsverrichtungen ist. Über weite Strecken unseres Lebens haben wir den Autopilot eingeschaltet, was uns ermöglicht, Routineaufgaben mit geringem Energieaufwand auszuführen, uns aber auch für Fehler durch Geistesabwesenheit anfällig macht. Auf einem neuen Forschungsgebiet, in dessen Zentrum das »prospektive Gedächtnis« steht, so der psychologische Fachausdruck, versucht man zu klären, wie und warum es zu verschiedenen Arten von Geistesabwesenheit kommt.

Es gibt kaum quälendere Erfahrungen als die Gewissheit, dass man etwas – den Namen eines Bekannten oder die Antwort auf eine simple Frage – im Prinzip weiß, aber die Information in dem Augenblick, wo man sie braucht, nicht abrufen kann. Das dritte Kapitel liefert die Erklärung, warum wir gelegentlich anfällig für solche Blockierungen sind. Eigennamen von Menschen und Plätzen sind besonders häufig Gegenstand von Blockierungen, und die Gründe, warum das so ist, helfen uns, die Ursache dieser Sünde zu erklären. In diesem Zusammenhang befasse ich mich mit einer bemerkenswerten neurologischen Störung, der »Namen-Anomie«: Patienten mit einer Schädigung bestimmter Regionen der linken Hirnhälfte können keine Namen von Menschen (und manchmal auch Orten) abrufen, obwohl ihnen die Bezeichnungen alltäglicher Gegenstände keine Schwierigkeiten bereiten. Häufig wissen diese Patienten eine Fülle von Einzelheiten über die Menschen oder Orte, deren Namen ihnen nicht einfallen, etwa den Beruf einer Person oder die Stelle, an der sich eine Stadt auf der

Landkarte befindet. Der bedauernswerte Zustand dieser Patienten ähnelt dem verbreiteten Phänomen, dass uns etwas »auf der Zunge liegt«: Ein Name oder ein gebräuchliches Wort will uns nicht einfallen, obwohl wir häufig viele Informationen dazu liefern können, bis hin zum Anfangsbuchstaben und der Silbenzahl. Ich werde unterschiedliche Theorien über das Zungenspitzen-Phänomen miteinander vergleichen und Methoden vorschlagen, mit denen man gegen diese Form der Blockierung vorgehen kann.

Zur Blockierung kann es auch kommen, wenn sich Menschen an persönliche Erlebnisse zu erinnern versuchen. Ich werde exotische Fälle untersuchen, in denen Patienten zeitweise den Zugriff auf weite Bereiche ihrer persönlichen Vergangenheit verlieren, und von neuen Neuroimaging-Studien berichten, die erste Einblicke in die Hirnaktivitäten bei dieser Form der Blockierung liefern. Laborstudien zu banaleren Blockierungsarten, bei denen der Gedächtnisabruf einiger Wörter aus einer gerade gelesenen Liste den Zugriff auf andere behindert, haben große Bedeutung für reale Situationen wie die Befragung von Zeugen einer Straftat.

Das vierte Kapitel behandelt die erste der Tatsünden: Fehlattribution. Manchmal entsinnen wir uns, Dinge getan zu haben, die wir uns nur einbilden, oder erinnern uns, jemanden zu einer bestimmten Zeit oder an einem bestimmten Ort gesehen zu haben, obwohl die Begegnung in Wirklichkeit zu einem anderen Zeitpunkt oder an einem anderen Ort stattfand: Einige Aspekte des Ereignisses haben wir richtig behalten, ordnen sie aber der falschen Quelle zu. Ich werde Ihnen vor Augen führen, welch wesentliche Rolle Fehlattribution bei scheinbar so unterschiedlichen Phänomenen spielt wie Déjà-vu, versehentlichen Plagiaten und falscher Identifizierung durch Tatzeugen. Erinnern Sie sich an den berüchtigten Täter 2, der für das Bombenattentat von Oklahoma City verantwortlich gemacht wurde? Ich werde erklären, warum dies höchstwahr-

scheinlich das Resultat eines klassischen Attributionsfehlers war.

Psychologen haben ausgeklügelte Methoden entwickelt, um im Labor deutliche Attributionsfehler zu induzieren. Fälschlicherweise behaupten Menschen – oft im Brustton der Überzeugung –, sie hätten Ereignisse erlebt, die in Wirklichkeit gar nicht stattgefunden haben. Ich werde nicht nur erklären, wie es zu solchen falschen Erinnerungen kommt, sondern auch eine Frage von großer praktischer und theoretischer Bedeutung untersuchen: Gibt es eine Möglichkeit, zwischen wahren und falschen Erinnerungen zu unterscheiden? Unsere Forschungsgruppe hat mit Neuroimaging-Techniken Versuchspersonen gescannt, während sie wahre und falsche Erinnerungen durchlebten. Die Ergebnisse lassen einige der Gründe erkennen, warum falsche Erinnerungen subjektiv so zwingend wirken. Ferner werden wir uns mit hirngeschädigten Patienten beschäftigen, die besonders anfällig für Fehlattributionen und falsche Erinnerungen sind. Ein Patient glaubte, »überall Filmstars zu sehen« – unbekannte Gesichter schienen ihm vertraut. Wenn wir verstehen, welche Funktionsstörungen bei diesen Patienten vorliegen, sind wir vielleicht in der Lage, auch die Gründe für die Fehlattributionen gesunder Menschen zu erhellen.

Das fünfte Kapitel untersucht die möglicherweise gefährlichste der sieben Sünden: die Suggestibilität. Manchmal sind unsere Erinnerungen anfällig für äußere Einflüsse: Suggestivfragen oder das Feed-back anderer können falsche Erinnerungen erzeugen – Erinnerungen an Ereignisse, die nie stattgefunden haben. Suggestibilität ist ein besonderes Problem im forensischen Kontext. Wir werden Fälle betrachten, wo Suggestivfragen in Zeugenvernehmungen zur irrtümlichen Identifizierung angeblicher Täter geführt haben. Suggestive Verfahren von Psychotherapeuten riefen Erinnerungen an traumatische Ereignisse hervor, die nie stattgefunden haben. Kleinkinder sind den Einflüssen von Suggestivfragen in

besonderem Maße ausgesetzt. Dies zeigt der tragische Fall in einer Kindertagesstätte in Massachusetts, wo eine ganze Familie ins Gefängnis kam, weil die Erinnerungen von Kindern, wie ich meine, durch Suggestivfragen geprägt wurden. Suggestibilität kann Menschen auch dazu bringen, Verbrechen zu gestehen, die sie nicht begangen haben. Ich werde solche Fälle erörtern und auch auf neuere Experimentaldaten eingehen, die zeigen, dass es erstaunlich leicht ist, in einem nicht juristischen Kontext falsche Geständnisse hervorzulocken.

Wie ich in einem früheren Buch – *Wir sind Erinnerung. Gedächtnis und Persönlichkeit* – dargelegt habe, stellen wir uns Erinnerungen meist als Momentaufnahmen aus einem Familienalbum vor, die wir – wenn sie richtig aufbewahrt werden – in genau demselben Zustand wieder herausnehmen können, in dem wir sie eingeordnet haben. Doch wir wissen heute, dass wir unsere Erfahrungen nicht wie eine Kamera aufzeichnen. Unser Gedächtnis arbeitet anders. Aus unseren Erlebnissen filtern wir Schlüsselelemente heraus, und nur diese speichern wir. Dann erschaffen wir unsere Erlebnisse neu oder rekonstruieren sie, statt einfach Kopien von ihnen abzurufen. In den Rekonstruktionsprozess fließen manchmal Gefühle, Überzeugungen oder auch Informationen ein, die wir nach dem Erlebnis erworben haben. Mit anderen Worten, wir verzerren unsere Erinnerungen an die Vergangenheit, indem wir ihnen Emotionen oder Informationen zuschreiben, die wir uns erst im Nachhinein angeeignet haben.

Das sechste Kapitel behandelt verschiedene Arten von Verzerrungen *(biases)*, die unsere Erinnerungen gelegentlich deformieren. Beispielsweise veranlassen uns die »Konsistenzfehler«, frühere Gefühle und Überzeugungen so »umzuschreiben«, dass sie dem ähneln, was wir heute fühlen und glauben. Wir werden sehen, wie Konsistenzfehler in verschiedenen Situationen auf Erinnerungen einwirken – von Ross Perots Wahlhelfern und ihren Erinnerungen

an die Gefühle, die sie erfüllten, als ihr Kandidat 1992 aus dem Präsidentschaftswahlkampf ausstieg, bis zu Erinnerungen von Paaren an die Zuneigung oder Liebe, die sie zu verschiedenen Zeitpunkten ihrer gemeinsamen Vergangenheit empfanden.

Dagegen zeigen die »egozentrischen Gedächtnisfehler« *(egocentric biases)*, dass wir uns an Vergangenes häufig in einer Weise erinnern, die uns selbst in positivem Licht erscheinen lässt. Ich werde zeigen, dass die egozentrischen Gedächtnisfehler die Erinnerung in ganz verschiedenen Situationen beeinflussen können – etwa wenn geschiedene Paare sich der Auflösung ihrer Beziehung entsinnen oder Studenten sich die Angst vor einem Examen vergegenwärtigen.

»Stereotype Gedächtnisfehler« *(stereotypical biases)* beeinflussen die Erinnerungen und Wahrnehmungen in der sozialen Welt. Die Erfahrung mit verschiedenen Menschengruppen führt zur Entwicklung von Stereotypen, welche die allgemeinen Eigenschaften dieser Gruppen erfassen, aber auch für ungenaue und ungerechte Urteile über Einzelne verantwortlich sein können. Ich werde neuere Untersuchungen heranziehen, die sich mit der Frage beschäftigen, wie stereotype Gedächtnisfehler rassistischen Vorurteilen Nahrung geben und Menschen sogar dazu bringen können, sich an Namen von Straftätern zu »erinnern«, die es gar nicht gibt. Obwohl wenig über Hirnsysteme bekannt ist, die für solche Verzerrungen verantwortlich sind, werde ich auf einige faszinierende Befunde bei Split-Brain-Patienten eingehen, Menschen also, bei denen die Verbindung zwischen den beiden Hirnhälften durchtrennt ist.

Das siebte Kapitel behandelt die Sünde, die als schlimmste Beeinträchtigung zu werten ist: die Persistenz. Versuchen Sie, sich an die größte Enttäuschung Ihres Lebens zu erinnern – ein Versagen in Beruf oder Schule, das Zerbrechen einer Liebesbeziehung. Wahrscheinlich haben Sie sich dieses Erlebnis in den ersten Tagen und

Wochen danach immer wieder ins Gedächtnis gerufen, obwohl Sie gewünscht hätten, es vergessen zu können. Persistenz gedeiht im emotionalen Klima von Depression und Grübelei und kann die seelische Gesundheit nachhaltig beeinträchtigen – wie wir am Fall eines Baseballspielers sehen werden, der buchstäblich in den Tod getrieben wurde durch die persistierende Erinnerung an einen einzigen katastrophalen Wurf. Um die Ursachen der Persistenz verständlich zu machen, werde ich anhand von Forschungsdaten zeigen, dass zwischen den Emotionen auf der einen Seite und der Wahrnehmung sowie der Registrierung eintreffender Informationen auf der anderen eine enge Verbindung besteht, die wiederum die Bildung neuer Erinnerungen beeinflusst.

Am stärksten entfaltet die Persistenz ihre Kraft nach traumatischen Erlebnissen – Kriegen, Naturkatastrophen, schweren Unfällen, Kindesmissbrauch. Fast jeder Betroffene leidet unmittelbar nach einem traumatischen Ereignis unter persistierenden Erinnerungen, doch nur wenige Menschen bleiben jahre- oder jahrzehntelang »in der Vergangenheit stecken«. Wir werden untersuchen, warum sich das so verhält. Traumatische Erinnerungen können so überwältigend sein, dass es nur zu verständlich ist, wenn die Betroffenen vermeiden möchten, sie noch einmal zu durchleben. Untersuchungen der Hirnanatomie und -physiologie liefern wichtige Informationen über die neuronalen Mechanismen traumatischer Persistenz und lassen auf innovative Methoden zur Verringerung der Persistenz hoffen.

Nachdem Sie die ersten sieben Kapitel gelesen haben, könnten Sie leicht zu dem Schluss gelangen, die Menschheit sei mit einem höchst unzulänglichen Gedächtnissystem ausgestattet worden – so fehleranfällig, dass es allzu häufig unser Wohlbefinden gefährdet. Im achten Kapitel wende ich mich gegen diese Schlussfolgerung und setze die Auffassung dagegen, dass die sieben Sünden Nebenprodukte höchst adaptiver Eigenschaften unseres Gedächtnisses

sind. Beispielsweise werde ich zeigen, dass die Transienz das Gedächtnis an wichtige Eigenschaften der Umgebung anpasst, in der das System arbeitet. Ferner werden einige Fälle von außergewöhnlichen Erinnerungen dargestellt, an denen sich veranschaulichen lässt, warum einige scheinbare Einschränkungen unseres Gedächtnisses, die Geistesabwesenheit bewirken, in Wirklichkeit nützliche Systemeigenschaften sind. Dann wird erklärt, wie Fehlattribution entsteht, weil unsere Gedächtnissysteme Informationen selektiv und effizient enkodieren, anstatt alle Einzelheiten unterschiedslos zu speichern. Weiterhin werde ich untersuchen, inwiefern Verzerrungen unserem seelischen Wohlbefinden zuträglich sein können. Anschließend werde ich aufzeigen, dass Persistenz der Preis ist, den wir für ein Gedächtnissystem bezahlen, das – sehr zu unserem Vorteil – der Erinnerung an Ereignisse, die unser Überleben gefährden könnten, hohe Priorität einräumt. Dabei ziehe ich neuere Forschungen in der Evolutionsbiologie und Evolutionspsychologie heran, um diese Thesen in einen breiteren theoretischen Zusammenhang zu stellen, der es uns ermöglicht, die denkbaren Ursprünge der sieben Sünden besser einzuschätzen.

Als sich die Frau in Kawabatas Kurzgeschichte »Yumiura« an eine Liebesaffäre erinnert, die offenbar niemals stattgefunden hat, macht sie sich Gedanken über die Gabe der Erinnerung. »Wir sollten dankbar für unsere Erinnerungen sein, findest du nicht?«, fragt sie den verwirrten Schriftsteller. »Egal, in welche Situationen die Menschen geraten, sie können sich immer an Dinge aus der Vergangenheit erinnern – ich glaube, es muss ein Geschenk der Götter sein.«[7] Dieses hohe Lob spendet sie, obwohl ihr gepriesenes Gedächtnissystem sie, ohne dass sie es merkt, in die Irre führte. Das vorliegende Buch geht einen ähnlichen Weg: Wir müssen uns erst auf die dunklen Seiten des Gedächtnisses einlassen, bevor wir das »Geschenk der Götter« richtig würdigen können.

1 Transienz:
Wenn Erinnerungen mit der Zeit verblassen

Am 3. Oktober 1995 endete der sensationellste Strafprozess unserer Zeit mit einem verblüffenden Ergebnis: Ein Geschworenengericht sprach O. J. Simpson von der Anklage des Mordes frei. Diese Nachricht verbreitete sich sogleich wie ein Lauffeuer, und fast alle Menschen reagierten entweder mit heftiger Wut oder Begeisterung. Viele konnten tage- und wochenlang über nichts anderes sprechen. Offenbar gehörte das Simpson-Urteil zu genau jener Art von nachhaltig wirkenden Ereignissen, die den meisten von uns lebhaft im Gedächtnis bleiben: Noch nach langer Zeit wissen wir genau, wie wir darauf reagiert haben und wo wir waren, als uns die Nachricht erreichte.

Können Sie sich noch entsinnen, wie Sie erfahren haben, dass Simpson freigesprochen wurde? Es ist wahrscheinlich, dass Sie sich nicht erinnern oder dass Ihre Erinnerung trügt. Einige Tage nach dem Urteil teilte eine Gruppe kalifornischer Studenten einem Forscherteam in allen Einzelheiten mit, wie sie von der Entscheidung der Geschworenen Kenntnis erhalten hatten. Als die Forscher die Erinnerungen der Studenten 15 Monate später überprüften, erinnerte sich die Hälfte der Befragten noch exakt an die Umstände, unter denen sie von der Entscheidung erfahren hatten. Bei einer abermaligen Befragung fast drei Jahre nach dem Urteil waren nur noch knapp 30 Prozent der Erinnerungen zutreffend; fast die Hälfte war mit schweren Irrtümern behaftet.[8]

Schuld an diesen Ergebnissen ist die Sünde der Transienz. Wir alle müssen uns – hin und wieder recht schmerzhaft – mit den alltäglichen Konsequenzen der Transienz herumschlagen. Stellen Sie sich beispielsweise vor, Sie besuchen das Jahrestreffen einer beruflichen oder gesellschaftlichen Gruppe. Mit strahlendem Lächeln kommt Ihnen ein Teilnehmer auf dem Korridor entgegen, schon von weitem streckt er Ihnen die Hand entgegen, ruft Ihren Namen und erklärt, wie sehr er sich freue, Sie wiederzusehen. Sie lächeln höflich und versuchen, Zeit zu gewinnen, aber innerlich hat Sie die Panik gepackt: Wer ist das um Gottes willen? Warum erinnere ich mich nicht an ihn? Er bemerkt Ihr Unbehagen und erinnert Sie an die nette Kaffeestunde, die Sie beim gleichen Anlass im letzten Jahr miteinander verbracht hätten; dabei hätten Sie unter anderem ihrem gemeinsamen Frust über das schlechte Wetter Luft gemacht, das ihre Reisepläne durchkreuzt habe. Wären Sie diesem Menschen eine Stunde oder einen Tag nach Ihrem Treffen begegnet, hätten Sie ihn sicherlich wieder erkannt. Doch ein Jahr später fühlen Sie sich wie der verwirrte Schriftsteller in »Yumiura«, der sich nicht an die Frau erinnern kann, die behauptet, er habe ihr einen Heiratsantrag gemacht. Sie zermartern sich den Kopf, aber die Begegnung will Ihnen einfach nicht einfallen. Verlegen murmeln Sie: »Doch, ich glaube mich zu erinnern …«, aber in Wirklichkeit haben Sie das Gefühl, diesem Mann zum ersten Mal in Ihrem Leben zu begegnen.

Transienz kann uns hin und wieder in arge Verlegenheit bringen. Eine Bekannte von mir besuchte die Hochzeit einer Freundin, deren Mann sie vorher nicht kennen gelernt hatte. Mehrere Monate später, auf dem 50. Geburtstag ihrer Freundin, erblickte sie einen unbekannten Mann in der Ecke. Diskret fragte sie ihre Freundin nach dem Fremden – es war der Mann der Freundin. Meine Bekannte sagte, sie zucke innerlich noch immer zusammen, wenn sie an diesen Augenblick denke.

Transienz, die wohl häufigste der Gedächtnissünden, wirkt unauffällig, aber hartnäckig. Mit jedem neuen Erlebnis rückt die Vergangenheit ein Stück weiter in die Ferne. Psychologen und Neurowissenschaftler haben Ursachen der Transienz entdeckt und Methoden entwickelt, ihr entgegenzuwirken. Die neue Zeit begann, als ein junger deutscher Philosoph Ende der 1870er-Jahre durch Europa reiste und in einem Pariser Antiquariat auf ein Buch stieß, das er äußerst anregend fand.

Wenn Erinnerungen verblassen

Der Name des Philosophen ist Hermann Ebbinghaus, das Buch stammt von dem namhaften deutschen Philosophen und Naturforscher Gustav Fechner und beschreibt Experimentalmethoden zur Untersuchung der Sinneswahrnehmung. Als Ebbinghaus 1878 seine erste akademische Stellung in Berlin antrat, hatte er die blitzartige Einsicht, die ihm in dem Pariser Antiquariat gekommen war, nicht vergessen. Das Gedächtnis, so sein Gedanke, musste sich mit wissenschaftlichen Methoden genauso untersuchen lassen wie die Sinneswahrnehmungen. Erst sieben Jahre später veröffentlichte er seine Ergebnisse, doch mit seiner Monographie aus dem Jahr 1885 prägte er das Forschungsfeld für die kommenden Jahrzehnte. Indem er selbst gewissenhaft tausende von sinnlosen Buchstabenfolgen (Psychologen nennen sie »Nonsens-Silben«) wieder und wieder auswendig zu lernen versuchte, fand Ebbinghaus die ersten experimentellen Belege für die Transienz unserer Gedächtnisinhalte. Nachdem er sich eine Liste mit Nonsens-Silben eingeprägt hatte, testete er sich zu sechs verschiedenen Zeitpunkten – von einer Stunde bis zu einem Monat später. Dabei konstatierte er ein rasches Nachlassen der Erinnerung während der ersten Tests. Neun Stunden nachdem er sich eine Liste mit Nonsens-Silben eingeprägt hatte, hatte er annähernd 60 Prozent davon wieder vergessen. Dann verlangsamte sich die Vergessensrate beträchtlich. Nach einem Intervall von einem Monat hatte Ebbinghaus etwas mehr als 75 Prozent des Gelernten vergessen. Damit schnitt er kaum schlechter ab als nach dem Neun-Stunden-Intervall.

Ebbinghaus führte seine Experimente in der nüchternen Umgebung des Labors durch, weit entfernt von den Unwägbarkeiten des Alltagslebens. Er prägte sich sinnlose Buchstabenfolgen ein, keine vielschichtigen und mannigfaltigen persönlichen Erlebnisse, und er testete nur sich selbst. Trotz dieser offenkundigen

Einschränkungen können uns diese 100 Jahre alten Forschungsergebnisse – Daten, die zeigen, wie ein einzelner Mensch Nonsens-Silben lernte und vergaß – darüber Aufschluss geben, ob wir uns in sechs Monaten noch an die eine Woche zurückliegende Verabredung zum Frühstück erinnern oder ob wir länger als einige Stunden oder Tage behalten werden, was wir gestern in der Zeitung gelesen haben. Ebbinghaus' Schlussfolgerung, dass das Vergessen vor allem während der frühen Intervalle stattfindet und sich in späteren verlangsamt, ist in zahllosen Laborexperimenten bestätigt worden. Moderne Gedächtnisforscher haben gezeigt, dass Ebbinghaus' Gedächtniskurve über die Grenzen des Labors hinaus Gültigkeit besitzt und ein zentrales Merkmal der Transienz darstellt.[9]

Anfang der 1990er-Jahre hat der Psychologe Charles Thompson zusammen mit seinen Kollegen an der Kansas State University das Gedächtnis von Collegestudenten untersucht, die ein Semester lang Tagebücher führten, in denen sie ein einziges Ereignis pro Tag festhielten.[10] Das Vergessen vollzog sich nicht ganz so rasch wie in der Studie von Ebbinghaus, aber die Vergessenskurve bei diesen Alltagsereignissen ähnelte den Kurven, die sich in Laborexperimenten ergeben hatten. Die Erlebnisse, die Thompsons Studenten festhielten und an die sie sich zu erinnern versuchten, waren von unterschiedlicher Wichtigkeit. Eine geringe Zahl hatte persönliche Bedeutung (»Mein Freund Jake und ich haben uns getrennt«), doch die meisten waren ziemlich belanglos (»Bei Jim von 20 Uhr bis 3.45 Uhr morgens Videos geguckt«; »Mark und ich fingen an, Karamellplätzchen zu backen, stellten aber bald fest, dass wir kein Backpulver hatten«). Die Ergebnisse einer Untersuchung über ein Ereignis, dem die meisten Amerikaner großen Wert beimessen – das Dinner an Thanksgiving –, zeigen, dass sogar persönlich bedeutsame Erlebnisse nicht gegen jene Form der Transienz gefeit sind, die in der Vergessenskurve von Ebbinghaus zum Ausdruck kommt.

Wie genau können Sie sich an das letzte große Familienessen erinnern? Eine Studie, bei der mehr als 500 Collegestudenten zum letzten Dinner an Thanksgiving befragt wurden, lässt darauf schließen, dass Ihr Erinnerungsvermögen in hohem Maße davon abhängt, wann Sie diese Zeilen lesen. Über einen Zeitraum von sechs Monaten nach Thanksgiving wurden die Studenten in regelmäßigen Zeitabständen befragt, wie lebendig ihre Erinnerungen an das Dinner seien, und aufgefordert, sich bestimmte Einzelheiten zu vergegenwärtigen.[11] Die Lebendigkeit der Erinnerungen ließ im Laufe der ersten drei Monate rasch nach, in den verbleibenden drei Monaten verlangsamte sich dieser Prozess. Wieder zeichnete sich die Grundform der Ebbinghaus-Kurve ab, dieses Mal jedoch für ein Ereignis von erheblicher persönlicher Bedeutung.

Allerdings war der Abfall nicht ganz so steil wie bei Thompsons Tagebuchstudien. Dieser Unterschied mag darauf zurückzuführen sein, dass einige Ereignisse des letzten Dinners an Thanksgiving mithilfe allgemeiner Kenntnisse von früheren »erinnert« werden können. Amerikaner wissen eben, dass es mit hoher Wahrscheinlichkeit Truthahn gab, obwohl sie die Besonderheiten des letztjährigen Vogels vergessen haben. Sie wissen ferner, dass vermutlich die ganze Familie versammelt war. Das Wissen darüber, was im Allgemeinen an Thanksgiving geschieht, verblasst nicht in wenigen Monaten. Entsprechend dieser Annahme verloren sich die Erinnerungen der Studenten an das, was es zu essen gab, und an die Menschen, die an dem Essen teilnahmen, auch relativ langsam. Doch die Erinnerungen an die besonderen Einzelheiten des letzten Thanksgiving – wie sie und die anderen gekleidet waren und worüber gesprochen wurde – verblassten viel rascher.

Ähnliche Prozesse laufen ab, wenn sich Menschen einen Arbeitstag ins Gedächtnis rufen. Versuchen Sie, die folgenden drei Fragen in allen Einzelheiten zu beantworten: Was tun Sie an einem typischen Arbeitstag? Was taten Sie gestern? Und was taten Sie an dem Tag, der jetzt genau eine Woche zurückliegt? Als zwölf Mitarbeiter in der Konstruktionsabteilung eines großen Büromaschinenherstellers diese Fragen beantworteten, gab es gewaltige Unterschiede zwischen ihren Erinnerungen an den Vortag und an den Tag vor einer Woche.[12] Die Mitarbeiter entsannen sich an weniger Tätigkeiten, die eine Woche zurücklagen, und diejenigen, die sie sich noch ins Gedächtnis rufen konnten, waren in der Regel Bestandteile eines »normalen« Tages. Untypische Tätigkeiten – Abweichungen von der täglichen Routine – wurden häufiger nach einem Tag als nach einer Woche erinnert. Die Erinnerung nach einem Tag ähnelte dem wörtlichen Protokoll bestimmter Ereignisse, die Erinnerung nach einer Woche eher einer allgemeinen Beschreibung dessen, was gewöhnlich geschieht. Entsprechend zeigten Thompsons Tagebuchstudien, dass bestimmte Einzelheiten – etwa Zeitpunkt und Ort eines Ereignisses, die anwesenden Personen – rascher aus dem Gedächtnis verschwinden als der allgemeine Eindruck von dem, was geschah. Diese Beobachtungen werden durch andere Laborstudien gestützt, die darauf schließen lassen, dass spezifische Erinnerungen – wann und wo ein Ereignis passiert ist und wer was gesagt hat – in der Regel besonders vergänglich sind.[13]

Zu relativ frühen Zeitpunkten auf der Vergessenskurve – Minuten, Stunden später – bewahrt das Gedächtnis ein recht vollständiges Protokoll der Ereignisse, das es uns ermöglicht, Vergangenes mit annehmbarer, wenn nicht sogar vollkommener Genauigkeit zu reproduzieren. Doch je mehr Zeit vergeht, desto stärker verblassen die Besonderheiten und desto zahlreicher werden die Interferenzmöglichkeiten: Spätere, ähnliche Erfahrungen führen dazu, dass unsere Gedächtnisinhalte verblassen. So bewahren wir als Erinnerung nur das Wesentliche dessen, was geschah, oder das, was gewöhnlich geschieht, und versuchen die Einzelheiten durch Schlussfolgerungen oder bloße Vermutungen zu rekonstruieren. Das Wirken der Transienz besteht in einem allmählichen Übergang

von reproduktiven und spezifischen Erinnerungen zu rekonstruktiven und allgemeineren Beschreibungen.

Wenn wir versuchen, vergangene Ereignisse anhand dessen zu rekonstruieren, was wir über den gewöhnlichen Ablauf der Ereignisse wissen, werden wir besonders anfällig für die Sünde der Verzerrung: immer dann nämlich, wenn sich gegenwärtige Kenntnisse und Überzeugungen in unsere Erinnerungen an vergangene Ereignisse einschleichen (siehe Kapitel 6). Die Kombination von Transienz und Verzerrung kann uns in erhebliche Schwierigkeiten bringen.[14] Ein Unternehmensberater berichtete mir von einer Sitzung, auf welcher der leitende Angestellte eines großen Unternehmens in Gegenwart seines Vorstandsvorsitzenden und einiger Investoren aus Übersee eine Präsentation für einen wichtigen Kunden hielt. Der Mann ging auf eine bestimmte Fastfood-Kette ein, die sich angeblich für Preiserhöhungen entschieden hatte. Laut seiner Erinnerung lag dies ein oder zwei Jahre zurück. Doch der Mann stützte sich nicht auf eine detaillierte, reproduktive Erinnerung. Ohne es zu merken, hatte er dieses spezifische Ereignis anhand seines gegenwärtigen Wissens rekonstruiert – in Wirklichkeit hatte die Kette die Preise gar nicht erhöht. Schlimmer noch, eine Managerin, die früher für die Fastfood-Kette gearbeitet hatte, rutschte unbehaglich auf ihrem Stuhl hin und her. »Ihr Gesichtsausdruck wurde immer fassungsloser, während er sprach«, sagte der Unternehmensberater. »Als der Mann die Geschichte beendet hatte, wandte sich die Managerin an eine neben ihr sitzende Kollegin. Im Flüsterton, der unglücklicherweise durch den halben Raum drang, sagte sie: ›Er hat keine Ahnung, wovon er redet. Die haben die Preise nie erhöht.‹« Der Vortragende war in diese peinliche Situation geraten, weil er die spezifische Erinnerung verloren hatte, sich dessen aber überhaupt nicht bewusst war.

Als problematisch erwies sich die Transienz auch in einem anderen Fall, in dem Fragen, die das Wesen des Vergessens betrafen, eine ganze Nation bewegten: die Anhörung von William Jefferson Clinton vor der Grand Jury im Jahr 1998.

Vergessene Monica

Der Nachmittag des 17. August 1998 war von entscheidender Bedeutung für die Untersuchung und das Amtsenthebungsverfahren gegen Präsident Clinton. In einer von Sonderermittler Kenneth Starr anberaumten Anhörung vor der Grand Jury beantwortete Clinton Fragen, die seine Beziehung zu Monica Lewinsky und eine ähnliche Aussage im Paula-Jones-Prozess vom Januar 1998 betrafen.[15] Clintons Aussage vom 17. August wird vielen Menschen im Gedächtnis bleiben und in die Geschichtsbücher eingehen wegen der Wortklaubereien über die exakte Definition von »sexuellen Beziehungen« in seiner Auseinandersetzung mit den Staatsanwälten.

Doch für einen Gedächtnisforscher sind Clintons terminologische Haarspaltereien nicht annähernd so interessant wie ein zweiter Kampf, den er an diesem Nachmittag ausfocht und bei dem es um Merkmale und Grenzen der Transienz ging. Clintons Gedächtnislücken bei seiner Aussage vor der Grand Jury und seiner früheren Aussage im Jones-Fall wurden weitgehend als Schutzbehauptungen verstanden, die ihn vor peinlichen Eingeständnissen bewahren sollten. Die Versuche der Staatsanwälte, diese Annahme zu beweisen, stützten sich auf ihre intuitive Vorstellung davon, was man zu verschiedenen Zeitpunkten nach einem Erlebnis plausiblerweise vergessen kann – und was man nicht vergessen kann.

Diese Auseinandersetzung über das Phänomen der Transienz wird sehr deutlich erkennbar in einem Wortwechsel zwischen Clinton und dem Ermittler Sol Wisenberg, bei dem es um ein Treffen zwischen dem Präsidenten und Vernon Jordan am Abend des

19. Dezember 1997 ging. An diesem Tag war Jordan Monica Lewinsky begegnet, die außerordentlich aufgeregt war, weil sie vom Büro des Sonderermittlers als Zeugin vorgeladen worden war. Später hatte Jordan Clinton davon berichtet. Am 17. August, fast acht Monate später, befasste sich Wisenberg mit dem, was Clinton im Januar 1998 über dieses Treffen mit Jordan gesagt hatte. Auf die Frage, ob ihm irgendwann jemand anders als seine Anwälte mitgeteilt hätte, dass Lewinsky eine Vorladung vom Büro des unabhängigen Ermittlers erhalten habe, teilte Clinton den Jones-Anwälten mit: »Ich glaube nicht.« Doch diese Behauptung erschien Wisenberg unglaubwürdig: »Mr President, dreieinhalb Wochen zuvor ist Mr Jordan extra ins Weiße Haus gekommen, um Ihnen mitzuteilen, dass Miss Lewinsky vorgeladen worden sei. Sie war außer sich; sie war auf Sie fixiert. Und daran konnten Sie sich dreieinhalb Wochen später nicht erinnern?«

Clinton sagte, sein Gedächtnis sei nicht mehr so gut wie früher, und nannte mögliche Erklärungen für die Vergesslichkeit, die er in letzter Zeit an den Tag legte:

»Wenn ich eines über mein Gedächtnis sagen kann – dann, dass ich mein Leben lang gesegnet und privilegiert war mit einem guten Gedächtnis. Nicht nur ich, sondern auch viele meiner Angehörigen und Freunde waren schockiert, wie viel ich in den letzten sechs Jahren vergessen habe – ich denke, das liegt an dem Druck, dem Tempo und dem Umfang der Ereignisse im Leben eines Präsidenten, verstärkt durch den Druck Ihrer vierjährigen Untersuchung und all der anderen Dinge, die geschehen sind. Ich bin verblüfft – es passiert öfter, dass ich mich buchstäblich nicht an die letzte Woche erinnern kann.«

Sofort ging Wisenberg auf Clintons eingestandene Gedächtnisprobleme ein. »Wollen Sie damit sagen, Sir«, hakte er nach, »dass Sie, als Ihnen diese Frage gestellt wurde, vergessen hatten, dass Vernon Jordan am 19. Dezember, nur drei Wochen vorher, zu Ihnen gekommen war und gesagt hatte, er habe Monica an diesem Tag getroffen, dem Tag, als ihr die Vorladung zugestellt worden war?« Ohne ausdrücklich zuzustimmen, räumte Clinton ein, dass er bestimmte Einzelheiten von Vernon Jordans Besuch vergessen haben könnte. »Es ist durchaus möglich, dass ich etwas durcheinander gekommen bin«, erklärte er. Dann versicherte er mit größerem Nachdruck: »Alles, was ich Ihnen sagen kann, ist, dass ich mich nicht an alle Details von alldem erinnere.«

Angesichts der obsessiven Verfolgung, der sich Clinton durch das Büro des Sonderermittlers ausgesetzt sah, könnte man Wisenbergs Fragen als blindwütige Schikanen eines aggressiven Staatsanwalts verstehen. Doch andere Teile der Befragung zeigen, dass Wisenberg Clintons Behauptungen, etwas vergessen zu haben, nicht in Zweifel zieht, wenn sie ihm plausibler erscheinen.

Man vergleiche den hitzigen Wortwechsel über das Vergessen nach einem Zeitraum von drei Wochen mit einem Vorfall, der sich etwas später während der Anhörung vor der Grand Jury ereignet. Clinton wird zu einem Treffen mit seinem Berater John Podesta befragt, das sieben Monate zurückliegt. Am 23. Januar, zwei Tage nach Bekanntwerden der Lewinsky-Affäre, soll Clinton Podesta angeblich mitgeteilt haben, er habe keinerlei sexuelle Kontakte mit Lewinsky gehabt. Danach befragt, räumte Clinton ein, er habe einige vorsichtige Dementis gegen-über verschiedenen Leuten abgegeben, unter denen sich auch Podesta befunden haben könne, verwies aber, was die Einzelheiten angeht, erneut auf sein schlechtes Gedächtnis:

CLINTON: Ich erinnere mich nicht an das spezielle Treffen, nach dem Sie fragen, oder an die speziellen Bemerkungen, auf die Sie sich beziehen.

WISENBERG: Sie erinnern sich nicht …

CLINTON: Das ist sieben Monate her, da kann ich mich nicht erinnern, nein.

Während sich Wisenberg mit Clintons angeblicher Vergesslichkeit nicht zufrieden gab, als es um ein drei Wochen zurückliegendes Treffen ging, ließ er dem Präsidenten diese Behauptung unwidersprochen durchgehen. Er war bereit, eine lückenhafte Erinnerung an ein relativ unspektakuläres, sieben Monate zurückliegendes Gespräch zu akzeptieren, zweifelte diese Entschuldigung aber an, wenn es lediglich um drei Wochen ging. Der Kern des Problems führt uns zurück zu Ebbinghaus: Wie viel Vergessen ist zu verschiedenen Zeitpunkten nach einem Ereignis glaubwürdig?

Ganz gleich, welche Motive Clinton bei seiner Aussage hatte – die von ihm behauptete Unsicherheit hinsichtlich der fraglichen Ereignisse entspricht haargenau der Art von Vergesslichkeit, die sich bei Experimenten unter natürlichen wie Laborbedingungen zeigt. Trotzdem ist Wisenbergs Skepsis gegenüber Clintons Behauptung, er habe das gesamte Treffen mit Jordan nach lediglich drei Wochen vergessen, vollkommen gerechtfertigt. Bei Clinton dagegen zeigt sich, dass er sehr genau zwischen spezifischen und allgemeinen Erinnerungen zu unterscheiden weiß. Als er von seinen ersten Begegnungen mit Lewinsky Anfang 1996 berichtete, gab er zu, dass er sich ungefähr fünfmal mit ihr getroffen habe, sich aber nur bei zwei Treffen an Details erinnern könne. Clinton machte einen klaren Unterschied zwischen genauen, bewussten Erinnerungen und solchen allgemeinerer Art:

»Ich erinnere mich genau – ich habe eine bewusste Erinnerung an zwei Male. Ich weiß nicht mehr, wann es war. Aber ich entsinne mich zweier Male, als sie an einem Sonntagnachmittag Unterlagen zu mir herunterbrachte, blieb und wir allein waren.

Und ich bin mir ganz sicher – obwohl ich keine genaue Erinnerung habe, bin ich mir ganz sicher –, dass es noch mehr Begegnungen gab, wahrscheinlich noch zwei oder drei. Das würde ich meinen. Daran kann ich mich erinnern. Aber ich entsinne mich nicht mehr, wann das war, um welche Tageszeit oder an die Umständе. Doch nach meiner allgemeinen Erinnerung würde ich sagen, dass ich sie mit Gewissheit mehr als zweimal in dem Zeitraum zwischen Januar und April 1996 sah, als sie dort arbeitete.«

Hat Clinton eine Falschaussage gemacht, um ein peinliches Eingeständnis zu vermeiden? Vielleicht, doch nach allem, was wir aus der Forschung unter natürlichen wie Laborbedingungen wissen, schildert er höchst zutreffend, wie die Erinnerung im Laufe der Zeit verblasst.

Das Klagelied der Babyboomer

Ganz gleich, was die Gründe für die Gedächtnisprobleme sind, die der Mittfünfziger Clinton geltend machte, fest steht, dass er kein Einzelfall in seiner Generation ist: Die alternden Babyboomer klagen in Rekordzahlen über ihre wachsende Vergesslichkeit. Laborstudien zeigen, dass ihre Sorgen zum Teil berechtigt sein könnten. Aus zahlreichen Experimenten wissen wir, dass es älteren Erwachsenen (vor allem über 60 oder 70, manchmal aber auch schon über 50) schwerer als Collegestudenten fällt, sich an Informationen zu erinnern, die sie auf Anordnung eines Versuchsleiters gelernt haben.[16] Und selbst wenn ältere Erwachsene Wortlisten oder anderes Versuchsmaterial über einen Zeitraum von einigen Minuten genauso gut behalten können wie die jüngere Kontrollgruppe, so lässt ihre Erinnerung im Laufe von Tagen oder Wochen rascher nach. Besonders deutlich zeigen sich diese Gedächtnislücken, wenn sich ältere Erwachsene an die Einzelheiten eines Erlebnisses erinnern sollen – etwa wann und wo es stattgefunden hat. Ältere Erwachsene vergessen die spezifischen Details und verlassen sich in der Regel mehr als jüngere Erwachsene auf das generelle Wissen, dass überhaupt etwas stattgefunden hat.

Wie früh beginnt sich das Altern auf die Transienz auszuwirken? Diese Frage ist von großer Bedeutung für Millionen Babyboomer,

die jetzt die 40 oder 50 überschreiten (sie ist auch von Belang für Clintons Behauptungen, der im August 1998 52 Jahre alt war). Da in den meisten Untersuchungen über das alternde Gedächtnis Collegestudenten mit Ruheständlern verglichen wurden, wissen wir relativ wenig über Menschen in den dazwischen liegenden Altersgruppen. In einer aktuellen Studie wurden Versuchspersonen im Alter von 30, 40, 50, 60 oder 70 Jahren zunächst 1978 und dann noch einmal 1994 verschiedenen Gedächtnistests unterzogen.[17] Menschen, die zu Beginn des Experiments (1978) 50 Jahre oder älter waren, schnitten 1994 beim Lernen und bei der Wiedergabe von Wortlisten und Geschichten schlechter ab als 1978. Versuchspersonen, die 1978 zwischen 30 und 40 waren, zeigten 1994 nur bei den Geschichten schwächere Leistungen. Bei den Versuchspersonen, die 1978 zwischen 30 und 40 beziehungsweise zwischen 50 und 60 waren, schnitt die ältere Gruppe bei der Wiedergabe sowohl von Wörtern als auch von Geschichten schlechter ab. Probleme bei der Wiedergabe von Geschichten beginnen also spätestens Anfang bis Mitte 40, während sich Probleme bei der Wortwiedergabe erst jenseits der 50 zeigen. Die gute Nachricht lautet, dass keines der Defizite groß war, denn das Erinnerungsvermögen der älteren Gruppen war im Allgemeinen nur zehn bis 15 Prozent geringer als bei jüngeren Gruppen.

Wenn die Menschen die 60 oder 70 erreichen, ist die Transienz ausgeprägter und durchgängiger. Doch selbst in den älteren Gruppen ist das schlechte Gedächtnis kein unvermeidliches Schicksal: Die Transienz weist bei den Älteren von Individuum zu Individuum erhebliche Schwankungen auf. In einer Studie konnte eine beachtliche Minderheit der Versuchspersonen über 70 (rund 20 Prozent) genauso viele Wörter einer gerade präsentierten Liste aus dem Gedächtnis wiedergeben wie Collegestudenten.

Warum zeigen einige ältere Erwachsene eine so viel ausgeprägtere Anfälligkeit für Transienz als jüngere Versuchspersonen,

während bei anderen kaum ein Nachlassen des Gedächtnisses zu erkennen ist? Mehrere Forschungsberichte sprechen von der Möglichkeit, dass das Ausbildungsniveau eine Rolle spielt.[18] So legte man kürzlich in einer holländischen Studie älteren Erwachsenen im Alter von 65 bis 69, 70 bis 74, 75 bis 79 und 80 bis 85 eine Wortliste vor, die sie sich einprägen und dann sofort und nach einem Intervall von 30 Minuten wiedergeben sollten.[19] Bei niedrigerem Ausbildungsniveau erfolgte der Informationsverlust nach dem Intervall rascher und schon in jüngeren Altersgruppen als bei höherem Ausbildungsniveau. Während die 55- bis 59-Jährigen in beiden Ausbildungsgruppen nach dem Intervall rund 65 Prozent des Gelernten behalten hatten, konnten in der Altersgruppe der 80- bis 85-Jährigen die Versuchspersonen mit höherem Ausbildungsniveau nach dem Intervall rund 60 Prozent des Gelernten abrufen, dagegen die Versuchspersonen mit niedriger Ausbildung weniger als 50 Prozent.

Die Forscher stellten ferner fest, dass ihre Ergebnisse möglicherweise auf eine größere Häufigkeit der Alzheimer-Krankheit und anderer Demenzformen in der Gruppe mit niedrigem Ausbildungsniveau hinweisen. Seit langem unterscheidet man in der Wissenschaft zwischen normalem Nachlassen des Gedächtnisses im Alter (manchmal als »gutartige senile Vergesslichkeit« bezeichnet) und ausgeprägteren Formen der Gedächtnisbeeinträchtigung, die mit pathologischen Veränderungen des Gehirns wie der Alzheimer-Krankheit einhergehen. Die Gehirne von Alzheimer-Patienten weisen typische Veränderungen auf – »senile Plaques« (Ablagerungen des Proteins Amyloid) und verdrehte Nervenfasern, die »Alzheimer-Fibrillen« –, welche die normalen Funktionen der Nervenzellen beeinträchtigen.[20] Experimente haben gezeigt, dass Alzheimer-Patienten im Vergleich zu gesunden älteren Erwachsenen wenig von ihren aktuellen Erfahrungen behalten.

In einer Reihe wichtiger Untersuchungen haben der Neurologe Herman Buschke und seine Kollegen gezeigt, dass man anhand

der Vergessensrate in einem Wortgedächtnistest zwischen gesunden älteren Personen und Alzheimer-Kranken unterscheiden kann.[21] In der einfachsten Version des Tests legt man den Versuchspersonen einen Bogen vor, auf dem vier Wörter aus verschiedenen Kategorien stehen. Wenn der Versuchsleiter den betreffenden Oberbegriff (beispielsweise *Gemüse*) nennt, zeigt die Versuchsperson auf das entsprechende Wort (beispielsweise *Kartoffel*). Durch dieses Verfahren wird sichergestellt, dass die Person ihre Aufmerksamkeit auf die Wörter richtet und sie versteht. Nach einigen Minuten versuchen die Versuchspersonen, sich der Wörter von sich aus zu erinnern, anschließend erhalten sie abermals die Oberbegriffe als Hinweisreize für vergessene Wörter. Wenn ein gelerntes Wort auch dann nicht abgerufen werden kann, wenn der Oberbegriff genannt worden ist, lässt sich daraus mit einiger Wahrscheinlichkeit schließen, dass die Erinnerung an das Wort während des kurzen Zeitintervalls verloren gegangen ist. Schlechte Leistungen in diesem Test (definiert als Punktwerte unterhalb bestimmter Schwellenwerte) sind fast immer verbunden mit der Alzheimer-Krankheit oder irgendeiner anderen Demenzform. Der Test funktioniert, weil die Alzheimer-Erkrankung die Transienz der Gedächtnisinhalte so verstärkt, dass sie nichts mehr gemein hat mit den Veränderungen im Zuge normaler Alterungsprozesse.

Psychologen und Neurowissenschaftler, die sich mit Gedächtnisforschung befassen, stimmen darin überein, dass Transienz weit verbreitet ist und mit dem Alter zunimmt. Doch seit Jahrzehnten schlagen sie sich mit einer scheinbar ganz einfachen, tatsächlich aber extrem schwierigen Frage herum: Warum geschieht das?

Abbildung 1.1 und 1.2 Obwohl es keine einfache und eindeutige Beziehung zwischen einer bestimmten Hirnregion und einer bestimmten Gedächtnissünde gibt, spielen einige Hirnregionen eine besonders wichtige Rolle für spezifische Gedächtnissünden. Eine

Abbildung 1.1

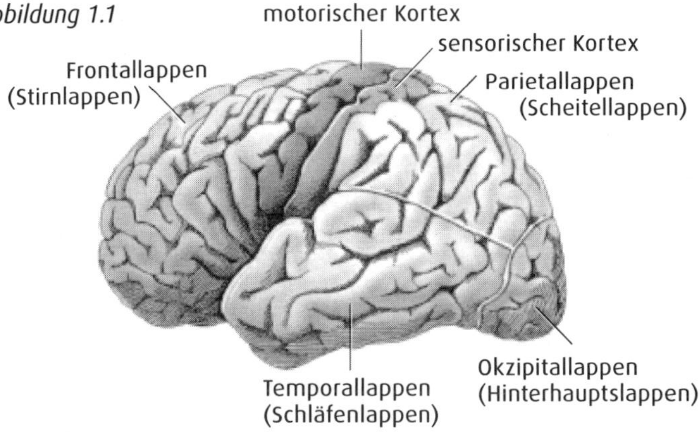

Abbildung 1.2

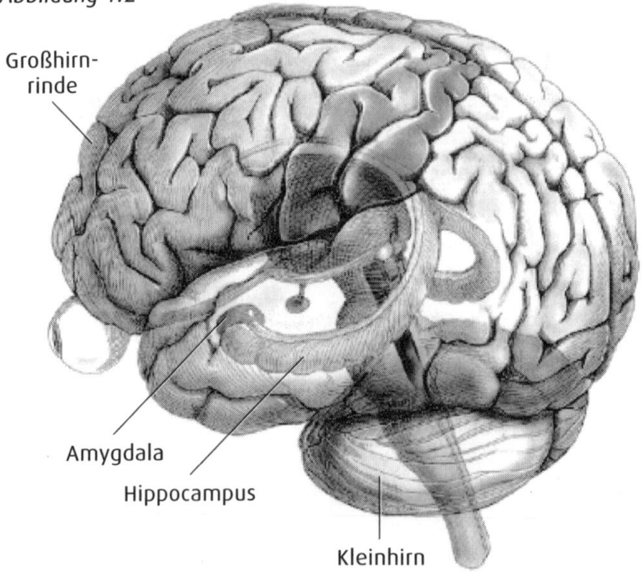

erste Vorstellung von der Lage der Regionen können Sie gewinnen, indem Sie sich klar machen, dass jede Hälfte, jede Hemisphäre des Gehirns in vier große Lappen unterteilt ist: den Frontal- (Stirn-), Temporal- (Schläfen-), Parietal- (Scheitel-) und Okzipital-

(Hinterhaupts-)lappen. Abb. 1.1 zeigt alle diese Lappen mit Sicht auf die Oberfläche der linken Hirnhälfte. Abb. 1.2 gestattet uns einen Blick durch die Oberfläche auf eine Anzahl von Strukturen, die im Inneren des Gehirns liegen.

Der Hippocampus und benachbarte Strukturen im Inneren des Temporallappens (Abb. 1.2) sind von besonderer Bedeutung für die Sünde der Transienz. Auch Teile des Frontallappens (Abb. 1.1) spielen eine Rolle bei der Transienz, sind aber noch stärker an den Sünden der Geistesabwesenheit und Fehlattribution beteiligt und möglicherweise auch an der Suggestibilität nicht ganz schuldlos. Das Areal nahe dem Pol des Temporallappens (Abb. 1.1 unten links) scheint eine Rolle bei der Sünde der Blockierung zu spielen. Die Amygdala (Abb. 1.2) steht in enger Beziehung zur Sünde der Persistenz. Von den Hirnregionen, die an der Sünde der Verzerrung beteiligt sind, weiß man nicht viel, aber Regionen in der linken Hemisphäre könnten eine beträchtliche Rolle spielen. Auf den Zusammenhang zwischen Hirnfunktion und den einzelnen Gedächtnissünden werde ich von Kapitel eins bis sieben immer wieder eingehen.

Geburt einer Erinnerung

Das menschliche Gehirn ist vielleicht das komplexeste Gebilde im gesamten Universum. Es besteht aus einigen 100 Milliarden Nervenzellen oder Neuronen und einer noch größeren Zahl von Verbindungen oder Synapsen dazwischen. Neurowissenschaftler, die das Gedächtnis meist an Ratten, Kaninchen, Vögeln und selbst Meeresschnecken untersuchen, zeichnen elektrische oder chemische Signale einzelner Neuronen auf oder entfernen sorgfältig kleine Teile des Gehirns. Dieser ungehinderte Zugriff auf das Gehirn hat Psychologen wie mich immer ein bisschen neidisch gemacht. Wir hatten keine Techniken, um die inneren Prozesse menschlicher

Gehirne auch nur annähernd so genau zu erfassen, wie es den Neurowissenschaftlern möglich war, und natürlich ist es aus ethischen Gründen nicht möglich, dem Gehirn einer menschlichen Versuchsperson experimentelle Läsionen zuzufügen. Als hätten die Götter der Wissenschaft beschlossen, den Neurowissenschaftlern Zutritt zum innersten Heiligtum des Gehirns zu gewähren, die Psychologen aber auf einen fernen Beobachtungsposten zu verbannen.

In dem Bemühen, einen Blick in das innerste Heiligtum zu werfen, mussten die Psychologen meist Experimente der Natur nutzen: Fälle, in denen Menschen nach Schädigung bestimmter Hirnbereiche unter Gedächtnisverlust litten. In dem berühmtesten dokumentierten Fall wurde ein junger Mann, unter den Initialen HM bekannt, 1953 wegen unheilbarer Epilepsie operiert. Der Neurochirurg William Beecher Scoville entfernte die medialen (inneren) Teile des Temporallappens in beiden Hälften von HMs Gehirn (siehe die Abbildungen 1.1 und 1.2). Nach der Operation erschien HM in vielerlei Hinsicht normal; er konnte seine Umgebung wahrnehmen und ein normales Gespräch führen. In IQ-Tests erzielte er die gleichen Ergebnisse wie vor der Operation. Eines aber hatte sich auf schreckliche Weise verändert: HM schien seine täglichen Erlebnisse sogleich wieder zu vergessen.[22] Er konnte sich an kein Gespräch erinnern, das nur wenige Minuten zuvor stattgefunden hatte. Die Ärzte, die täglich mit ihm arbeiteten, erkannte er nicht wieder. Er vergaß, dass er zu Mittag gegessen hatte, sobald der Teller abgeräumt war. Unter dieser außerordentlichen Form der Transienz leidet HM nun seit fast 50 Jahren: Nie hat sein Gedächtnis auch nur einen Anflug von Erholung gezeigt.

Bei HM erweist sich ein erstaunlicher Zusammenhang zwischen Transienz und den medialen Anteilen des Temporallappens. Da seine Amnesie so tief und umfassend ist, gilt das Interesse der Gedächtnisforscher seit den ersten Berichten über HMs Fall den operativ entfernten Strukturen – insbesondere dem hufeisenför-

migen Hippocampus und der dahinter liegenden Region, dem Gyrus parahippocampalis. Diese Strukturen werden als Erste und am schwersten von den senilen Plaques und den Alzheimer-Fibrillen heimgesucht, woraus sich vermutlich erklärt, warum Alzheimer-Patienten so große Schwierigkeiten haben, sich an aktuelle Ereignisse zu erinnern.

Seit kurzem erweisen sich die Wissenschaftler gegenüber den Psychologen als etwas gnädiger. In den letzten zehn Jahren wurden leistungsfähige Geräte für das Neuroimaging entwickelt, mit deren Hilfe wir in das lebendige Gehirn hineinschauen können, während es lernt und sich erinnert. Besonderer Beliebtheit in der Forschung erfreut sich die »funktionelle Kernspintomographie« (fMRI nach: *functional magnetic resonance imaging*).[23] Bei dieser Technik werden Veränderungen im lokalen Blutfluss des Gehirns gemessen. Wenn eine Region des Gehirns aktiver wird, braucht sie mehr Blut als in einem passiveren Zustand. Doch wenn der Blutfluss steigt, geschieht etwas Merkwürdiges: Es kommt zu einer vorübergehenden Überversorgung mit Oxyhämoglobin im Vergleich zu Deoxyhämoglobin, wodurch das fMRI-Signal verstärkt wird. Mithilfe dieser Technik können die Forscher feststellen, welche Hirnregionen bei kognitiven Tätigkeiten »aufleuchten«.

Dank dem fMRI können wir diese Veränderungen im Blutfluss sehr präzise – auf wenige Millimeter genau – ermitteln. Wie das Teleskop den Astronomen ermöglichte, in den Kosmos zu schauen, und das Mikroskop den Biologen gestattete, in die Zellen lebender Organismen hineinzublicken, so hat das fMRI (und die verwandte Neuroimaging-Technik der »Positronenemissionstomographie« – PET) den Psychologen und Neurowissenschaftlern den Zugang zum menschlichen Gehirn geöffnet.

Als die Gedächtnisforscher mit den fMRI- und PET-Scans zu arbeiten begannen, waren sie äußerst gespannt darauf, was in den Teilen des Temporallappens vor sich ging, die HM herausoperiert worden waren – Regionen, die offenbar von zentraler Bedeutung für das Verständnis der Transienz sind. Doch verheißungsvollen ersten Berichten folgten viele Misserfolge.[24]

Ende 1997 schlug meine Forschungsgruppe einen neuen Weg zur Untersuchung des Problems mithilfe von fMRI ein. Dabei ging es um folgende Fragen: Wenn ich die Aktivität in Ihrem Gehirn messe, während Sie sich eine Wortliste einprägen, kann ich dann an dieser Aktivität erkennen, an welche der gelernten Wörter Sie sich später erinnern und welche Sie vergessen werden? Geben Messungen der Gehirnaktivität im Augenblick, da eine Wahrnehmung in eine Erinnerung umgewandelt wird, Wissenschaftlern die Möglichkeit, das künftige Erinnern und Vergessen dieses besonderen Ereignisses vorherzusagen? Und wenn – welche Regionen sind es genau, die uns die Vorhersage gestatten? Infolge technischer Einschränkungen konnten frühe fMRI-(und PET-)Studien diese Fragen nicht klären. Doch 1997 hatte das fMRI einen Entwicklungsstand erreicht, der es zumindest im Prinzip möglich machte, diese Fragen zu stellen und Antworten zu erhalten.

In Zusammenarbeit mit Anthony Wagner und Randy Buckner – zwei aufsteigenden Sternen am Himmel der fMRI-Forschung – entwickelte unsere Gruppe am Bildgebungszentrum des Massachusetts General Hospital ein Experiment, das zweifellos sehr anstrengend für die Versuchspersonen war. Der fMRI-Scanner ist keine Luxussuite: Eine Röntgenassistentin schiebt Sie, während Sie flach auf dem Rücken liegen, mit dem Kopf voran in eine enge Röhre. Dann liegen Sie ein oder zwei Stunden still (jede Bewegung stört die fMRI-Signale), während Sie eine Aufgabe ausführen, die der Versuchsleiter vorbereitet hat. Während der ganzen Zeit produziert der Scanner laute Pieptöne, da zur Registrierung der Gehirnaktivität ein starkes Magnetfeld verwendet wird.

Während die Versuchspersonen unseres Experiments bewegungslos in ihrer kakophonischen Röhre lagen, erblickten sie mehrere 100 Wörter, alle paar Sekunden eines, die ihnen von

einem Computer über speziell angeordnete Spiegel kurzfristig präsentiert wurden. Um sicherzugehen, dass sie auch wirklich auf jedes Wort achteten, forderten wir unsere Versuchspersonen auf, uns mitzuteilen, ob das jeweilige Wort eine abstrakte Bedeutung wie »Gedanke« oder eine konkrete Bedeutung wie »Garten« habe. Zwanzig Minuten nach dem Scan zeigten wir den Teilnehmern die Wörter, die sie im Scanner gesehen hatten, vermischt mit einer gleichen Zahl von Wörtern, die sie nicht gesehen hatten. Wir forderten sie auf anzugeben, an welche sie sich erinnerten und an welche nicht. Aus Voruntersuchungen wussten wir, dass sie einige Wörter behalten und andere vergessen würden. Konnten wir anhand der Stärke des fMRI-Signals vorhersagen, an welche Wörter sich die Versuchspersonen später erinnern und welche sie vergessen würden?

Wir konnten.[25] Zwei Hirnregionen ließen bei der Entscheidung »konkret oder abstrakt« größere Aktivität erkennen, wenn es sich um Wörter handelte, an die sich die Teilnehmer später erinnerten. Interessanterweise lag ein Areal im medialen Temporallappen: der Gyrus parahippocampalis der linken Hirnhälfte – eine der Regionen, die bei HM entfernt worden waren.

Die andere Region, deren Aktivität späteres Erinnern vorhersagte, lag weiter vorn, im unteren linken Bereich jenes großen Areals, das man als Frontallappen bezeichnet. Dieses Ergebnis kam nicht ganz unerwartet. Vorhergehende Neuroimaging-Studien ließen darauf schließen, dass der Bereich unten links im Frontallappen besonders aktiv ist, wenn eintreffende Informationen mit dem bereits gespeicherten Wissen verknüpft werden.[26] Seit Jahren wussten die kognitiven Psychologen, dass Transienz durch die Ereignisse beeinflusst wird, welche die Registrierung und Enkodierung eintreffender Informationen begleiten: Mehr Aufwand bei der Enkodierung erzeugt im Allgemeinen weniger transiente (flüchtige) Erinnerungen. Nehmen Sie beispielsweise an, ich zeige Ihnen eine Wortliste, die Sie sich einprägen sollen. Dazu gehören

Löwe, *AUTO*, *Tisch* und *BAUM*. Bei der einen Hälfte der Wörter fordere ich Sie auf zu entscheiden, ob sie lebende oder nicht lebende Dinge bezeichnen, bei der anderen Hälfte müssen Sie mir sagen, ob sie in Großbuchstaben geschrieben sind oder nicht. Wenn ansonsten alle Bedingungen gleich bleiben, werden Sie sich später sehr viel mehr an Wörter erinnern, bei denen Sie die Unterscheidung »lebend/nicht lebend« getroffen haben, als an Wörter, bei denen es um Groß- oder Kleinbuchstaben ging. Wenn Sie darüber nachdenken, ob das Wort ein lebendes oder nicht lebendes Ding bezeichnet, beschäftigen Sie sich mit dem Wort unter dem Gesichtspunkt Ihres Vorwissens. Dagegen regt die Entscheidung über Groß- oder Kleinbuchstaben kaum dazu an, das Wort mit Ihrem bereits vorhandenen Wissen zu verknüpfen. Andere Experimente haben gezeigt, dass es für die spätere Erinnerung förderlich ist, wenn die Versuchspersonen Sätze oder Geschichten entwickeln, durch welche die zu lernenden Informationen mit vertrauten Fakten und Assoziationen verknüpft werden.

Wir nahmen an, dass sich etwas Ähnliches in unseren fMRI-Experimenten abspielen müsse. Wenn der linke Frontallappen stärker aktiviert wurde, gelang es den Versuchspersonen möglicherweise besser, ihr vorhandenes Wissen durch Assoziationen oder Vorstellungen zu mobilisieren, um ein Wort zu enkodieren. Die linke parahippocampale Region, so unsere Hypothese, sorgte dann für diese elaborierte Enkodierung im Gedächtnis. In gemeinsamer Anstrengung leisteten die beiden Hirnbereiche ihren Beitrag zur Verwandlung der Wahrnehmung eines Wortes in eine überdauernde Erinnerung an seine Präsentation.

Etwa zur selben Zeit, als wir unsere fMRI-Studie durchführten, schloss eine Forschungsgruppe an der Stanford University ein ähnliches Projekt ab.[27] Während die Versuchspersonen gescannt wurden, betrachteten sie Bilder von Alltagsszenen (anstelle der Wörter) und versuchten einige Minuten später, sich an die Bilder

zu erinnern. Die Ergebnisse dieser Studie waren praktisch identisch mit unseren Resultaten, nur dass hier vorwiegend die rechte Gehirnhälfte beteiligt war. Anhand des Aktivitätsgrades im unteren Teil des rechten Frontallappens sowie im rechten und linken Gyrus parahippocampalis ließ sich vorhersagen, ob sich die Versuchspersonen anschließend an die im Scanner betrachteten Bilder erinnerten oder sie vergaßen. Diese Ergebnisse erschienen durchaus schlüssig, weil aus früheren Untersuchungen bekannt war, dass die rechte Hemisphäre in erster Linie für die Enkodierung von Bildern, die linke dagegen für die Wortverarbeitung zuständig ist.

Die Ergebnisse dieser beiden Untersuchungen waren äußerst faszinierend, da es aufregend ist und fast an Science-Fiction erinnert, wenn man zu einem bestimmten Zeitpunkt in das Gehirn eines Menschen blickt und vorhersagen kann, an was er sich erinnern und was er vergessen wird. Dabei handelt es sich nicht nur um eine Übung in wissenschaftlicher Wahrsagerei: Diese Untersuchungen verweisen auch auf einen Zusammenhang zwischen Transienz und den in Sekundenbruchteilen ablaufenden Enkodierungsoperationen, die sich während der Geburt einer Erinnerung abspielen. Was während dieser entscheidenden Augenblicke in den frontalen und parahippocampalen Regionen geschieht, entscheidet zumindest teilweise darüber, ob eine Erfahrung ein Leben lang im Gedächtnis bleibt oder gemäß der von Ebbinghaus beschriebenen Kurve dem Vergessen anheim fällt.

Die ersten Sekunden nach der Wahrnehmung

Ende der Fünfzigerjahre erschienen zwei Artikel in psychologischen Zeitschriften, welche die wenigen Gedächtnisforscher der damaligen Zeit in Erstaunen versetzten.[28] In der Tradition von

Ebbinghaus pflegten sie den Verlauf des Vergessens über Stunden, Tage und Wochen zu beobachten. Die neuen Untersuchungen zeigten, dass Versuchspersonen, denen man die scheinbar einfache Aufgabe stellte, sich drei Nonsens-Silben zu merken, diese fast vollständig in weniger als 20 Sekunden vergaßen. Noch nie war Derartiges berichtet worden.

Der Schlüssel zum Verständnis dieser vermeintlichen Anomalie liegt in einem entscheidenden Übergang, der in den Augenblicken stattfindet, da eine Erinnerung geboren wird: dem Übergang vom temporären oder Kurzzeitgedächtnis zum dauerhafteren Langzeitgedächtnis. Unsere Fähigkeit, Informationen über Tage, Wochen und Jahre zu behalten, hängt von zwei Grundformen des Langzeitgedächtnisses ab. Das episodische Gedächtnis ist zuständig für die Erinnerung persönlicher Erlebnisse, die sich zu einer bestimmten Zeit an einem bestimmten Ort ereigneten: Erinnerungen an die Überraschungsparty zum Geburtstag eines Freundes, die letzte Woche stattgefunden hat, oder an ein Broadway-Stück, das Sie als Kind bei Ihrem ersten Besuch in New York gesehen haben. Das semantische Gedächtnis erlaubt den Erwerb und Abruf von Allgemeinwissen: etwa dass John Adams und Thomas Jefferson entscheidend am Zustandekommen der Unabhängigkeitserklärung beteiligt waren.

Doch zwischen dem Augenblick der Wahrnehmung und der endgültigen Herstellung einer überdauernden episodischen oder semantischen Erinnerung kommt noch ein dritter Gedächtnistypus ins Spiel. Dieses so genannte Arbeitsgedächtnis speichert kleine Informationsmengen über kurze Zeiträume – gewöhnlich einige Sekunden lang –, während sein Besitzer mit laufenden kognitiven Aktivitäten wie Lesen, Zuhören, Problemlösen, Schlussfolgern oder Denken beschäftigt ist.[29] Sie benötigen Ihr Arbeitsgedächtnis, um jeden einzelnen der Sätze zu verstehen, die ich bisher geschrieben habe. Hätten Sie keine Möglichkeit, den Anfang des Satzes im

Gedächtnis zu behalten, während sich der Rest entfaltet, würden Sie, wenn Sie am Ende des Satzes angelangt wären, nicht wissen, was ich sagen möchte. Betrachten Sie beispielsweise die beiden folgenden Sätze:

- Der lange und anspruchsvolle Kurs war so schwierig, dass er nie unter 90 Schläge kam.
- Der lange und anspruchsvolle Kurs war so schwierig, dass er nie ein Examen bestand.

Erst wenn Sie das Ende des Satzes erreicht haben, wissen Sie, ob sich *Kurs* auf Golf oder Universität bezieht. Das ermöglicht Ihnen das Arbeitsgedächtnis. Doch das System muss ständig aussondern, was momentan nicht mehr benötigt wird, um seine Ressourcen für die vorübergehende Speicherung eintreffender Informationen bereitzuhalten. Wenn nicht eine besondere Anstrengung unternommen wird – etwa indem man einen Satz ständig wiederholt –, geht die Information fast unmittelbar nach ihrem Eintritt ins System wieder verloren.

Bei den Experimenten, die Ende der Fünfzigerjahre auf verblüffende Weise rasches Vergessen dokumentierten, machte man sich diese Eigenschaften des Arbeitsgedächtnisses zunutze. Unmittelbar nach der Aufforderung, sich eine Nonsens-Silbe einzuprägen, bat man die Versuchspersonen, in Dreierschritten von 100 rückwärts zu zählen. Da sie die Nonsens-Silben nicht wiederholen und auf diese Weise behalten konnten, verflüchtigte sich die Information rasch aus dem Arbeitsgedächtnis.

Diese Form der Transienz kennen wir alle. Nachdem Sie bei der Auskunft eine Telefonnummer erfragt haben, können Sie entscheiden, sich für ein paar weitere Cents automatisch verbinden zu lassen oder selbst zu wählen. Wenn Sie sich die Zeit nehmen, zwischen diesen beiden Möglichkeiten zu entscheiden, wird Ihnen die Nummer entfallen, weil Sie sie nicht durch stilles Aufsagen wiederholen. Womöglich kennen die Telefongesellschaften die Wirkung rascher Transienz: Da ihre Kunden die Nummer vergessen,

während sie eine Wahl zu treffen versuchen, sind sie vielleicht eher bereit, die Extrakosten für die automatische Verbindung zu zahlen, statt sich die Nummer noch einmal geben zu lassen. Und wir alle kennen die Frustrationen, die die rasche Transienz in beiläufigen Unterhaltungen bereitet. Während Sie einem Freund zuhören, fällt Ihnen ein, dass Sie ihm etwas Wichtiges mitzuteilen haben. Doch wenn er das Thema unerwartet wechselt und den neuesten Klatsch über einen gemeinsamen Bekannten erzählt, merken Sie plötzlich, dass Sie diese wichtige Sache vergessen haben. Manchmal kostet es Sie erhebliche Mühe, den Gedankengang wieder aufzunehmen und sich noch einmal ins Gedächtnis zu rufen, was Sie ihm sagen wollten.

Der Hauptschuldige an der raschen Transienz ist die so genannte phonologische Schleife, ein Teil des Arbeitsgedächtnisses, auf den erstmals der englische Psychologe Alan Baddeley hingewiesen hat.[30] Sie ermöglicht es uns, vorübergehend eine kleine Menge an sprachlicher Information zu behalten. Baddeley verstand die Schleife als ein »Sklavensystem«, das dem »zentralen Exekutivsystem« des Arbeitsgedächtnisses assistiert. Dieses System organisiert den Informationsfluss, der in das Langzeitgedächtnis hinein- und aus ihm herausführt. Angesichts der ständigen Bombardierung mit Informationen braucht das Exekutivsystem Unterstützung. Die phonologische Schleife stellt uns zusätzlichen Speicherplatz für Wörter, Ziffern und andere Sprachelemente zur Verfügung.

Die Existenz des »Sklavensystems« wurde ursprünglich in Untersuchungen an hirngeschädigten Patienten nachgewiesen, deren Gedächtnisprobleme praktisch spiegelverkehrte Abbilder der Störung des Amnesiepatienten HM sind. Obwohl bei ihm das Langzeitgedächtnis für Alltagserlebnisse praktisch nicht vorhanden ist, hat HM keine Schwierigkeiten, eine ihm vorgelegte Ziffernfolge augenblicklich zu wiederholen wie ein gesunder Mensch. Er kann mühelos Folgen von sechs oder sieben Ziffern wiederholen.

Anfang der Siebzigerjahre beschrieben die Neuropsychologen Tim Shallice und Elizabeth Warrington einen faszinierenden Fall: Der Patient KF[31] hatte keine Schwierigkeiten, alltägliche Erlebnisse aus dem Langzeitgedächtnis abzurufen, war aber nicht in der Lage, sich Augenblicke später an mehr als eine einzige Ziffer zu erinnern! Bei KF (und anderen Patienten) ist der hintere Teil des Parietallappens auf der Oberfläche der linken Hirnhälfte durch einen Schlaganfall zerstört worden, während die medialen Anteile der Temporallappen, die bei HM entfernt wurden, nicht geschädigt wurden.

Die spiegelbildlichen Stärken und Schwächen bei HM und KF zeigen, dass die phonologische Schleife unabhängig vom Langzeitgedächtnis funktionieren kann. Doch die Ergebnisse warfen auch Fragen über die Funktion der phonologischen Schleife auf. Wenn Menschen mit einer funktionsgestörten Schleife keine Schwierigkeiten haben, neue Langzeiterinnerungen anzulegen, warum benötigt man sie dann überhaupt? Sicherlich ist dieses System von der Evolution nicht nur bereitgestellt worden, damit wir uns einige Sekunden lang Telefonnummern merken können. In den Achtzigerjahren war die Funktion der phonologischen Schleife so unklar, dass ein Spötter sie »einen Pickel im Gesicht der Kognition« nannte.[32]

Heute wissen wir, dass jene Art von rascher Transienz, die mit einer geschädigten phonologischen Schleife einhergeht, erhebliche, sogar schwer wiegende Folgen hat. Die ersten Hinweise dazu verdanken wir Untersuchungen an einer anderen hirngeschädigten Patientin mit einer beeinträchtigten phonologischen Schleife. Sie konnte Wortpaare in ihrer Muttersprache, dem Italienischen, genauso rasch lernen wie gesunde Kontrollpersonen. Doch im Gegensatz zu gesunden Italienern vermochte die Patientin keine italienischen Wörter zu lernen, die mit ihr unbekannten russischen Wörtern gepaart waren. Nachfolgende Studien erbrachten ähnliche Ergebnisse: Patienten mit einer Schädigung der phonolo-

gischen Schleife waren nahezu unfähig, ein fremdes Vokabular zu erlernen.[33]

Die phonologische Schleife erweist sich als Tor zum Erwerb eines neuen Wortschatzes. Dank der Schleife gelingt es uns, die Laute neuer Wörter miteinander zu verknüpfen. Wenn sie nicht richtig funktioniert, können wir diese Laute nicht lange genug behalten, um unsere Wahrnehmungen in langfristige Erinnerungen zu verwandeln. Rasche Transienz dieser Art hat Konsequenzen, und zwar nicht nur für Erwachsene mit Hirnschäden. Aus Untersuchungen an Kleinkindern wissen wir, dass die Fähigkeit, Nonsens-Wörter zu wiederholen, ein zuverlässiger Hinweis auf die Funktionsfähigkeit der Schleife ist. Kinder, die bei diesem Test gut abschneiden, können sich leichter neue Wörter einprägen als andere, die größere Mühe mit dem Test haben. Die Zahl der Nonsens-Wörter, die ein Kind sofort wiederholen kann, ist ein ausgezeichneter Vorhersagefaktor für den Worterwerb. Wie Baddeley und die Psychologin Susan Gathercole herausgefunden haben, schneiden Kinder mit Sprachdefiziten auffällig schlecht in Tests ab, welche die Funktion der phonologischen Schleife prüfen. Andere Tests haben gezeigt, dass sprachbegabte Menschen – Menschen, die mehrere Fremdsprachen beherrschen – in diesen Tests besonders gute Ergebnisse erzielen. Die phonologische Schleife ist also keineswegs nur »ein Pickel im Gesicht der Kognition«, sondern ein Schlüsselfaktor der wichtigsten menschlichen Fähigkeiten: des Erlernens einer neuen Sprache.

Neuroimaging-Studien mit fMRI und PET liefern erste Hinweise auf einige der neuronalen Teilsysteme, die an der Kurzzeit-Transienz beteiligt sind. Beispielsweise hat sich in solchen Untersuchungen gezeigt, dass der Speicherbereich der phonologischen Schleife im hinteren Teil des Parietallappens liegt[34] – ein bedeutsames Ergebnis, denn wie wir bereits gesehen haben, ist dieser Teil des Systems bei Menschen geschädigt, die unter Kurzzeit-Transienz leiden. Ein anderer Teil der phonologischen Schleife,

entscheidend für die aktive Wiederholung von Informationen im Kurzzeitspeicher, hängt von unteren Abschnitten des linken präfrontalen Kortex ab – in Nachbarschaft der Region, die, wie erwähnt, an der elaborierten Enkodierung beteiligt ist. Dieselbe Region spielt eine wichtige Rolle für den Sprachoutput. Wenn ein gesunder Mensch unter den bislang beschriebenen Formen von Kurzzeit-Transienz leidet – wenn er vergisst, was er sagen wollte, oder ihm eine Telefonnummer entfällt, die er sich gerade herausgesucht hat –, dann liegt das wahrscheinlich daran, dass diese Region seines linken frontalen Kortex nicht aktiviert werden kann. Die Information geht aus dem Arbeitsgedächtnis verloren und steht für eine weitere elaborierte Enkodierung in das Langzeitgedächtnis nicht mehr zur Verfügung. Gesunde Menschen können die Kurzzeit-Transienz vermeiden, indem sie die Information bewusst wiederholen, wodurch die untere linke Region des frontalen Kortex stimuliert wird. Doch Patienten mit hirnorganischen Schäden, wie zum Beispiel KF, sind der unaufhaltsamen Vernichtung ihrer Gedächtnisinhalte durch rasche Transienz hilflos ausgeliefert, weil ihnen die erforderlichen Hirnstrukturen fehlen.

Nach den ersten Sekunden

Arbeitsgedächtnis und Enkodierungsprozesse sind Schlüssel zum Verständnis der Transienz, aber damit ist dieses Kapitel noch nicht abgeschlossen. Ob ein Erlebnis rasch vergessen wird oder jahrelang in Erinnerung bleibt, hängt auch davon ab, was geschieht, sobald diese ersten Sekunden nach der Geburt einer Erinnerung verstrichen sind. Wir Menschen sind Geschichtenerzähler, und meist erzählen wir Geschichten über uns selbst. Wenn wir über Erlebnisse nachdenken und sprechen, trägt das nicht nur zum Verständnis der Vergangenheit bei, sondern wirkt sich auch auf die

Wahrscheinlichkeit späteren Erinnerns aus.[35] Episoden und Vorfälle, die wir erörtern und wiederholen, sind, zumindest teilweise, vor Transienz geschützt; Geschehnisse, die in unseren Gedanken und Erzählungen nicht auftauchen, verblassen in der Regel rascher. Natürlich besitzen Erlebnisse, die uns zum Nachdenken und Erzählen anregen, oft auch einfach einen höheren Erinnerungswert. Nach dem Loma-Prieta-Erdbeben, das 1989 die Region um San Francisco heimsuchte, hatten die Menschen, die es unmittelbar miterlebt hatten, ein derartiges Bedürfnis, ihre Erinnerungen an dieses außergewöhnliche und verstörende Ereignis mitzuteilen, dass ihre Umgebung rasch von den endlosen Geschichten »wo ich war, als das Erdbeben losging« genug hatte. Schon bald kam ein viel gekauftes T-Shirt auf den Markt, das den Leuten riet, ihre Erdbebengeschichten für sich zu behalten.

In der Tagebuchstudie von Charles Thompson und seinen Mitarbeitern wurden diejenigen Erlebnisse am detailliertesten aus der Erinnerung wiedergegeben, über die Studenten am häufigsten sprachen und nachdachten. In zahlreichen Laborstudien konnte eindeutig nachgewiesen werden, dass auch dann, wenn mögliche Abweichungen von der ursprünglichen Version berücksichtigt wurden, das Nachdenken oder Sprechen über ein vergangenes Ereignis die Erinnerung daran verbessert – im Unterschied zu Erlebnissen, die nicht aufgefrischt werden. Diese Ergebnisse ermöglichen direkte Rückschlüsse auf den alltäglichen Kampf gegen die Transienz: An Alltagserlebnisse zu denken und über sie zu sprechen ist eine der besten Methoden, sie sich einzuprägen.

Transienz kann auch durch die Geschehnisse verstärkt werden, die sich nach der anfänglichen Enkodierung eines Erlebnisses ereignen. Die oben erwähnte Studie untersuchte, woran sich Menschen an einem typischen Arbeitstag erinnern. Am folgenden Tag waren ihre Erinnerungen umfangreich und detailliert; eine Woche später waren sie kaum mehr als eine allgemeine Beschreibung ihres

Alltags. Stellen Sie sich jedoch vor, dass einige Mitarbeiter nach Arbeitsschluss am Montag eine Woche in Urlaub fahren, statt den Rest der Woche zu arbeiten. Es ist sehr wahrscheinlich, dass sich diese Mitarbeiter bei ihrer Rückkehr genauer und detaillierter an die Ereignisse an diesem Montag erinnern können als ihre Kollegen, welche die ganze Woche gearbeitet haben. Erlebnisse, die denen ähneln, an die wir uns erinnern möchten, rufen Interferenzen hervor, die das Gedächtnis beeinträchtigen. Die Mitarbeiter, die nicht in Urlaub gefahren sind, führen am Dienstag, Mittwoch, Donnerstag und Freitag viele Tätigkeiten aus, die große Ähnlichkeit mit denen des Montags haben, wodurch es zu einer beträchtlichen Interferenz kommt. Die Mitarbeiter, die in Urlaub fahren, sind mit ganz anderen Dingen beschäftigt, die zu wenigen oder gar keinen Interferenzen führen.

Doch Langzeit-Transienz lässt sich vermutlich nicht gänzlich auf Interferenz von ähnlichen Erfahrungen zurückführen: Informationsverlust kann nach einer gewissen Zeit auch dann eintreten, wenn Interferenz kaum eine Rolle spielt. Beispielsweise hat der Psychologe Harry Bahrick getestet, wie viele spanische Vokabeln von Leuten behalten werden, die diese Sprache in der Schule oder am College gelernt haben.[36] Er führte seine Tests zu verschiedenen Zeitpunkten durch: den ersten unmittelbar nachdem seine Versuchspersonen den Spanischkurs beendet hatten, den letzten fünf Jahre später. Laut Bahrick kam es während der ersten drei Jahre nach Ende des Spanischunterrichts zu einem starken Erinnerungsverlust spanischer Vokabeln, während die Einbuße in späteren Jahren nur unwesentlich war. Der Rückgang in den ersten Jahren ist wahrscheinlich auf spontanen Zerfall oder Verlust von Informationen zurückzuführen.

Was geschieht mit den Erfahrungen, an die wir uns nach einem Tag erinnern können, aber nicht mehr nach einem Jahr? Verschwinden sie völlig? Oder lauern sie im Hintergrund und warten nur auf

den richtigen Auslöser – eine vertraute Stimme oder einen beißenden Geruch –, um wieder im Bewusstsein aufzutauchen? Die Antwort – oder zumindest meine Antwort – ist ein partielles Ja für beide Möglichkeiten. Aus neurobiologischen Tierexperimenten ergeben sich immer mehr Anhaltspunkte dafür, dass Vergessen manchmal tatsächlich auf Informationsverlust beruht. Erinnerungen, so die meisten Neurobiologen, werden dadurch enkodiert, dass sich die Stärke der Verbindungen zwischen Neuronen verändert.[37] Wenn wir ein Ereignis erleben oder ein neues Faktum zur Kenntnis nehmen, kommt es zu komplexen chemischen Veränderungen an den Verbindungsstellen – den Synapsen –, welche die Neuronen untereinander verbinden. Die Experimentaldaten lassen darauf schließen, dass sich diese Veränderungen im Laufe der Zeit wieder zurückbilden können. Neuronenverbindungen, die Erinnerungen enkodieren, können sich auf diese Weise abschwächen – möglicherweise ein Spiegelbild jener Verfallskurve, die wir Ebbinghaus verdanken. Werden die Verbindungen nicht durch nachfolgendes Abrufen und Wiedererzählen gestärkt, können die Verbindungen so schwach werden, dass sich die Erinnerung schließlich gar nicht mehr abrufen lässt.

Gleichzeitig wissen wir jedoch auch aus zahllosen Studien, dass scheinbar verlorene Informationen durch Schlüsselreize oder Hinweise wieder entdeckt werden können, die uns daran erinnern, wie wir eine Erfahrung ursprünglich enkodiert haben.[38] Wenn die Zeit vergeht und die Interferenz zunimmt, kann die Information so gründlich verloren gehen, dass nur noch eine machtvolle Gedächtnishilfe die scheinbar unaufhaltsame Transienz bremsen und die verbliebenen Bruchstücke eines Erlebnisses über die immer schwächer werdenden Neuronenverbindungen ins Bewusstsein bringen kann.

Diesen Punkt führt uns der Psychologe Willem Wagenaar durch eine aufschlussreiche Tagebuchstudie vor Augen. Vier Jahre lang

zeichnete er jeden Tag verschiedene Aspekte eines persönlichen Erlebnisses auf: wer daran beteiligt war, was geschah, Zeit und Ort sowie irgendein weiteres charakteristisches Merkmal des Ereignisses.[39] In den vier Jahren, während er diese Erinnerungen festhielt, hat er in dem Tagebuch nicht ein einziges Mal zurückgeblättert. Einen Tag nach der Beendigung der Aufzeichnungen begann Wagenaar, sich selbst zu testen, indem er sein Gedächtnis mit verschiedenen Kombinationen von Hinweisreizen fütterte (zum Beispiel wer, was, wo, wann).

Wie Wagenaar feststellte, war die Wahrscheinlichkeit, dass er sich an Schlüsselaspekte des Ereignisses erinnerte, umso größer, je mehr Hinweisreize ihm zur Verfügung standen. Es gab jedoch Ereignisse, die verschollen blieben, ganz gleich, wie viele Abrufreize er einsetzte. Fasziniert von der Frage, ob diese Erlebnisse ganz aus seinem Gedächtnis verschwunden waren, interviewte Wagenaar Menschen, die an zehn dieser als »vollständig vergessen« eingestuften Ereignisse beteiligt gewesen waren. In allen Fällen konnten sie weitere Details nennen, die es Wagenaar ermöglichten, sich an das Ereignis zu erinnern.

Wagenaars Untersuchung veranschaulicht ein generelles Merkmal der Transienz, das im Laufe der Monate und Jahre zutage tritt: Das Vergessen ist nicht total, sondern unvollständig, und hinterlässt ein Durcheinander von Erinnerungsfetzen. Vage Eindrücke von Vertrautheit, allgemeines Wissen über das Geschehene oder Bruchstücke von Erlebnissen – das sind die häufigsten Hinterlassenschaften der Transienz.

Was man gegen Transienz tun kann

Wir würden uns alle gern an mehr erinnern, als die Transienz hinterlässt. Um die Transienz zu vermindern, sollte man sich auf das Geschehen in den ersten Momenten der Erinnerungsbildung konzentrieren, wenn die Enkodierungsprozesse das Schicksal einer neuen Erinnerung nachhaltig beeinflussen. Alle populären Ratgeber zum Gedächtnistraining legen diese entscheidende Erkenntnis zugrunde, indem sie Methoden zur Verarbeitung eintreffender Informationen vermitteln. Zahlreiche Bücher und Artikel geben einen Überblick zu speziellen Techniken.[40] Meist wird eine Mnemotechnik empfohlen, die mit einer Form von visueller Vorstellung arbeitet: Man fordert die Menschen auf, Informationen, die sie sich einprägen wollen, in anschauliche oder sogar bizarre Vorstellungsbilder zu verwandeln. Wollen Sie also beispielsweise den Namen Daniel Schacter behalten, könnten Sie sich vorstellen, ich wäre von einem Rudel Löwen umgeben (*Daniel* in der Löwengrube) und hielte ihnen einen *Scheck* entgegen, um mich loszukaufen.

Die Mnemotechnik der visuellen Vorstellung wurde vor mehr als 2000 Jahren von den Griechen entwickelt und wird von den meisten Gedächtniskünstlern verwendet, die in öffentlichen Auftritten spektakuläre Kunststücke vorführen – das Auswendiglernen eines Telefonbuchs oder der Namen von hunderten von Menschen, die nur sekundenlang präsentiert wurden. In kontrollierten Laborexperimenten hat sich eindeutig erwiesen, dass auch ganz normale Menschen ihr Gedächtnis für Wortlisten, Namen und anderes Material durch visuelle Mnemotechniken erheblich verbessern können. Dabei gibt es allerdings ein Problem. Viele visuelle Vorstellungstechniken sind sehr kompliziert und setzen die Aneignung beträchtlicher kognitiver Ressourcen voraus, weshalb es schwer ist, sie spontan zu verwenden. Wenn Sie zum ersten Mal bizarre Vorstellungsbilder und Geschichten erfinden, um neue Informationen zu enkodieren, mag das spannend und unterhaltsam sein. Doch die Notwendigkeit, immer neue Vorstellungsbilder zu erfinden, kann schließlich so mühsam werden, dass die Menschen diese Methode ganz aufgeben. So waren laut einer Studie ältere Erwach-

sene in der Lage, Mnemotechniken zu verwenden, wenn man sie im Labor dazu aufforderte, doch nur knapp ein Drittel gab an, diese Methoden auch in ihrem Alltag anzuwenden.[41]

Aufwändig angepriesene Gedächtnisprogramme wie Mega Memory machen intensiven Gebrauch von Vorstellungsbildern und verwandten Techniken.[42] In den Werbebroschüren von Mega Memory wird vollmundig verkündet, das Training könne Ihnen zu einem »fotografischen Gedächtnis« verhelfen, das Sie in die Lage versetze, sich an Namen und Gesichter zu erinnern, Listen und Verabredungen zu behalten, ohne dass Sie sich Notizen machen müssten. Es mache Ihr Gedächtnis so fit, dass Sie Ihre Freunde und Angehörigen sogar mit mnemo-technischen Kunststücken beeindrucken könnten. Der Abdruck begeisterter Zuschriften soll den Eindruck erwecken, dass die Anwender des Programms Riesenfortschritte erzielen.

Es gibt keinen Grund, daran zu zweifeln, dass diese Programme den Menschen, welche die vermittelten Techniken ständig anwenden, tatsächlich helfen können. Doch ich vermute, vielen Menschen ist nicht klar, dass sie dies jedes Mal tun müssen, wenn sie sich ein bestimmtes Ereignis oder Faktum einprägen wollen. Sonst können sie keinen Erfolg erwarten. Als ich einmal bei einem Radiointerview telefonische Fragen beantwortete, fragte mich eine Anruferin, ob der Mega-Memory-Kurs ihr Gedächtnis »so trainieren« würde, dass sie sich »Bilder machen« könne, die eine sichere Erinnerung zur Folge hätten. Sie erwartete – oder erhoffte zumindest – eine Methode, die ihr Gedächtnis in der gleichen Weise schärfen würde, wie Brillen uns zu besserem Sehen verhelfen: Wir brauchen sie nur aufzusetzen, und ohne dass eine weitere Anstrengung von uns verlangt wird, bemerken wir sogleich, dass wir besser sehen. Leider musste ich der Anruferin mitteilen, dass Mnemotechniken keine Brillen für das Gedächtnis sind; Verbesserungen sind zwar möglich, aber nur unter der Voraussetzung, dass wir mithilfe mühsamer Techniken jedes Gesicht, jeden Namen, jedes Ereignis und jede Tatsache einzeln enkodieren.

Es gibt nur wenige kontrollierte Studien zu kommerziellen Gedächtnisprogrammen. Doch in einer Untersuchung wurde die Wirkung eines solchen Trainings an Gruppen älterer Erwachsener überprüft. Zugrunde gelegt wurden Mega Memory und die ähnlich arbeitenden Hörkassetten von Memory Power.[43] Nachdem sich die Versuchspersonen einer Vielzahl von Gedächtnisaufgaben unterzogen hatten, versuchten sie eines der beiden Trainingsprogramme zu absolvieren oder wurden auf eine Warteliste gesetzt. Den meisten Teilnehmern gelang es, die auf Hörkassetten vorliegenden Kurse durchzuarbeiten, und sie berichteten übereinstimmend, dass sie sehr zufrieden damit seien. Sie hatten das subjektive Gefühl, ihr Gedächtnis habe sich durch das Training verbessert. Doch leider ergaben sich keine Anhaltspunkte dafür, dass das Gedächtnis derjenigen, die eines der beiden Programme erfolgreich durchgearbeitet hatten, im Vergleich zu den anderen Teilnehmern tatsächlich Fortschritte gemacht hatte. Die Forscher gelangten zu dem Schluss, der Nutzen dieser Programme für ältere Erwachsene werde »extrem übertrieben«.

Die Mnemotechnik und jedes andere Verfahren zur Verbesserung der elaborierten Enkodierung muss sich auf Methoden stützen, die einfach genug sind, um regelmäßig angewendet zu werden. Ein Verfahren, das diesem Kriterium gerecht wird, ist in zahlreichen Laborstudien dokumentiert worden. Dabei geht es um die Erzeugung von Elaborierungen, die Informationen, die Sie sich einprägen möchten, mit Ihrem bereits gespeicherten Wissen verknüpfen. Das lässt sich auf einfache Weise erreichen, indem Sie zu der betreffenden Information Fragen entwickeln, die Sie zum Elaborieren zwingen: Welche auffälligen Merkmale gibt es im Gesicht der Frau, die mir gerade begegnet ist? An wen erinnert sie mich, und wo liegen die Ähnlichkeiten und Unterschiede?

Vielversprechende Ergebnisse fanden sich in einer Studie, die eine Variante des Enkodierungsansatzes anwandte und an einer ungewöhnlichen Bevölkerungsgruppe durchgeführt wurde – an Schauspielern.[44] Anfang der Neunzigerjahre untersuchten die Psychologen Helga und Tony Noice, wie Schauspieler ihre Texte lernen und im Gedächtnis behalten. Dabei machten sie eine hochinteressante Entdeckung: Anstatt sich das Skript Wort für Wort einzuprägen, lernten die Schauspieler es auswendig, indem sie sich fragten, inwiefern die Worte ihrer Figur Aufschluss über deren Charakter und deren Ziele gaben. Grammatische Einzelheiten, Zeichensetzung und andere sprachliche Elemente dienten als Hinweise auf die Motive und Absichten der Figur. So notierte ein Schauspieler zu einer kurzen Replik seiner Figur (»Ja, ich war's«): »Ich sage nicht mehr als nötig. Knappe Antworten.« Ein anderer Schauspieler befasste sich mit der Äußerung: »Äh … danke. Danke« und schrieb dazu: »Versuche cool und weltmännisch zu sein, stottere aber ein bisschen.«

Danach haben Helga und Tony Noice untersucht, ob Collegestudenten und ältere Erwachsene von der Methode des »aktiven Erfahrens«, die Schauspieler verwenden, profitieren können.[45] Die Ergebnisse waren ermutigend: Nach kurzer Unterweisung in dieser Technik zum Auswendiglernen schnitten Psychologiestudenten und ältere Menschen wesentlich besser ab als Vergleichsgruppen, die einfach versuchten, sich den Text einzuprägen. Wie die visuelle Mnemotechnik verlangt aktive Erfahrung erhebliche Anstrengung. Daher bleibt abzuwarten, ob die Zielgruppen tatsächlich bereit sind, die Technik regelmäßig anzuwenden. Doch die vielversprechenden ersten Ergebnisse zeigen uns, dass sich ein wichtiges Prinzip zur Bekämpfung der Transienz – die elaborierte Enkodierung – nebst einschlägigen Methoden experimentell bestätigen lässt. Das Haupthindernis bleibt die Umsetzung der Enkodierungstechniken im Alltag.

Da elaborierte Enkodierung, visuelle Mnemotechniken und verwandte Ansätze stets kognitive Anstrengungen erfordern, hat die Vorstellung, ein mühelos anwendbares und dauerhaft wirksames Mittel gegen Transienz zu finden, zweifellos etwas Verlockendes. Wollte man der Werbung glauben, müsste man meinen, die magische »Gedächtnisbrille« sei schon gefunden, und zwar in Gestalt der Extrakte aus den Blättern eines der ältesten Laubbäume, dem *Ginkgo biloba*. Wer kennt nicht die Anzeigen, die verkünden, dass die Einnahme von Ginkgo-Extrakt zu erhöhter geistiger Regsamkeit und verbesserter Gedächtnisfunktion führt. Tatsächlich geht aus vielen Studien hervor, dass sich Ginkgo positiv auf den zerebralen Blutfluss auswirkt.[46] In den wenigen kontrollierten Untersuchungen, in denen man Ginkgo mit Placebos verglich, wurden bescheidene Verbesserungen bei Menschen beobachtet, die vor der Einnahme von Ginkgo erhebliche Gedächtnisprobleme hatten. Dagegen war wenig oder keine Besserung bei Versuchspersonen mit geringen oder keinerlei Gedächtnisschwierigkeiten zu verzeichnen. Andere Studien haben gezeigt, dass Alzheimer-Patienten nach der Einnahme von Ginkgo geringfügige Verbesserungen bei einer Vielzahl von Symptomen aufweisen, was vermutlich auf eine allgemeine Steigerung der Vigilanz zurückzuführen ist. Doch es gibt keinen Anhaltspunkt dafür, dass Ginkgo der Transienz unmittelbar entgegenwirkt. Vor die Wahl gestellt, Ginkgo einzunehmen oder einige Zeit und Mühe für die Aneignung elaborierter Enkodierungstechniken zu investieren, wären gesunde Menschen gut beraten, sich für diese Methoden zu entscheiden.

Man hat auch verschiedene andere Kräuter und Vitamine als Gedächtnishilfen angepriesen. Meist gibt es nur wenige oder gar keine Beweise für die Wirksamkeit dieser Mittel. Studien, bei denen das Nahrungsergänzungsmittel Phosphatidylserin oder »PS« verwendet wurde, berichteten von positiven Ergebnissen, die allerdings mit Vorsicht zu genießen sind.[47] Wie Ginkgo scheint sich

PS bei einer Vielzahl von Aufgaben positiv auszuwirken, unter anderem auch bei einigen Gedächtnistests. Manche erklärten es daraufhin auch zum »Allheilmittel« für alle Arten von Gedächtnisproblemen, die mit zunehmendem Alter einhergehen. Doch die offensichtliche Unspezifität der Wirkung von PS – geringe Zugewinne an Aufmerksamkeit, Konzentration, Reaktionsgeschwindigkeit und so fort – lässt darauf schließen, dass das Spurenelement eher wie eine starke Tasse Kaffee wirkt, also das allgemeine Erregungsniveau und die Vigilanz steigert. Tatsächlich empfehlen die Autoren eines Gedächtnistrainings in sechs Schritten neben regelmäßiger Einnahme von PS auch die elaborierten Enkodierungstechniken, von denen oben die Rede war. Mit Sicherheit ist dieser Teil des Programms für einige der klinischen Erfolge verantwortlich, von denen sie berichten.

In anderen Ansätzen hat man sich mit den Hormonen beschäftigt, die in Zusammenhang mit Transienz zu stehen scheinen. Beispielsweise hat man untersucht, ob sich die Hormonersatzbehandlung bei Frauen nach den Wechseljahren positiv auswirkt.[48] Nach der Menopause klagen Frauen häufig über Gedächtnisprobleme. Die Ergebnisse von Studien an älteren Frauen lassen darauf schließen, dass geringere Östrogenkonzentrationen zu beeinträchtigter Gedächtnisleistung beim Einprägen von Wörtern oder Wortpaaren beitragen. Neuere Ergebnisse sprechen dafür, dass Östrogen-Substitution tatsächlich das Behalten von sprachlicher und bildlicher Information verbessern kann.

Erfolgreiche Behandlungen der Transienz müssten wohl direkt auf die physiologischen Prozesse einwirken, die für die Bewahrung der Erinnerungen zuständig sind. Einer Gruppe von Neurobiologen unter Leitung von Joseph Tsien gelang unlängst ein großer Schritt in diese Richtung. Sie ermittelten ein Gen, das die Gedächtnisleistung bei Labormäusen erheblich verbesserte. Das Gen kodiert ein Protein, das als neuronale Pforte eine Schlüsselrolle für das

Gedächtnis spielt: den NMDA-(N-Methyl-D-Aspartat-)Rezeptor.[49] Zusammen mit anderen Mechanismen organisiert der NMDA-Rezeptor den Informationsfluss zwischen Neuronen – über einen Spalt hinweg, der als Synapse bezeichnet wird. Vor etlichen Jahrzehnten entwickelte der kanadische Psychologe Donald Hebb die These, Erinnerungen würden sich bilden, wenn sich die synaptischen Verbindungen zwischen gleichzeitig aktiven Neuronen verstärken – ein Ansatz, für den sich eine griffige Formulierung fand: *Neurons that fire together wire together* (»Neuronen, die miteinander feuern, werden miteinander verdrahtet«).

Der NMDA-Rezeptor öffnet sich, wenn er etwa gleichzeitig zwei verschiedene Signale erhält. Dadurch wird eine bessere neuronale Verarbeitung bewirkt, die so genannte Langzeitpotenzierung, von der man annimmt, sie verstärke synaptische Verbindungen und fördere auf diese Weise die Gedächtnisbildung. In jungen Jahren bleibt der Rezeptor länger offen als in höherem Lebensalter, steigert so die Langzeitpotenzierung und erleichtert es jugendlichen Organismen, neue Verbindungen anzulegen. Tsiens Gruppe manipulierte das betreffende Gen in Versuchsmäusen, worauf es zu einer erhöhten Aktivität der NMDA-Rezeptoren kam. Mäuse mit zusätzlichen Kopien des Gens führten Aufgaben verschiedener Art aus – Erlernen einer räumlichen Anordnung, Wiedererkennen vertrauter Gegenstände und die Erinnerung an einen Angst erregenden Schock. Die mutierten Mäuse ließen vermehrte Langzeitpotenzierung während des Lernens erkennen und zeigten bei jeder der drei Gedächtnisaufgaben auch bessere Leistungen als normale Mäuse. Die Vorteile blieben bis ins Erwachsenenalter erhalten, sodass ältere Mäuse wie jüngere lernen konnten.

Die Tsien-Gruppe schloss ihren Artikel mit der verlockenden Vorstellung, dass der vorteilhafte Effekt der genetischen Manipulation »eine vielversprechende Strategie darstellt für die Schaffung

anderer gentechnisch veränderter Säugetiere mit erhöhter Intelligenz und Gedächtnisleistung«. So interessant diese Ergebnisse auch sind, bislang weiß niemand, wann dieser Ansatz zur Entwicklung von Behandlungsmethoden führen wird, die Patienten mit Gedächtnisstörungen oder auch Menschen mit normalem Gedächtnis helfen können. Die Perspektiven sind gleichzeitig verheißungsvoll und beunruhigend. Der Neurobiologe Tim Tully, der bahnbrechende Arbeiten zu den genetischen Grundlagen des Gedächtnisses durchgeführt hat, fragt sich, ob man eines Tages wirklich gedächtnisfördernde Medikamente zu Zwecken einsetzen könnte, die ihm persönlich zuwider wären. »Stellen Sie sich vor, unter welchem Druck ein General steht, der innerhalb von 30 Minuten einer Gruppe Piloten eine Fülle von Informationen mit Details zu Bombenangriffen übermitteln soll«, meint Tully. »Glauben Sie nicht, er würde sich die Sachen einpauken und dann ein gedächtnissteigerndes Mittel nehmen? Die würden sich auf jedes Mittel stürzen, das dem Gedächtnis auf die Sprünge hilft.« Tully ist Pazifist, weshalb eine solche Nutzung für ihn eine Pervertierung der Ziele wäre, die er und andere Forscher mit ihrer Arbeit verfolgen. »Ich fände es tieftraurig, wenn unsere Erkenntnisse zur Vervollkommnung der Kriegskunst verwendet würden, der versteckten und offenen Grausamkeiten, die Menschen an Menschen verüben.«

Auch die potenziellen Folgen von gedächtnissteigernden Medikamenten für Schule und Ausbildung wären gleichzeitig vielversprechend und beängstigend. »Was wäre, wenn sich ein Kind jeden Tag vor der Schule eine Gedächtnispille einwürfe?«, fragt Tully. »Wie sähe es nach zwölf Jahren Schule im Kopf dieses Kindes aus? Was würde das Kind mit diesem Informationsvorrat leisten?« Die Möglichkeit, eine Generation von Superlernern hervorzubringen, die von allen Einschränkungen durch Transienz unbehelligt blieben, erscheint sehr verlockend. Doch könnte das Gehirn einen derartigen Ansturm von Information bewältigen? Und was wäre

mit den Kindern, die keinen Zugang zu den neuesten gedächtnissteigernden Mitteln hätten? Würden sie in der Schule und im späteren Leben zurückbleiben? »Wir wissen es nicht«, räumt Tully ein. Ähnliche Fragen ließen sich zum Berufsleben der Erwachsenen stellen. Angenommen, die Wahrscheinlichkeit einer Beförderung stiege, wenn Sie sich dank gedächtnisfördernder Medikamente mehr berufsbezogene Informationen aneignen und merken könnten. Wenn Sie das Medikament nicht einnähmen, könnte das Ihre Karrierechancen beeinträchtigen. Würden Sie zu dem Mittel greifen, auch wenn es schädliche Nebenwirkungen hätte oder wenn die Nebenwirkungen unbekannt wären? Mit Fragen wie diesen werden wir uns eines Tages auseinander setzen müssen, wenn die neurobiologische Gedächtnisforschung weiterhin so rasche Fortschritte macht.[50]

In dem großen öffentlichen Interesse an Genen und Medikamenten, die das Vergessen reduzieren oder beseitigen könnten, kommt die Furcht vor den katastrophalen Folgen der Alzheimer-Krankheit zum Ausdruck – oder auch vor den schwächeren Auswirkungen des normalen Alterungsprozesses auf das Gedächtnis. In ihrer erschütternden Kurzgeschichte *Almost no Memory* schildert Lydia Davis eine Frau, deren Erinnerungen an alle vergangenen Erlebnisse – selbst jene, die erst einen Tag oder eine Stunde zurückliegen – die Verschwommenheit von unvollständigem Vergessen aufweisen, die sich bei den meisten von uns erst über längere Zeiträume entwickelt.[51] Davis' halbamnestische Heldin zeichnet ihre Gedanken und Ideen in Notizheften auf, die sie immer wieder zurate zieht, um ein Empfinden für ihr Selbst und ihre Vergangenheit zu bekommen. Doch das Ergebnis dieser Praxis ist eher verwirrend als erhellend:

»Daher wusste sie, dass diese Notizhefte wirklich viel mit ihr zu tun hatten, obwohl es für sie schwer zu verstehen war und sie der Versuch verwirrte, zu begreifen, was sie mit ihr zu tun hatten, wieweit sie ein Stück von ihr waren und wieweit sie außerhalb

ihres Selbst blieben, während sie dort im Regal standen – waren, was sie einmal gewusst hatte, aber nicht mehr wusste, waren, was sie einmal gelesen hatte, auch wenn sie sich jetzt nicht mehr erinnerte, es gelesen zu haben, waren, was sie einmal gedacht hatte, aber jetzt nicht mehr dachte – sie erinnerte sich nicht einmal, dass sie es gedacht hatte, und wenn sie sich erinnerte, wusste sie nicht, ob sie es jetzt dachte oder nur einst gedacht hatte, oder verstand nicht, warum sie einst einen Gedanken gehabt hatte und dann Jahre später denselben Gedanken oder einst einen Gedanken, der dann nie wieder kam.«

Diese Schwindel erregende Verwirrung führt uns vor Augen, warum die Transienz möglicherweise die schrecklichste der sieben Sünden ist: Sie untergräbt die Funktion des Gedächtnisses, die uns mit früheren Gedanken und Handlungen verbindet und auf diese Weise definiert, wer wir sind. Der englische Dichter William Wordsworth wusste von dieser Verbindung. In seiner Ode *Intimations of Immortality from Recollections of Early Childhood* spricht er von der Eigentümlichkeit verblasster Kindheitserinnerungen und stellt wehmütig fest: »Die Dinge, die ich einst erblickt, die seh ich nun nicht mehr.« Und er preist die Bedeutung des schwachen Nachhalls, der ihm von seiner immer rascher entweichenden Vergangenheit blieb.

But for those first affections,
Those shadowy recollections,
Which, be they what they may,
As yet the fountain-light of all our day,
Are yet a master-light of all of our seeing.* [52]

* *Ode. Andeutungen der Unsterblichkeit aus Erinnerungen der frühen Kindheit*: Doch diese ersten Regungen der Seele / diese Schatten der Erinnerung / die, welcher Art auch immer, / noch heut der Lichtquell aller unsrer Tage sind, / das hellste Licht, das unsrem Sehen leuchtet.

2 Geistesabwesenheit: Wenn uns die alltäglichsten Dinge entfallen

An einem bitterkalten Februartag des Jahres 1999 versammelten sich 17 Menschen im 19. Stock eines Wolkenkratzers in Manhattan, um einen Titel zu erringen, den außerhalb dieses Raums kaum jemand kannte: National Memory Champion – nationaler Gedächtnismeister.[53] Der Gewinner des amerikanischen Wettbewerbs sollte sich einige Monate später an den Weltmeisterschaften in London beteiligen.

Die Teilnehmer wurden aufgefordert, sich tausende von Zahlen und Wörtern, Seiten mit Gesichtern und Namen, längere Gedichte und Anordnungen von Spielkarten einzuprägen. Die Siegerin im Kampf der Gedächtniskünstler, die 27-jährige Verwaltungsangestellte Tatiana Cooley, arbeitete mit den klassischen Techniken der elaborierten Enkodierung, das heißt, sie entwickelte visuelle Vorstellungsbilder, Geschichten und Assoziationen, die eintreffende Informationen mit dem Vorwissen verknüpften. Angesichts ihrer unter Beweis gestellten Fähigkeit, riesige Informationsmengen im Gedächtnis zu speichern, sollte man erwarten, dass Cooleys Leben frei von all den Gedächtnisproblemen ist, die normale Sterbliche plagen. Doch die Gedächtnismeisterin bezeichnet sich selbst als schrecklich vergesslich. »Ich bin unglaublich zerstreut«, berichtete Cooley einem Journalisten. Um ihre täglichen Verpflichtungen nicht zu vergessen, notiert sie sich alles auf Listen und Klebezetteln. Von ihnen sei sie »total abhängig«, gab sie bedrückt zu.

Die Vorstellung, dass eine nationale Gedächtnismeisterin nicht ohne Notizzettel leben kann, hat etwas Paradoxes, sogar Surreales: Warum muss sich jemand mit solch erstaunlichem Erinnerungsvermögen überhaupt etwas notieren? Kann sich Tatiana Cooley nicht der gleichen Fähigkeiten und Methoden bedienen, mit denen sie sich hunderte von Wörtern und tausende von Zahlen einprägt, um daran zu denken, dass sie einen Liter Milch besorgen muss? Offenbar nicht: Die Kluft, die sich zwischen Cooleys Meistergedächtnis und ihrer Alltagsvergesslichkeit auftut, verdeutlicht schlagartig den Unterschied zwischen Transienz und Geistesabwesenheit.

Die Mnemotechniken, die Cooley so perfekt beherrscht, helfen ihr, der Transienz entgegenzuwirken. Gibt man normalen Leuten eine lange Zahlenfolge zum Einprägen, sind ihnen, wenn sie bei der siebten oder achten Ziffer angelangt sind, die ersten schon wieder entfallen. Nicht so bei einer geübten Mnemotechnikerin wie Cooley, die Ziffern so enkodiert, dass sie leicht zugänglich bleiben, selbst wenn einige Zeit verstreicht und noch mehr Zahlen enkodiert werden müssen. Doch die alltäglichen Aussetzer, gegen die sich Cooley mit ihren Klebezetteln zu wehren versucht – Besorgungen, die zu erledigen sind, Termine und dergleichen mehr –, haben wenig mit Transienz zu tun. Aussetzer dieser Art sind das Produkt der Sünde der Geistesabwesenheit: Aufmerksamkeitslücken, die dazu führen, dass wir uns nicht an Informationen erinnern, die wir entweder nie richtig (wenn überhaupt) enkodiert haben oder die zwar im Gedächtnis vorhanden sind, die wir aber zu dem Zeitpunkt, da wir sie abrufen wollen, übersehen.

Der Unterschied zwischen Transienz und Geistesabwesenheit wird Ihnen vielleicht klarer, wenn Sie die folgenden drei Beispiele betrachten:

- Ein Mann legt seinen Golfball auf den Abschlag und schlägt ihn das Fairway hinunter. Nachdem sein Partner seinen Schlag ausgeführt hat, legt er den Ball erneut auf den Abschlag, weil er seinen vorherigen Schlag bereits vergessen hat.
- Ein Mann legt seine Brille auf die Lehne des Sofas. Wenig später kann er sie nicht finden und verbringt eine halbe Stunde damit, sie zu suchen.
- Ein Mann legt für einen Moment eine Geige auf dem Dach seines Autos ab, vergisst sie dort und fährt mit der Geige auf dem Wagendach davon.

Oberflächlich betrachtet scheint es sich in allen drei Fällen um eine ähnliche Art raschen Vergessens zu handeln. Tatsächlich aber sind die Ursachen wahrscheinlich höchst unterschiedlich.

Der erste Fall ereignete sich Anfang der Achtzigerjahre, als ich mit einem Patienten Golf spielte, der an einem Gedächtnisforschungsprojekt meines Labors teilnahm.[54] Er befand sich im Anfangsstadium der Alzheimer-Krankheit und hatte große Schwierigkeiten, sich an unmittelbar zurückliegende Ereignisse zu erinnern. Nach dem ersten Abschlag war der Patient aufgeregt, weil er den Ball genau in der Mitte der Bahn entlanggeschlagen hatte. Ihm war klar, dass er jetzt einen leichten Annäherungsschlag ans Grün hatte. Mit anderen Worten, er hatte das Ereignis relativ elaboriert enkodiert, was unter normalen Umständen für eine ausgezeichnete Erinnerung gesorgt hätte. Doch als er sich erneut an den Abschlag stellte und ich ihn nach seinem ersten Schlag fragte, hatte er nicht mehr die geringste Erinnerung daran. Der Patient war ein Opfer der Transienz: Er war unfähig, die Information zu behalten, die er elaboriert enkodiert hatte und die doch kein Hinweisreiz und keine Gedächtnishilfe wieder zutage fördern konnte.

Im zweiten Fall, dem der verlegten Brille, sind ganz andere Prozesse am Werk. Leider muss ich gestehen, dass es sich um ein eigenes Erlebnis handelt – und es passiert häufiger, als mir lieb sein kann. Da ich mein Verhalten von Anfang an nicht richtig enkodiert hatte – meine Gedanken waren noch bei einem wissenschaftlichen Artikel, den ich gerade gelesen hatte –, hatte ich keinen blassen Schimmer, wo die Brille sein könnte. Selbst als ich sie schließlich auf der Sofalehne entdeckte, konnte ich mich nicht entsinnen, sie dorthin gelegt zu haben. Doch im Gegensatz zu dem Problem des Golf spielenden Alzheimer-Patienten war die Transienz in meinem Fall völlig harmlos: Da ich die Information, wo ich meine Brille hingelegt hatte, nie angemessen enkodiert hatte, konnte ich sie später auch nicht abrufen.

Das dritte Beispiel mit der auf dem Autodach vergessenen Geige war weit mehr als eine ärgerliche Episode.[55] Im August 1967 spielte David Margetts die zweite Geige im Roth String Quartet der University of California in Los Angeles. Man hatte ihm eine edle Stradivari aus dem Besitz des Fachbereichs Musik anvertraut. Nachdem Margetts die Geige auf sein Autodach gelegt hatte und davongefahren war, setzte die Universität Himmel und Hölle in Bewegung, um das kostbare Instrument wiederzubekommen. Trotzdem blieb es 27 Jahre lang verschwunden. Erst 1994 tauchte die Stradivari wieder auf. Als sie einem Geigenbauer zur Reparatur gebracht wurde, erkannte dieser das Instrument. Nach einer längeren gerichtlichen Auseinandersetzung erhielt die Universität die Geige 1998 zurück.

Natürlich werden wir niemals erfahren, woran Margetts dachte, als er die Geige auf das Autodach legte. Vielleicht war er mit anderen Dingen beschäftigt, genau wie ich, als ich meine Brille verlegte. Doch da man eine wertvolle Stradivari kaum achtlos irgendwohin legt, vermute ich, dass sich Margetts, wäre er vor der Abfahrt daran erinnert worden, sehr wohl entsonnen hätte, wohin er die Geige soeben gelegt hatte. Mit anderen Worten, Margetts' Gedächtnis war vermutlich weder durch Transienz noch durch mangelnde Enkodierung beeinträchtigt. Vielmehr hatte er in seiner Geistesabwesenheit offenbar versäumt, in dem Augenblick an die Geige zu denken, da er sich hätte erinnern müssen, wo er sie abgelegt hatte. Ihm fehlte ein Abrufhinweis, der ihn sicherlich daran erinnert hätte, das Instrument vom Wagendach fortzunehmen.

Gedächtnisfehler aus Geistesabwesenheit sind gleichzeitig komisch und erschreckend. Um ihre Ursachen zu verstehen, müssen wir uns mit der Rolle der Aufmerksamkeit bei Enkodierungsprozessen beschäftigen und auch untersuchen, wie Abrufhinweise und Gedächtnishilfen dazu beitragen können, dass wir uns an Dinge erinnern, die wir uns merken möchten.

Aufmerken und erinnern: Wie viel bemerken wir?

Wie oben dargelegt, können sich Ausmaß und Art der elaborierten Enkodierung erheblich auf die Transienz auswirken. Wenn diese Enkodierung jedoch ganz ausbleibt, sind die Weichen für jene Art von ärgerlichen Aussetzern gestellt, die manchmal ein ständiger Begleiter unseres Alltags zu sein scheinen: verlegte Brillen, verlorene Schlüssel, vergessene Verabredungen und so fort. Die elaborierte Enkodierung wird unter anderem dadurch verhindert, dass die Aufmerksamkeit von Menschen bei der Aufnahme neuer Informationen gestört oder abgelenkt wird. In Studien zur geteilten Aufmerksamkeit präsentiert man den Versuchspersonen Material, das sie sich einprägen sollen – eine Wortliste, eine Geschichte, eine Bilderfolge. Gleichzeitig müssen sie eine weitere Aufgabe ausführen, die ihre Aufmerksamkeit von dem Lernstoff ablenkt. Beispielsweise bittet man Teilnehmer, die eine Wortliste lernen sollen, auf eine fortlaufende Reihe von Tönen zu achten und zu reagieren, wenn sie einen höheren oder einen tieferen Ton hören. Oder sie müssen, während sie sich mit den Wörtern beschäftigen, auf Zahlenfolgen lauschen und immer dann reagieren, wenn drei ungerade Zahlen hintereinander genannt werden. Im Vergleich zu Versuchsbedingungen, unter denen sich die Teilnehmer vollständig auf die zu lernenden Wörter konzentrieren können, erweist sich bei geteilter Aufmerksamkeit das Gedächtnis als außerordentlich schlecht.

Aus neueren Untersuchungen geht hervor, dass uns geteilte Aufmerksamkeit während der Enkodierung nicht unbedingt daran hindert, einige Informationen über eine Erfahrung aufzunehmen.[56] Gedächtnisforscher unterscheiden gern zwischen zwei verschiedenen Arten der Erinnerung an Vergangenes: bewusstes Erinnern *(recollection)* und Vertrautheit *(familiarity)*.[57] Bewusstes Erinnern bedeutet, dass Sie sich bestimmte Einzelheiten früherer Erfahrungen ins Bewusstsein rufen, etwa wo genau Sie letzte Woche beim Abendessen im Restaurant gesessen haben, den Tonfall des Kellners oder die Gewürze in der Cajun-Vorspeise. Vertrautheit bezeichnet eine primitivere Form von Erinnerung: Man weiß, dass etwas geschehen ist, ohne dass man Einzelheiten abrufen kann. So haben Sie in dem Restaurant vielleicht einen Bekannten am Nebentisch bemerkt, ohne sich an Einzelheiten wie seinen Namen oder die Umstände des Kennenlernens erinnern zu können. Laborstudien lassen darauf schließen, dass sich geteilte Aufmerksamkeit während der Enkodierung nachhaltig auf das anschließende bewusste Erinnern, aber kaum auf die Vertrautheit auswirkt. Wahrscheinlich hindert uns die geteilte Aufmerksamkeit daran, Einzelheiten zu elaborieren, die für das anschließende bewusste Erinnern erforderlich sind, doch sie gestattet uns, einige rudimentäre Informationen aufzunehmen, die später das Gefühl der Vertrautheit hervorrufen. Auch bei geteilter Aufmerksamkeit können wir so viele Informationen über ein Gesicht speichern, dass es uns vertraut erscheint, wenn wir es wiedersehen – obwohl unsere Enkodierung nicht elaboriert genug war, um uns später an den Namen, den Beruf oder andere Merkmale des betreffenden Menschen zu erinnern.

Gedächtnisfehler aufgrund von Geistesabwesenheit sind vermutlich häufig auf eine Art »geteilte Aufmerksamkeit« zurückzuführen, die unseren Alltag bestimmt. Während Sie sich auf einen wichtigen Vortrag vorbereiten, den Sie am nächsten Tag halten sollen, legen Sie Ihre Autoschlüssel an einen ungewöhnlichen Ort. Sie überlegen sich, wie viel Geld noch auf Ihrem Konto ist, nachdem Sie den letzten Scheck ausgestellt haben, und lassen das Scheckheft auf dem Esszimmertisch liegen. Selbst wenn nach solchen Vorfällen ein Rest von Vertrautheit bleibt, reicht er nicht aus, um späteres Vergessen zu verhindern. Sie müssen in der Lage sein, sich in allen Einzelheiten vor Augen zu führen, wo Sie die

Schlüssel oder das Scheckbuch hingelegt haben. Von einem besonders ärgerlichen Vorfall dieser Art berichtet der 67-jährige Lew Lieberman, ein emeritierter Psychologieprofessor:

»Kein Tag vergeht, an dem ich nicht nach irgendetwas suche. Heute brauchte ich neue Schecks für mein Scheckbuch. Als ich sie holen wollte, stellte ich fest, dass die nachfolgenden Schecks fehlten. Offenbar hatte ich zu einem früheren Zeitpunkt, als ich mein Scheckbuch nicht finden konnte, Schecks aus dem nächsten Stapel genommen und ausgestellt, aber als ich nun feststellte, dass Schecks fehlten, hatte ich KEINE Erinnerung daran. Wo also sind die fehlenden Schecks geblieben?«[58]

Ungenügende Aufmerksamkeit bei der Enkodierung dürfte einer der häufigsten Gründe für derartige Gedächtnisfehler bei älteren Erwachsenen sein. Eine Reihe von Experimenten der Psychologen Fergus Craik und Larry Jacoby deutet darauf hin, dass der Alterungsprozess einen Zustand hervorrufen kann, der Merkmale einer chronisch geteilten Aufmerksamkeit besitzt.[59] Sie fanden Gedächtnisleistungen mit ähnlichen Mustern bei älteren Erwachsenen (zwischen 60 und 80), die sich beim Enkodieren vollständig auf die eintreffenden Informationen konzentrieren konnten, und bei Collegestudenten, die unter der Bedingung geteilter Aufmerksamkeit enkodierten. So zeigten beide Gruppen ein geringeres Maß an bewusster Erinnerung als Collegestudenten, die der Enkodierung ihre ungeteilte Aufmerksamkeit widmen konnten. Allerdings wurde in allen drei Gruppen ein ähnliches Maß an Vertrautheit festgestellt.

Geteilte Aufmerksamkeit beeinträchtigt den Umfang der kognitiven Ressourcen – die »Energieversorgung« des Enkodierungsprozesses –, die für die eintreffenden Informationen mobilisiert werden können. Daher vertreten Craik und andere die Auffassung, der Alterungsprozess sei mit einem Rückgang der kognitiven Ressourcen verknüpft. Deshalb kämen Gedächtnisleistungen mit

ähnlichen Mustern zustande wie bei geteilter Aufmerksamkeit.

Aufmerksamkeitslücken, die zu Vergessen führen, treten besonders häufig bei Routineaktivitäten auf, die keine elaborierte Enkodierung verlangen. Wenn wir lernen, komplexe Tätigkeiten auszuführen, etwa Auto fahren oder Zehnfingertippen, müssen wir auf jedes Element der Tätigkeit sorgfältig Acht geben. Doch sobald bei entsprechender Übung die Fertigkeit wächst, ist immer weniger Aufmerksamkeit für die Aufgaben erforderlich, die uns ursprünglich größte Mühe abverlangten. Aus zahlreichen Experimenten wissen wir, dass es mit entsprechender Übung bei verschiedenen Aufgaben und Fertigkeiten zu einer Verwandlung von konzentrierter, mühevoller Ausführung in eine automatische Verrichtung kommt, der wir nur noch wenig oder gar keine Aufmerksamkeit widmen müssen.[60] Dieses »automatische Funktionieren« verschafft uns die kognitive Freiheit, uns auf andere Dinge zu konzentrieren, während wir eine Tätigkeit verrichten, die einst unsere ganze Aufmerksamkeit in Anspruch nahm. Doch automatisches Verhalten hat seinen Preis: die weitgehende Abwesenheit von bewusster Erinnerung an Tätigkeiten, die »automatisch« ausgeführt werden. Beispielsweise kennt fast jeder erfahrene Autofahrer das unangenehme Gefühl, mit 130 Stundenkilometern auf einer sechsspurigen Autobahn zu fahren und plötzlich zu bemerken, dass er an die letzten fünf Kilometer überhaupt keine bewusste Erinnerung hat. Er ist mit Gedanken beschäftigt, die nicht das Geringste mit Auto fahren zu tun haben, und vertraut ganz auf seine erprobte Fähigkeit, sicher zu fahren, selbst wenn er sich vollkommen automatisch verhält. Daher enkodiert der erfahrene Autofahrer nicht, was um ihn herum geschieht, und kann sich folglich auch nicht daran erinnern.

Vor mehr als 100 Jahren hat der englische Schriftsteller Samuel Butler eine wichtige Theorie der geistigen Entwicklung ausgearbeitet und dabei der Entstehung von automatischem Verhalten

große Bedeutung eingeräumt. Am Beispiel eines Konzertpianisten, der gerade ein Fünfminutenstück beendet hat, beschreibt er scharfsinnig die Erinnerung an automatische Handlungen:

»Denn unter den tausenden von Handlungen ..., die er während der fünf Minuten ausgeführt hat, wird er sich kaum noch an eine erinnern, wenn es vorüber ist. Falls er sich überhaupt an etwas erinnert, abgesehen von dem Umstand, dass er ein bestimmtes Stück gespielt hat, dann wird es vermutlich eine Passage sein, die er schwieriger als andere fand und die ihm noch nicht so vertraut war. Alles andere wird er ebenso vollständig vergessen haben wie die Luft, die er während des Spiels eingeatmet hat.«[61]

Diese Amnesie für automatisches Verhalten kann zu höchst unangenehmen Fällen von Zerstreutheit führen. Wahrscheinlich ist sie verantwortlich für die Art von Vergessen, das ich erlebte, als ich ganz automatisch meine Brille an einen unüblichen Ort legte. Es kann noch schlimmer kommen: Viele Menschen berichten, dass sie verzweifelt nach ihrer Brille suchen, die sie nur wenige Augenblicke zuvor auf die Stirn geschoben haben, oder dass sie im ganzen Haus nach Schlüsseln fahnden, die sie noch in der Hand halten.[62] Meine frustrierendste Erfahrung in dieser Hinsicht ereignete sich nach einer Runde Golf im letzten Sommer. Ich trug meine Schläger zum Auto zurück und wollte nach Hause fahren. Normalerweise stecke ich meine Autoschlüssel während der Runde in den Golfsack, aber diesmal konnte ich sie dort nicht finden. Panisch leerte ich den Sack aus, ohne Erfolg. Da ich die Schlüssel auch nicht in meinen Taschen finden konnte, nahm ich an, sie wären mir während des Spiels aus dem Golfsack gefallen. Leise vor mich hin fluchend, überlegte ich, was als Nächstes zu tun sei. Da sah ich aus den Augenwinkeln den geöffneten Kofferraumdeckel, an dem die Schlüssel baumelten. Vollkommen automatisch hatte ich mit den Schlüsseln bereits den Kofferraum aufgeschlossen, doch mir fehlte jede Erinnerung daran.

Mithilfe von Neuroimaging-Techniken gewinnen wir allmählich Einblick in die Vorgänge, die sich bei geteilter Aufmerksamkeit und automatischem Verhalten im Gehirn abspielen. Tim Shallice und seine Mitarbeiter nahmen PET-Scans vor, während die Versuchspersonen versuchten, sich eine Liste von Wortpaaren einzuprägen.[63] Einige Scans wurden durchgeführt, während die Teilnehmer gleichzeitig eine leichte Aufgabe erledigten, die der Enkodierung der Wortpaare nur wenig Aufmerksamkeit entzog: Sie mussten bei allen Durchgängen einen Hebel in dieselbe Richtung bewegen. Bei anderen Scans führten die Teilnehmer eine schwierige Aufgabe aus, die der Enkodierung der Wortpaare den größten Teil ihrer Aufmerksamkeit entzog: Bei jedem Durchgang mussten sie den Hebel in eine andere Richtung bewegen. Im unteren linken Bereich des Frontallappens war während der schwierigen Ablenkungsaufgaben weniger Aktivität festzustellen als während der leichten. Wie im vorigen Kapitel dargelegt, steht die Aktivierung der unteren linken Frontalregion während der Enkodierung in engem Zusammenhang mit nachfolgendem Erinnern und Vergessen. Shallices Experiment legt die Vermutung nahe, dass die Teilung der Aufmerksamkeit den unteren linken Frontallappen daran hindert, seine normale Rolle bei der elaborierten Enkodierung zu spielen. Ist diese Region nicht oder nur minimal an der Enkodierung neuer Information beteiligt, so ist die anschließende bewusste Erinnerung erheblich beeinträchtigt. Dann neigt man leicht zu Geistesabwesenheit.

In ähnlichen Neuroimaging-Studien wird auch ein Zusammenhang zwischen dem linken unteren Frontallappen und automatischem Verhalten erkennbar.[64] Der Neurowissenschaftler Marcus Raichle und sein Team führten PET-Scans durch, während sie ihren Versuchspersonen eine Reihe gebräuchlicher Substantive zeigten und sie aufforderten, dazu passende Verben zu nennen. Wurde den Teilnehmern beispielsweise der Begriff *Hund* präsentiert, konnten sie mit *bellen* oder *laufen* antworten. Als die Versuchspersonen

diese Aufgabe erstmals ausführten, war die Erzeugung der Verben mit umfangreicher Aktivität im unteren linken Frontallappen (und vielen anderen Hirnregionen) verknüpft. In dieser Aktivität kam wahrscheinlich eine elaborierte Enkodierung zum Ausdruck, während die Versuchspersonen über die Eigenschaften und das Verhalten von Hunden nachdachten. Doch als die Teilnehmer des Experiments die Aufgabe wiederholt mit denselben Substantiven durchführten, sodass sie die Verben rascher und automatisch produzierten, ging die Aktivität im unteren linken Frontallappen allmählich zurück. Dieses Ergebnis lässt den Schluss zu, dass automatische Verhaltensweisen im Alltag – eine wesentliche Ursache für Geistesabwesenheit – mit einem niedrigen Grad links-präfrontaler Aktivität verknüpft sein könnten.

Eine fMRI-Studie, die Anthony Wagner in meinem Labor durchführte, erhärtete die These, dass automatisches Verhalten, das mit einer verringerten Aktivität des linken präfrontalen Kortex einhergeht, die Bildung lebhafter bewusster Erinnerungen beeinträchtigt. Seit den bahnbrechenden Arbeiten von Hermann Ebbinghaus vor mehr als 100 Jahren wissen die Gedächtnisforscher, dass die Wiederholung von Informationen die Erinnerung daran verbessert. Weiterhin profitiert das Gedächtnis stärker, wenn sich die Wiederholungen über einen längeren Zeitraum verteilen, als wenn sie sich in einem kurzen zusammendrängen.[65] Wenn Sie in einer Woche eine Prüfung ablegen müssen und die Möglichkeit haben, den Stoff zehnmal durchzuarbeiten, dann ist es besser, die zehn Wiederholungen über die ganze Woche zu verteilen (Studenten pauken gerne direkt vor einem Examen, was kurzfristige Erfolge bringen kann, doch die zeitliche Verteilung von Wiederholungen führt normalerweise zu besseren langfristigen Ergebnissen).

Wir haben Versuchspersonen Wörter präsentiert, die sie für einen späteren Test enkodieren sollten, und zwar entweder einen Tag bevor wir ihnen dieselben Wörter noch einmal zeigten (ver-

teilte Wiederholung) oder ein paar Minuten bevor sie die Wörter noch einmal sahen (komprimierte Wiederholung). Wie erwartet ergaben sich bessere Gedächtnisleistungen bei verteilter als bei komprimierter Wiederholung. Das Wichtigste aber war: Die linke untere präfrontale Region wies weniger Aktivität auf, wenn die Versuchspersonen die Wörter betrachteten, die sie ein paar Minuten zuvor gesehen hatten, als wenn sie die Wörter repetierten, die man ihnen am Vortag gezeigt hatte. Die Wiederholung der Wörter in kurzem Abstand führte beim zweiten Mal offenbar zu einer eher automatischen Enkodierung, die mit einer verringerten Aktivität des linken präfrontalen Kortex und einer schlechteren anschließenden Erinnerung verknüpft war. Diese Ergebnisse decken sich weitgehend mit denen aus Raichles Verbgenerierungs-Experiment und könnten Aufschluss darüber geben, warum automatische Enkodierung zu Gedächtnisfehlern führen kann.

Automatische oder oberflächliche Enkodierung kann auch andere Formen von Geistesabwesenheit bewirken. Einer der interessantesten Gedächtnisfehler dieser Art wird als »Veränderungsblindheit« bezeichnet.[66] In einschlägigen Untersuchungen beobachten die Versuchspersonen Gegenstände oder Szenen, die sich im Laufe der Zeit verwandeln. Die Experimentatoren nehmen kleinere oder größere Veränderungen an den Gegenständen oder Szenen vor, um festzustellen, ob die Teilnehmer sie bemerken. Wenn die Teilnehmer sie nicht bemerken, liegt Veränderungsblindheit vor. Die Psychologen Daniel Levin und Daniel Simons haben einige ausgeklügelte Studien zur Veränderungsblindheit durchgeführt. In einer Untersuchung zeigten sie den Teilnehmern einen Film, in dem ein junger blonder Mann an einem Schreibtisch sitzt. Dann steht er auf, geht vom Schreibtisch fort und verlässt das Zimmer. Die Szene findet außerhalb des Zimmers ihre Fortsetzung, wo der junge Mann telefoniert. Was den Zuschauern nicht mitgeteilt wird: Der Mann am Schreibtisch ist nicht dieselbe Person

wie der Mann, der telefoniert (obwohl beide jung, blond und Brillenträger sind, erkennt man bei näherem Hinsehen, dass es sich um zwei verschiedene Menschen handelt). Nur ein Drittel der Zuschauer bemerkte die Veränderung.

In einem anderen Film sitzen sich zwei Frauen essend, Cola trinkend und plaudernd an einem Tisch gegenüber. Während die Kamera abwechselnd die beiden Frauen zeigt, erscheint alles völlig normal und trivial. Auf die Frage, ob sich während der kurzen Dauer des Films irgendetwas verändert habe, erklärten die meisten Versuchspersonen, sie hätten keine Veränderungen entdeckt oder allenfalls eine einzige bemerkt. Doch in jeder Einstellung waren zahlreiche Veränderungen zu sehen – in der Kleidung der Frauen, den Gegenständen auf dem Tisch und so fort.

Levin und Simons gaben sich nicht damit zufrieden, Veränderungsblindheit lediglich bei Filmsequenzen zu demonstrieren, sondern überlegten, wie diese Effekte in natürlichen Interaktionen nachzuweisen wären. In einem entsprechenden Experiment fragte ein Mitarbeiter auf einem Collegecampus jemanden nach dem Weg. Während sich die beiden unterhielten, gingen zwei Männer zwischen ihnen hindurch, die eine Tür trugen. Hinter der Tür verbarg sich ein zweiter Mitarbeiter, der die Rolle mit dem ersten tauschte. Nachdem sich die beiden Männer mit der Tür und dem ersten Mitarbeiter entfernt hatten, erkundigte sich nun also eine andere Person nach dem Weg wie schon wenige Sekunden zuvor. Bemerkenswerterweise gaben nur sieben von 15 Teilnehmern an, sie hätten die Veränderung bemerkt!

In weiteren Experimenten konnte Simons noch erstaunlichere Effekte nachweisen, indem er die Aufmerksamkeit verstärkt auf einen Gegenstand lenkte. Stellen Sie sich vor: Sie beobachten Leute, die im Kreis stehen und sich einen Basketball zuspielen. Wenn nun plötzlich jemand in einem Gorillakostüm durch den Kreis geht, kurz stehen bleibt und sich auf die Brust trommelt, würde

Ihnen das doch sicher sofort auffallen – oder? Simons und der Psychologe Chris Chabris filmten eine solche Szene und zeigten sie Versuchspersonen, denen sie die Aufgabe gestellt hatten, die Ballkontakte eines der Beteiligten zu zählen. Annähernd die Hälfte der Teilnehmer hatte den Gorilla nicht bemerkt.[67]

Wenn die Teilnehmer sich ganz auf die Bewegung des Balls konzentrieren, sind sie blind für alles, was mit den unbeobachteten Objekten geschieht. Daher enkodieren sie eine plötzliche Veränderung nicht. Neuroimaging-Daten eines ähnlichen Experiments stützen diese Annahme. Weist man Versuchspersonen an, auf Buchstabenfolgen zu achten, die Strichzeichnungen von Gegenständen überlagern, reagieren Areale des linken Frontal-, Temporal- und Parietallappens stärker auf sinnvolle Wörter als auf zufällige Buchstabenfolgen. Doch wenn man die Teilnehmer anweist, auf die Strichzeichnungen zu achten, zeigt sich in diesen Regionen kein Aktivitätsunterschied bei Wörtern und Zufallskombinationen von Buchstaben – obwohl die Teilnehmer nach wie vor direkt auf die Buchstabenfolgen blicken.

In früheren Untersuchungen zu Veränderungsblindheit, bei denen die Versuchspersonen ihre Aufmerksamkeit auf alles richten konnten, wonach ihnen der Sinn stand, trat dieses Phänomen wahrscheinlich deshalb nicht auf, weil die Teilnehmer die Merkmale einer Szene äußerst oberflächlich enkodierten, das heißt nur auf das Wesentliche der Szene, aber kaum auf Einzelheiten achteten. Die Ergebnisse von Simons und Mitarbeitern lassen sich dahin gehend zusammenfassen, dass Veränderungen in der Regel nur entdeckt werden, wenn genau die Merkmale elaboriert enkodiert werden, die das Original von dem veränderten Nachbild unterscheiden. In der »Tür-Studie« entging es vor allem den Teilnehmern mittleren und höheren Alters, dass plötzlich ein anderer »Student« vor ihnen stand. Collegestudenten bemerkten die Veränderung in der Regel. Wahrscheinlich enkodierten ältere Teilnehmer den

ursprünglichen (jungen) Versuchsleiter ganz allgemein als Collegestudent, während Collegestudenten (im gleichen Alter wie die Person, die nach dem Weg fragte) diese Person spezifischer enkodierten. Um herauszufinden, ob sich Collegestudenten als anfälliger für Veränderungsblindheit erweisen würden, wenn man sie veranlasste, auf allgemeinerer Ebene zu enkodieren, wiederholten Simon und Levin die »Tür-Studie« in abgewandelter Form: Dieses Mal fragte ein Bauarbeiter nach dem Weg. Würden die Collegestudenten die beteiligten Personen allgemeiner enkodieren und daher ein höheres Maß an Veränderungsblindheit zeigen?[68] Genauso war es: Nur vier von zwölf Studenten bemerkten es, wenn ein anderer Bauarbeiter hinter der Tür auftauchte, um nach dem Weg zu fragen. Oberflächliche Enkodierung, die nicht über ein allgemeines Niveau hinausgeht, bewirkt, dass sich Menschen die Einzelheiten einer Szene nur schlecht einprägen und daher anfällig für Veränderungsblindheit sind. Veränderungsblindheit lässt sich zumindest teilweise auf dieselbe Form automatischer Enkodierung zurückführen, die uns manchmal nach der Brille suchen lässt, die wir auf der Stirn haben.

Sich erinnern, was man tun wollte

In Marcel Prousts monumentaler Erkundung des eigenen Gedächtnisses, dem Romanwerk *Auf der Suche nach der verlorenen Zeit*, führt uns die Sehnsucht des Erzählers, die vergessenen Kindheitsmomente zurückzugewinnen, beispielhaft vor Augen, wofür Erinnerung steht: für die Verbindung zwischen Gegenwart und Vergangenheit. Doch in unserem Alltag ist das Gedächtnis ebenso sehr mit der Zukunft wie mit der Vergangenheit befasst. Wir alle sind angewiesen auf die zahllosen Einträge in unseren Terminkalendern, die uns daran erinnern, was wir in Zukunft zu tun haben: Milch und Cornflakes auf dem Heimweg besorgen, bei der Fluggesellschaft wegen der Reservierung anrufen, das Manuskript im Büro des Kollegen abgeben, die Verabredung für morgen zum Mittagessen bestätigen, die Hypothekenrate rechtzeitig überweisen, Geld vom Spar- aufs Girokonto transferieren – die Liste ließe sich endlos fortsetzen.

Heute sprechen Psychologen vom »prospektiven Gedächtnis«, wenn sie beschreiben wollen, wie wir uns an zu erledigende Dinge erinnern.[69] Bis vor kurzem hatte sich die Forschung fast ausschließlich mit der Suche nach der verlorenen Zeit beschäftigt, dem Thema also, um das Prousts Sehnen und Schreiben kreiste. Dabei sind die Menschen mehr an den Dingen interessiert, die sie in Zukunft tun wollen, als an anderen, retrospektiven Aspekten des Gedächtnisses. Das hat vermutlich folgenden Grund: Wenn das retrospektive Gedächtnis versagt – wenn wir einen Namen oder eine Tatsache vergessen oder wenn wir verwechseln, wann und wo zwei Ereignisse stattgefunden haben –, wird das Gedächtnis als unzuverlässig angesehen. Wenn aber das prospektive Gedächtnis versagt – wenn wir eine Verabredung zum Mittagessen vergessen oder nicht daran denken, ein Paket abzugeben, obwohl wir es versprochen haben –, wird die Person als unzuverlässig eingestuft.[70] Haben Sie jemals vergessen, Ihre monatliche Hypothekenrate zu bezahlen oder die Überweisung auf das Kreditkartenkonto vorzunehmen? Wenn ja, dann wissen Sie, dass ein schlechtes Gedächtnis keine Entschuldigung ist, die Sie vor Mahngebühren bewahrt. Fehler des prospektiven Gedächtnisses sind nicht nur ärgerlich, weil sie empfindliche praktische Konsequenzen haben können, sondern auch, weil sie in einer Weise auf die Glaubwürdigkeit und sogar den Charakter bezogen werden, die bei einer Schwäche des retrospektiven Gedächtnisses nicht zu befürchten ist.

Warum versagt das prospektive Gedächtnis? Bei der Suche nach einer Antwort auf diese Frage möchte ich auf eine Unterschei-

dung zurückgreifen, die von den Psychologen Gilles Einstein und Mark McDaniel vorgeschlagen wurde. Sie unterscheiden zwischen einem »ereignisbasierten« und einem »zeitbasierten« prospektiven Gedächtnis.[71] Das ereignisbasierte prospektive Gedächtnis erinnert uns daran, eine Aufgabe auszuführen, wenn ein bestimmtes Ereignis eintritt. Angenommen, Ihr Freund Frank sagt zu Ihnen: »Wenn du Harry im Büro siehst, bitte ihn, mich anzurufen.« Damit fordert Frank Sie auf, eine bestimmte Handlung auszuführen (Harry sagen, er solle Frank anrufen), wenn ein spezifisches Ereignis eintritt (Harry im Büro sehen). Das zeitbasierte prospektive Gedächtnis dagegen erinnert uns daran, eine Handlung zu einer bestimmten Zeit in der Zukunft auszuführen: etwa daran zu denken, die Kekse in 20 Minuten aus dem Ofen zu nehmen, oder nicht zu vergessen, das Medikament um 23 Uhr einzunehmen.

Vergessen kann unterschiedliche Gründe haben, je nachdem, ob wir es mit Aufgaben des ereignisbasierten oder des zeitbasierten Gedächtnisses zu tun haben. Bei ereignisbasierten Aufgaben treten Probleme auf, wenn das Ereignis die beabsichtigte Handlung nicht im Gedächtnis abruft – wenn Sie also Harry im Büro sehen und nicht daran erinnert werden, ihm zu sagen, dass er Frank anrufen soll. Bei zeitbasierten Aufgaben dagegen entstehen die Probleme gewöhnlich, weil wir auf keinen Hinweisreiz stoßen oder für keinen sorgen, der uns daran erinnert, die beabsichtigte Handlung auszuführen. Wenn ich daran denken soll, mein Medikament um 23 Uhr einzunehmen, muss ich mich entweder zum gegebenen Zeitpunkt spontan daran erinnern oder den Ablauf der Ereignisse planen und für Hinweisreize sorgen, die den Gedächtnisabruf mit einiger Wahrscheinlichkeit zur rechten Zeit auslösen. Weiß ich beispielsweise, dass ich mir um 23 Uhr die Zähne vor dem Schlafengehen putzen werde, kann ich das Medikament so neben das Waschbecken legen, dass es nicht zu übersehen ist. So gesehen setzt das ereignisbasierte prospektive Gedächtnis das Verständnis

dafür voraus, warum Hinweisreize oder Signale den Abruf einer beabsichtigten Handlung auslösen. Damit das zeitbasierte prospektive Gedächtnis funktioniert, müssen wir wissen, wie wir für Hinweisreize sorgen, die unserer Erinnerung zu einem späteren Zeitpunkt auf die Sprünge helfen.

Betrachten wir zunächst das ereignisbasierte prospektive Gedächtnis. Frank hat Sie gebeten, Harry zu sagen, er solle ihn anrufen, aber Sie haben es vergessen. Zwar haben Sie Harry im Büro getroffen, doch statt an Franks Auftrag zu denken, haben Sie sich an die Wette erinnert, die Harry und Sie zur gestrigen College-Basketball-Meisterschaft abgeschlossen hatten. Nachdem Sie Ihren Sieg einige Minuten lang ausgekostet haben, gehen Sie an Ihre Arbeit. Als Frank Sie später auf Harry anspricht, entschuldigen Sie sich wortreich und äußern die Vermutung, mit Ihrem Gedächtnis müsse etwas nicht in Ordnung sein. Doch aller Wahrscheinlichkeit nach ist das nicht der Fall. Ihr prospektives Gedächtnis hat versagt, weil Harry ein potenzieller Hinweisreiz für viele Dinge ist – nicht nur für die Nachricht, er solle Frank anrufen. Die besten Auslösereize für das prospektive Gedächtnis sind in der Regel hochspezifische Signale, die nur wenige andere Assoziationen im Langzeitgedächtnis auslösen und vermutlich keine für uns irrelevanten Informationen in Erinnerung rufen.

Gilles Einstein und Mark McDaniel haben mit einer Reihe von Experimenten in einer einfachen Laborversion nachgewiesen, wie wichtig spezifische Reize für die Wirksamkeit des ereignisbasierten prospektiven Gedächtnisses sind.[72] Die Teilnehmer erhielten Wortlisten, die sie für einen Test lernen sollten. Einige Teilnehmer hatten die Aufgabe, jedes Mal einen Knopf zu drücken, wenn ein bestimmtes vertrautes Wort auftauchte, etwa *Film*. Andere wurden angewiesen, jedes Mal auf den Knopf zu drücken, wenn eine unvertraute Buchstabenfolge erschien, etwa das Nonsens-Wort *yolif*. Einstein und McDaniel gingen von der Überlegung aus, dass ihre

Versuchspersonen viele Assoziationen zu *Film* hatten und daher manchmal an diese denken würden, statt sich an ihre Aufgabe zu erinnern und den Knopf zu drücken. Zu *yolif* dagegen hätten sie keine Assoziationen, würden nicht durch irrelevante Informationen abgelenkt und folglich auch nicht vergessen, den Knopf zu drücken. Tatsächlich zeigten die Ergebnisse, dass sich die Teilnehmer beim Hinweisreiz *yolif* weit häufiger daran erinnerten, den Knopf zu drücken, als beim Signalwort *Film*.

Ein Hinweisreiz muss nicht nur spezifisch, sondern auch ausreichend informativ sein, wenn er den Abruf aus dem prospektiven Gedächtnis fördern soll. Wie oft haben Sie sich schon als Gedächtnisstütze eine Telefonnummer notiert, die Sie später anrufen sollten – und dann festgestellt, dass Sie vergessen hatten, wessen Nummer es war? Als ich einmal ein College besuchte, um einen Vortrag über das Gedächtnis zu halten, zeigte mir die Sekretärin meines Gastgebers eine »Gedächtnishilfe«, die sie am selben Tag auf einen Klebezettel gekritzelt hatte. Dort stand kurz und bündig »Nat«. Aber sie hatte keine Ahnung mehr, wer oder was damit gemeint sein sollte. Wenn wir eine solche Notiz machen, befinden sich alle erforderlichen Informationen in unserem Arbeitsgedächtnis. Daher erscheint uns die Gedächtnishilfe als völlig ausreichend. Doch wir lassen die wichtigste Erkenntnis aus dem vorhergehenden Kapitel außer Acht: Erinnerungen sind häufig transient. Die Gedächtnishilfe, die uns so einleuchtend erschien, als die entsprechenden Informationen in unserem Arbeitsgedächtnis verfügbar waren, wird zu einem unlösbaren – und frustrierenden – Rätsel, wenn uns diese Informationen nach einiger Zeit entfallen. Um den Gedächtnisabruf für eine zukünftige Aufgabe zu fördern, müssen wir so viele Einzelheiten wie möglich aus dem Arbeitsgedächtnis in die schriftlichen Gedächtnishilfen übertragen.

Das ereignisbasierte prospektive Gedächtnis kann auch versagen, wenn wir mit unseren Gedanken bei anderen Dingen sind

und dem Zielereignis so wenig Aufmerksamkeit schenken, dass wir spontan an gar nichts erinnert werden. Wenn Sie Harry im Büro gesehen haben, bevor Sie Ihrem Chef Bericht erstatten mussten, waren Sie möglicherweise innerlich so mit Ihrer Präsentation beschäftigt, dass Harrys Anblick überhaupt keine Erinnerungen bei Ihnen ausgelöst hat. Experimente mit einer Variante des Versuchs von Einstein und McDaniel erhärten diese Annahme. Man zeigte den Teilnehmern mehrere Wortreihen und wies sie an, einen Knopf zu drücken, wenn ein bestimmtes Wort erschien. Einige hatten eine zusätzliche Aufgabe, die ihre Aufmerksamkeit in Anspruch nahm.[73] Beispielsweise forderte man Versuchspersonen auf, rasch eine Ziffernfolge in beliebiger Reihenfolge zu nennen, während sie die Wortliste betrachteten und den Test zum prospektiven Gedächtnis absolvierten. Im Vergleich zu Teilnehmern, welche die Zusatzaufgabe in gemächlicherem Tempo erfüllen durften, zeigten sich bei dieser Gruppe sehr viel mehr Ausfälle des prospektiven Gedächtnisses: Sie waren so mit dem schnellen Aufsagen zufälliger Ziffernfolgen beschäftigt, dass die Zielwörter sie häufig nicht daran erinnerten, den Knopf zu drücken – so wie jemand, der sich auf die Vorbereitung einer Rede konzentriert und vergisst, seiner Kollegin eine Nachricht zu übermitteln. Bei anderen Experimenten, in denen die Teilnehmer relativ anspruchslose Zusatzaufgaben erhielten – einige mussten während des Tests ständig das Wort *the* wiederholen –, zeigte sich keine Beeinträchtigung des prospektiven Gedächtnisses.

Eine Studie, in der die Gehirnaktivität während einer ereignisbasierten prospektiven Gedächtnisaufgabe mittels eines PET-Scans untersucht wurde, warf weiteres Licht auf diese Ergebnisse.[74] Die Teilnehmer wurden im Scanner angewiesen, eine Reihe gesprochener Wörter zu wiederholen. Eine Zusatzaufgabe, die auch das prospektive Gedächtnis beanspruchte, sah vor, dass die Versuchspersonen einen Finger bewegten, wenn ein vorher bezeichnetes

Zielwort erklang. Im Vergleich zu Teilnehmern, die beim Wiederholen der Wörter an keine zukünftige Handlung denken mussten, führte das prospektive Erinnern bei ihnen zu höherer Aktivität in mehreren Arealen des Frontallappens. Wie frühere Studien ergeben haben, sind einige dieser frontalen Areale auch am Arbeitsgedächtnis beteiligt – also am Behalten von Informationen über kurze Zeiträume. Zwar wissen wir noch nicht, was diese Laborergebnisse mit Geistesabwesenheit im Alltag zu tun haben, doch die Vermutung liegt nahe, dass einige der frontalen Areale, die während des prospektiven Erinnerns erhöhte Aktivität zeigen, durch ablenkende Tätigkeiten, die zu Ausfällen des prospektiven Gedächtnisses beitragen, »in Beschlag genommen« werden. Betrachten wir, was geschehen könnte, wenn man Sie bittet, eine Nachricht an einen Kollegen weiterzugeben und Sie, als Sie diesen treffen, mit konkurrierenden Aufgaben beschäftigt sind – beispielsweise rekapitulieren Sie gerade, was Sie bei der Morgenbesprechung gesagt oder nicht gesagt haben. Einige der frontalen Areale, die zu erfolgreichem prospektivem Erinnern beitragen, sind möglicherweise von Ihrem inneren Monolog in Anspruch genommen und spielen daher nicht ihre übliche Rolle bei der Vorbereitung des prospektiven Abrufs. Daher kann es passieren, dass kein Hinweisreiz Sie daran erinnert, die beabsichtigte Handlung auszuführen.

Gestresste Babyboomer, die sich bei jeder Geistesabwesenheit angstvoll fragen, ob dies der Beginn eines altersbedingten kognitiven Abbaus oder vielleicht sogar der Alzheimer-Krankheit ist, können diese Ergebnisse als Trost empfinden: Prospektive Hinweisreize sind häufig nicht in der Lage, die entsprechenden Handlungen abzurufen, wenn die Aufmerksamkeit von anderen Dingen in Anspruch genommen wird. Die Ursache für die Schwierigkeiten der besorgten Babyboomer könnte sehr wohl in der Vielfalt ihrer beruflichen und persönlichen Aufgaben liegen. Dadurch wird geistige Energie verbraucht und die Wirksamkeit von Gedächtnishilfen

beeinträchtigt, die uns an triviale, aber notwendige Alltagspflichten erinnern sollen. Tatsächlich haben mehrere Laborstudien gezeigt, dass ältere Menschen über 60 oder 70 bei ereignisbasierten Aufgaben des prospektiven Gedächtnisses fast ebenso gut abschneiden wie jüngere Erwachsene.[75] Wenn man ihnen die entsprechenden Hinweisreize gibt, haben ältere Erwachsene wenige Probleme, sich der Zielaufgaben zu entsinnen.

Das Alter wirkt sich deutlicher auf zeitbasierte Gedächtnisaufgaben aus.[76] Ist eine Handlung zu einem bestimmten Zeitpunkt in der Zukunft auszuführen, etwa die Medikamenteneinnahme vor dem Schlafengehen, müssen wir selbst für Hinweisreize oder Gedächtnishilfen sorgen. In Laborstudien von Einstein und McDaniel erhielten ältere und jüngere Erwachsene die Anweisung, zuerst nach zehn und dann nach 20 Minuten eine Taste zu drücken. Hinter den Versuchspersonen wurde eine Uhr aufgestellt, auf der sie die Zeit ablesen konnten. Bei dieser zeitbasierten Aufgabe vergaßen ältere Menschen häufiger als jüngere, die Taste zu drücken. Wenn es keinen Hinweisreiz gab, der den Abruf der Zielhandlung auslöste, erinnerten sich Ältere häufiger als Jüngere nicht daran, die Handlung auszuführen: Sie kamen einfach nicht von allein darauf. Diese Ergebnisse decken sich weitgehend mit anderen Daten, die darauf schließen lassen, dass selbst initiierter Gedächtnisabruf älteren Erwachsenen schwer fällt, wahrscheinlich weil er größere kognitive Ressourcen verlangt und diese im Alter abnehmen.

Dagegen schnitten ältere Menschen gut bei zeitbasierten Gedächtnisaufgaben ab, wenn sie sie in ereignisbasierte Aufgaben umwandeln konnten – das heißt, wenn sie Hinweisreize entwickelten, die zum gegebenen Zeitpunkt dafür sorgten, dass die Zielhandlung abgerufen wurde.[77] Forderte der Versuchsleiter sie auf, zu einem bestimmten Zeitpunkt einen Telefonanruf vorzunehmen, wandten einige ältere Erwachsene diese Methode an: Sie verknüpften den Auftrag mit einem Ereignis ihres Alltags, das zu dem

Zeitpunkt stattfand, da sie den Anruf ausführen sollten. So klebte sich eine Teilnehmerin eine Erinnerungsnotiz neben den Geschirrspüler, während eine andere den Anruf mit ihrem Morgenkaffee verknüpfte.

Diese Ergebnisse haben Bedeutung für so wichtige alltägliche prospektive Gedächtnisaufgaben wie die Notwendigkeit, zu einer bestimmten Zeit Medikamente zu nehmen. Für die Gesundheit vieler älterer Menschen ist es äußerst wichtig, mehrere Medikamente zur rechten Zeit einzunehmen. Aus Umfragen wissen wir, dass sich ein Drittel bis die Hälfte der Älteren nicht an die ärztlichen Verordnungen halten. Die direkte Beobachtung lässt darauf schließen, dass solche Probleme in erster Linie bei Menschen über 70 und 80 auftreten, »junge« Alte (zwischen 60 und 70) halten sich im Allgemeinen genau an die Verordnungen. Wie oben erwähnt, ist die Erinnerung daran, dass man sein Medikament um 23 Uhr zu nehmen hat, eine zeitbasierte Aufgabe, die Sie aber in eine ereignisbasierte Aufgabe umwandeln können, indem Sie das Arzneimittel neben die Zahnbürste legen, falls Sie sich regelmäßig vor dem Zubettgehen um 23 Uhr die Zähne putzen. Viele Faktoren tragen zur mangelhaften Befolgung von Verordnungen bei, doch lassen sich Verbesserungen erzielen, wenn man diese zeitbasierte Aufgabe mithilfe geeigneter Hinweisreize in eine ereignisbasierte Aufgabe umwandelt.[78]

Möglicherweise ist das zeitbasierte prospektive Gedächtnis anfälliger für Fehler als das ereignisbasierte, weil die Menschen mit ihren Gedanken woanders sind und daher noch nicht einmal versuchen, für angemessene Abrufreize zu sorgen. Die Versuchsteilnehmer, die zu bestimmten Zeitpunkten Telefonanrufe tätigen mussten, nannten als häufigsten Grund für die Nichterledigung der Aufgabe, »in Gedanken« oder »abgelenkt« gewesen zu sein. Leider schärfen wir uns häufig lediglich ein, dass wir uns zu einem künftigen Zeitpunkt an eine Aufgabe erinnern müssen, schaffen aber keine konkreten Abrufreize oder Gedächtnishilfen, die uns

dabei helfen können. Sie sitzen zu Hause an Ihrem Schreibtisch und sagen sich in bester Absicht: »Du darfst nicht vergessen, morgen früh diese Rechnung zu begleichen.« Doch wenn Sie diese zeitbasierte Aufgabe nicht durch eine geeignete Gedächtnishilfe in eine ereignisbasierte verwandeln – etwa indem Sie die Rechnung an eine Stelle legen, wo Sie sie sehen, wenn Sie am nächsten Morgen zur Arbeit gehen –, wird die Rechnung vermutlich unbezahlt auf Ihrem Schreibtisch liegen bleiben. Von einem besonders ärgerlichen Vorfall dieser Art berichtete mir die Psychologin Susan Whitbourne:

»Bei den Vorbereitungen für eine Reise nach Baltimore ›sagte‹ ich mir, ich müsse am Morgen unbedingt die Kontaktlinsenbox einpacken, sobald ich sie zu Hause nicht mehr brauchte. Doch ich vergaß es, wie ich feststellen musste, als ich am Abend in der Reisetasche nachsah. Als ich im Hotel zwei leere Wassergläser mit Pappdeckeln sah, kam ich auf den Gedanken, in jedes Glas eine Linse zu legen und es zuzudecken. Nach einem langen Reisetag und einem Abend in Gesellschaft war ich ziemlich müde. Als ich am Morgen zum Waschbecken ging, sah ich zu meinem Schrecken, dass das linke Glas entfernt und geleert worden war. Das Glas Wasser, das mir in der Nacht so willkommen gewesen war, hatte einen kleinen Zusatz enthalten, der nie wieder in mein Auge gelangen würde. Glücklicherweise konnte ich meinen Vortrag am folgenden Tag mit nur einer Kontaktlinse halten, doch es war ziemlich mühsam, ganz zu schweigen von den kostspieligen Folgen meines Aussetzers.«[79]

Abgesehen von den gesundheitlichen Risiken, die mit dem Verschlucken von Kontaktlinsen verbunden sind, hatte Whitbournes Geistesabwesenheit relativ harmlose, wenn auch ärgerliche Konsequenzen. Doch unter anderen Umständen kann es wesentlich schwerer wiegende Folgen haben, wenn ein zeitbasierter Abruf aus dem prospektiven Gedächtnis unterbleibt. Die Flugsicherung liefert ein anschauliches Beispiel dafür. Fluglotsen erleben häufig

Situationen, in denen sie eine Handlung aufschieben und zu einem späteren Zeitpunkt ausführen müssen. Ein Pilot erbittet eine größere Flughöhe, die ihm nicht gewährt werden kann, bevor andere Maschinen den Flugraum passiert haben. Also muss der Lotse daran denken, die Erlaubnis später zu erteilen. Um sich an solche Dinge zu erinnern, verwendet ein Fluglotse rechteckige Papierstreifen, so genannte Flugkontrollstreifen, auf denen Höhe, Route, Ziel und andere Merkmale jedes Fluges verzeichnet werden, für den er verantwortlich ist. Ein Fluglotse, der die Erlaubnis für eine größere Flughöhe aufschiebt, könnte den Kontrollstreifen für diesen Flug als Gedächtnishilfe verwenden, indem er ihn kennzeichnet.

Nun sollen die Flugkontrollstreifen durch elektronische Streifen ersetzt werden, die von den Lotsen nicht mehr direkt markiert werden können. Um festzustellen, wie Fluglotsen solche Erinnerungshilfen optimal einsetzen können, haben Forscher von der University of Oklahoma zusammen mit der amerikanischen Bundesluftfahrtbehörde eine Simulationsstudie zur Flugverkehrskontrolle durchgeführt.[80] Nehmen wir einen Fluglotsen, der gerade die Bitte von Flug Delta 692 um größere Flughöhe zurückgestellt hat, bis die Situation im Luftraum es gestattet. Ein prospektiver Befehl soll ihn in einer Minute daran erinnern, Delta 692 eine größere Flughöhe zu gewähren. Eine Möglichkeit ist nun, die elektronische Gedächtnishilfe während der Wartezeit von einer Minute auf dem Bildschirm zu zeigen, damit der Lotse den Befehl »wiederholen« kann, und ihn im Augenblick der Ausführung auszublenden. Eine andere Möglichkeit besteht darin, die elektronische Erinnerungshilfe nur in dem Moment sichtbar zu machen, da der Befehl abgerufen und ausgeführt werden soll, und es gibt noch eine dritte Möglichkeit: die Gedächtnishilfe sowohl während der Wiederholungsphase als auch während des beabsichtigten Abrufs zu zeigen. Im Vergleich zu dem Fall, dass überhaupt keine elektronische Gedächtnishilfe eingeblendet wurde, verbesserte sich die prospektive Erinnerung nur, wenn der Hinweisreiz zum Zeitpunkt des Gedächtnisabrufs zur Verfügung stand. Wurde die Erinnerungshilfe nur in der Wartezeit gezeigt, ergab sich daraus keinerlei Vorteil. Und die Darbietung der Erinnerungshilfe sowohl während der Wartezeit als auch im Augenblick des Abrufs war nicht erfolgreicher als die Einblendung nur zum Zeitpunkt des Abrufs.

Wie viel wichtiger der Hinweisreiz im Moment der beabsichtigten Handlung als im Zeitraum davor ist, wurde mir auf peinliche Weise vor Augen geführt, als ich eines Morgens zu Hause einen Anruf von meiner Frau erhielt. Sie erinnerte mich daran, das Geld für die Putzkolonne, die unserem Haus an diesem Vormittag ihren wöchentlichen Besuch abstatten wollte, auf dem Tisch zurückzulassen. Außerdem schärfte sie mir ein, nicht die Alarmanlage einzuschalten, weil die Reinigungsleute den Kode nicht kannten. Das erforderliche Geld legte ich umgehend auf den Küchentisch. Dann setzte ich meine Arbeit fort (die Niederschrift dieses Kapitels) und verließ erst am späten Vormittag das Haus, um ins Büro zu fahren. Etwa zwei Stunden darauf rief mich ein Freund an: Die Sicherheitsfirma hatte ihn benachrichtigt, dass die Alarmanlage in unserem Haus ausgelöst worden war. Die Putzkolonne hatte Mühe, den kurz darauf eintreffenden Polizeibeamten zu erklären, dass sie unser Haus aufräumen – und nicht ausräumen – wollte. Die Erinnerungshilfe meiner Frau, das Geld zurückzulassen, funktionierte, weil ich sie umgehend befolgen konnte. Der Hinweis, die Alarmanlage ausgeschaltet zu lassen, zwang mich zu »wiederholen« – mir einzuschärfen, es nicht zu vergessen, so wie Susan Whitbourne sich selbst ermahnt hatte, die Kontaktlinsenbox einzupacken. Doch diese Gedächtnishilfe versagte, denn sie war nicht gegenwärtig, als ich sie gebraucht hätte: einige Stunden später, als ich das Haus verließ.

Da das prospektive Gedächtnis in so hohem Maße auf die Verfügbarkeit von Hinweisreizen angewiesen ist, lassen sich die

Folgen von Geistesabwesenheit am besten durch wirksame äußere Gedächtnishilfen verhindern. Wirksame Erinnerungsreize haben zwei entscheidende Kriterien zu erfüllen, von denen bereits die Rede war: Sie müssen genügend Informationen liefern, und sie müssen zu dem Zeitpunkt verfügbar sein, da die betreffende Handlung ausgeführt werden soll. Die klassische äußere Gedächtnishilfe – ein Gummi um den Finger – erfüllt das zweite der beiden Kriterien, aber nicht das erste. Der Gummi um den Finger kann hilfreich sein, weil er immer sichtbar ist. Aber er bewahrt einen nicht unbedingt vor jenem Problem der frustrierten Sekretärin, die sich den Kopf darüber zerbrach, was wohl der Merkzettel bedeuten sollte, auf dem sie lediglich »Nat« notiert hatte. Wie leicht kann man vergessen, was ein Gummi am Finger bedeuten soll! Und selbst wenn wir uns genügend Einzelheiten zu der beabsichtigten Handlung notieren, müssen wir dafür sorgen, dass der Merkzettel vor uns liegt, wenn die Handlung ausgeführt werden soll. Merkzettel, die sich in der Tasche oder an einem Notizblock befinden, den wir nie zurate ziehen, können alle notwendigen Details enthalten, werden unser Problem aber nicht lösen, wenn sie nicht zur rechten Zeit in unserem Blickfeld sind.

In zahlreichen amerikanischen Grund- und Hauptschulen hat man wirksame Programme eingeführt, um mithilfe externer Gedächtnishilfen einen bei Schülern verbreiteten Gedächtnisfehler zu bekämpfen: das Vergessen der Hausaufgaben.[81] In einer Grundschule in Atlanta sind die Schüler beispielsweise gehalten, Aufgaben in ein Planungsheft einzutragen, das die Eltern jeden Abend abzeichnen. Der Schulleiter macht Stichproben in den Planern und belohnt Schüler, deren Eltern an jedem Wochentag unterschrieben haben, mit Eiskrem oder Süßigkeiten. Um die Nutzung eines solchen Planers zu fördern, hat ihm eine Highschool den Status eines Schülerausweises verliehen. In einer anderen Schule müssen die Schüler ihn auch am Trinkwasserspender und

auf der Toilette bei sich haben. Aus informellen Berichten geht hervor, dass die Hausaufgaben seltener vergessen werden.

Viele Gedächtnishilfen des Alltags, die wir als selbstverständlich betrachten, erfüllen die beiden Schlüsselkriterien – sie sind informativ und zum Zeitpunkt des Abrufs verfügbar. So erinnert Sie ein pfeifender Teekessel zum richtigen Zeitpunkt an das, was Sie zu tun haben. Einige elektronische Bügeleisen haben einen eingebauten prospektiven Hinweisreiz – ein Alarmsignal ertönt, wenn das eingeschaltete Gerät zu lange mit der Bügelsohle nach unten steht. Inzwischen gibt es auch kompliziertere elektronische Geräte, die uns helfen, zukünftige Handlungen zu planen und aufzuzeichnen. Bei einer Erhebung Anfang der Neunzigerjahre wurden auf dem Markt 30 verschiedene Arten von externen Gedächtnishilfen ermittelt, und die Liste ist in den letzten zehn Jahren zweifellos noch angewachsen.[82]

Interessanterweise ergab sich, dass die Nützlichkeit verschiedener externer Hilfen je nach Alter und Lebensstil anders wahrgenommen wurde. Junge Erwachsene zwischen 18 und 30 Jahren waren vor allem an »Hightech-Geräten« wie elektronischen Terminplanern für Schule und Beruf interessiert. Erwachsene mittleren Alters mit Familie hielten Produkte wie das »Gedächtnis-Bügeleisen«, die dem Vergessen bei häuslichen Pflichten entgegenwirkten, für besonders hilfreich. Und ältere, vorwiegend im Ruhestand lebende Menschen waren vor allem an Produkten interessiert, die für alltägliche Aufgaben hilfreich sind – etwa an dem »Pflanzenalarm«, der in die Erde gesteckt wird und ertönt, wenn die Pflanzen gegossen werden müssen.

Als Joseph Tsien und seine Forschungsgruppe ihre bahnbrechende Untersuchung über gentechnisch bewirkte Gedächtnisverbesserungen bei Mäusen veröffentlichten, ergingen sich die Medien in Spekulationen über Hightech-Gedächtnispillen, die schlechthin allem Vergessen ein Ende bereiten würden. Aber da selbst Tatiana

Cooley, die amerikanische Gedächtnismeisterin von 1999, vieles vergisst und mit allerlei Tricks bemüht ist, ihre Aussetzer zu bekämpfen, gibt es vermutlich keine Garantie dafür, dass künftige Medikamente gegen Transienz auch die Geistesabwesenheit vermindern. Wie Cooley entdeckte, bedarf der Kampf gegen die Geistesabwesenheit jedoch keiner genetischen Eingriffe: Merkzettel oder andere raffiniertere externe Gedächtnishilfen reichen völlig aus, wenn man sie wirkungsvoll einsetzt. Geistesabwesenheit ist ein besonderes Problem für viel beschäftigte Menschen, die ständig versuchen, eine Fülle von Aufgaben unter einen Hut zu bringen, und daher ihr künftiges Handeln organisieren müssen. Wenn wir die Brille oder die Autoschlüssel verlegen, ist laut der Psychologin Ellen Langer meist der Umstand daran schuld, dass wir unsere kognitiven Ressourcen wichtigeren Dingen gewidmet haben – dass wir mit einem persönlichen Problem ringen oder uns überlegen, wie wir eine für die nächste Woche anberaumte Besprechung gut über die Runden bringen.[83] Gibt es auch geistesabwesende Mäuse, die mit so wichtigen Dingen beschäftigt sind, dass sie in automatische Verhaltensweisen verfallen und unter einer damit verknüpften Vergesslichkeit leiden? Ist dafür vielleicht ein bestimmtes Gen verantwortlich, mit dessen Hilfe sich solche Gedächtnisausfälle überwinden lassen? Und falls ein solches Gen existiert, ist es dann erstrebenswert, dass wir es manipulieren? Das sind spannende Fragen, auf die es keine eindeutigen Antworten gibt. Doch ich vermute, dass in absehbarer Zukunft Kognitionsspezialisten – nicht Genspezialisten – die Marschrichtung im Kampf gegen die Geistesabwesenheit vorgeben werden.

3 Blockierung:
Wenn uns etwas auf der Zunge liegt…

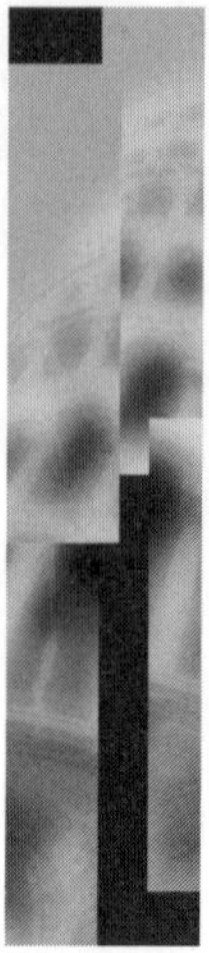

»Wie heißt dieses Zeug, von dem ich deiner Mutter sagen wollte, dass sie es benutzen soll?«

»Warte mal, ich weiß.«

»Es liegt mir auf der Zunge«, sagte sie.

»Warte mal, ich weiß.«

»Du weißt doch, welches Zeug ich meine.«

»Das Zeug zum Schlafen oder gegen Verdauungsstörungen?«

»Es liegt mir auf der Zunge.«

»Wart mal, warte mal, ich weiß.«[84]

In diesem Dialog aus Don DeLillos Roman *Underworld* bringen Nick Shay und seine Frau Marian anschaulich das Gefühl der Dringlichkeit zum Ausdruck, das mit einer vertrauten, aber frustrierenden Erfahrung einhergeht: der Blockierung einer Information, von der wir wissen, dass wir sie kennen. Wie bei Nick und Marian ist ein solcher Fall von Blockierung zuweilen nur eine befremdliche, lästige Erfahrung. Doch unter anderen Bedingungen kann sie uns in große Bedrängnis bringen. Angenommen, Sie unterhalten sich auf einer Büroparty mit Ihrem Kollegen Martin. Eine junge Kollegin tritt dazu und beteiligt sich an dem Gespräch. Sie haben schon öfter mit ihr zusammengearbeitet, sind ihr aber seit einigen Monaten nicht mehr begegnet. Eigentlich müssten Sie sie nun mit Martin bekannt machen und würden das auch liebend gern tun. Doch obwohl Sie genau wissen, welche Stellung sie bekleidet, wie lange sie schon bei der Firma arbeitet, und sogar, was sie gerne isst, stellen Sie entsetzt fest, dass Ihnen ihr Name einfach nicht einfällt. Sie glauben, dass er mit C oder K anfängt und aus mehreren Silben besteht. Er liegt Ihnen auf der Zunge. Doch sosehr Sie sich bemühen, der Name will Ihnen einfach nicht einfallen. Um allen Beteiligten eine peinliche Situation zu ersparen, drehen Sie es so hin, dass die beiden sich selbst miteinander bekannt machen. »Ihr beiden kennt euch doch, oder?«, fragen Sie unschuldig. Sie sind gleichzeitig erleichtert und verärgert über sich selbst, als Katrina Martin die Hand reicht und sich vorstellt.

Die Sünde der Blockierung beruht auf einer Form des Vergessens, die sich von der Geistesabwesenheit und der Transienz unterscheidet. Anders als bei der Geistesabwesenheit sind die widerspenstigen Wörter oder Namen enkodiert und gespeichert. Manchmal steht sogar ein Abrufreiz zur Verfügung, der gewöhnlich die Erinnerung auslösen würde. Und anders als bei der Transienz ist die Erinnerung nicht aus dem Gedächtnis verschwunden. Sie lauert dort irgendwo, scheinbar bereit, ins Bewusstsein zu schnellen, sobald ihr nur ein bisschen nachgeholfen wird. Dennoch bleibt sie stets knapp außer Reichweite, wenn man sie braucht. Die Blockierung ist besonders quälend, weil einerseits vollkommen klar scheint, dass Sie in der Lage sein müssten, die gewünschte Information aufzurufen, gleichzeitig aber nicht an der Tatsache zu rütteln ist, dass Sie es nicht schaffen.

Namensblockierung

Blockierung kann in verschiedenen Situationen auftreten. Sie führen ein harmloses Gespräch, und plötzlich fällt Ihnen mitten im Satz ein Wort nicht ein. Bühnenschauspieler fürchten die relativ seltenen, aber höchst peinlichen Augenblicke, wenn sie mitten in einer Szene einen Hänger haben. Und Studenten tritt der Angstschweiß auf die Stirn, wenn sie feststellen, dass eine Prüfungsantwort, die sie sich eingetrichtert haben und die sie nach dem Test möglicherweise spontan würden abrufen können, in der Prüfungssituation blockiert ist. Meistens aber schlägt die Blockierung bei Namen zu. In Umfragen zu verschiedenen Aussetzern im Alltag steht die Blockierung von Namen vertrauter Menschen stets ganz oben auf der Liste. Ein besonderes Problem ist die Namensblockierung bei älteren Menschen. Das kognitive Problem, über das

Erwachsene jenseits der 50 am häufigsten klagen, betrifft den Abruf vertrauter Namen aus dem Gedächtnis.[85]

Diese subjektiven Eindrücke werden durch die objektiven Daten bestätigt.[86] 20-, 40- und 70-Jährige führten einen Monat lang ein Tagebuch. Dort hielten sie alle spontan auftretenden Gedächtnisblockierungen fest, die von dem »Zungenspitzen-Phänomen«* begleitet waren. Gelegentlich traten Blockierungen bei der Benennung von Dingen (*Algen* zum Beispiel) und abstrakten Begriffen (etwa *idiomatisch*) auf. Doch in allen drei Gruppen zeigten sich Blockierungen am häufigsten bei Eigennamen, wobei diese Blockierungen bei den Namen von Menschen öfter beobachtet wurden als etwa bei Länder- oder Städtenamen. Blockierungen bei Eigennamen waren in den Gruppen der 40- und 70-Jährigen zahlreicher als bei den 20-Jährigen. Die Namen persönlicher Bekannter waren bei den 70-Jährigen öfter blockiert als in den beiden anderen Gruppen.

Welche Ursache haben Namensblockierungen? Betrachten wir dazu zunächst einmal das Bäcker-Becker-Paradox *(Baker/baker paradox)*, wie die Psychologen es nennen.[87] Man zeigt zwei Gruppen von Versuchspersonen nacheinander Bilder von unbekannten männlichen Gesichtern. Die erste Gruppe erhält einen Namen, den sie mit dem Gesicht verknüpft, während der zweiten Gruppe eine Berufsbezeichnung genannt wird. Der Trick besteht darin, dass dieselben Wörter sowohl Namen als auch Berufe bezeichnen. Der ersten Gruppe wird beispielsweise mitgeteilt, dass die erste Person auf den Namen »Becker« und die zweite auf »Müller« hört, während die zweite Gruppe die Information erhält, die erste Person sei »Bäcker« und die zweite »Müller«. Als den Versuchspersonen später die Gesichter gezeigt werden, erinnern sich mehr Personen an die Berufe als an die Namen. In diesem Ergebnis zeigt sich das

* Nach dem Englischen *it's on the tip of my tongue* (es liegt mir auf der Zunge) spricht man auch im Deutschen vom »Zungenspitzen-Phänomen«. (Anm. d. Übers.)

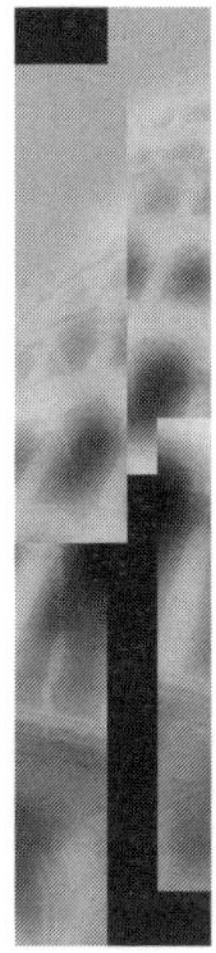

Bäcker-Becker-Paradox: Warum fällt der Abruf desselben Wortes unterschiedlich aus, je nachdem, ob es als Eigenname oder als Berufsbezeichnung aufgefasst wird?

Die gegenwärtigen Versuche, eine Lösung des Bäcker-Becker-Paradoxes zu finden, beginnen mit einer Spielart der Feststellung, die John Stuart Mill schon vor mehr als 150 Jahren getroffen hat: »Eigennamen haben keine Bedeutungen, sie bezeichnen Individuen, die mit ihnen gerufen werden, aber sie bezeichnen oder benennen keine Attribute, die diesen Individuen zugeordnet sind.«[88] Wenn ich Ihnen sage, mein Freund heißt Peter Becker, teile ich Ihnen wenig Neues über ihn mit, abgesehen von der Tatsache, dass er einen in unserem Sprachraum ziemlich häufigen Namen trägt. Erzähle ich Ihnen jedoch, dass er Bäcker ist, erfahren Sie schon ein Stück mehr über ihn. Sie bekommen eine allgemeine Vorstellung davon, wie und wo er seine Tage verbringt, mit welchen Materialien er arbeitet und welche Produkte er herstellt. Die Berufsbezeichnung »Bäcker« ruft eine Fülle von Assoziationen und Kenntnissen ab, die auf unseren bisherigen Erfahrungen mit Bäckern beruhen. Dagegen steht der Eigenname »Becker« weitgehend für sich. Die Teilnehmer des Bäcker-Becker-Experiments können die vorhandenen Assoziationen und Kenntnisse leichter zum Enkodieren und Erinnern der Berufsbezeichnung als des Namens nutzen.

Der Gedanke, dass uns Eigennamen wenig über die Eigenschaften ihrer Träger mitteilen, liefert auch eine Erklärung dafür, warum *neue* Eigennamen so schwer zu lernen und zu behalten sind. Er führte weiter zu der These, dass es zur Blockierung vertrauter Namen kommt, weil Eigennamen nicht so vielfältig mit ähnlichen Begriffen, Kenntnissen und Assoziationen verknüpft sind wie Gattungsnamen (Appellative). Die kognitiven Psychologen Serge Brédart und Tim Valentine berichteten von einem Experiment,[89] bei dem sie ihren Versuchspersonen Bilder von Märchen- und Comicfiguren zeigten. Die einen trugen deskriptive Namen, die besondere Charakterzüge hervorhoben: Grumpy (brummig), Snow White (Schneewittchen), Scrooge (bei Dickens der Geizhals im »Weihnachtsmärchen«, bei Disney dann Onkel Dagobert). Andere hatten beliebige Namen (Aladin, Mary Poppins, Pinocchio). Obwohl den Teilnehmern des Experiments die Namen beider Gruppen gleich geläufig waren, kam es bei den deskriptiven Namen seltener zu Blockierungen als bei den willkürlichen Namen.

Während die Eigennamen westlicher Kulturen gewöhnlich keine Attribute ihrer Träger benennen, kann das in anderen Kulturen durchaus der Fall sein. Bei den Yuman zum Beispiel, einer Gruppe von Indianerstämmen in Arizona, erhalten die Menschen Namen, die auf Zeit und Ort ihrer Geburt hinweisen. In einigen griechischen Dörfern tragen wohlhabende Bauern Beinamen, die wichtige religiöse Bräuche bezeichnen, Angehörige der Mittelschicht haben Beinamen, die aus männlichen Vornamen abgeleitet worden sind, wohingegen sich die Beinamen armer Schafhirten von absurden Spitznamen herleiten.[90] In Kulturen, in denen Namen spezifische Merkmale von Individuen wiedergeben, dürfte die Blockierung von Namen keine so große Rolle spielen wie in den westlichen Gesellschaften.

Theoretische Überlegungen zum Namensgedächtnis zeigen noch deutlicher, dass die Blockierung von Eigennamen eine Folge der schwachen Verbindung mit unserem Begriffswissen sein könnte. Die meisten Modelle unterscheiden zwischen verschiedenen Arten des Wissens, das erforderlich ist, um einen Gattungs- oder einen Eigennamen hervorzubringen. Betrachten wir zunächst drei grundlegende Elemente.[91] Das erste ist die visuelle Repräsentation, das Vorstellungsbild eines Gegenstands oder eines Menschen – die rechtwinklige Form eines Buches, die scharfe Schneide eines Messers oder die vorspringende Nase und das spärlich werdende schwarze Haar Ihres Kollegen Martin. Die visuelle Repräsentation eines »Bäckers« würde sich aus den Formen, Merkmalen und

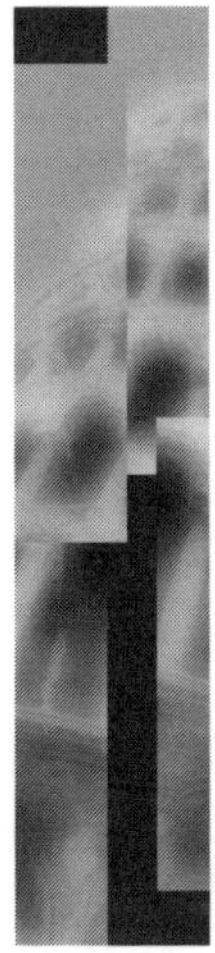

Besonderheiten all der verschiedenen Bäcker zusammensetzen, denen Sie im Laufe Ihres Lebens begegnet sind. Zum Vorstellungsbild von »Peter Becker« gehört die kantige Form seines Gesichtes nebst weiteren Merkmalen wie seiner Hornbrille, seinem wirren grauen Bart und so fort.

Das zweite Element ist eine begriffliche Repräsentation, die erläutert, welche Funktionen ein Gegenstand erfüllt, welche Aufgaben ein Mensch ausführen kann oder die sonstige biografische Fakten zu einem Individuum nennt. Die begriffliche Repräsentation zu »Bäcker« würde folgende Informationen enthalten: Er »arbeitet in einer Backstube«, »backt Brot und Kuchen«, »steht früh auf« und so fort. Die begriffliche Repräsentation von Peter Becker umfasst Merkmale wie »Anwalt«, »Vorsitzender des Schulvereins« und »guter Golfer«.

Das dritte Element ist eine phonologische Repräsentation. Sie besteht aus den beteiligten Lauten, etwa den Silben, die das Wort bilden: »Be« und »cker«. Bei »Bäcker« und »Becker« sind die phonologischen Repräsentationen identisch.

Wenn Sie Peter Becker sehen und Ihr Gehirn nur eine visuelle Repräsentation von ihm aktiviert, würde Ihnen sein Gesicht vertraut erscheinen, aber Ihnen würden weder sein Name noch irgendwelche Informationen über ihn einfallen. Würde Ihr Gehirn nur die visuellen und begrifflichen Repräsentationen aktivieren, käme Ihnen Peter Becker bekannt vor, und Sie würden wissen, dass er Anwalt ist, in Ihrer Nachbarschaft wohnt und gerne Golf spielt. Doch sein Name würde Ihnen nicht einfallen.

Die meisten Modelle des Namensabrufs gehen davon aus, dass die Aktivierung der phonologischen Repräsentation erst erfolgt, *nachdem* die begrifflichen und visuellen Repräsentationen aktiviert worden sind. Das würde erklären, warum wir häufig begriffliche Informationen über einen Gegenstand oder Menschen abrufen können, ohne auf seinen Namen zu kommen, wobei der umgekehrte Vorgang nie eintritt. Beispielsweise wissen wir aus

Tagebuchstudien, dass sich Menschen häufig an den Beruf eines anderen erinnern, nicht aber an seinen Namen. Dagegen sind keine Fälle dokumentiert, in denen ein Name ohne begriffliches Wissen über die betreffende Person aus dem Gedächtnis abgerufen wird. In Experimenten, bei denen die Teilnehmer zu den Bildern von Prominenten die Namen nennen mussten, konnten sich Versuchspersonen, die nicht auf den Namen »Charlton Heston« kamen, doch häufig erinnern, dass er ein Schauspieler ist. Doch es gab keinen, der den Namen »Charlton Heston« richtig zuordnete und sich nicht daran erinnern konnte, dass es sich um einen Schauspieler handelt. Wenn bei Ihnen also der Name »Peter Becker« blockiert ist, entsinnen Sie sich möglicherweise sehr gut, dass er Anwalt ist und gern Golf spielt, aber es ist höchst unwahrscheinlich, dass Sie sich an seinen Namen erinnern, ohne irgendwelche Merkmale dieser Person wiedergeben zu können.

Wenn der Namensabruf als letzter Schritt in einer mehrstufigen Sequenz erfolgt, leuchtet es durchaus ein, dass der Name eines vertrauten Menschen blockiert sein kann, über den wir dennoch viele Dinge wissen. Allerdings kann dieses Modell allein keine Auskunft darüber geben, warum Menschen häufiger Blockierungen beim Abruf von Eigennamen als bei Gattungsnamen erleben. Um diese lästige Unart des Gedächtnisses besser zu verstehen, müssen wir eine weitere Repräsentationsebene hinzufügen.

Die meisten Sprachverarbeitungsmodelle kennen noch eine weitere Repräsentationsebene, die zwischen der begrifflichen und der phonologischen Ebene liegt und die ich als »lexikalische« Ebene bezeichnen werde.[92] Lexikalische Repräsentationen geben an, wie ein Wort oder ein Name im Kontext einer umfangreicheren Sprachäußerung, etwa eines Satzes, verwendet werden kann. Entscheidend ist, dass sich die Verbindungen zwischen der begrifflichen und der lexikalischen Ebene für Gattungs- und Eigennamen erheblich unterscheiden können.

Betrachten wir ein Modell, das die Psychologen Deborah Burke und Donald MacKay entwickelt haben. Wir haben es uns als ein Netz aus wechselseitig verknüpften Repräsentationen vorzustellen, die sich gegenseitig erregen oder aktivieren können.[93] Wie Abbildung 3.1 zeigt, ist bei einem Gattungsnamen wie *Bäcker* die visuelle Repräsentation mit jeder der begrifflichen Repräsentationen verknüpft: »arbeitet in der Backstube«, »backt Brot« und »steht früh auf«. Jede dieser Repräsentationen weist eine direkte Verbindung zur lexikalischen Repräsentation *Bäcker* auf, die ihrerseits mit den phonologischen Repräsentationen (Silben) verknüpft ist. Nach dem Modell von Burke und MacKay bedeutet die Namensblockierung, dass beim Anblick eines Bäckers die visuelle Repräsentation *Bäcker* aktiviert wird, die ihrerseits die Erregung an die begrifflichen Repräsentationen weitergibt. Alle begrifflichen Repräsentationen werden aktiv, und der daraus resultierende Erregungsvorgang wird auf die lexikalische Repräsentation von *Bäcker* übertragen. Wenn das Erregungsniveau dieser Ebene einen Schwellenwert erreicht, aktiviert sie die phonologischen Repräsentationen. Diese bringen uns ihrerseits das Wort *Bäcker* ins Bewusstsein.

Bei Eigennamen dagegen läuft jede einzelne begriffliche Repräsentation auf eine einzige spezielle Repräsentation der Identität eines Menschen zu – einen »personalen Identitätsknoten«, wie der Psychologe Andrew Young ihn nennt.[94] Die begriffliche Repräsentation »Anwalt« besitzt also eine Verbindung zum personalen Identitätsknoten »Peter Becker«. Entsprechend sind auch die begrifflichen Repräsentationen »Vorsitzender des Schulvereins« und »guter Golfer« mit diesem personalen Identitätsknoten verknüpft. Auf diese Weise laufen all die verschiedenen Dinge, die wir über »Peter Becker« wissen, in einem Punkt zusammen, um ihn zu identifizieren.

Der größte Unterschied zwischen Eigen- und Gattungsnamen findet sich auf der nächsten Ebene des Netzes: Der personale

Abbildung 3.1 Deborah Burke und Donald MacKay entwickelten eine Theorie, warum Eigennamen wie »Peter Becker« häufiger blockiert sind als Gattungsnamen wie »Bäcker«. Die Abbildung zeigt eine schematische Version dieser Theorie. Die Kreise sind Netzwerkknoten, die bestimmte Informationsarten darstellen. Die visuelle Repräsentation einer Person oder eines Objekts ist mit begrifflichen Repräsentationen verknüpft, die angeben, was die Person oder das Objekt tut. Bei einem Gattungsnamen führen diese Repräsentationen direkt zu einer lexikalischen Repräsentation, die den Zugang zu den phonologischen Repräsentationen (Lauten) eröffnet, die erforderlich sind, um den Namen aus dem Gedächtnis abzurufen. Doch bei einem Eigennamen laufen die begrifflichen Repräsentationen in einem »personalen Identitätsknoten« zusammen, der seinerseits mit den lexikalischen Repräsentationen durch eine einzige Verbindung verknüpft ist. Laut Burke und MacKay ist diese schwache Verbindung zwischen dem persönlichen Identitätsknoten und der lexikalischen Repräsentation dafür verantwortlich, dass es beim Abruf von Eigennamen häufiger zu Störungen und Blockierungen kommt als bei Gattungsnamen.

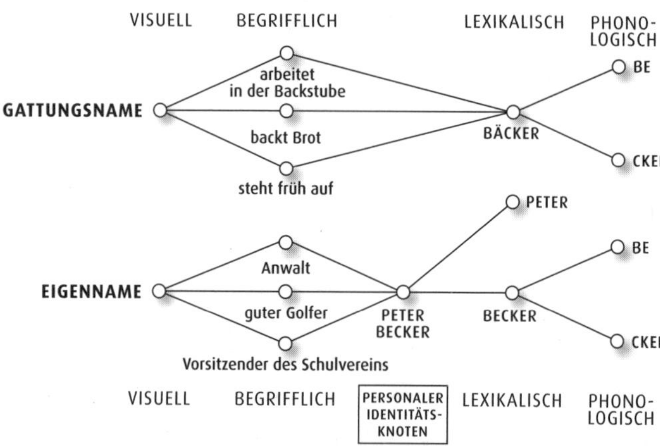

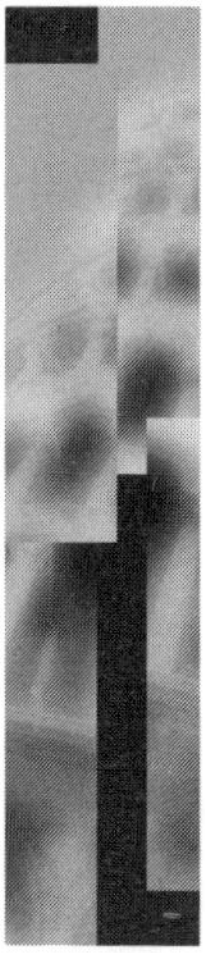

Identitätsknoten für Peter Becker weist nur eine Verbindung zu den Repräsentationen auf der lexikalischen Ebene für »Peter« und »Becker« auf. Diese eine Verbindung steht in krassem Gegensatz zu der Organisation bei Gattungsnamen, wo die begrifflichen Repräsentationen alle direkt auf die lexikalische Repräsentation zulaufen und mit ihren kumulierten Erregungsniveaus zuverlässig eine Aktivierung bewirken. Dagegen empfängt die lexikalische Repräsentation, die den Eigennamen enthält, eine schwächere und auch störanfälligere Erregung, die lediglich über eine einzige Verbindung erfolgt. Durch diesen Mangel kommt es beim Abruf von Eigennamen eher zu Blockierungen, selbst wenn die visuellen und begrifflichen Repräsentationen stark aktiviert sind und wir das Gefühl haben, wir wüssten alles über den betreffenden Menschen – außer seinem Namen.

Dieses Modell kann auch erklären, warum allem Anschein nach bei älteren Menschen die Namen persönlicher Bekannter häufiger blockiert sind. Da die Verbindung zwischen begrifflichen und lexikalischen Repräsentationen bei Eigennamen besonders schwach ist, kann sie auch leichter durch Faktoren wie eine allgemeine Verlangsamung der kognitiven Prozesse unterbrochen werden.

Aus zahlreichen Studien wissen wir, dass solche Prozesse bei älteren Menschen langsamer werden, vielleicht weil sich die Geschwindigkeit der Neurotransmission verringert.[95] Nach dem Modell von Burke und MacKay treten Blockierungen am häufigsten beim Abruf der Namen von vertrauten Personen auf, denen wir in letzter Zeit nicht begegnet sind. Wenn wir jemanden treffen, werden dadurch sowohl die begrifflichen wie die lexikalischen Repräsentationen dieses Menschen aktiviert und damit ihre wechselseitigen Verbindungen gestärkt. Wenn wir dagegen einen Menschen längere Zeit nicht sehen, wird das ohnehin brüchige Band zwischen lexikalischen und begrifflichen Repräsentationen weiter geschwächt. Ferner ist es bei älteren Menschen aufgrund ihrer längeren Lebenszeit wahrscheinlicher, dass sie Menschen kennen, die sie längere Zeit nicht gesehen haben. Tatsächlich traten in einer Tagebuchstudie von Burke und MacKay am häufigsten Namensblockierungen auf, wenn die Teilnehmer Bekannte trafen, zu denen sie mindestens einige Monate lang keinen Kontakt gehabt hatten. Bei älteren Menschen war dieses Intervall erheblich länger.

Das Modell von Burke und MacKay formuliert die Hypothese, dass Eigennamen weniger direkt mit Vorwissen und Assoziationen verknüpft sind als Gattungsnamen. Doch wahrscheinlich gibt es noch andere Gründe, warum Gedächtnisblockierungen gerade bei Eigennamen besonders häufig auftreten. Bei Eigennamen muss eine einzige phonologische Repräsentation – der exakte Name eines Menschen – aufgerufen werden. Dagegen stehen bei Gattungsnamen oft mehrere phonologische Repräsentationen zur Verfügung. Beispielsweise kann man Synonyme verwenden, um ein und dasselbe Objekt zu bezeichnen. Fällt Ihnen das Wort *Couch* nicht ein, während Sie Anstalten machen, sich auf eine zu setzen, können Sie sich mit Bezeichnungen wie *Sofa* oder *Chaiselongue* behelfen. Gegenstände lassen sich auch auf verschiedenen Ebenen beschreiben: Ein Objekt, das an Ihnen vorbeifährt, können Sie als Käfer, VW oder Volkswagen bezeichnen, von *Wagen*, *Auto* oder *Fahrzeug* gar nicht zu reden. Diese vielfältigen Bezeichnungen erlauben uns eine gewisse Flexibilität bei der Generierung von Gattungsnamen, was die Wahrscheinlichkeit von Blockierungen verringert.[96]

Serge Brédart wollte herausfinden, ob die Aufgabe, eine bestimmte Bezeichnung aus dem Gedächtnis abzurufen, zur Blockierung von Eigennamen beiträgt. Er forderte Versuchspersonen auf, zu den Bildern von Schauspielern die Namen zu nennen. Einige waren sowohl unter ihren Eigennamen wie auch unter den Namen der Filmfiguren auf den Rollenfotos bekannt – zum Beispiel Harrison Ford/Indiana Jones oder Sean Connery/James Bond. Andere kannte man nur unter ihrem Eigennamen, aber nicht unter dem Namen der Filmfiguren auf den Rollenfotos – Richard Gere/Zack Mayo oder Julia Roberts/Vivian Ward. Die Teilnehmer konnten entweder den Namen des Schauspielers oder den der Filmfigur nennen. Obwohl den Teilnehmern die Schauspieler in beiden Fotoserien gleichermaßen bekannt waren, gab es weniger Blockierungen bei den Schauspielern, die auch unter dem Namen der von ihnen dargestellten Figur bekannt waren.

Diese Ergebnisse könnten interessante interkulturelle Aspekte haben. Wie erwähnt, geben in einigen Kulturen Eigennamen bestimmte Merkmale ihrer Träger wieder. In anderen ist der Einzelne unter mehreren Namen bekannt. Bei einigen afrikanischen Stämmen kann eine Person einen gepfiffenen Namen haben, der sich von dem getrommelten oder gesprochenen unterscheidet, oder die Person wird von verschiedenen Familienmitgliedern mit unterschiedlichen Namen gerufen. Bei manchen Indianerstämmen ist es nicht ungewöhnlich, dass sich der Name einer Person in verschiedenen Lebensabschnitten verändert.[97] Brédarts Experiment lässt darauf schließen, dass in solchen Kulturen Namensblockierungen seltener auftreten könnten als in der unseren.

So ärgerlich und peinlich die Namensblockierung auch sein mag, den meisten Menschen gelingt bei der großen Mehrzahl der Namen der erfolgreiche Gedächtnisabruf. Selbst Menschen, die besonders anfällig für Namensblockierungen sind – etwa ältere Erwachsene über 70 –, berichten in der Regel nicht von mehr als zwei oder drei Aussetzern im Monat.[98] Doch es gibt eine kleine Gruppe von Menschen, für die keine kognitive Aufgabe so schwer ist wie der Abruf von Namen vertrauter Personen. Für sie gehören die Namensblockierungen ebenso zum Alltag wie der Morgenkaffee oder der Abendspaziergang.

Der Mann, der niemanden beim Namen nennen konnte

Im Juli 1988 erlitt ein 41-jähriger Italiener, der in einer Eisenwarenhandlung arbeitete, bei einem Reitunfall eine Kopfverletzung. Der Mann, der in der medizinischen Literatur unter den Initialen LS bekannt ist, hatte erhebliche Verletzungen in Teilen des Frontal- und Temporallappens der linken Hirnhälfte.[99] Glücklicherweise waren die kognitiven Fähigkeiten von LS kaum in Mitleidenschaft gezogen worden. Er hatte keine Probleme mit Spracherkennung, konnte fließend und verständlich sprechen und schnitt in den üblichen Sprachtests gut ab. Wahrnehmung, Gedächtnis und allgemeine Intelligenz waren weitgehend unbeeinträchtigt.

Der Unfall hatte jedoch ein sehr spezifisches, aber dennoch äußerst lästiges Problem hervorgerufen: LS war praktisch unfähig, Eigennamen abzurufen, obwohl er mit Gattungsnamen überhaupt keine Probleme hatte. Wenn er Bekannten begegnete, wusste er genau, mit wem er es zu tun hatte, konnte aber nicht auf ihre Namen kommen. Labortests ergaben, dass das Defizit bemerkenswert deutlich abgegrenzt war. Als man ihm 50 übliche Gegenstände zeigte, konnte er sie alle benennen. Doch bei den Fotos von 25 berühmten Leuten, deren Namen andere mühelos gefunden hätten, konnte er nur zwei mit Namen belegen. Allerdings waren die Namen nicht aus seinem Gedächtnis verschwunden. Als man LS das Bild einer berühmten Person zeigte und ihn aufforderte, den richtigen Namen aus mehreren Wahlmöglichkeiten herauszusuchen, hatte er keine Schwierigkeiten damit. Er war auch in der Lage, die Namen auszusprechen, die er nicht abrufen konnte: Wenn der Versuchsleiter den Namen nannte, konnte LS ihn augenblicklich wiederholen. Doch sosehr er sich auch bemühte – nur selten vermochte er, Namen abzurufen, wenn man ihm Gesichter zeigte oder detaillierte Beschreibungen von Menschen lieferte.

Diese Abrufprobleme zeigten sich auch bei anderen Eigennamen. Beispielsweise kam LS nicht auf die Namen von Städten oder Ländern, wenn der Versuchsleiter auf die entsprechenden Stellen einer Karte deutete oder die Beschreibung eines bestimmten Ortes vorlas. LS war aber durchaus in der Lage, zu den Menschen und Orten, die er nicht benennen konnte, ein beträchtliches Maß an Allgemeinwissen abzurufen. So wusste er, dass ein Gesicht, zu dem ihm der Name nicht einfiel, das des Ministerpräsidenten war, und konnte in einem unbezeichneten Atlas die Städte und Länder zeigen, auf deren Namen er nicht kam. Es war, als lebte er in einem ständigen Zungenspitzen-Zustand, zumindest soweit es vertraute Menschen und Orte anging.

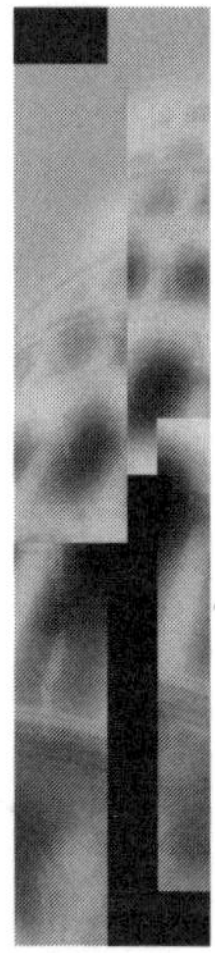

LS war einer der ersten je beschriebenen hirngeschädigten Patienten, deren Gedächtnisprobleme sich auf Namen beschränken – ein Leiden, das heute als »Eigennamen-Anomie« bezeichnet wird. Seit sein Fall 1989 veröffentlicht wurde, hat es immer neue Berichte über Patienten mit ähnlichen Schwierigkeiten gegeben. Einige dieser Patienten haben wie LS Probleme mit Personen- und Ortsnamen, andere nur mit Personennamen. In einer Übersichtsarbeit zu allen bekannten Fällen sind die Psychologen Richard Hanley und Janice Kay zu dem Schluss gekommen, dass Beeinträchtigungen beim Abruf von Ortsnamen nur bei den Patienten zu beobachten sind, die besonders schwer wiegende Probleme beim Abruf von Personennamen haben. Patienten, denen Personennamen nur leichte Schwierigkeiten bereiten, haben in der Regel keine Probleme mit Ortsnamen.

Daraus lässt sich folgern, dass der Abruf von Ortsnamen nicht so schwierig ist wie der von Personennamen.[100] Dieser Gedanke wird durch Forschungsergebnisse an gesunden Menschen gestützt; in entsprechenden Untersuchungen hat man festgestellt, dass die Namen von Personen häufiger blockiert werden als die von Orten.

Die Beeinträchtigung von Patienten mit Eigennamen-Anomie wirkt deshalb besonders auffällig, weil sie oft sehr viel über die Personen und Orte wissen, die sie nicht benennen können. Eine Patientin konnte die Namen von nur zwei der 40 berühmten Personen angeben (gegenüber 25 von 40 bei gesunden Kontrollpersonen). Gleichzeitig aber wusste sie den Beruf von 32 dieser Leute (was der Leistung gesunder Teilnehmer der Studie entsprach). Als man ihr die Bilder von Prominenten mit berühmten Ehepartnern zeigte, konnte die Patientin kaum einen Namen nennen. Aber sie war in der Lage, die Berufe und andere Merkmale der Ehepartner genauso detailliert anzugeben wie die Kontrollpersonen.[101]

Bei der Eigennamen-Anomie ist also die Verknüpfung durchtrennt zwischen der begrifflichen Information über eine Person und dem phonologischen Kode, der erforderlich ist, um einen Namen auszusprechen – jene Verknüpfung also, die auch in einem unverletzten Gehirn von einer einzigen schwachen Verbindung abhängt. Diese Unterbrechung hindert den Patienten nicht daran, vertraute Gesichter zu erkennen, Menschen auf der Grundlage von Begriffswissen zu identifizieren, Namen und Gesichter mühelos zuzuordnen, Namen fehlerlos zu wiederholen und die Bezeichnungen vertrauter Gegenstände abzurufen, bei denen robustere Verbindungen zur begrifflichen Information bestehen. Doch sobald diese Patienten einen Personennamen abrufen sollen, sind sie fast vollkommen hilflos.

Wenn wir also herausfinden, in welcher Hirnregion genau die Schädigung bei Eigennamen-Anomie vorliegt, müssten wir eigentlich erkennen, welche Teile des Gehirns für den Abruf von Eigennamen aus der begrifflichen Information zuständig sind. In allen dokumentierten Fällen von Eigennamen-Anomie war die linke Hemisphäre beeinträchtigt. Zwar ist der exakte Ort in der linken Hirnhälfte von Patient zu Patient verschieden, doch geht die Eigennamen-Anomie häufig mit der Schädigung eines Areals im vorderen Teil des linken Temporallappens einher, das als Temporallappen-Pol bezeichnet wird. Die Neurowissenschaftler Hanna und Antonio Damasio beobachteten bei einer Gruppe von mehr als 100 Patienten, die alle nur eine Läsion erlitten hatten, dass eine Schädigung des linken Temporallappen-Pols in der Regel zu Beeinträchtigungen beim Abruf von Namen führte.[102]

Gestützt werden ihre Beobachtungen durch eine jüngere Fallstudie: Einem 47-jährigen Zimmermann wurde der linke Temporallappen-Pol (aber keine anderen Teile des Gehirns) entfernt, um seine Epilepsie zu lindern. Danach litt der Mann unter schwerer Eigennamen-Anomie, hatte ansonsten aber kaum kognitive Probleme. Allerdings führt die Schädigung des linken Temporallappen-Pols nicht immer zu Problemen beim Namensabruf, und in einigen Fällen ist die Eigennamen-Anomie auch mit Schädigungen in anderen Regionen des linken Temporallappens oder der linken Hirnhälfte verbunden.

Neuroimaging-Studien an gesunden Versuchspersonen erbrachten weitere Anhaltspunkte: Bei PET-Scans beobachtete man eine Aktivierung mehrerer Regionen des linken Temporallappens – auch des Temporallappen-Pols –, als die Teilnehmer Eigennamen abriefen.[103] Der Gedächtnisabruf von Gattungsnamen aktivierte zwar ebenfalls einige dieser Regionen des linken Temporallappens, führte aber auch zu einer erhöhten Aktivität in hinteren Bereichen des Temporallappens. Andere, nicht im Temporallappen-Pol gelegene Hirnregionen sind zweifellos gleichfalls am Abruf von Eigennamen beteiligt. Doch offenbar spielt der linke Temporallappen-Pol fast immer eine Rolle, wenn Menschen die fragile Verbindung zwischen den Merkmalen einer Person und ihrem meist willkürlich erscheinenden Namen aktivieren.

»Es liegt mir auf der Zunge« – das Zungenspitzen-Phänomen

Der Londoner Stadtteil Greenwich, auf dem Nullmeridian gelegen, ist vor allem bekannt als der Ort, von dem aus alle Zeitzonen der Erde bestimmt werden. Doch Ende der Neunzigerjahre lenkte noch ein anderes Ereignis die Aufmerksamkeit der Öffentlichkeit auf das Gebiet um Greenwich. Es ging dabei um den Bau des riesigen und kostspieligen »Millenium Dome«, eines der größten Sport- und Veranstaltungszentren Europas. Eigentlich konnte der stellvertretende Premierminister John Prescott nicht übermäßig erstaunt sein, als er im Januar 1998 auf einer Jugendkonferenz in London aufgefordert wurde, die enormen und ständig steigenden Kosten des Dome vor etlichen tausend Teenagern zu rechtfertigen. »Das Geld stammt aus der ... Sie wissen schon ... wie heißt sie doch gleich«, stotterte er nervös. Da ihm der Name der nationalen Lotterie nicht einfallen wollte, stieß er schließlich in höchster Verzweiflung aus: *»... der Tombola!«*[104] Angesichts des nun folgenden Gelächters und Gejohles versuchte Prescott seinen Zuhörern zu beweisen, dass er durchaus etwas über das Wort wusste, das ihm nicht einfallen wollte, und meinte: »Ich selbst spiele nicht.« Der Konferenzleiter lehnte sich zu ihm hinüber und flüsterte: »Die Lotterie.« Doch es war schon zu spät, um den Aussetzer zu kaschieren oder den empörten Artikel in der *Times* zu verhindern, der sich am nächsten Tag mit Prescotts Blockierung befasste.

So musste der stellvertretende Premierminister in aller Öffentlichkeit die Erfahrung machen, dass wir nicht nur Eigennamen auf der Zunge haben können, ohne sie hervorzubringen. 1966 berichteten Roger Brown und David McNeill über die erste Untersuchung des Zungenspitzen-Phänomens (TOT-Zustand nach dem englischen *tip-of-the-tongue*). Die beiden Harvard-Psychologen lieferten eine anschauliche Beschreibung von der Entstehung dieses

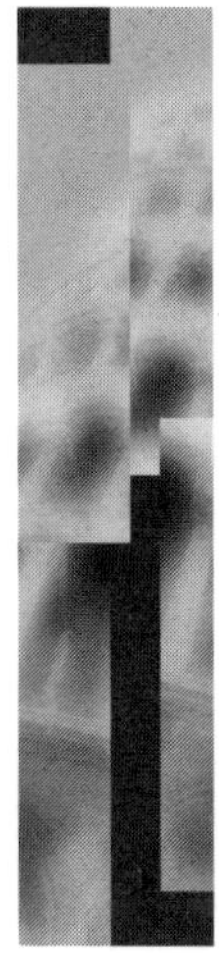

Zustands bei einer Versuchsperson – sie wäre Prescott sicherlich bekannt vorgekommen. »Die Anzeichen waren unverkennbar«, schrieben Brown und McNeill. »Er schien sich ein bisschen zu quälen – so als müsse er niesen –, und wenn er das Wort gefunden hatte, war er außerordentlich erleichtert.«[105] Aus Tagebuchstudien zu TOT-Erlebnissen geht hervor, dass Collegestudenten etwa ein bis zwei TOT-Zustände pro Woche erleben, während solche Aussetzer bei älteren Menschen zwei- bis viermal wöchentlich vorkommen und Erwachsene mittleren Alters irgendwo dazwischen liegen. Am häufigsten sind TOTs bei Personennamen, doch sie treten auch bei anderen Eigennamen auf – unter anderem bei Orten, Büchern und Filmen, bei den Namen bekannter Melodien, aber auch bei Gattungsnamen.

Das Gefühl, ein blockiertes Wort liege einem auf der Zunge (oder auf der Zungenspitze), scheint eine fast universelle Erfahrung zu sein. Der kognitive Psychologe Bennett Schwartz hat festgestellt, dass in 45 von 51 Sprachen das Wort »Zunge« verwendet wird, um diese Situation zu beschreiben. Meistens sind es fast wörtliche Entsprechungen zu *on the tip of the tongue* – etwa *sulla punta della lingua* im Italienischen und *op die punt van my tong* in Afrikaans. Andere Varianten sind (neben dem deutschen »Es liegt mir auf der Zunge«) das estnische *keele otsa peal* (»auf dem Kopf der Zunge«) und *navonotootse'a* (»Ich habe es auf der Zunge verloren«) in der Sprache der Cheyenne. Am poetischsten ist das koreanische *Hyeu kkedu-te mam-dol-da,* dessen Übersetzung lautet: »Es sprüht am Ende meiner Zunge.« Bei seiner Untersuchung fand Schwartz nur sechs Sprachen, die weder »Zunge« noch einen ähnlichen Ausdruck in diesem Zusammenhang verwenden: Isländisch, zwei Sprachen in Subsahara-Afrika, Indonesisch und die amerikanische Gebärdensprache.[106]

Warum wird für diese Situation so häufig der Ausdruck »Zungenspitze« (oder ähnliche Varianten) verwendet? Wahrscheinlich, weil man unmittelbar vor dem »Durchbruch« zu stehen glaubt – so, als müsse man im nächsten Augenblick niesen, wie es bei Brown und McNeill heißt – und gleichzeitig das Gefühl hat, eine ganze Menge über das blockierte Wort zu wissen. Menschen kennen häufig den Beruf und andere Merkmale der Person, deren Name ihnen auf der Zunge liegt, und das Gleiche gilt für andere blockierte Wörter. Beispielsweise haben Brown und McNeill sowie viele andere Forscher TOT-Zustände induziert, indem sie Versuchspersonen Wortdefinitionen vorlegten. Unten sind zehn solche Definitionen aus einer Studie aufgelistet; versuchen Sie, das Zielwort jeder Definition zu nennen. Wenn es Ihnen nicht einfällt, notieren Sie, ob es Ihnen »auf der Zunge liegt« oder nicht:

1. Gerät aus Metall oder mit Metallspitze, das in sportlichen Wurfdisziplinen verwendet wird;
2. gemustertes Leinengewebe in Leinenbindung;
3. mildes oder scharfes Gewürz von roter Farbe, wird häufig zum Würzen von Brathähnchen verwendet;
4. Grabinschrift;
5. nicht entflammbares, chemisch resistentes Material, das im Feuerschutz eingesetzt wird;
6. Navigationsinstrument zum Messen des Elevations- oder Höhenwinkels, den ein Himmelskörper mit dem Horizont bildet;
7. festes, biegsames Stützgewebe, Teil des Skeletts;
8. schweres Schneidewerkzeug des Schlachters mit sehr breiter Klinge, das wie eine Axt eingesetzt wird;
9. lebenswichtige Substanz in allen Pflanzen- und Tierzellen;
10. feiner kristalliner Zucker, der in Obst, Honig usw. natürlich vorkommt.[107]

Stellen Sie sich nun zu jedem der Wörter, die Ihnen nicht eingefallen sind, die folgenden Fragen: Wie lautet der erste Buchstabe des Wortes? Welche anderen Buchstaben glauben Sie zu kennen? Wie viele Silben hat das Wort? Kommen Ihnen andere Wörter in den Sinn, die mit dem Zielwort verwandt sind, obwohl Sie ganz sicher sind, dass keines von ihnen das Zielwort ist? Die richtigen Antworten finden Sie in den Anmerkungen zu diesem Kapitel am Ende des Buches.

Brown und McNeill haben als Erste festgestellt, dass Menschen in einem TOT-Zustand häufig den ersten Buchstaben des blockierten Zielwortes kennen, weniger häufig den letzten Buchstaben und noch seltener die mittleren Buchstaben. Auch die Silbenanzahl des Wortes ist in der Regel bekannt. Versuchspersonen in einem TOT-Zustand sind gewöhnlich besser in der Lage, die Buchstaben und die Silbenzahl eines blockierten Wortes anzugeben, als Personen, die dieses Problem nicht haben. Haben Sie bei einer der oben genannten zehn Wortdefinitionen ein TOT empfunden, so ist es wahrscheinlich, dass Sie sich wenigstens an den ersten Buchstaben oder die Silbenzahl des Zielwortes erinnern konnten.

Diese Form des partiellen Gedächtnisabrufs wurde in der amerikanischen Screwball-Komödie *The Mystery of Irma Vep* (in deutschen Kinos unter dem Titel *Das Geheimnis der Irma Vep*) als Gag genutzt. In dem Film wird eine Pharaonenprinzessin durch einen exzentrischen Archäologen zum Leben erweckt. Die Prinzessin ruft: *»Cairo! Cairo!«* Sie meint aber nicht die ägyptische Hauptstadt, sondern versucht verzweifelt, einen TOT-Zustand zu überwinden, in den sie geraten ist, weil sie nach 3500 Jahren Mumiendasein dringend gegen Rückenschmerzen behandelt werden muss. Was sie eigentlich meint, verstehen die Zuschauer, als sie die beiden letzten Silben findet und triumphierend ausruft: *»Practor!«*[*][108]

Wenn wir ein TOT erleben, können wir meist nicht nur einen Laut und die Bedeutung des Wortes abrufen, sondern kennen auch

[*] Die Vorsilbe *chiro* (von *chiropractor* – Chiropraktiker) und der Name *Cairo* werden im Englischen gleich ausgesprochen. (Anm. d. Übers.)

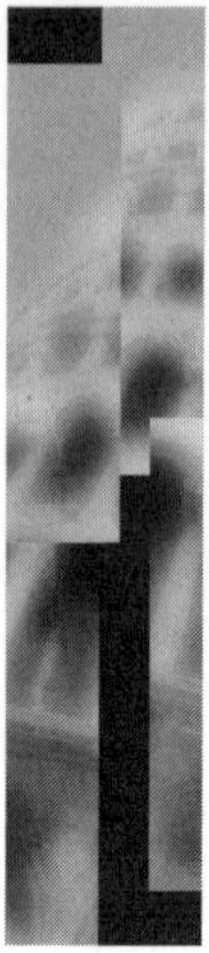

einige seiner grammatikalischen Eigenschaften. Dieses Phänomen hat man am deutlichsten in Studien an italienischen Muttersprachlern nachgewiesen.[109] Alle italienischen Nomen sind entweder als maskulin oder feminin gekennzeichnet. Das Geschlecht eines Substantivs hat weit reichende grammatikalische (syntaktische) Bedeutung: Es legt fest, welcher Artikel verwendet wird und welche Form die Adjektive annehmen. Dagegen steht das Geschlecht in keinerlei Beziehung zur Bedeutung: Sowohl *sasso* als auch *pietra* bedeutet »Stein«, doch das erste Wort ist maskulin und das zweite feminin. Es gibt auch Nomen, deren Geschlecht nicht durch die Lautgestalt ausgedrückt wird. Trotzdem weiß man aus mehreren Studien, dass italienische Muttersprachler, die ein TOT erleben, mit einer nicht auf Zufall rückführbaren Genauigkeit angeben können, ob das blockierte Wort maskulin oder feminin ist – sie können also abstrakte lexikalische Informationen abrufen, die unabhängig von Klang und Bedeutung gespeichert sind. Genauso, wie aus Untersuchungen von Eigennamen-TOTs hervorgeht, dass Betroffene praktisch alles, was sie über eine Person wissen, abrufen können, nur ihren Namen nicht, zeigen Studien zu Gattungsnamen-TOTs, dass sich die Opfer an fast ihr gesamtes Wissen über ein Wort erinnern, nur nicht an die Bezeichnung selbst.

In TOT-Zuständen verfallen die Betroffenen auch häufig auf Wörter, die in Klang oder Bedeutung dem gesuchten Begriff ähnlich sind. Wenn Sie bei einer der zehn Testdefinitionen eine Blockierung hatten, kam Ihnen vielleicht ein Wort in den Sinn, das dem gesuchten in irgendeiner Hinsicht glich. Zugleich waren Sie sich aber ganz sicher, dass es nicht das blockierte Zielwort war. Der stellvertretende Premierminister Prescott nannte »Tombola«, als er nach »Lotterie« suchte. Und er wusste, dass das blockierte Wort eine Tätigkeit bezeichnete, die nicht zu seinen Gewohnheiten gehörte. Etwas Ähnliches geschah, als Versuchsleiter TOT-Zustände induzierten, indem sie ihren Versuchspersonen Titelmelodien aus Fernsehserien der Fünfziger- und Sechzigerjahre vorspielten und dann nach den Namen der Serien fragten.[110] Manche Teilnehmer, die bei *The Munsters* eine Blockierung hatten, nannten *The Addams Family*, während einige, denen *Leave It to Beaver* (»Erwachsen müsste man sein«) nicht einfiel, an *Dennis the Menace* (»Dennis der Quälgeist«) dachten.

Einige Forscher haben sogar die Vermutung geäußert, dass verwandte, aber falsche Wörter, die uns während eines TOT-Zustands in den Sinn kommen, die Blockierung des verzweifelt gesuchten Zielwortes verursachen. In einer Tagebuchstudie, in der mehr als 40 Teilnehmer vier Wochen lang täglich ihre TOTs festhielten, berichtete mehr als die Hälfte von dem wiederholten Abruf eines Wortes, das dem blockierten Zielwort in Klang oder Bedeutung ähnlich war. Vereinzelt konnten die blockierten Wörter trotzdem abgerufen werden. Nach Einschätzung der Tagebuchschreiber waren ihnen die aufdringlichen falschen Wörter erst in letzter Zeit oder häufiger begegnet als die blockierten Zielwörter. Diese Aussagen veranlassten die Autoren der Studie zu der Vermutung, dass die verwandten Wörter zur Unterdrückung oder Hemmung des Zielwortes beigetragen hatten. Kurzzeitig zurückliegende oder häufigere Konfrontation mit den unerwünschten Begriffen hatte ihren Abruf so erleichtert, dass sie das Bewusstsein beherrschten und die Zielwörter verdrängten.

In Anspielung auf das Märchen von Aschenputtel und ihren verschlafenen Stiefschwestern, die sich als rechtmäßige Besitzerinnen des verlorenen Schuhs ausgeben, um die Gunst des Prinzen zu erschleichen, nennt der britische Psychologe James Reason die unerwünschten, aber aufdringlichen Wörter, die ein gesuchtes Zielwort blockieren, »garstige Schwestern«.[111] Durch ihre enge Beziehung zum Zielwort könnten garstige Schwestern ungebührlich viel Aufmerksamkeit beanspruchen und den Abruf des gesuchten Wortes behindern. Studien, die Ende der Achtzigerjahre publiziert wurden, schienen zu belegen, dass garstige Schwestern tatsächlich die Hauptschuld an TOT-Zuständen tragen.[112] Wenn die Versuchsleiter Wörter präsentierten, die einen ähnlichen Klang hatten wie das Zielwort, erlebten die Teilnehmer mehr TOTs als bei Wörtern, die völlig anders klangen. So erfolgten mehr TOTs, wenn das Zielwort *Alchemie* die Definition »mittelalterlicher Vorläufer der Chemie« und die garstige Schwester *axial* als Hinweisreize erhielt, als wenn dem Zielwort *inkubieren* die Definition »Eier bis zum Schlüpfen warm halten« und das ganz anders klingende Wort *Simulation* als Hinweisreize dienten.

In jüngerer Zeit ist die Hypothese der garstigen Schwestern jedoch in Ungnade gefallen. Untersuchungen, in denen man zusätzliche Kontrollbedingungen schuf, ließen Zweifel daran aufkommen, dass garstige Schwestern TOT-Blockierungen verursachen könnten.[113] In diesen neueren Untersuchungen hatte die Präsentation ähnlich klingender Wörter keine Auswirkung auf die Häufigkeit von TOTs. In einer anderen Untersuchung wurde die Häufigkeit von TOTs bei Wörtern, die wie viele andere Wörter klingen, mit derjenigen bei Wörtern verglichen, die klanglich nur wenigen anderen Wörtern gleichen. Beispielsweise hören sich *pawn* (der Bauer im Schach) und *cold* wie viele andere Wörter an – sie haben zahlreiche »phonologische Nachbarn« –, während *public* und *syntax* mit nur wenigen Wörtern Klangähnlichkeit haben. Wenn garstige Schwestern TOTs verursachen würden, müsste es mehr TOTs bei Wörtern mit vielen phonologischen Nachbarn geben als bei Wörtern, die nur wenige phonologische Nachbarn besitzen. Doch die Experimente ergaben genau das Gegenteil. Sie zeigten auch, dass es, unabhängig von aller phonologischen Ähnlichkeit, mehr TOTs bei selten gebrauchten Wörtern gab *(public, syntax)* als bei häufig gebrauchten Wörtern *(cold, pawn)*.

Zwar sind diese Ergebnisse keine gute Nachricht für die Hypothese der garstigen Schwestern, doch sprechen sie für das Modell von Burke und MacKay, von dem bereits im Zusammenhang mit der Namensblockierung die Rede war. Nach diesem Modell kommt es zu Blockierungen und TOTs, wenn die phonologischen Repräsentationen nur partiell aktiviert werden, weil die Verbindungen zu den lexikalischen Repräsentationen geschwächt sind. Also müssten Faktoren, welche die Aktivierung phonologischer Repräsentationen beeinträchtigen könnten, die Häufigkeit von TOTs erhöhen. Diese These deckt sich weitgehend mit dem Ergebnis, dass TOTs überwiegend bei selten gebrauchten Wörtern auftreten: In diesem Fall kann die Verbindung zwischen phonologischen und lexikalischen Repräsentationen schwächer werden. Die These stimmt auch mit den Ergebnissen überein, laut denen Namensblockierungen häufiger Personen betreffen, denen man in letzter Zeit nicht begegnet ist. Also müsste die Häufigkeit von TOTs zurückgehen, wenn man Versuchspersonen Zielwörter darbietet, bei denen sie wahrscheinlich eine Blockierung erleben, und sie unmittelbar darauf bittet, die betreffenden Wörter anhand von Umschreibungen zu nennen. Wie Burke und ihre Mitarbeiter berichten, haben entsprechende Experimente genau diese Ergebnisse erbracht.[114]

Erinnern wir uns daran, dass Blockierungen und TOTs außerordentlich häufig bei Namen auftreten, weil diese vom Begriffswissen isoliert sind. Die Daten, aus denen hervorgeht, dass TOTs besonders wahrscheinlich sind bei Wörtern mit wenigen phonologischen Nachbarn, zeigen ferner, dass isoliertes Wissen überdurchschnittlich anfällig für Blockierungen ist.

Wenn garstige Schwestern also nicht die Hauptursache für TOTs sind, spielen sie dann überhaupt eine Rolle? Ja. Burke und MacKay meinen, garstige Schwestern könnten zur Verlängerung von TOT-Zuständen beitragen.[115] Zwar mag die Blockierung ursprünglich durch die schwache Aktivierung eines selten verwendeten phonologischen Knotens verursacht sein, doch wenn uns dann ähnlich klingende Wörter in den Sinn kommen, bringen sie uns möglicherweise vom richtigen Weg ab und verzögern dadurch die Auflösung des TOT-Zustands. Leider stürzen wir uns oft gierig auf die garstigen Schwestern, weil sie das tröstliche Gefühl vermitteln, dem Zielwort »nahe« zu sein, und in uns die Hoffnung wecken, vor der Lösung des TOT zu stehen.[116] So verfallen wir möglicherweise darauf, uns die aufdringlichen Wörter ständig vorzubeten, um das blockierte Zielwort auszulösen, obwohl diese Methode paradoxerweise dazu beitragen kann, den TOT zu verlängern.

Der Gedanke, dass garstige Schwestern eine Folge – und nicht die Ursache – von TOT-Zuständen sein könnten, lässt viele Ergebnisse über das Altern und TOTs schlüssiger erscheinen. Wie dargelegt, neigen ältere Menschen bei Eigen- wie Gattungsnamen in höherem Maße zu TOTs als jüngere Erwachsene. Wenn garstige Schwestern die Ursache für TOTs wären, müsste es sich umgekehrt verhalten. Ferner haben die einschlägigen Studien gezeigt, dass sich ältere Erwachsene weniger Teilinformationen zu einem blockierten Wort ins Gedächtnis rufen können – erster Buchstabe, Silbenzahl und Ähnliches – als junge Menschen.[117] Ältere beschreiben ihre TOTs oft als das Empfinden, »eine Niete zu ziehen«, oder als ein Gefühl »vollkommener Leere«, während Jüngere häufig eine Fülle von Teilinformationen und garstigen Schwestern hervorbringen.

Teilinformationen über ein Wort können Hinweisreize liefern, die manchmal den Abruf des ganzen Wortes auslösen. Und obwohl garstige Schwestern TOTs verlängern können, weil sie die Suche auf die falsche Spur lenken, können manche Wörter, die wie das Zielwort klingen, die Lösung von TOTs in ähnlicher Weise fördern wie Teilinformationen – indem sie Hinweisreize liefern, die das Zielwort evozieren. Burke und MacKay berichten von einer Versuchsperson, die eine Blockierung bei dem Namen der kalifornischen Stadt Ojai (»oh-hai« ausgesprochen) hatte und frustriert »oh hell« murmelte.[118] Dieser ähnlich klingende Ausdruck löste augenblicklich die Erinnerung an das Wort aus. Er spielte nicht die

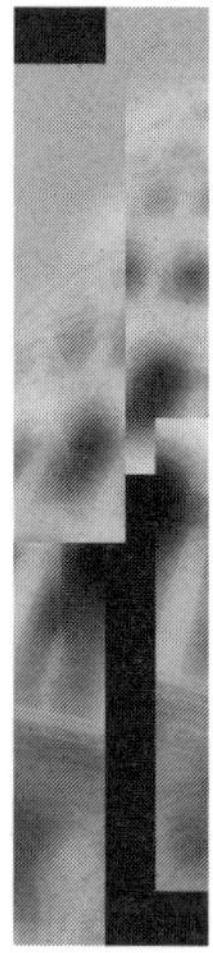

Rolle einer garstigen Schwester, denn »oh hell« gehörte nicht zum Suchbereich (kalifornische Städte), auf die sich der Teilnehmer konzentrierte. Mithin ist bei jüngeren Menschen die Wahrscheinlichkeit größer als bei älteren Menschen, dass sie sich in längere TOTs verstricken, weil sie von garstigen Schwestern abgelenkt werden. Indem sie potenzielle Abrufreize erzeugen – Teilinformationen und ähnliche Lautgestalten –, lösen sie jedoch vermutlich manche TOTs rascher, statt einfach nur »eine Niete zu ziehen«.

Vermutlich weil garstige Schwestern TOTs verlängern können, indem sie unsere Aufmerksamkeit von dem richtigen Zielwort ablenken, hört man gelegentlich den Rat, die Aufmerksamkeit auf etwas anderes zu richten. Dahinter steckt wohl die Hoffnung, dass sich das blockierte Zielwort spontan im Bewusstsein einstellt, wenn wir nicht mehr unablässig mit den garstigen Schwestern beschäftigt sind.[119] Die Mutter einer Bekannten riet ihrer Tochter beispielsweise, an Schokoladenkuchen zu denken, wenn ihr ein Wort nicht einfallen wollte. Tatsächlich geht aus Tagebuchstudien hervor, dass ein Drittel bis die Hälfte der TOTs durch das plötzliche »Auftauchen« des Zielwortes »wie aus dem Nichts« gelöst werden. Andere TOTs löst man entweder durch Methoden, die mit der bewussten Suche nach Hinweisreizen arbeiten – Durchforsten des Alphabets oder Suche nach ähnlich klingenden Wörtern –, oder durch das Nachschlagen in externen Quellen wie Wörterbüchern oder Lexika.

Zum unverhofften »Auftauchen« des Zielwortes kann es kommen, weil sich der Einfluss der garstigen Schwestern im Laufe der Zeit verflüchtigt hat. Dem unvermittelten Auftauchen können aber auch »Inkubationsprozesse« zugrunde liegen, die sich außerhalb des Bewusstseins vollziehen. Vielleicht setzt unser Geist die Arbeit an der Auflösung der Blockierung auch dann noch fort, wenn wir unsere bewusste Aufmerksamkeit längst auf andere Dinge gerichtet haben. Doch es gibt wenige Anhaltspunkte für diese These, und

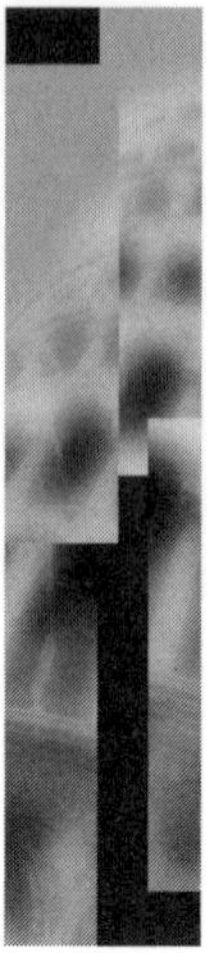

ich vermute, dass viele scheinbar spontane und unvermittelte TOT-Auflösungen auf die Wirkung von Hinweisreizen zurückzuführen sind, die unserer Aufmerksamkeit entgangen sind, uns aber trotzdem an das Ziel erinnert haben. Jemand, der sich nicht an den Namen von Al Capones Geliebter erinnern konnte, machte einige Tage später eine Fahrradtour. Er fand es wunderbar, an solchen Tagen im Mai – *days in May* – Rad zu fahren, und erinnerte sich plötzlich an den blockierten Namen: Daisy Mae.[120] In der Freude, einen TOT gelöst zu haben, kann man den Abrufreiz, der die Erinnerung ausgelöst hat, leicht übersehen oder vergessen und so die Zahl der »spontan« aufgetauchten Zielwörter erheblich überschätzen. Aufschlussreich sind die Ergebnisse von Laborstudien, in denen die Teilnehmer aufgefordert werden, laut zu denken, während sie Blockierungen zu lösen versuchen: Fast alle bedienen sich systematischer Methoden, um Abrufreize zu erzeugen; kaum jemals wird beobachtet, dass die Zielwörter spontan auftauchen.[121] Das kann natürlich an den Laborbedingungen liegen: Hier können sich die Versuchspersonen ganz auf ihre kognitiven Prozesse konzentrieren und daher auch schwache Signalreize wahrnehmen, die den Abruf auslösen.

Die Ergebnisse und Überlegungen zur Auflösung von TOTs lassen sich durchaus für den Versuch nutzen, Blockierungen im Alltag zu bekämpfen. Viele TOTs sind schon nach wenigen Minuten gelöst. In manchen Situationen dürfte daher das Aussitzen der Blockierung die vernünftigste Lösung sein. Bei Menschen in entsprechendem Alter ist vielleicht auch ein Gedanke an die kleinen Unannehmlichkeiten des »Seniorendaseins« hilfreich. Selbst wenn ein TOT sich nicht sofort auflöst, ist es wohl am besten, nicht zu rasch aufzugeben: Aus einschlägigen Untersuchungen wissen wir, dass man die Lösung mit umso größerer Wahrscheinlichkeit finden wird, je mehr Zeit man für die Suche nach dem blockierten Namen aufwendet.

Doch was kann man in gesellschaftlichen Situationen tun, wie ich sie zu Anfang dieses Kapitels skizziert habe – wenn Sie eine Blockierung beim Abruf des Namens einer guten Bekannten haben, es aber nicht zugeben wollen und sich daher fieberhaft bemühen, möglichst rasch auf den Namen zu kommen? Falls Ihnen spontan keine phonologischen Teilinformationen einfallen – zum Beispiel der erste Buchstabe oder die Silbenzahl –, kann es hilfreich sein, das Alphabet durchzugehen. Versuche haben gezeigt: Wenn Menschen zu dem Gesicht eines Prominenten der Name nicht einfällt, ist es eher hilfreich, ihnen die Anfangsbuchstaben des Namens zu nennen, als semantische Informationen über den Beruf der Person zu liefern. Wenn Sie selbst in der Lage sind, die Anfangsbuchstaben des Namens abzurufen, dann versuchen Sie sich mithilfe dieser Information an Situationen zu erinnern, in denen Sie dieser Person begegnet sind und ihren Namen ausgesprochen haben.[122] Zweckdienlich ist es auch, den falschen Verlockungen garstiger Schwestern zu widerstehen. Zwar finden sich hier vermutlich einige Laute, die denen des Zielwortes ähneln und daher als Abrufreiz verwendet werden können, doch die endlose Wiederholung eines, wie Sie sehr wohl wissen, falschen Wortes oder Namens wird Ihr Leiden nur verlängern.

Bei Personennamen können Sie auch selbst die Initiative ergreifen. Sie wissen ja, dass Eigennamen vom Begriffswissen isoliert und daher schwierig zu erinnern sind. Insofern kann es von Nutzen sein, die Namen von Bekannten systematisch durchzugehen – vor allem der Leute, die man nur selten sieht –, und zwar so, dass diese Namen mehr Bedeutung bekommen.[123] Wenn Ihr Steuerberater Siegfried Stefan heißt, dann sagt Ihnen dieser Name zunächst einmal gar nichts. Und da Sie ihn in der Regel nur einmal im Jahr sehen, nämlich im Frühjahr, ist er ein idealer Kandidat für eine Namensblockierung. Nun können Sie diesen Namen aber so elaboriert enkodieren, dass er sinnvoll für Sie wird: Stellen Sie sich Ihren Steuerberater vor unter dem Motto: »Frieden (Sieg*fried*) vor der Steuer-*(Ste-)*Fahndung *(fan)*«, weil er ihr Einkommen immer rechtzeitig und vollständig angibt. Diese Enkodierungstechnik ist eine bewährte Methode, Menschen neue Namen beizubringen. Sie kann sicherlich auch zur »Rekodierung« vertrauter Namen dienen, weil sie das normalerweise fragile Band zwischen begrifflicher und phonologischer Information stärkt und damit jene Anfälligkeit beseitigt, die so häufig für Blockierungen beim Abruf von Eigennamen verantwortlich ist. Wenn wir aus eigenem Antrieb Namen enkodieren, die uns in der Vergangenheit häufig entfallen oder die typische Kandidaten für TOT-Erlebnisse sind (Personen, denen wir in letzter Zeit nur unregelmäßig oder gar nicht begegnet sind), dürften wir die Wahrscheinlichkeit neuerlicher Blockierungen verringern.

Neues zur Verdrängung

Im März 1998 plädierte die 20-jährige Cynthia Anthony, die vor einem Gericht in Toronto angeklagt war, ihre 23 Tage alte Tochter ermordet zu haben, auf nicht schuldig.[124] Am 19. März verkündete die *Toronto Sun* in einer Riesenschlagzeile: »Mutter: Erinnerung an Sturz blockiert«. Anthony behauptete, sie sei über ein Fernsehkabel gestolpert und habe das Baby auf die harten Keramikfliesen fallen lassen. Allerdings hatte sie diesen Vorfall mit keinem Wort erwähnt, als sie kurz nach dem Tod des Kindes von der Polizei vernommen worden war. Im Prozess erklärte Anthony, sie habe sich infolge des schrecklichen Ereignisses »in einem Schockzustand« befunden, der die Erinnerung daran »blockiert« habe. Erst als sie sich Monate später die Fotos ihres Babys angesehen habe, so erklärte sie den Geschworenen, sei die Erinnerung wiedergekommen. Am folgenden Tag sprach sich ein psychiatrischer

Gutachter für ihre Version der Geschichte aus. »Gedächtnisblockierung möglich – erklärt Psychiater«, titelte die *Sun*. »Die Ungeheuerlichkeit der Tragödie, die sie erlitt, könnte sie anfälliger für eine Amnesie gemacht haben«, bestätigte Dr. Graham Glancy.

Die Blockierung des Namens einer flüchtigen Bekannten oder eines selten gebrauchten Wortes unterscheidet sich erheblich von der Blockierung eines emotional bedeutsamen traumatischen Ereignisses, das erst vor Minuten oder Stunden geschehen ist. Kann überhaupt das episodische Gedächtnis für persönliche Erlebnisse blockiert werden – und seien sie auch traumatischer Art?

Verschiedene Argumente sprechen dafür, dass es unter spezifischen Bedingungen und innerhalb bestimmter Grenzen zur Blockierung persönlicher Erlebnisse kommen kann. Die von Cynthia Anthony behauptete Art der Amnesie – das selektive und vollständige Vergessen eines Traumas bereits Minuten, Stunden oder Tage später – ist nicht selten bezeugt, tritt aber kaum ohne physische Einwirkungen auf das Gehirn ein.[125] Dagegen werden, wie im siebten Kapitel ausführlich dargelegt, unlängst erlittene Traumata gewöhnlich lebhaft und dauerhaft erinnert. Kopfverletzungen, Alkohol, Drogen oder Bewusstlosigkeit sind in der Regel beteiligt, wenn es Menschen nicht gelingt, sich an ein gerade erlebtes Trauma zu erinnern. Und in diesen Fällen ist vermutlich keine Blockierung für die Amnesie verantwortlich – viel wahrscheinlicher ist es, dass die Erinnerung von Anfang an nicht angemessen enkodiert oder gespeichert wurde. Trotzdem ließen sich die Geschworenen in Toronto von Anthonys Argumentation überzeugen und sprachen sie von der Mordanklage frei.

Überzeugendere Anhaltspunkte für die Blockierung episodischer Erinnerungen stammen aus Laboruntersuchungen, in denen es um nichttraumatische, emotional neutrale Erlebnisse ging. Betrachten wir das folgende Experiment: Ich zeige Ihnen eine Liste mit Wörtern, die aus Kategorien wie »Obst« oder »Vögel«

stammen: *Apfel, Kanarienvogel, Rotkehlchen, Birne, Krähe, Banane* und so weiter. Im anschließenden Gedächtnistest biete ich Ihnen einige Wörter von der Liste dar, etwa *Birne* und *Kanarienvogel*, und fordere Sie auf, die anderen Wörter aus dem Gedächtnis zu nennen.[126] Wird es Ihnen nun leichter gelingen, die anderen Wörter aus dem Gedächtnis abzurufen, als der Kontrollgruppe, der beim Test keines der Worte von der Liste gezeigt wurde? Intuitiv möchte man diese Frage mit einem klaren Ja beantworten – die dargebotenen Wörter von der Item-Liste müssten doch eigentlich als Hinweisreize für die anderen dienen! Überraschenderweise haben die Experimente jedoch genau das Gegenteil ergeben. Die Wörter von dieser Liste, die als Signalreize dargeboten werden, scheinen sich wie garstige Schwestern zu verhalten, die während der TOT-Zustände störend auftauchen. Die Wörter führen die Gedächtnissuche auf eine falsche Spur und blockieren oder hemmen den Zugriff auf die gelernten Wörter.

Aus anderen Experimenten wissen wir, dass durch den Abruf von Informationen aus dem Gedächtnis später der Abruf ähnlicher Informationen gehemmt werden kann.[127] Stellen Sie sich vor, Sie haben Wortpaare wie *Rot/Blut* und *Essen/Radieschen* gelernt und erhalten nun *Rot* als Hinweisreiz, woraufhin Sie richtigerweise *Blut* als Begleitwort abrufen. Dieser Erinnerungsakt stärkt ihr Gedächtnis für das gemeinsame Auftreten der beiden Wörter: Wenn man Ihnen das nächste Mal *Rot* vorgibt, wird es Ihnen daher noch leichter fallen, sich an *Blut* zu erinnern. Bemerkenswerterweise wird durch die Erinnerung, dass *Blut* mit *Rot* einhergeht, der Abruf von *Radieschen* bei Vorgabe von *Essen* erschwert! Wenn wir uns *Rot/Blut* einprägen, müssen wir den Abruf aller »roten Dinge«, die uns kürzlich untergekommen sind, unterdrücken – außer *Blut* natürlich –, damit unser Bewusstsein nicht mit irrelevanten Inhalten voll gestopft ist, die den Gedächtnisabruf des gesuchten Wortes beeinträchtigen könnten. Doch wenn wir den Abruf unerwünschter Inhalte wie *Radieschen* unterdrücken, so hat das seinen Preis: Sie sind dann auch bei künftigen Abrufen weniger zugänglich, selbst für ein Wort wie *Essen*, das mit »roten Dingen« scheinbar gar nichts zu tun hat.

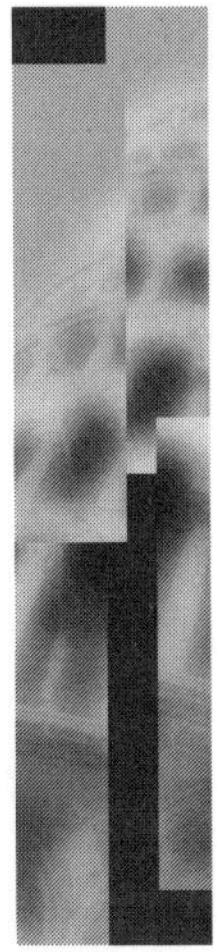

Ist diese Form von abrufinduzierter Hemmung ein kurioser Sonderfall, der nur bei Experimenten mit Abruf von Wortlisten auftaucht, oder kommt sie regelmäßig vor? Stellen Sie sich vor, dass Ihnen beim Betrachten von Urlaubsfotos ein Bild von Westminster Abbey in die Hände fällt, das Sie an die Glasfenster erinnert. Würde Ihnen diese Vergegenwärtigung die Erinnerung an die Fenster von Notre-Dame erschweren? Die Ergebnisse von Experimenten, welche die Psychologin Wilma Koutstaal in meinem Labor durchgeführt hat, lassen darauf schließen, dass dies der Fall sein könnte.[128] Die Teilnehmer führten einfache Tätigkeiten aus – sie schlugen zum Beispiel einen Nagel in einen Holzklotz oder zeigten Australien auf dem Globus. Dann wurden ihnen Fotos einiger dieser Handlungen gezeigt, was den Gedächtnisabruf der abgebildeten Handlungen bei einem späteren Test verbesserte. Noch bemerkenswerter war Folgendes: Das Betrachten dieser Fotos verringerte den späteren Abruf von Tätigkeiten, die nicht auf den Fotos gezeigt wurden (im Vergleich zu einem Versuch, bei dem die Teilnehmer gar keine Fotos zu sehen bekamen).

Etwas Ähnliches kann in einem Kontext von erheblicher juristischer Bedeutung geschehen: bei der Erinnerung von Zeugen. Augenzeugen werden in der Regel selektiv nach bestimmten Aspekten eines Ereignisses befragt. Könnte der wiederholte Abruf der Ereignisse, zu denen Fragen gestellt werden, die Erinnerung an Einzelheiten erschweren, zu denen keine Fragen gestellt werden? Das wäre eine höchst unliebsame Nebenwirkung von Verhören, weil die Ermittlungsbehörden in vielen Fällen später Aspekte eines Ereignisses neu aufrollen müssen, mit denen sie sich ursprünglich nicht befasst haben.

In einer die Situation von Augenzeugen simulierenden Laborstudie sahen die Versuchspersonen Farbdias vom Zimmer eines Studenten, in dem ein Diebstahl begangen worden war.[129] Anschließend befragten die Versuchsleiter die Teilnehmer selektiv nach bestimmten Kategorien von Gegenständen, die sich in dem Raum befunden hatten. Beispielsweise stellten sie Fragen zu einigen College-Sweatshirts, ließen aber andere unerwähnt. Weitere Kategorien von Gegenständen, zum Beispiel Lehrbücher, wurden überhaupt nicht angesprochen. Im Vergleich zur Erinnerung an die Lehrbücher verbesserte sich anschließend der Gedächtnisabruf von Sweatshirts, zu denen Fragen gestellt worden waren. Schlechter fiel er bei Sweatshirts aus, zu denen die Versuchspersonen nicht befragt worden waren. Der Zugriff auf diese Objekte schien durch die erfolgreiche Erinnerung an Dinge aus derselben Kategorie blockiert zu werden.

Nach einer Hypothese des Psychologen Michael Anderson von der University of Oregon kommt es immer dann zur Hemmung nicht abgerufener Information, wenn wir in Reaktion auf einen bestimmten Hinweisreiz selektiv einige Erinnerungen abrufen, andere dagegen nicht.[130] Wenn Sie einen unterhaltsamen Abend mit einem Zimmergenossen aus Collegetagen verbringen und in alten Erinnerungen schwelgen, können nicht erörterte gemeinsame Erfahrungen gehemmt werden, weil sie beim Abruf der besprochenen Erlebnisse unterdrückt werden.

Anderson meint weiter, diese These könnte vielleicht neues Licht in die kontroverse Frage der vergessenen und wieder entdeckten Erinnerungen an sexuellen Missbrauch in der Kindheit bringen. Die Neunzigerjahre waren überschattet von einer hitzigen und oft sehr unschönen Debatte über den Wahrheitsgehalt von traumatischen Erinnerungen, die Jahre oder Jahrzehnte scheinbar vergessen in den Betroffenen geschlummert hatten, um dann in der Psychotherapie oder durch ein auslösendes Ereignis wieder

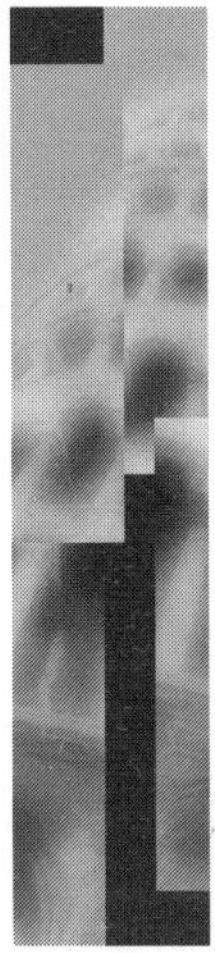

entdeckt zu werden.[131] In den frühen Diskussionen standen sich zwei unversöhnliche Lager gegenüber: Die eine Seite behauptete, praktisch alle diese Erinnerungen seien wahr, und die andere erklärte, praktisch alle seien falsch. Obwohl der erbitterte Streit andauert, hat man in neueren Diskussionen doch eingeräumt, dass wieder entdeckte Erinnerungen an Kindheitstraumata sowohl falsch als auch wahr sein können. Es wurden Versuche unternommen, die Mechanismen für die eine wie die andere Möglichkeit herauszuarbeiten. Auf »falsche Kindheitserinnerungen« werde ich bei der Erörterung von Suggestibilität im fünften Kapitel eingehen.

Bei Untersuchungen an Menschen, die erklären, sie seien als Kinder sexuell missbraucht worden, hat sich erstaunlicherweise gezeigt, dass Berichte über zeitweiliges Vergessen des Missbrauchs häufiger sind, wenn der Täter ein Familienmitglied ist.[132] Warum? Anderson schlägt eine mögliche Interpretation vor. Wenn ein Elternteil oder eine Bezugsperson, der das Kind Vertrauen entgegenbringt, einen Missbrauch begeht, bleibt das Kind trotzdem emotional und körperlich abhängig von diesem Menschen und muss deshalb für den Fortbestand einer funktionierenden Beziehung mit dem Täter sorgen. Laut Anderson könnten Erinnerungen an den Missbrauch diese Bestrebungen untergraben, weil sie Angst und Misstrauen säen, während die Erinnerungen an positivere Erfahrungen mit der Bezugsperson eine adaptive Beziehung zu ihr fördern. Daher müsse das Kind selektiv nicht traumatische Erfahrungen mit der Bezugsperson anstelle der traumatischen abrufen. Eine solche Situation könnte eine abrufinduzierte Hemmung fördern – wenn in Reaktion auf einen bestimmten Signalreiz (in diesem Fall das Familienmitglied) einige selektive Erinnerungen abgerufen werden, andere dagegen nicht. Zwar muss noch der Frage nachgegangen werden, ob diese Art von Blockierung in den Fällen eine Rolle spielt, in denen tatsächlich der Missbrauch durch ein Familienmitglied vergessen und wieder entdeckt wurde, doch die Hypothese ist plausibel und sollte empirisch untersucht werden.

Allerdings sind nicht an allen Fällen von vergessenem Kindesmissbrauch Familienmitglieder beteiligt. Ein Beispiel dafür ist folgender Fall, den der Psychologe Jonathan Schooler von der University of Pittsburgh sorgfältig dokumentiert hat. Ein 30-jähriger Mann mit den Initialen JR geriet in große Erregung, als er einen Film sah, in dem sich die Hauptperson mit ihren Erinnerungsbildern an eine sexuelle Belästigung auseinander setzt.[133] Noch am selben Abend wurde JR von der plötzlichen und lebhaften Erinnerung an einen Gemeindepriester überwältigt, der ihn auf einer Campingfahrt sexuell missbraucht hatte, als er zwölf Jahre alt war. Soweit Schooler feststellen konnte, hatte JR viele Jahre lang nicht an diesen Vorfall gedacht. »Hätte man uns beim Betreten des Kinos«, meinte JR, »nach Missbrauchserlebnissen in der Kindheit befragt, zum Beispiel: ›Ist Ihnen das jemals passiert, oder kennen Sie jemanden, dem das passiert ist?‹, hätte ich die Frage im Brustton der Überzeugung verneint.« Dieser Vorfall ereignete sich 1986, lange vor Ausbruch der Kontroverse um die wieder entdeckten Erinnerungen zu Anfang der Neunzigerjahre: »Ich war wie vor den Kopf geschlagen, verblüfft, wissen Sie? Die Erinnerung war lebhaft und doch… Ich wusste überhaupt nichts über verdrängte Erinnerung.«

Warum hatte JR den Missbrauch so lange vergessen? Zweifellos spielte Transienz eine gewisse Rolle – die Erinnerung mochte im Laufe der Zeit schwächer geworden sein. Doch die Lebhaftigkeit der Erinnerungsbilder, von der JR berichtete, lässt darauf schließen, dass Transienz nicht der einzige Grund war. Vielleicht war das Erlebnis durch einen Prozess blockiert oder gehemmt, den man als »intentionales Vergessen« *(directed forgetting)* bezeichnet. Wenn man Versuchspersonen auffordert, eine gerade gelernte Wörterliste wieder zu vergessen, erinnern sie sich später in einem überraschenden Gedächtnistest an weniger Wörter als eine Kontroll-

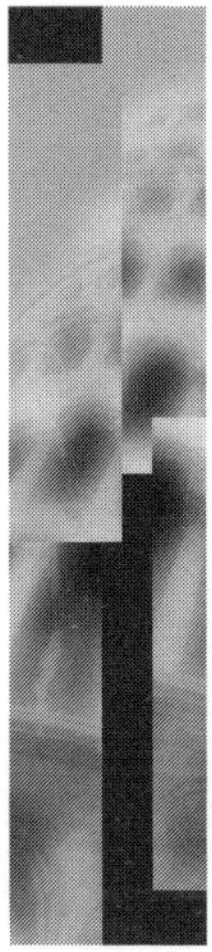

gruppe, welche die Anweisung erhielt, die Wörter zu behalten. Der Psychologe Robert Bjork von der University of California in Los Angeles und seine Kollegen haben die überzeugende These aufgestellt, dass die Ursache eines solchen intentionalen Vergessens manchmal in einer Form der Blockierung liegt, die man als Abrufhemmung *(retrieval inhibition)* bezeichnet.[134] Eine derartige Hemmung kann »aufgehoben« werden, wenn wir auf Hinweisreize stoßen, die so wirksam sind, dass sie uns dazu bringen, ein Ereignis noch einmal auf die ursprüngliche Weise zu durchleben. Vielleicht hat JR bewusst versucht, den Abruf der Erinnerungen an die Begegnung mit dem Priester zu vermeiden, und so den Zugriff darauf über einen langen Zeitraum mit Erfolg gehemmt. Die hochwirksamen Auslösereize, die in dem Film vorkamen, haben möglicherweise die gleichen Gefühle ausgelöst, die JR während des ursprünglichen Erlebnisses empfunden hatte. Das ermöglichte es ihm, die Hemmung zu überwinden.

Begriffe wie »Abrufhemmung« lassen natürlich an den Freudschen Begriff der Verdrängung denken. Ist Abrufhemmung einfach eine moderne Bezeichnung für Freuds altes Konzept, das in Verruf geriet, weil sich keine experimentellen Belege dafür beibringen ließen? Nicht wirklich. Freuds Verdrängungsbegriff umfasst einen Abwehrmechanismus, der unauflöslich mit dem Versuch verknüpft ist, emotional bedrohliche Inhalte aus dem Bewusstsein zu verbannen.[135] Doch in den modernen Thesen von Theoretikern wie Bjork und Anderson ist die Abrufhemmung ein weit universellerer Begriff, der für emotionale wie nicht emotionale Inhalte gilt.

Trotzdem gibt es einige interessante Überschneidungen zwischen dem modernen Konzept der Abrufhemmung und dem Freud'schen Verdrängungsbegriff – Überschneidungen, die für die Blockierung von Bedeutung sind. Beispielsweise haben die klinischen Psychologen Lynn Myers und Chris Brewin von der University of London die Wirkung der Abrufhemmung bei so genannten

Verdrängern untersucht.[136] Verdränger sind Menschen, die von nur geringen Angst- und Stressniveaus selbst dann berichten, wenn physiologische Messungen dafür sprechen, dass heftige emotionale Reaktionen auf eine Person oder eine Situation vorliegen – ein knallrotes Gesicht zum Beispiel, begleitet von der Beteuerung, man sei überhaupt nicht verlegen. Verdränger sind Menschen, die von anderen als »defensiv« bezeichnet werden. Aus einigen Studien geht hervor, dass sich Verdränger in der Regel an eine geringere Zahl von negativen Ereignissen aus ihrem Leben erinnern als Nichtverdränger.

Myers und Brewin untersuchten intentionales Vergessen in folgendem Experiment: Die Teilnehmer lernten angenehme und unangenehme Wörter und erhielten dann Anweisungen zum intentionalen Vergessen einzelner Wörter. Den Verdrängern gelang es besser, mithilfe von Abrufhemmungen die Erinnerung an kürzlich gelernte unangenehme Wörter zu blockieren, während sich bei der Blockierung des Abrufs angenehmer Wörter kein Unterschied zwischen den beiden Gruppen ergab.

In welchem Maße können Verdränger Erinnerungen an unangenehme Ereignisse mithilfe von Abrufhemmungen blockieren? Könnten sie ein kurz zuvor erlittenes Trauma vergessen, wie es im Mordfall Cynthia Anthony in Toronto behauptet wurde, oder noch größere Abschnitte ihres Lebens ausblenden? Noch kennen wir die Antworten auf diese Fragen nicht. Wir wissen jedoch, dass Abrufhemmungen größeren Maßstabs in Fällen von »psychogener« Amnesie vorliegen können, wenn Patienten nach verschiedenen Arten seelischer Belastung große Bereiche ihrer persönlichen Vergangenheit ausblenden.[137] In der Regel bewahren sie die Fähigkeit, neue Erinnerungen zu bilden und abzurufen, können sich aber kaum an autobiografische Fakten vor Beginn der Amnesie erinnern – die persönliche Identität eingeschlossen. Meist werden solche Patienten als psychiatrische Fälle eingestuft. Jüngere Untersuchungen auf der Basis des Neuroimaging vermitteln erste Ein-

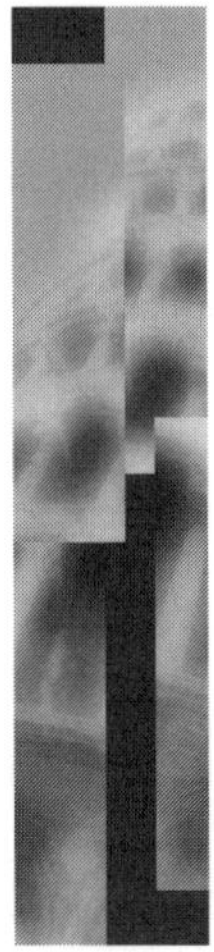

blicke in die neuronalen Mechanismen, die an der Blockierung episodischer Erinnerungen beteiligt sind. In einem Fall, der aus Deutschland berichtet wurde, verschwand der Patient NN unerwartet von zu Hause und tauchte Tage später mehrere 100 Kilometer entfernt in einer Großstadt auf. Er hatte keinerlei Erinnerung an seine Identität und an die meisten Dinge aus seiner Vergangenheit.[138] Schließlich landete er in einem Krankenhaus, und es gelang, seine Familie ausfindig zu machen. NN hatte vor seinem Verschwinden erhebliche Belastungen in seinem Leben gehabt, doch es gab kein Anzeichen für eine konkrete Hirnschädigung. Während der Patient Beschreibungen von Ereignissen aus verschiedenen Zeitphasen in seiner Vergangenheit hörte, wurden PET-Scans seines Gehirns durchgeführt. Wenn sich gesunde Menschen an emotional bedeutsame Erlebnisse in ihrer Vergangenheit erinnern, zeigen die Scans erhöhte Aktivität in Regionen der rechten Hirnhälfte, besonders im hinteren Bereich des Frontallappens und in vorderen Teilen des Temporallappens. Dagegen war bei NN keine Aktivierung dieser Regionen zu erkennen, stattdessen war ein viel kleinerer Bereich frontaler und temporaler Regionen in der *linken* Hemisphäre aktiviert.

Diese Beobachtungen sind bemerkenswert, weil andere Untersuchungen gezeigt haben, dass neurologische Patienten, die sich an große Teile ihrer persönlichen Vergangenheit nicht erinnern können, aber in der Lage sind, neue Erinnerungen zu bilden, häufig erhebliche Schädigungen im hinteren Teil des rechten Frontallappens und im vorderen Teil des rechten Temporallappens erlitten haben.[139]

Eine PET-Studie, die am Institute of Cognitive Neurology in London durchgeführt wurde, liefert weiteren Aufschluss.[140] Patient PN erlitt mit Mitte 40 eine Hirnblutung, die seinen linken Frontallappen schädigte. Er hatte in letzter Zeit einige persönliche Schicksalsschläge erlitten – Scheidung, berufliche Probleme und finanziellen Bankrott. Vielleicht infolge beider Faktoren – der neurologischen Schäden und der seelischen Probleme – entwickelte PN eine Amnesie für die 19 Jahre, die vor der Hirnblutung lagen. Während er im PET-Scanner lag, betrachtete er Familienfotos aus den 19 Jahren, an die er sich nicht erinnern konnte, und Fotografien aus der Zeit vor oder nach dieser Periode. Als er sich Bilder aus dem Zeitraum der 19 Jahre ansah, ließ sich in einem Teil des rechten Frontallappens weniger Aktivität erkennen als beim Betrachten von Fotos, die vorher oder nachher aufgenommen worden waren. Das rechte frontale Areal, das verringerte Aktivität zeigte, lag ganz in der Nähe einer ähnlichen Region, in der bei Patient NN keine Aktivität zu beobachten war – anders als bei gesunden Menschen unter vergleichbaren Bedingungen.

Ein weiteres Ergebnis ist besonders faszinierend. Als PN Fotografien aus den 19 Jahren betrachtete, an die er sich nicht erinnern konnte, zeigte sich in einer Region nahe dem hinteren Zentrum des Gehirns, dem Precuneus, eine erhöhte Aktivität. Bei gesunden Menschen ist diese Region aktiv, wenn sie sich an frühere Erfahrungen erinnern. Die Forscher vermuteten, diese Aktivität könnte die frühesten Stadien des Abrufprozesses anzeigen. Zur Fortsetzung der Suche und letztlich zur bewussten Erinnerung an das auf dem Foto gezeigte Ereignis muss sich das Frontalhirnsystem einschalten, das den Abrufprozess steuert und kontrolliert. Doch bei PNs Versuchen, Erlebnisse aus den vergessenen 19 Jahren abzurufen, schien das frontale Steuersystem abzuschalten, woraufhin er unfähig war, sich an irgendetwas zu erinnern.

Warum schaltet das frontale System nur bei den Erlebnissen dieses Zeitraums ab? Das System selbst ist nicht gestört, denn es arbeitet ganz normal, sobald PN versucht, sich an Erlebnisse vor oder nach der amnestischen Periode zu erinnern. Nun sind in dieser Lücke die entscheidenden unangenehmen Ereignisse aus PNs Leben angesiedelt. Daher stellt sich die Frage, ob die negativen Emotionen, die geweckt werden, sobald PN die negativen autobiografischen Ereignisse abzurufen beginnt (also das frühe Abrufstadium einsetzt, das durch die Precuneus-Aktivierung charakterisiert ist), die Abschaltung des frontalen Systems bewirken oder zulassen.

Könnte dieses Wechselspiel zwischen Precuneus und frontalem System das neuronale Äquivalent einer Blockierungsart sein, die Freuds dynamisch geprägtem Verdrängungskonzept ähnelt? Zeigen möglicherweise auch die so genannten Verdränger eine erhöhte Aktivität im Precuneus und eine verringerte Aktivierung des frontalen Kontrollsystems, wenn man sie nach negativen Ereignissen aus ihrer Vergangenheit fragt?

Die ersten Ergebnisse aus Neuroimaging-Studien über die Blockierung persönlicher Erinnerungen sind noch nicht eindeutig, doch sie eröffnen die verheißungsvolle Möglichkeit, einen neuen theoretischen Rahmen für diese seltenen, aber faszinierenden Phänomene zu entwerfen und sie vielleicht sogar zu erklären. Neuroimaging-Studien könnten den Ärzten sogar helfen, Patienten zu behandeln, die ohne erkennbare Hirnschädigung an weit reichenden Amnesien leiden. Oft hegen Kliniker den Verdacht, solche Patienten würden Amnesien vortäuschen, um juristischen oder persönlichen Schwierigkeiten aus dem Weg zu gehen. Denn es gibt keine Tests, die zuverlässig zwischen echten und fingierten Amnesien unterscheiden könnten. Sollten sich Neuroimaging-Studien als verlässliche Hirnsignaturen für Gedächtnisblockierungen erweisen und sollten sich diese von Signaturen unterscheiden, die bei vorgetäuschtem Gedächtnisverlust erkennbar sind, dann wären das wichtige Hinweise für Kliniker, die Behandlungspläne für Amnesiepatienten entwerfen müssen. Obwohl wir noch weit davon entfernt sind, alle Bedingungen der Blockierung zu kennen, bieten die Untersuchungen mit modernen bildgebenden Verfahren eine echte Chance, Licht in das Dunkel dieser ärgerlichsten aller Gedächtnissünden zu bringen.

4 Fehlattribution:

Von Déjà-vu-Erlebnissen und anderen trügerischen Erinnerungen

I have been here before,
But when or how I cannot tell:
I know the grass beyond the door,
The sweet keen smell,
The sighing sound, the lights around the shore ...*[141]
Dante Gabriel Rossetti, »Sudden Light«, 1854

Am 24. Februar 1896 wurden die Mitglieder der Société Médico-Psychologique in Paris über einen höchst merkwürdigen Fall von Gedächtnisstörung unterrichtet. Berichte von Patienten, die an Amnesie litten, waren in den 1890er-Jahren keine Seltenheit, doch dieser 34-jährige Mann hatte ein anderes Problem: Er erinnerte sich an Ereignisse, die nie stattgefunden hatten. Nachdem Louis einige Jahre zuvor unter Malaria gelitten hatte, wurde er auch bei völlig neuen Erfahrungen regelmäßig von einem starken Gefühl der Vertrautheit überwältigt. Während der Hochzeitsfeier seines Bruders war er sich plötzlich sicher, dass er dieses Ereignis schon einmal vor einem Jahr erlebt hatte. Als Louis wegen seelischer Probleme in ein Krankenhaus kam, das er noch nie zuvor gesehen hatte, war er überzeugt davon, schon einmal dort gewesen zu sein. Beim ersten Zusammentreffen mit dem französischen Psychiater Dr. Arnaud, der vor der Société Médico-Psychologique über seinen Fall berichtete, erklärte Louis mit Nachdruck: »Aber Sie kennen mich doch, Herr Doktor! Sie haben mich doch letztes Jahr begrüßt, zur gleichen Tageszeit, in diesem Zimmer. Sie haben mir die gleichen Fragen gestellt, und ich habe Ihnen die gleichen Antworten gegeben.«[142]

Die Psychologen und Psychiater, die in Paris Arnauds Vortrag lauschten, hatten großes Interesse an Louis' Fall. Das Ende des 19. Jahrhunderts hat man das goldene Zeitalter der Gedächtnisfor-

* Ich war bereits an diesem Ort / doch wann und wie, das weiß ich nimmermehr: / Ich kenn' das Gras jenseits der Schwelle dort, / den Duft, so süß und schwer, / den seufzend Laut, die Uferlichter fort und fort.

schung genannt, und die französische Psychologie hatte großen Anteil daran. Zwar kennt man heute vor allem die bahnbrechenden Experimente von Ebbinghaus aus dem Jahr 1885, doch schon vier Jahre zuvor hatte der französische Psychologe Théodule Ribot in seinem klassischen Werk *Les maladies de la mémoire* dargelegt, wie hirnorganische Schädigungen oder seelische Störungen Amnesie für die nahe oder ferne Vergangenheit hervorrufen können.[143] Er beschrieb auch Fälle von »falschen Erinnerungen«. Diese »Paramnesien« haben eine lebhafte und teilweise hitzige Debatte ausgelöst: Wie verbreitet sind falsche Erinnerungen in der Bevölkerung? Gehören sie zu klinischen Krankheitsbildern? Gibt es nur eine Art von Paramnesie oder viele? Die Vertreter der gegensätzlichen Auffassungen führten ihre Debatte in einer Sondernummer der *Révue Philosophique* des Jahres 1893.[144]

Als Arnaud 1896 auf der Pariser Tagung der Gesellschaft Louis vorstellte, ging er direkt auf die noch andauernde Debatte ein, indem er die Begriffe verwarf, die in der Regel zur Beschreibung von Louis' abnormer Erinnerung verwendet wurden. »Ich glaube, es ist besser, die Bezeichnungen ›falsche Erinnerung‹ und ›Paramnesie‹ aufzugeben«, lautete seine kühne These. Dann stellte er die – scheinbar paradoxe – Behauptung auf, »dass das fragliche Phänomen möglicherweise gar nichts mit dem Gedächtnis zu tun hat«. Stattdessen schlug Arnaud eine neue Bezeichnung für Erlebnisse vor, die fälschlicherweise ein Gefühl von Vertrautheit auslösen: Déjà-vu-Erlebnis. Das Déjà-vu sei eine besondere Erfahrung, so behauptete Arnaud, und unterscheide sich von anderen Formen der Gedächtnistäuschung durch seine Intensität, die Überzeugung, dass eine gegenwärtige Erfahrung mit einer vergangenen identisch sei, und durch das Gefühl, genau zu wissen, was als Nächstes geschehen werde.

Zwar hat Arnaud dafür gesorgt, dass der Ausdruck »Déjà-vu« in den allgemeinen Sprachgebrauch Eingang fand, doch die Erfah-

rung hat er nicht als Erster beschrieben. 1854 hat Dante Gabriel Rossetti das Phänomen in seinem Gedicht »Sudden Light« besungen, und bereits 1849/50 hat Charles Dickens eine ähnliche Erfahrung in *David Copperfield* geschildert. »Er schien vor meinen Augen anzuschwellen und zu wachsen«, berichtet David über eine Begegnung mit Uriah Heap. »Der Raum schien mit den Echos seiner Stimme angefüllt; und mich ergriff das seltsame Gefühl (das niemandem ganz fremd ist), all das wäre irgendwann schon einmal geschehen und ich wüsste genau, was er als Nächstes sagen würde.«[145]

Doch was meinte Arnaud mit seiner Feststellung, Louis' Déjà-vu-Erlebnisse hätten »möglicherweise gar nichts mit dem Gedächtnis zu tun«?[146] Viele ältere Interpretationen des Déjà-vu hatten einen mystischen Einschlag. Man behauptete, es spiegele die Erinnerung an ein früheres Leben wider und sei folglich ein Beweis für die Wiedergeburtslehre. Manche deuteten es auch als telepathisches Hineinlauschen in das Gedächtnis eines anderen. Andere, weniger gewagte Erklärungen gingen davon aus, dass Menschen Déjà-vu-Erlebnisse hätten, wenn ein Erlebnis die Vergegenwärtigung einer ähnlichen – wenn auch nicht identischen – Erfahrung aus der Vergangenheit bewirke. Für Arnaud hatte das Déjà-vu-Phänomen jedoch nichts mit paranormalen oder partiellen Erinnerungen an ähnliche Episoden zu tun. Vielmehr charakterisierte er es als eine Art Fehlurteil, eine Fehlattribution gegenwärtiger Empfindungen und Erfahrungen auf die Vergangenheit.

Um besser zu verstehen, was Arnaud 1896 meinte, überspringen wir ein Jahrhundert und betrachten ein Experiment des kanadischen kognitiven Psychologen Bruce Whittlesea.[147] Zunächst prägten sich die Teilnehmer eine Liste mit gebräuchlichen Wörtern ein. Bei einem späteren Gedächtnistest tauchten einige Wörter dieser Liste und einige neue Wörter in Großbuchstaben am Ende eines Satzes auf; die Teilnehmer mussten entscheiden, ob sie die

Wörter in Großbuchstaben schon einmal gesehen hatten. In einigen dieser Sätze ließ sich das Wort am Satzende aus dem Kontext leicht vorhersagen. »Auf der stürmischen See schaukelte das BOOT.« Bei anderen Sätzen war das weniger einfach: »Sie sparte ihr Geld und kaufte sich davon eine LAMPE.«

In etlichen Fällen, in denen das Wort in Großbuchstaben vorher nicht auf der Liste erschienen war und die Teilnehmer »neu« hätten antworten müssen, gaben sie fälschlicherweise »alt« an. Vor allem aber glaubten sie bei leicht vorhersagbaren neuen Wörtern häufiger, sie hätten sie zuvor gesehen, als bei schwerer voraussehbaren Wörtern. Ferner benannten die Teilnehmer die vorhersagbaren Wörter auch schneller. Whittlesea vermutete, dass die Teilnehmer ihre raschen Reaktionen bei leicht voraussagbaren Wörtern fälschlicherweise auf eine frühere Begegnung attribuierten, die nie stattgefunden hatte: Schnelles, flüssiges Reagieren – eine Folge der Vorhersagbarkeit des Wortes – wurde als Vertrautheit missdeutet.

Aus Gründen, die nichts mit dem Gedächtnis zu tun hatten – so wie Arnaud es anlässlich des Déjà-vu-Phänomens ein Jahrhundert zuvor behauptet hatte –, gaben diese Versuchspersonen an, sie hätten eine Erfahrung schon einmal gemacht, das heißt, das Wort auf einer Liste gesehen. Arnaud glaubte, ein Déjà-vu-Erlebnis rühre daher, dass Merkmale einer gegenwärtigen Situation Reaktionen auslösen, die fälschlicherweise auf eine frühere Erfahrung attribuiert werden – vielleicht ganz ähnlich wie bei der reibungslosen Verarbeitung vorhersagbarer Wörter in Whittleseas Experiment.

Déjà-vu-Erlebnisse sind relativ selten, und wir wissen noch immer nicht genau, welche Merkmale einer gegenwärtigen Erfahrung jene Art von Fehlurteilen bewirken, mit denen sich Arnaud vor seinem Pariser Publikum auseinander setzte. Dagegen sind Fehlattributionen beim Erinnern erstaunlich häufig. Der Grund

dafür ist, dass wir die rasche Verarbeitung eintreffender Informationen oder lebhafter Vorstellungen, die uns ins Bewusstsein treten, auf Erinnerungen an vergangene Ereignisse attribuieren, die es nie gegeben hat. Manchmal erinnern wir uns zutreffend an das, was geschehen ist, attribuieren es aber auf die falsche Zeit oder den falschen Ort. Dann wieder geht die Fehlattribution ganz andere Wege: Irrtümlicherweise halten wir einen spontan auftauchenden Gedanken für ein Produkt unseres eigenen Vorstellungsvermögens, während wir uns in Wirklichkeit – unwissentlich – an etwas erinnern, was wir gelesen oder gehört haben. Obwohl wir heute kaum mehr über Déjà-vu-Phänomene wissen als Arnaud vor über 100 Jahren, haben wir vieles über andere Formen der Fehlattribution in Erfahrung gebracht. Das ist mühsam erworbenes Wissen mit potenziell lebenswichtigen Folgen für die Gesellschaft: Fehlattribution kann unser Leben auf seltsame und unerwartete Weise verändern.

Fehlattribution bei Augenzeugen und Quellengedächtnis

Jeder, der sich an den Bombenanschlag von 1995 in Oklahoma City erinnert, weiß sicherlich auch noch von der vergeblichen Suche nach Täter 2.[148] Täter 1 – bald als Timothy McVeigh identifiziert – wurde kurz nach dem Attentat im April jenes Jahres gefasst. Gleichzeitig veranlasste das FBI eine landesweite Fahndung nach einem zweiten Verdächtigen, der McVeigh begleitet haben sollte, als dieser zwei Tage vor dem Bombenanschlag einen Kleinbus in Elliott's Body Shop in Junction City, Kansas, mietete. Ein Phantombild von Täter 2, das einen jungen Mann mit kantigem Gesicht, dunklem Haar, kräftiger Gestalt und einer blau-weißen Mütze zeigte, wurde pausenlos im Fernsehen gezeigt und von allen Zeitungen im Lande abgedruckt. Obwohl die intensive Fahndung

bald darauf zur Verhaftung von McVeigh und seinem Freund Terry Nichols führte und obwohl nach Umfrageergebnissen sieben von zehn Amerikanern der Meinung waren, ein weiterer Komplize habe sich den Strafverfolgern entzogen, wurde Täter 2 nie gefasst.

Was war geschehen?

Nachdem das FBI die Firma von McVeighs Mietwagen ausfindig gemacht hatte, befragte man die Angestellten. Eine Sekretärin und der Inhaber von Elliott's Body Shop erinnerten sich, dass nur ein Mann, auf den McVeighs Beschreibung zutraf, am 17. April 1995, zwei Tage vor dem Bombenanschlag, einen Kleinbus gemietet hatte. Er hatte mit dem falschen Namen »Robert Kling« unterschrieben. Der Mechaniker Tom Kessinger, der den Vorgang beobachtet hatte, meinte, er habe zwei Männer gesehen. Auf den einen habe McVeighs Beschreibung gepasst: groß, blond, mit kurzem Haarschnitt. Der andere sei kleiner, untersetzter und dunkelhaarig gewesen, er habe eine blau-weiße Mütze getragen und eine Tätowierung auf dem Oberarm gehabt. Auf der Grundlage von Kessingers Beschreibung begann die Suche nach Täter 2.

Die Quelle von Kessingers Erinnerung scheint jedoch ein ganz anderer Besuch zu sein, der Elliott's Body Shop einen Tag später abgestattet wurde; es handelte sich um den Armeeangehörigen Sergeant Michael Hertig und seinen Freund Private Todd Bunting, die sich, von Kessinger beobachtet, ebenfalls einen Kleinbus liehen. Hertig war genau wie McVeigh groß und blond. Bunting war kleiner, untersetzter und dunkelhaarig, trug eine blau-weiße Mütze und hatte eine Tätowierung auf dem linken Oberarm – eine exakte Beschreibung von Täter 2.

Nachdem die FBI-Beamten die erfolglose Fahndung nach dem unauffindbaren zweiten Täter eingeleitet hatten, gingen sie noch einmal die Aussagen über Hertigs und Buntings Besuch in Elliott's Body Shop durch. Widerstrebend gelangten sie zu dem Schluss, dass es sich bei Täter 2 um Private Todd Bunting handeln müsse,

der mit dem Bombenattentat nicht das Geringste zu tun hatte. Kessinger hatte sich zutreffend an Buntings Erscheinungsbild erinnert, hatte dieses aber auf die falsche Episode einen Tag zuvor attribuiert.

Solche falschen Identifikationen hat es schon früher gegeben. In einem berühmten Fall Mitte der 1950er-Jahre hatte ein englischer Ticketverkäufer, der mit vorgehaltener Waffe beraubt worden war, später einen unschuldigen Seemann als Täter identifiziert.[149] Der Seemann hatte kurz zuvor Tickets von diesem Verkäufer erstanden, der dann die Erinnerung an das Gesicht des Matrosen fälschlicherweise auf den Raub attribuiert hatte. In einem anderen späteren Fall wurde der Psychologe Donald Thomson wegen Vergewaltigung angeklagt, weil sich das Opfer genau an sein Gesicht erinnern konnte.[150] Thomson wurde freigesprochen, weil er ein einwandfreies Alibi hatte: Zum Tatzeitpunkt hatte er ein Live-Interview im Fernsehen gegeben (ironischerweise über die Anfälligkeit des Gedächtnisses). Das Opfer hatte die Sendung gesehen und seine Erinnerung an Thomsons Gesicht auf den Vergewaltiger attribuiert.

Sowohl Thomson wie der englische Seemann hatten das Glück, einem Justizirrtum zu entgehen. Doch in wie vielen anderen Fällen haben ähnliche Fehlattributionen wohl zu falschen Augenzeugenberichten und zur Verurteilung Unschuldiger geführt? Niemand weiß das mit Sicherheit, aber zwei Aspekte sprechen für sich. Erstens werden nach Schätzungen, die Ende der Achtzigerjahre vorgenommen wurden, jedes Jahr in den Vereinigten Staaten mehr als 75 000 Strafprozesse auf der Basis von Zeugenaussagen entschieden.[151] Zweitens erwies sich in einer Untersuchung von 40 Fällen, in denen eine DNA-Analyse die Unschuld von Strafgefangenen bewies, dass 36 Angeklagte (90 Prozent) aufgrund falscher Identifizierungen durch Augenzeugen verurteilt worden waren. Zweifellos gibt es andere Fehlurteile dieser Art, die noch nicht korrigiert worden sind.

Diese erschreckenden Zahlen machen deutlich, dass wir uns dringend um ein besseres Verständnis der Fehlattributionen von Augenzeugen bemühen und Maßnahmen treffen müssen, sie so weit wie möglich auszuschließen. Die besondere Form der Fehlattribution, die im Fall von Täter 2 des Oklahoma-Attentats vorliegt, wird manchmal als »unbewusste Übertragung« bezeichnet. Dem liegt der Gedanke zugrunde, dass Zeugen wie Kessinger die Vertrautheit mit einem Gesicht auf die falsche Quelle attribuieren, weil sie unbewusst die Erinnerung an eine Person von einem Kontext auf einen anderen übertragen. Aus neueren Laborstudien wissen wir, dass Menschen, die als Augenzeugen falsche Identifizierungen vornehmen, sich nicht unbedingt im Unklaren darüber sein müssen, dass sie einer Person zuvor in verschiedenen Kontexten begegnet sind. In einem Versuch schauten sich die Teilnehmer einen Film über einen Raubüberfall an. In einer getrennten Szene war ein unbeteiligter Zuschauer zu sehen, und einige Zeit später identifizierten die Teilnehmer diese Person fälschlicherweise als Räuber.[152] Doch der Prozess, der zu diesem Irrtum führte, verlief nicht vollkommen unbewusst: Viele Teilnehmer glaubten – zu Unrecht –, der Zuschauer und der Räuber seien eine Person.

Ob unbewusst oder nicht, Fehlidentifikationen durch Augenzeugen wie beim Täter 2 des Oklahoma-Attentats und bei anderen Fällen decken sich weitgehend mit den Forschungsergebnissen, die zeigen, dass wir häufig nur verschwommene Erinnerungen an die Einzelheiten früherer Erfahrungen haben – wann und wo wir einer Person oder einem Gegenstand begegnet sind. Diese Verschwommenheit ist eine ideale Voraussetzung für das Auftreten von »Quellenfehlattributionen«, bei denen wir uns korrekt an etwas erinnern, was wir zuvor gelernt haben, oder eine Person beziehungsweise einen Gegenstand zutreffend wieder erkennen, das Ganze aber auf die falsche Quelle attribuieren.[153] Wie Experimente gezeigt haben, erinnern sich Versuchspersonen unter

Umständen sehr gut daran, dass sie ein zuvor dargebotenes Gesicht gesehen haben, wissen aber nicht mehr, wann und wo sie es erblickt haben – genauso wie es Tom Kessinger in Elliott's Body Shop erging.

Bedenken Sie, welche Voraussetzungen erfüllt sein müssen, damit Sie sich in allen Einzelheiten erinnern, wie jemand aussieht und wo Sie ihm begegnet sind. Am Dienstagmorgen nehmen Sie an einer geschäftlichen Besprechung in einem prächtigen Büro in der City teil. Dabei verhandeln Sie mit zwei leitenden Angestellten: Thomas Wilson, einem silberhaarigen Vizepräsidenten, der eine Hornbrille und einen konservativen blauen Anzug trägt, und Frank Albert, einem etwa 35-jährigen Finanzanalysten, der mit Fliege und bunten Hosenträgern ausstaffiert ist. Anschließend haben Sie es sehr eilig, weil sie noch am selben Nachmittag in einen Vorort müssen, um zwei potenzielle Kunden zu treffen, die unter recht beengten Verhältnissen eine neue Firma gegründet haben. Der Programmierer Eric Merton, der gerade seinen Collegeabschluss gemacht hat, trägt Jeans und einen silbernen Ohrring, während Elaine Green, die Firmenchefin, eine etwas ältere Dame ist und ein elegantes Kostüm trägt.

Wenn ich Sie eine Woche nach Ihren Besprechungen am letzten Dienstag frage, müssen Sie sich, um einen genauen Bericht zu liefern, an alle individuellen Merkmale der Beteiligten und der aufgesuchten Orte erinnern. Dabei genügt nicht die Erinnerung an einen Vizepräsidenten, einen Finanzanalysten, einen Programmierer und eine Firmenchefin, an Hornbrille, bunte Hosenträger, Fliege, silbernen Ohrring, Jeans und ein elegantes Kostüm, an Mr Wilson, Mr Albert, Mr Merton und Miss Green, ein weitläufiges Büro in der City und ein kleines im Vorort. Sie müssen auch noch wissen, welche Person zu welcher Kleidung gehört, welches Gesicht zu welchem Namen, wer am Stadtrand arbeitet und wer in der City und welche Funktionen die einzelnen Personen haben. Ferner müssen Sie die einzelnen Merkmale im Gedächtnis miteinander verknüpfen, um die richtigen Kombinationen von Menschen, Outfit, Funktionen und Orten abzurufen.

Diesen Prozess bezeichnen Psychologen als das Problem der »Gedächtnisbindung« *(memory binding)*: die Verknüpfung der verschiedenen Komponenten eines Erlebnisses zu einem geschlossenen Ganzen.[154] Wenn die Einzelelemente eines Erlebnisses behalten werden, die Gedächtnisbindung jedoch scheitert, sind die Voraussetzungen für jene Quellenfehlattributionen geschaffen, die wir aus Fällen falscher Augenzeugenerinnerungen kennen.

Quellenverwechslungen sind manchmal auf Defizite der Gedächtnisbindung zurückzuführen: Zu dem Zeitpunkt, da ein Ereignis stattfindet, wird eine Handlung oder ein Gegenstand nicht richtig mit einer bestimmten Zeit und einem bestimmten Ort verknüpft.[155] Bindungsfehler tragen möglicherweise auch zu Verwechslungen zwischen Ereignissen bei, die wir tatsächlich erleben, und solchen, die nur in unserer Vorstellungswelt vorkommen. Sie wollen das Haus verlassen und denken daran, die Haustür zuzumachen und abzuschließen. Eine Stunde später im Auto packt Sie plötzlich die Panik: Habe ich die Tür wirklich abgeschlossen oder es mir nur eingebildet?

Nach seiner Emeritierung wurde der Psychologieprofessor Lew Lieberman zunehmend von solchen Verwechslungen gequält. »Es ist, als würde man sich, bevor man etwas tut, ein Bild davon machen, wie man es tut, und später nicht mehr wissen, ob es nur das Bild war oder doch die Wirklichkeit.«[156] Er fragte sich, ob andere Menschen Ähnliches erleben. Tatsächlich kennt man das aus zahlreichen Experimenten: Versuchspersonen stellen sich vor, einen Gegenstand zu sehen oder eine Handlung auszuführen, und behaupten hinterher, sie hätten den Gegenstand tatsächlich wahrgenommen oder die Handlung wirklich getätigt.

In einem eleganten Experiment bot der Versuchsleiter jüngeren und älteren Erwachsenen zum Beispiel eine Lupe dar und forderte sie später auf, sich einen Lutscher vorzustellen (ähnlicher

Gegenstand). Oder er zeigte ihnen einen Kleiderbügel und ließ sie einen Schraubenzieher imaginieren (unähnlicher Gegenstand).[157] Die älteren Erwachsenen behaupteten häufiger als die jüngeren, sie hätten den vorgestellten Lutscher tatsächlich gesehen. Dagegen erklärten ebenso viele Jüngere wie Ältere, den vorgestellten Schraubenzieher gesehen zu haben. Ältere Teilnehmer schienen besondere Schwierigkeiten zu haben, das Erscheinungsbild wahrgenommener Gegenstände (beispielsweise »runde Form«) mit dem Kontext der Darbietung zu verbinden. Hatten ältere Teilnehmer eine »runde Form« – die Lupe – gesehen und sich eine ähnliche Form – den Lutscher – vorgestellt, konnten sie sich an keine Einzelheiten erinnern, die mit der tatsächlichen Wahrnehmung der Lupe assoziiert waren, und neigten daher zur Quellenfehlattribution.

Wenn Einzelheiten mit einem Objekt oder einer Handlung verbunden werden, erinnert man sich leichter, ob ein Ereignis tatsächlich stattgefunden hat. Wenn Sie sich im Auto den Kopf zerbrechen, ob Sie die Haustür weit offen gelassen haben, durchforsten Sie Ihr Gedächtnis panisch nach bestimmten Objekten oder Handlungen, aus denen unzweifelhaft hervorgeht, dass Sie tatsächlich ausgeführt haben, was Sie sich vorgenommen hatten. Ihre Unruhe legt sich, wenn Sie sich an eine Katze erinnern, die davongelaufen ist, als Sie die Tür geschlossen haben. Hätten Sie jedoch die Wahrnehmung des erschreckten Tiers nicht mit dem Schließen der Tür verbunden, würden Sie vielleicht immer noch versuchen, Vorstellung und Wirklichkeit voneinander zu unterscheiden.

Bindungsfehler können auch zu einer verblüffenden Täuschung führen, die man als »Erinnerungsverbindungsfehler« *(memory conjunction error)* bezeichnet.[158] Am Tag nach Ihrer Besprechung mit Mr Wilson und Mr Albert fragt ein Kollege Sie nach dem Namen des Vizepräsidenten, und Sie antworten, ohne zu zögern: »Mr Wilbert.« Sie haben sich an zwei Teile der beiden Nachnamen erinnert, sie aber irrtümlich zu einem verbunden. Kognitive Psy-

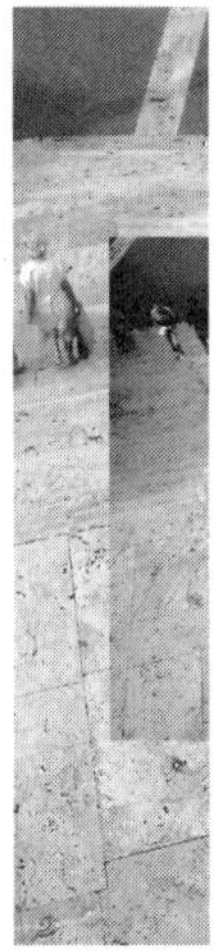

chologen haben Experimente durchgeführt, bei denen Menschen genau diese Art von fehlerhaften Verbindungen zwischen Merkmalen verschiedener Wörter, Bilder, Sätze oder sogar Gesichter herstellen. Nachdem sich Versuchspersonen beispielsweise *spaniel* (Spaniel) und *varnish* (Lack) eingeprägt haben, behaupten einige, sich an *Spanish* (Spanier) zu erinnern. Oder sie haben die Zeichnungen der ersten beiden Gesichter von Abbildung 4.1 betrachtet und geben an, das (ebenfalls in der Abbildung dargestellte) dritte Gesicht wahrgenommen zu haben, in dem sich Züge der beiden tatsächlich gesehenen Gesichter vereinigen. Wenn die Teilnehmer solcher Experimente einzelne Merkmale der Wörter oder Gesichter behalten, aber bei der Darbietungsphase nicht angemessen miteinander verknüpft haben, kann es zu Erinnerungsverbindungsfehlern kommen.

Neuere Untersuchungen an hirnverletzten Patienten lassen darauf schließen, dass der Hippocampus eine wichtige Rolle bei diesen Bindungsprozessen spielt. Ist die Schädigung auf den Hippocampus beschränkt, neigen solche Patienten in noch höherem Maße als bei kurz zuvor gelernten Wörtern und Gesichtern zu Erinnerungsverbindungsfehlern.[159] Sie nehmen Gesichter und Wörter

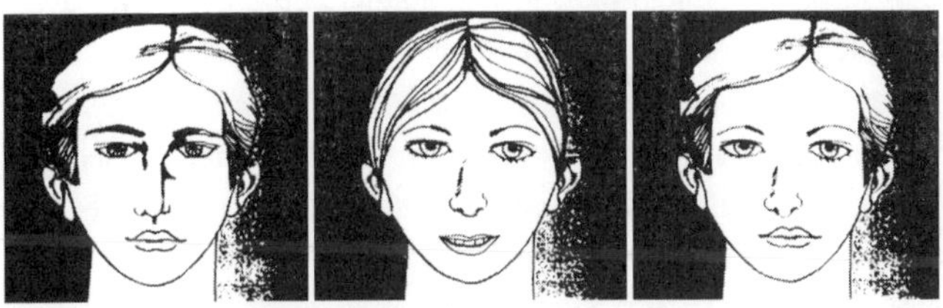

Abbildung 4.1 Nachdem Versuchspersonen die Gesichter links und in der Mitte der Abbildung gesehen haben, behaupten manche hinterher, das Gesicht rechts erblickt zu haben, das Elemente der anderen beiden enthält. Diese Art der Fehlattribution bezeichnet man als »Erinnerungsverbindungsfehler«.

als Ganzes wahr, setzen aber häufig schon wenige Sekunden oder Minuten später die Züge mehrerer Gesichter oder die Silben verschiedener Wörter falsch zusammen. Der geschädigte Hippocampus kann nicht mehr den »Gedächtnisklebstoff« liefern, der nötig ist, um die Teile eines Gesichtes oder eines Wortes in der Erinnerung zusammenzuhalten. Diese These wird untermauert durch neuere PET-Studien: Der Hippocampus wurde besonders aktiv, während die Teilnehmer nicht asso-ziierte Wortpaare lernten (zum Beispiel *Ebene/Bedürfnis*), die besonders hohe Ansprüche an die Bindungsprozesse stellen.[160]

Quellenfehlattributionen und Erinnerungsverbindungsfehler können auch auf fehlerhafte Prozesse beim Gedächtnisabruf zurückgehen. Erscheint ein Gesicht vertraut, müssen wir den Gedächtnisoutput »kontrollieren«, um festzustellen, warum sich das so verhält. Patienten, deren Frontallappen durch einen Schlaganfall geschädigt oder bei einer Operation teilweise entfernt wurden, haben Schwierigkeiten mit diesen Kontrollprozessen beim Gedächtnisabruf. Sie neigen zu vorschnellen Urteilen über die Quelle eines Gefühls von Vertrautheit und begehen daher mehr Quellenattributionsfehler als gesunde Versuchspersonen.

Wenn gesunde ältere Menschen schlecht bei Tests abschneiden, die Frontalhirnfunktionen erfassen, sind sie besonders anfällig für Quellenfehlattributionen.[161] Erinnern wir uns, dass ältere Erwachsene häufig behaupten, sie hätten zuvor einen Lutscher gesehen, obwohl sie ihn sich nur vorgestellt haben; tatsächlich haben sie eine ähnlich geformte Lupe erblickt. Wurde dieser Test zwei Tage nachdem die Teilnehmer die Objekte erblickt und sie sich vorgestellt hatten, durchgeführt, kam es bei älteren Erwachsenen, die in anderen Tests zu Frontalhirnfunktionen am schlechtesten abgeschnitten hatten, auch zu den meisten Verwechslungen zwischen wahrgenommenen und vorgestellten Objekten. Fanden die Tests hingegen nur 15 Minuten nach Betrachten und Vorstellen der Objekte statt, zeigte sich kein Zusammenhang

zwischen diesen Quellenfehlattributionen und Ergebnissen in Frontallappen-Tests. Kontrollprozesse, die von den Frontallappen abhängen, sind wahrscheinlich nach einem Intervall von zwei Tagen bereits stark beeinträchtigt, wenn der Versuch, sich zu erinnern, ob man ein Objekt gesehen oder sich vorgestellt hat, sehr schwierig ist und ein hohes Maß an Nachdenken erfordert. Sind dagegen nur 15 Minuten verstrichen, ist die Gedächtnisaufgabe leichter und beansprucht die Frontallappen weniger.

Ähnliche Abrufdefizite tragen auch zu Erinnerungsverbindungsfehlern bei. Susan Rubin und ihre Kollegen stellten fest, dass in einer Stichprobe älterer Erwachsener diejenigen, die bei Frontallappen-Tests am schlechtesten abschnitten, in der Regel auch die meisten Erinnerungsverbindungsfehler begingen: Sie behaupteten etwa, sich an das Wort *barley* (Gerste) auf einer Liste zu erinnern, auf der sie tatsächlich *barter* (Tauschhandel) und *valley* (Tal) gesehen hatten.[162] Diese älteren Erwachsenen forschten nicht gründlich genug in ihrem Gedächtnis nach und verließen sich stattdessen auf das starke Vertrautheitsgefühl, das durch den Anblick eines Verbindungswortes wie *barley* ausgelöst wurde.

Ein ausgeprägtes allgemeines Vertrautheitsempfinden mischt sich mit dem Mangel an spezifischen Vergegenwärtigungen zu einem verhängnisvollen Rezept für Fehlattributionen. Wenn wir uns diesen Punkt klar machen, können wir vielleicht die haarsträubenden Folgen der Fehlattribution bei Zeugenaussagen verringern. Gary Wells und seine Arbeitsgruppe an der Iowa State University haben nachgewiesen, dass die gängigen polizeilichen Gegenüberstellungen häufig zu Fehlattributionen führen, weil die Zeugen angehalten sind, sich auf Vertrautheitseindrücke zu verlassen. Bei den ermittlungstechnischen Standardverfahren – Gegenüberstellung und Durchsicht der Kartei – zeigt man Zeugen eine Reihe Verdächtiger.[163] Die Zeugen betrachten alle und versuchen Übeltäter zu erkennen. Laut Wells neigen Zeugen unter solchen Bedin-

gungen dazu, sich auf relative Urteile zu verlassen: Sie wählen die Person aus, die im Vergleich zu den anderen die größte Ähnlichkeit mit dem Verdächtigen hat. Das Problem dabei ist: Auch wenn der Verdächtige nicht in der Reihe steht, entscheiden sich Zeugen in der Regel für die Person, die ihm am ähnlichsten sieht. Zeugen verlassen sich auf allgemeine Ähnlichkeiten zwischen einem Gesicht in der Reihe und dem des tatsächlichen Täters, selbst wenn sie nicht über eine exakte Vergegenwärtigung verfügen. Zum Glück hat Wells auch aufgezeigt, wie man solche Fallen vermeiden kann: Man soll Zeugen auffordern, bei jedem Gesicht eine eindeutige Entscheidung zu treffen, bevor ihnen die anderen Gesichter gezeigt werden. Dieses Verfahren veranlasst die Zeugen, ihr Gedächtnis sorgfältig zu durchforschen und zu prüfen, ob das abgebildete Gesicht mit den Einzelheiten ihrer Vergegenwärtigung übereinstimmt. Glücklicherweise machen sich die Strafverfolgungsbehörden zunehmend mit diesen und ähnlichen Methoden vertraut, sodass die Zuverlässigkeit von Zeugenaussagen wächst. Anfang 1998 hat die damalige Justizministerin Janet Reno eine Arbeitsgruppe gebildet, die aus Psychologen (unter ihnen Gary Wells), Polizisten und Juristen bestand und den Auftrag hatte, Richtlinien für die Befragung von Augenzeugen auszuarbeiten. Die Arbeitsgruppe veröffentlichte allgemein zugängliche Richtlinien, die auf strengen wissenschaftlichen Untersuchungen basieren.

Wells' Studien zur Vermeidung falscher Zeugenaussagen zielten unter anderem darauf, im Gedächtnis die Spreu vom Weizen zu trennen: Es sollten Bedingungen geschaffen werden, die Zeugen dazu bringen, sich auf die genauen Erinnerungen an das zu verlassen, was tatsächlich geschehen ist, statt sich zu Gedächtnisfehlern verleiten zu lassen, die auf allgemeiner Ähnlichkeit beruhen. Für mich haben sie auch mit einer grundlegenden Frage von weit reichender Konsequenz zu tun: Ist es möglich, richtige von falschen Erinnerungen zu unterscheiden?

Die Suche nach einer Wahrheitsmaschine

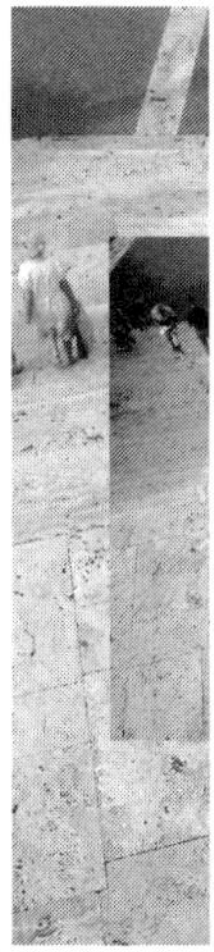

Im Sommer 1996 half ich bei der Gründung eines Instituts für kognitive Neurowissenschaft am Dartmouth College. Meine Familie und ich waren in einem zauberhaften Vermonter Landgasthof untergebracht. Bei meiner Rückkehr nach einem Tag, der mit den Vorträgen vieler namhafter Wissenschaftler angefüllt gewesen war, bot sich meinen erstaunten Augen ein unerwarteter, ja unwirklicher Anblick: Die Tür zu unserem Zimmer war praktisch zugekleistert mit Merkzetteln, die mich alle über Anrufe von Zeitungen, Fernsehgesellschaften oder Radiosendern informierten. Medienvertreter aus aller Welt wollten mich interviewen – auf der Stelle.

An diesem Morgen waren nämlich in einem Artikel der dienstäglichen Wissenschaftsreihe der *New York Times* neue PET-Studien beschrieben worden, die ich mit mehreren Kollegen durchgeführt hatte. Darin hatten wir die Gehirnaktivität von Menschen untersucht, während sie wahre und falsche Erinnerungen erlebten.[164] Zwar hatte man bereits bei anderen Untersuchungen mithilfe von PET und fMRI in das Gehirn von Versuchspersonen geblickt, die wahre Erinnerungen abriefen. Aber noch nie hatte man die Gehirnaktivität von Menschen betrachtet, die falsche Erinnerungen entwickelten an Ereignisse, die nie stattgefunden hatten. Die Vorstellung, dass Verfahren zur Sichtbarmachung von Gehirnprozessen als eine Art Hightech-Lügendetektor dienen könnten – fähig, falsche von wahren Erinnerungen eindeutig zu unterscheiden –, ist zweifellos faszinierend.

Es ist einfach, Versuchspersonen zu veranlassen, während eines Scans wahre Erinnerungen abzurufen: Man fragt sie einfach nach Wörtern oder Bildern, die man ihnen vor dem Scanvorgang gezeigt hat, oder lässt sie von früheren Erlebnissen außerhalb des Labors berichten. Doch wie induziert man falsche Erinnerungen in einem PET-Scanner? Ein Jahr vor unserer PET-Studie entdeckten die Psy-

chologen Henry L. Roediger und Kathleen McDermott ein Verfahren wieder, das James Deese in den Fünfzigerjahren entwickelt hatte. Damit kann man Versuchspersonen zuverlässig zu der Auffassung bringen, sie hätten ein Ereignis erlebt, das in Wirklichkeit nie stattgefunden hat. Dieses Verfahren wird als DRM- oder Deese-Roediger-McDermott-Verfahren bezeichnet.[165] Der Versuchsleiter liest zunächst eine Liste von assoziierten Wörtern vor. Diese Liste könnte beispielsweise enthalten: *Faden, Nadelöhr, nähen, scharf, Spitze, stechen, Fingerhut, Heuhaufen, Dorn, wehtun, Injektion, Spritze, Kleidung, stricken*. Oder: *Bett, Ruhe, wach, müde, Traum, wachen, Nickerchen, Decke, dösen, schlummern, schnarchen, Ruhe, gähnen, schläfrig*. Bei einem späteren Gedächtnistest entscheiden die Versuchspersonen, ob die nun vorgelesenen Wörter zuvor bereits genannt wurden oder nicht: *nähen, Tür, Reißzwecke, Schlaf, Bonbon, wach*. Die meisten Teilnehmer erinnern sich zutreffend, dass sie zuvor *nähen* und *wach* gehört haben, und geben ebenfalls richtig an, *Tür* und *Bonbon* seien nicht erwähnt worden. Interessanter aber ist, dass sich viele Teilnehmer fälschlicherweise einbilden, sie hätten auch *Nadel* und *Schlaf* gehört. Vielleicht ist Ihnen dieser Fehler auch selbst unterlaufen, als Sie sich die Testwörter angesehen haben.

Zu dieser falschen Erinnerung kommt es, weil alle Wörter in der ersten Gruppe mit *Nadel* und alle Wörter in der zweiten Gruppe mit *Schlaf* zu tun haben. Jedes Wort der Liste, das vorgelesen wird, erregt oder aktiviert verwandte Wörter. Da *Nadel* und *Schlaf* mit allen assoziierten Wörtern verwandt sind, werden diese häufiger aktiviert als andere Wörter – und zwar so stark, dass die Versuchspersonen nur Minuten später schwören, der Versuchsleiter hätte das Wort genannt. Sind die PET-Scans in der Lage, zwischen diesen wahren und falschen Erinnerungen zu unterscheiden, obwohl die Versuchspersonen selbst es nicht können?[166]

Einige Minuten bevor unsere Teilnehmer in den Scanner kamen, hörten sie mehrere Assoziationslisten. Während eines Scans wurden ihnen bereits zuvor genannte Wörter wie *nähen* oder *wach* vorgelesen, während eines anderen Scans bislang nicht erwähnte Wörter wie *Nadel* oder *Schlaf*. Erwartungsgemäß glaubten die Versuchspersonen fast genauso häufig, sich an die nicht dargebotenen wie an die dargebotenen Wörter zu erinnern. Insgesamt war die Gehirnaktivität während der richtigen und falschen Wiedererkennung bemerkenswert ähnlich: Ein Netz von Regionen zeigte erhöhte Aktivität, egal, ob sich die Teilnehmer an Wörter erinnerten, die sie zuvor gehört hatten, oder ob es sich um assoziierte Wörter handelte, die sie fälschlicherweise gehört zu haben glaubten. Bei wahrer wie falscher Wiedererkennung reagierten die Frontallappen sehr heftig, und es zeigte sich auch Aktivität in den medialen Regionen der Temporallappen. Da der Hippocampus und seine Umgebung eine so wichtige Rolle für die wahren Erinnerungen spielen, vermuteten wir, eine Aktivierung in diesem Bereich während des Abrufs einer falschen Erinnerung könnte die Teilnehmer zu der irrigen Auffassung bringen, ein Wort gehört zu haben, das nie dargeboten wurde.

Doch trotz auffälliger Ähnlichkeit der Hirnregionen, die während wahrer und falscher Wiedererkennung aktiviert wurden, zeigten sich auch ermutigende Hinweise auf Unterschiede. Eine Region des Frontalhirns, die, wie man annimmt, beim Prüfen und Überwachen der Erinnerungen beteiligt ist, wies bei falschem Wiedererkennen größere Aktivität auf als bei richtigem. Fast hatte man den Eindruck, als spürten die Versuchspersonen, dass etwas mit Wörtern wie *Schlaf* und *Nadel* nicht stimmte; jedenfalls prüften sie sie besonders gründlich, bevor sie vor der Macht der Gedächtnistäuschung kapitulierten. Stärkere Aktivität bei wahrer Wiedererkennung im Unterschied zu falscher gab es ferner in einer Region an der Oberfläche des linken Temporallappens – sie speichert den Klang von Wörtern. Fing der PET-Scan dort das schwache Echo eines Wortes ein, das tatsächlich vorgelesen worden war?

Die Möglichkeit, mithilfe von Hirnbildern Fakten von Fiktionen zu unterscheiden – etwa in der Praxis eines Therapeuten oder in einem Gerichtssaal –, hat etwas Unwirkliches, Futuristisches an sich. In James Halperins fantasievollem Roman *The Truth Machine* sind die bildgebenden Verfahren der Neurowissenschaften so weit entwickelt, dass sie Wahrheit und Lüge unfehlbar voneinander scheiden.[167] Politiker müssen ihre Wahlversprechungen unter dem unbestechlichen Auge des Scanners machen, der sofort jede Täuschungsabsicht erkennt. Allerdings ist die Unterscheidung zwischen Wahrheit und absichtlicher Täuschung etwas anderes als die zwischen wahren und falschen Erinnerungen – der Lügner hat den Vorsatz zu täuschen, während jemand, der einer falschen Erinnerung aufsitzt, die Wahrheit zu sagen versucht. Dennoch hatte die Aussicht auf eine »Gedächtniswahrheitsmaschine« offenbar die Fantasie der Journalisten beflügelt, deren Telefonnummern meine Tür pflasterten. Ließen sich mithilfe von PET-Scans Auseinandersetzungen über wieder entdeckte Erinnerungen an sexuellen Missbrauch in der Kindheit klären – Situationen, in denen sich eine Person lebhaft an grausige Vergewaltigungsszenen erinnert und eine andere dies empört bestreitet? Könnte man solche Scans einsetzen, um zu entscheiden, ob die Erinnerung eines Augenzeugen zutreffend ist?

Diese Fragen sind faszinierend, und ihre potenzielle Bedeutung für die Gesellschaft ist enorm. Doch unsere Ergebnisse zwangen mich, diesen hochfliegenden Spekulationen einen Dämpfer zu versetzen. Die Ähnlichkeiten zwischen richtiger und falscher Wiedererkennung waren deutlich und zahlreich, die Unterschiede geringfügig und nur zu erahnen. Außerdem hatten wir eine Experimentalaufgabe verwendet, über deren Bezug zu Alltagssituationen wir nichts wussten, und nur eine Testbedingung beobachtet. So konnten wir nicht sagen, ob wir die gleichen Resultate erhalten hätten, wenn wir irgendeinen Aspekt unseres Verfahrens verän-

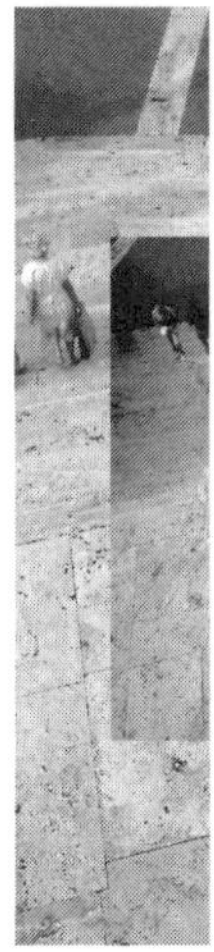

dert hätten. Nach unserem Versuch zu urteilen, waren bildgebende Verfahren zur Darstellung des Gehirns in absehbarer Zukunft nicht zu verwenden, um im Gerichtssaal oder anderswo zwischen wahren und falschen Erinnerungen zu unterscheiden.

Bald darauf führten wir weitere Untersuchungen durch, und die Ergebnisse bestätigten meine Vorsicht. Es stellte sich nämlich heraus, dass Unterschiede der Gehirnaktivität bei wahrer und falscher Wiedererkennung von den Einzelheiten des Testverfahrens abhängen. Die Grenzen der PET-Technik zwangen uns, alle zuvor gelernten Wörter in einem Scan zu überprüfen, alle nicht dargebotenen Assoziationswörter in einem zweiten Scan und die nicht verwendeten Wörter in einem dritten. Dieses Vorgehen veranlasste die Versuchspersonen, ihr Gedächtnis sorgfältig zu erforschen, bevor sie »alt« oder »neu« antworteten, weil ihnen alle Wörter in einem bestimmten Scan in der Regel gleich bekannt (oder unbekannt) erschienen. Wir gelangten zu dem Schluss, dass eine derart sorgfältige Gedächtniserforschung zu den verschiedenen Mustern von Gehirnaktivität bei wahrer und falscher Wiedererkennung beitrug.

Um diese These zu überprüfen, zeichneten wir die elektrische Gehirnaktivität an verschiedenen Stellen der Kopfhaut auf, und zwar auf der Grundlage von »ereigniskorrelierten Potenzialen«, welche die elektrische Reaktion des Gehirns auf bestimmte Sinnesreize wiedergeben. Ereigniskorrelierte Potenziale bieten die Möglichkeit, die Gehirnaktivität während eines Zeitraums von nur wenigen Tausendstelsekunden aufzuzeichnen. Anders als der PET-Scan – der ein Bild der über etwa eine Minute ermittelten Gehirnaktivität liefert – ermöglicht es uns die Technik der ereigniskorrelierten Potenziale, in einem einzigen Gedächtnistest gelernte Wörter, nicht dargebotene Assoziationswörter und nicht verwandte neue Wörter zu mischen. Unter diesen Bedingungen heben sich gelernte Wörter und assoziierte Köder in der Regel von den nicht

verwandten neuen Wörtern ab, sodass Versuchspersonen in diesen Fällen eher zu vorschnellen Urteilen neigen. Bei diesem Test waren keine verlässlichen Unterschiede der elektrischen Hirnaktivität während wahrer und falscher Wiedererkennung festzustellen.[168]

Die Ergebnisse enthalten eine wichtige positive Lehre. Auch bei den Untersuchungen von Gary Wells hat sich gezeigt, dass bestimmte Testbedingungen die Häufigkeit von falschen Zeugenaussagen verringern können. Ebenso lassen die physiologischen Daten darauf schließen, dass Testbedingungen, die Menschen zu einer sorgfältigeren Erforschung ihres Gedächtnisses veranlassen, die Unterschiede zwischen wahren und falschen Erinnerungen deutlicher herausarbeiten.[169] Weitere Studien, bei denen die Induktion falscher Wiedererkennung mit verschiedenen Verfahren bewirkt wurde, sprechen für diese Schlussfolgerung.

Andere Forscher haben elektrische Aufzeichnungsmethoden verwendet, um die Hirnaktivität bei Erinnerungsverbindungsfehlern zu untersuchen (beispielsweise die Erinnerung an *Spanish* nach Darbietung der Wörter *spaniel* und *varnish*).[170] Erinnerungsverbindungsfehler treten auf, weil der hohe Vertrautheitsgrad, der durch zwei vorher dargebotene Silben ausgelöst wird, infolge von Fehlattribution den Eindruck erweckt, wir hätten beide schon als integrierte Einheit gesehen. Die Ergebnisse lassen darauf schließen, dass sich Erinnerungsverbindungsfehler von wahren Erinnerungen unterscheiden lassen. Wenn sich Collegestudenten richtig an zuvor gezeigte Wörter erinnerten, waren die elektrischen Reaktionen anders, als wenn sich die Studenten fälschlicherweise an vollkommen neue Wörter oder »Silbenköder« zu erinnern glaubten (neue Wörter, die eine Silbe mit einem zuvor gelernten Wort gemeinsam hatten, etwa *Spanish*, nachdem sie nur *varnish* gesehen hatten). Wenn die Studenten Erinnerungsverbindungsfehler begingen, waren die elektrischen Reaktionen ganz anders als die Reaktionen bei richtiger Erinnerung, ließen sich aber nicht von den elektrischen Reaktionen unterscheiden, die mit falschem Wiedererkennen von neuen Wörtern oder Silbenködern einhergingen.

Falsche Wiedererkennung wurde durch ein allgemeines Vertrautheitsgefühl ausgelöst, das am stärksten bei Verbindungswörtern und am schwächsten bei vollkommen neuen Wörtern war. In gewissem Sinne waren die Verbindungswörter genauso vertraut wie Wörter, die tatsächlich dargeboten worden waren. In jedem Fall hatten die Teilnehmer die beiden Silben des Wortes schon einmal gesehen. Doch die zutreffenden Antworten »alt« setzten voraus, dass sich die Versuchspersonen erinnerten, die beiden Silben schon einmal zusammen gesehen zu haben. Diese detaillierten Erinnerungen waren mit ganz anderen Mustern elektrischer Aktivität verknüpft als das allgemeine Vertrautheitsgefühl, das die Versuchspersonen fälschlicherweise zu der Behauptung veranlasste, sie hätten die neuen Verbindungswörter bereits gesehen.

Mehrere ähnliche Untersuchungen, die mit elektrischen Aufzeichnungen oder fMRI arbeiteten, haben ebenfalls gezeigt, dass die Gehirnaktivität anders ausfällt, wenn Menschen spezifische Erinnerungen an frühere Erlebnisse abrufen, als wenn sie aufgrund eines allgemeinen Vertrautheitsgefühls reagieren.[171] Ferner weisen Personen, die besonders anfällig für die Deese-Roediger-McDermott-Gedächtnistäuschung sind – das heißt ebenso oft falsche wie richtige Erinnerungen haben –, bei falschen und richtigen Erinnerungen identische Hirnaktivitäten auf. Doch Menschen, die weniger anfällig für Täuschungen sind – sie erinnern sich häufiger richtig als falsch –, lassen bei zutreffender und unzutreffender Erinnerung unterschiedliche Muster von Hirnaktivität erkennen.[172]

Diese Ergebnisse legen den Schluss nahe, dass Fehlattribution gemindert werden kann, wenn man Menschen dazu anhält, ihre Gedächtnisentscheidungen auf spezifische (bewusste) Erinnerungen zu stützen, statt sich auf einen allgemeinen Vertrautheits-

eindruck zu verlassen. Beim Deese-Roediger-McDermott-Verfahren könnten sich Versuchspersonen, die zahlreiche assoziierte Wörter gehört haben, dazu verleitet fühlen, ihre Gedächtnisentscheidungen davon abhängig zu machen, ob ein Testwort stark mit zuvor gelernten Wörtern assoziiert ist und daher sehr vertraut erscheint, statt ihre Entscheidung auf spezifische Erinnerungen zu gründen.

Lana Israel und ich haben diese These überprüft, indem wir unseren Teilnehmern Bilder zeigten, während sie gleichzeitig eine Liste mit semantisch assoziierten Wörtern hörten.[173] Während sie beispielsweise eine Liste dargeboten bekamen, auf der sich *Butter*, *Mehl*, *Milch* und *Teig* befanden, wurde jedes Wort von einem Bild begleitet – ein Stück Butter, ein Mehlhaufen, eine Tüte Milch, eine Teigkugel und so fort. Später forderten wir die Teilnehmer auf, sich an gelernte Wörter wie *Butter* zu erinnern, aber auch an assoziierte Wörter wie *Brot*, die nicht auf der Liste gestanden hatten. Wir vermuteten, die Bilder seien so auffällig und charakteristisch, dass sich die Versuchspersonen später nur an die Wörter erinnern würden, zu denen sie Bilder gesehen hatten. Genau das war auch der Fall.

Von mehreren Experimenten ausgehend, stellten wir die Hypothese auf, dass die Darbietung von Bildern in Verbindung mit Wörtern den Versuchspersonen hilft, eine »Auffälligkeitsheuristik« *(distinctiveness heuristic)* zu entwickeln: eine Faustregel, welche die Teilnehmer veranlasst, erst Erinnerungen an auffällige Einzelheiten einer Erfahrung zu verlangen, bevor sie zu der Aussage bereit sind, sie könnten sich daran erinnern. Betrachten Sie die folgende Frage: Erinnern Sie sich, dass ich eine Seite zuvor eingestanden habe, ich litte an einer multiplen Persönlichkeitsstörung und hätte 19 getrennte Persönlichkeiten, jede mit einem anderen Namen? Sie können mit absoluter Gewissheit erwidern, dass ich nie dergleichen gesagt habe, weil sie auf eine Auffälligkeitsheuristik rekurrieren: Hätte ich auf der vorigen Seite ein derartiges

Bekenntnis abgelegt, wären Sie höchst erstaunt gewesen. Mit Sicherheit hätten Sie eine detaillierte Erinnerung an meine Aussage und Ihre Reaktion darauf. Eine Auffälligkeitsheuristik können wir immer dann in Anspruch nehmen, wenn wir erwarten dürfen, dass unser Gedächtnis vielfältige und detaillierte Informationen über eine Erfahrung enthält. Doch in Experimenten mit assoziierten Wörtern nach Deese-Roediger-McDermott erwarten die Teilnehmer in der Regel nicht, auffällige Erinnerungen an bestimmte Wörter abzurufen, und daher werden sie verleitet, verwandte Wörter, die ihnen nie dargeboten wurden, fälschlicherweise wieder zu erkennen. Doch wenn sie sich zusammen mit den Wörtern Bilder einprägen, erwarten die Teilnehmer mehr von ihrem Gedächtnis. Vokabeln, die nicht die gesuchte, besondere Bildinformation enthalten, werden mühelos zurückgewiesen – genauso mühelos, wie Sie die Behauptung über meine multiple Persönlichkeit zurückgewiesen haben.

Die Auffälligkeitsheuristik kann älteren Menschen dabei helfen, falsche Wiedererkennung zu vermeiden.[174] Manchmal neigen ältere Erwachsene in besonderem Maße zu falscher Wiedererkennung. Es fällt ihnen schwerer als jungen Erwachsenen, spezifische Erinnerungen abzurufen, und daher verlassen sie sich stärker auf einen allgemeinen Vertrautheitseindruck – eine Kombination, die leicht zu Fehlattributionen führt. Liefert man jedoch älteren Menschen in der Lernphase sehr charakteristische Informationen, können sie eine Auffälligkeitsheuristik genauso wirkungsvoll wie jüngere Erwachsene einsetzen, um falsche Erinnerungen zu reduzieren.

Doch häufig erwarten ältere Erwachsene nicht, dass ihnen spezifische Einzelheiten früherer Erfahrungen einfallen. Unter Umständen rechnen sie sogar damit, sich an wenig oder gar nichts zu erinnern. Leider können die bescheidenen Erwartungen, die ältere Menschen an ihr Gedächtnis stellen, zu ernsthaften Problemen

führen. Wie der kognitive Psychologe Larry Jacoby dargelegt hat, wissen Betrüger genau, wie sie sich diese Eigenschaft des alternden Gedächtnisses zunutze machen können.[175] Die Geschäftsstelle Cleveland des Verbraucherschutzverbandes Better Business Bureau warnt vor dem Trick »Wo ist der Scheck?«. In Telefongesprächen mit älteren Menschen sammeln Betrüger Informationen. Wenn die Gauner am folgenden Tag wieder anrufen, können sie feststellen, ob die Senioren das Telefongespräch vergessen haben, und daraus schließen, ob ihnen auch andere Ereignisse entfallen. Ist das der Fall, stellt der Betrüger eine falsche Behauptung über ein Ereignis auf, das nie stattgefunden hat, beispielsweise: »Wir haben Ihren Scheck über 1200 Dollar erhalten, aber Sie hätten nur einen über 950 Dollar ausstellen müssen. Schicken Sie uns einen neuen Scheck über 950 Dollar, und Sie erhalten den ersten zurück.« In einer anderen Variante behauptet der Betrüger: »Aus unseren Unterlagen geht hervor, dass Sie 2400 Dollar gezahlt haben, sodass Ihre Restschuld nur noch 600 Dollar beträgt. Senden Sie uns noch heute einen Scheck, um diese Restschuld zu begleichen.« Da sich viele ältere Menschen nicht an das Gespräch erinnern – und es auch nicht erwarten –, schicken sie in ihrer Verlegenheit den verlangten Scheck, um weitere Probleme zu vermeiden.

Dieses traurige, kostspielige Resultat ist die Folge, wenn man sich nicht der Auffälligkeitsheuristik bedient: Hätte ich wirklich einen Scheck über 1200 oder 2400 Dollar geschickt, würde ich mich bestimmt daran erinnern! Da viele Senioren in der Regel wenig spezifische Informationen über vergangene Erlebnisse aus dem Gedächtnis abrufen, erwarten manche gar nicht, sich an die Ausstellung des Schecks zu erinnern, und sind daher nicht überrascht darüber, dass sie es anscheinend vergessen haben. Unsere Untersuchungen, bei denen wir uns auf das Deese-Roediger-McDermott-Verfahren und ähnliche Methoden stützten, haben ergeben, dass ältere Menschen die Auffälligkeitsheuristik wirksamer einsetzen

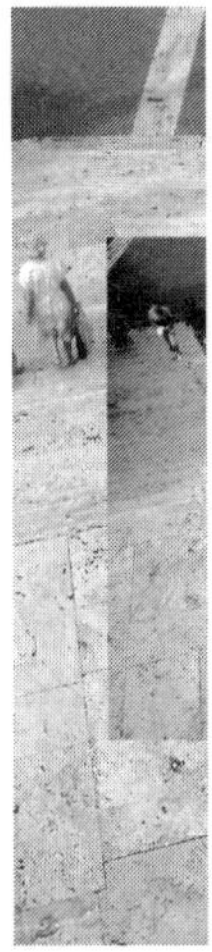

können, wenn sie mit spezifischen Erinnerungen ausgerüstet sind. Wenn die Babyboomer-Generation in die Jahre kommt, werden zweifellos immer mehr Personen zur Zielscheibe von Trickbetrügern werden, die sich die verschwommenen Erinnerungen und die bescheidenen Erwartungen älterer Menschen an ihr Gedächtnis zunutze machen. Um die älteren Bevölkerungsgruppen vor solchen Betrügern zu schützen, müsste man die Erwartungen verändern, welche die Senioren an ihre Gedächtnisleistung stellen – etwa, indem man beim Gedächtnistraining für ältere Menschen erläutert, welche Aufgabe die Auffälligkeitsheuristik hat und wie man sich ihrer wirkungsvoll bedient.

Bei unseren Forschungsergebnissen gibt es also auch eine gute Nachricht: Senioren können sich vor falschen Erinnerungen schützen, indem sie lernen, ihr Gedächtnis sorgfältig zu durchforschen, um Verzerrungen und Fehler zu vermeiden.

Wenn man überall Filmstars sieht

Doch wenn die Schutzmechanismen gegen Fehlattributionen ernsthaft geschädigt sind, machen die Betroffenen verwirrende, sogar bizarre Behauptungen über die Vergangenheit. Die Verbindung zwischen Gedächtnis und Wirklichkeit zeigte sich 1991 bei einem britischen Fotografen Mitte 40, der in der medizinischen Literatur mit den Initialen MR bezeichnet wird. Er hatte wachsende Probleme beim Sehen und später auch mit dem Gedächtnis – es fiel ihm schwer, sich an die nahe und die ferne Vergangenheit zu erinnern. Noch beunruhigender war etwas anderes: MR entwickelte starke Vertrautheitsgefühle bei Menschen, die er überhaupt nicht kannte. Wenn er mit seiner Frau an Passanten vorüberging, fragte er sie ständig, ob das »jemand« sei – ein Filmschauspieler, ein Nachrichtensprecher aus dem Fernsehen oder eine lokale

Berühmtheit. Schließlich war MR so überzeugt vom Wahrheitsgehalt seiner Gefühle, dass er sich verwirrten Fremden näherte und sie fragte, ob sie tatsächlich dieser oder jener Prominente seien. Gepeinigt von der Empfindung, »überall Filmstars zu sehen«, suchte MR einen Psychiater auf, der zu dem Schluss kam, dass die falschen Vertrautheitsgefühle nicht aus psychologischen Problemen erwuchsen.[176]

Bei Tests erkannte MR die Gesichter tatsächlicher Prominenter genauso zuverlässig wie gesunde Kontrollpersonen. Doch MR sah auch »Prominente« in drei Viertel der fremden Gesichter, was gesunden Kontrollpersonen kaum jemals passierte. Neurologische Untersuchungen ergaben, dass MR an multipler Sklerose erkrankt war. Die Krankheit greift die Myelinscheiden an, welche die Nervenzellen schützen, und hatte bei MR Schäden in der Nachbarschaft des Frontalhirns angerichtet.

Der Umstand, dass MRs Frontallappen von der multiplen Sklerose beeinträchtigt waren, lieferte einen wichtigen Hinweis auf den Ursprung dieser ungewöhnlichen Störung (die meisten MS-Patienten sind von diesem Typus der Erkennungsstörung nicht betroffen). Einen ähnlichen Hinweis verdanken wir dem Neurologen Steven Rapcsak von der University of Arizona: Er beschrieb Patienten, die nach Schädigungen der unteren und inneren Regionen des rechten Frontallappens fälschlicherweise fremde Gesichter erkannten.[177]

Normalerweise spielen die geschädigten frontalen Areale eine wichtige Rolle bei der Bewertung und Kontrolle von Signalen aus anderen neuronalen Systemen. Im Fall der falschen Gesichtserkennung könnte die Hirnläsion fehlerhafte Verbindungen bewirkt haben zwischen den betreffenden frontalen Arealen und anderen Systemen, die an der Gesichtserkennung beteiligt zu sein scheinen. Laut einer These des britischen Neuropsychologen Andrew Young erregt ein vertrautes Gesicht eine »Gesichtserkennungseinheit«, in der beschrieben ist, wie das Gesicht des betreffenden Menschen aussieht.[178] Wird diese Einheit aktiviert, sendet sie Signale aus, denen wir entnehmen, dass uns das Gesicht vertraut ist. Allerdings übermitteln uns die Signale keine Einzelheiten über die Identität der Person. Die Erinnerung an solche Informationen setzt die Aktivierung eines eigenen »personalen Identitätsknotens« voraus, der Einzelheiten über Beruf, Interessen, Herkunft und Ähnliches enthält (siehe Kapitel 3).

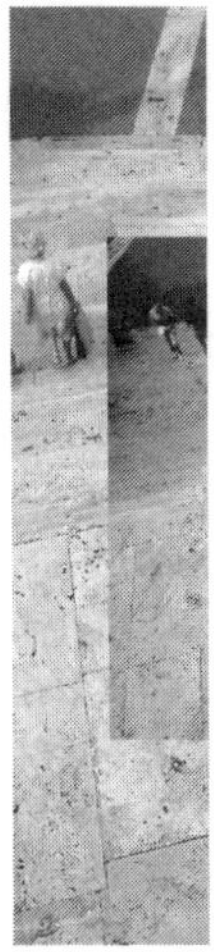

Nach Rapcsaks Auffassung erfolgt bei Patienten mit Frontallappen-Schädigung keine hinreichende Kontrolle oder Prüfung von Signalen, die durch anderswo lokalisierte, schwach aktivierte Gesichtserkennungseinheiten erzeugt werden. Verschiedene Forschungsansätze lassen darauf schließen, dass Regionen im hinteren Bereich des Gehirns, im unteren Temporallappen und in benachbarten Teilen des Okzipitallappens visuelle Beschreibungen von Gesichtern aufzeichnen oder abrufen. Beispielsweise haben Einzelzellmessungen bei Affen gezeigt, dass es »Gesichtszellen« gibt, die stärker auf Gesichter als auf andere Objekte reagieren. Neuere fMRI-Studien an Menschen sind zu ähnlichen Ergebnissen gekommen. Der Gyrus fusiformis, ein Schlüsselbereich der visuellen Regionen im hinteren Teil des Gehirns, ist sehr viel aktiver, wenn Menschengesichter betrachtet werden, als wenn andere Objekte im Blickfeld sind.[179] Eine Schädigung des Gyrus fusiformis führt in der Regel zu einem Verlust der Fähigkeit, vertraute Gesichter zu erkennen.

Wenn wir ein Gesicht erblicken, wird laut Rapcsak und anderen die fusiforme Region stark aktiviert, was zur Erregung der Gesichtserkennungseinheiten führt. Doch da diese Einheiten nur visuelle Informationen enthalten, bleibt die Quelle der Vertrautheit unspezifisch – wir wissen nicht, ob uns das Gesicht vertraut erscheint, weil wir ihm zuvor begegnet sind oder weil es Gesichtern ähnelt, die wir kennen. Bei einem vertrauten Gesicht müsste eine Gesichts-

erkennungseinheit einen dazugehörigen personalen Identitätsknoten erregen, der es uns ermöglichte, Einzelheiten über den Menschen abzurufen. Zu Problemen kommt es, wenn ein fremdes Gesicht eine Gesichtserkennungseinheit erregt – und dadurch ein schwaches Vertrautheitsgefühl erzeugt –, aber keine detaillierten Informationen über die Person von einem personalen Identitätsknoten aufruft. Nun müssen sich frontale Kontrollsysteme einschalten und den Abruf personenspezifischer Informationen verlangen. Patienten mit Frontallappen-Schädigungen, die von Rapcsak und seinen Mitarbeitern untersucht wurden, versäumten es, solche Kontrolloperationen spontan vorzunehmen. Dennoch deuteten sie die Signale einer aktivierten Gesichtserkennungseinheit unbekümmert als Anzeichen von Vertrautheit. Wichtig war, dass Rapcsak bei seinen Patienten die falsche Wiedererkennung von Gesichtern reduzieren konnte, indem er von ihnen verlangte, nur noch »vertraut« zu antworten, wenn sie sich auch spezifische Informationen über eine Person vergegenwärtigen konnten. Die Patienten sind nicht in der Lage, spezifische Informationen zu unvertrauten Gesichtern abzurufen, und können daher den Impuls unterdrücken, ein Gesicht vertraut zu nennen.

Neben der Behauptung, »überall Filmstars zu sehen«, glaubte MR auch häufig, erfundene Namen wieder zu erkennen, die an die Namen von Filmstars (Sharon Sugar) oder historischer Persönlichkeiten (Horatio Felles) erinnerten. Fragte man MR nach der Identität der Menschen, die ihm fälschlicherweise vertraut vorkamen, vermochte er nur höchst allgemeine Angaben zu machen: Sänger, Politiker oder Sportstar. In auffälligem Gegensatz dazu ließ sich MR von erfundenen Ortsnamen nicht täuschen: Er wusste, dass Jakarta eine existierende Stadt ist, Wabera dagegen nicht. Auch erfundene Wörter wie *legify* oder *florrical* konnten MR nicht in die Irre führen. Sein Problem war auf das Wiedererkennen von Menschen beschränkt. Offenbar können also Frontalsysteme auf einem bestimmten Gebiet völlig ausfallen, doch in anderen Bereichen ihre Kontrollfunktion normal wahrnehmen.

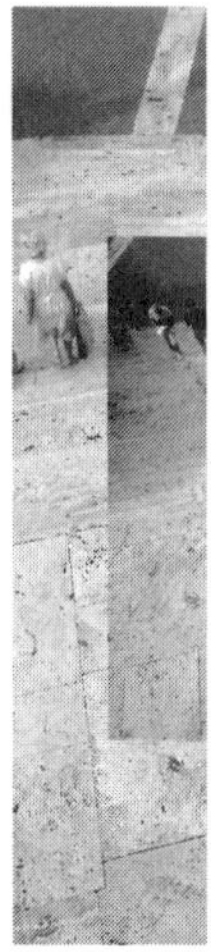

Zwar wissen wir noch nicht viel über dieses Phänomen, doch die Befunde könnten eine der merkwürdigsten aller Fehlattributionen erhellen: das Frégoli-Syndrom. 1927 beschrieben die französischen Psychiater Courbon und Fail eine schizophrene Frau, die sich für das »Opfer von Feinden« hielt. Die Patientin war sich sicher, dass sie von zwei französischen Schauspielerinnen verfolgt wurde. Courbon und Fail benannten diesen Wahn nach dem italienischen Schauspieler Leopoldo Frégoli, der das Pariser Publikum damals mit seiner Fähigkeit entzückte, andere Menschen nachzuahmen.[180] Das besondere Kennzeichen des Frégoli-Syndroms ist die unerschütterliche Überzeugung, ein Fremder werde von einem Freund, Verwandten oder Prominenten »bewohnt«. Während Patienten wie MR allgemeine falsche Vertrautheitsgefühle verspüren, fallen Frégoli-Patienten ganz spezifischen falschen Erinnerungen zum Opfer.

Gewöhnlich tritt das Frégoli-Syndrom bei psychiatrischen Patienten auf, doch Neurologen und Neuropsychologen haben in den letzten Jahren auch von Fällen berichtet, in denen sich der Wahn nach einer Hirnverletzung zeigte. So erlitt eine 27-jährige Frau von der Insel Madeira, die in London Englisch studierte, eine schwere Kopfverletzung, als sie beim Aussteigen aus einem Bus auf die Straße stürzte. Bei Patientin IR wurden neben anderen Bereichen des frontalen Kortex die unteren und inneren Teile des rechten Frontallappens stark geschädigt – Regionen, die, wie oben dargelegt, an abnormer falscher Wiedererkennung beteiligt sind.[181] Als sich IR im Krankenhaus erholte, gewann sie die Überzeugung, eine Patientin im Nachbarbett sei ihre Mutter. Die subjektive Überzeugung war so stark, dass IR mehrfach versuchte, zu der bestürzten Patientin ins Bett zu kriechen, und ihr, als diese verlegt wurde, in andere Teile des Krankenhauses folgte. Nach einem Monat legte

sich der Wahn schließlich, da der Vater ihr versicherte, die Mutter befinde sich in einem Krankenhaus auf Madeira. IR hatte ein Quäntchen Wahrheit – dass die Mutter im Krankenhaus lag – zu einer Wahnvorstellung verdreht.

Standardtests zeigten, dass IR unter Gedächtnisproblemen litt. Von Zeit zu Zeit wartete sie mit Geschichten oder Konfabulationen über Ereignisse auf, die nie stattgefunden hatten. So lebte sie in dem Wahn, irgendwo in dem Krankenhaus liege ein kleiner Neffe von ihr. Die Forscher, die IR untersuchten, gelangten zu dem Schluss, zum Teil werde ihr Problem durch einen Ausfall der Kontrollsysteme im Frontallappen verursacht, die Erinnerungen normalerweise auf ihre Plausibilität und Kohärenz hin überprüfen. IRs Schwierigkeiten schienen aus Fehldeutungen der Signale von *bestimmten* personalen Identitätsknoten zu erwachsen. IR sah nicht »überall Filmstars«, sondern hatte Schwierigkeiten mit der Identität einer bestimmten Person. Noch wissen wir nicht genau, warum verschiedene Patienten verschiedene Formen der Fehlattribution entwickeln, aber ich nehme an, dass bildgebende Verfahren zur Darstellung des Gehirns bald zur Klärung beitragen werden.

Welch großartige Idee habe ich da gehabt: die Gefahren der Kryptomnesie

William Wallace ist eine sagenumwobene Gestalt aus der schottischen Geschichte. Wallace wurde 1995 nicht nur von Mel Gibson in dem erfolgreichen Film *Braveheart* verkörpert; im selben Jahr erschien auch eine gefeierte Biografie des schottischen Autors James Mackay. Doch mit Mackays Ruhm war es bald vorbei, als sich die Vorwürfe häuften, er habe in seinem Buch große Teile einer Biografie des verstorbenen schottischen Historikers Sir James Ferguson plagiiert.[182]

»Ich versichere Ihnen, dass ich mir dessen in keinster Weise bewusst bin«, erklärte Mackay, »ich war stets bemüht, neues Material zu den Personen zu finden, über die ich geschrieben habe.« Kann man große Teile aus der Arbeit eines anderen reproduzieren, ohne sich über die Herkunft des Materials im Klaren zu sein? Bei Mackays Berufung auf unbewusste Einflüsse ist Skepsis geboten: Geistiger Diebstahl wurde ihm schon bei anderen Büchern vorgeworfen. Der schottische Historiker Geoffrey Barrow nannte seine Wallace-Biografie »das dreisteste Plagiat, das mir seit langem untergekommen ist, vielleicht sogar das dreisteste überhaupt«. Doch es gibt andere Beispiele dafür, dass Menschen in gutem Glauben die Schriften oder Ideen eines anderen Autors aus dem Gedächtnis reproduzieren und sie für ihr Werk halten – eine Form der Fehlattribution, die als »Kryptomnesie« bezeichnet wird. Kryptomnesie ist das Spiegelbild einiger Fehlattributionen, die weiter oben in diesem Kapitel behandelt wurden. Bei falscher Wiedererkennung wird beispielsweise ein Gefühl der Vertrautheit auf ein neues Ereignis attribuiert. Bei Kryptomnesie attribuieren die Betroffenen ein Gefühl der Neuheit auf etwas, das ihnen vertraut sein müsste.

Anfang des 20. Jahrhunderts entdeckte der Psychoanalytiker Carl Jung, dass Friedrich Nietzsche eine Episode aus *Also sprach Zarathustra* aus einer Geschichte übernommen hat, die er, Jung, in seiner Jugend gelesen hatte. Bei Nietzsche heißt es:

»Um jene Zeit nun, als Zarathustra auf den glückseligen Inseln weilte, geschah es, dass ein Schiff an der Insel Anker warf, auf welcher der rauchende Berg steht; und seine Mannschaft gieng ans Land, um Kaninchen zu schießen. Gegen die Stunde des Mittags aber, da der Capitän und seine Leute wieder beisammen waren, sahen sie plötzlich durch die Luft einen Mann auf sich zukommen, und eine Stimme sagte deutlich: ›Es ist Zeit! Es ist die höchste Zeit!‹ Wie die Gestalt ihnen aber am nächsten war – sie flog aber schnell gleich einem Schatten vorbei, in der Richtung, wo der Feuerberg

lag –, da erkannten sie mit größter Bestürzung, dass es Zarathustra sei.«

Wie Jung anmerkt, liegt eine verblüffende Ähnlichkeit mit einer alten Gespenstergeschichte vor, die aus der Feder des deutschen Arztes und Dichters Justinus Kerner stammt:

»Die vier Capitäne und ein Kaufmann, Herr Bell, gingen an das Ufer der Insel Mount Stromboli, um Kaninchen zu schießen. Um drei Uhr riefen sie ihre Leute zusammen, um an Bord ihrer Schiffe zu gehen, als sie, zu ihrem unaussprechlichen Erstaunen, zwei Männer erscheinen sahen, die sehr schnell durch die Luft auf sie zuschwebten; der eine war schwarz gekleidet, der andere hatte graue Kleider an; sie kamen nahe bei ihnen vorbei, in höchster Eile, und stiegen zu ihrer größten Bestürzung mitten in die brennenden Flammen, in den Schlund des schrecklichen Vulkans, Mount Stromboli, hinab. Die betreffenden Leute wurden als Bekannte aus London erkannt.«

Die Ähnlichkeit zwischen den beiden Abschnitten ist unverkennbar, doch Jung gelangt zu dem Schluss, Nietzsche habe Kerner nicht absichtlich kopiert, ihm sei einfach die Quelle seiner Ideen entfallen.[183] Ein bemerkenswertes Beispiel für ein unbeabsichtigtes Plagiat wurde bekannt, nachdem George H. Daniels 1971 für sein Buch *Science in American Society* eine lobende Kritik in der Zeitschrift *Science* erhalten hatte. In einem Brief an *Science* bekannte Daniels, kurz nach dem Erscheinen der Kritik sei ihm aufgefallen, dass Teile seines Buches Zitate aus Quellen enthielten, die er nur sehr allgemein erwähnt habe. »Zuerst ein noch erhältliches Buch als eine der Hauptquellen meines eigenen zu nennen«, erläuterte Daniels, »dessen Autor noch dazu mit einiger Wahrscheinlichkeit zu den Kritikern meines Werkes zählen würde, und dann vorsätzlich geistigen Diebstahl an ihm zu begehen, setzt ein weit höheres Maß an Naivität voraus, als ich besitze.« Was war geschehen? Daniels meinte, offenbar habe er sich an den Inhalt

mehrerer Bücher erinnert und diesen unbewusst reproduziert. Während er sich einbildete, den Inhalt nur allgemein wiederzugeben, habe er tatsächlich daraus zitiert. »Ich war mir durchaus bewusst, dass ich eine ungewöhnliche Fähigkeit besitze, Dinge zu behalten, wenn ich es darauf anlege«, räumte Daniels zerknirscht ein, »aber mir war nie klar, dass das auch unbewusst passiert.«[184]

Wir alle können zu Opfern der Kryptomnesie werden, und manchmal ertappen wir uns auch dabei. Der Psychologe Graham Reed berichtet, einmal sei er mitten in der Nacht aufgewacht und habe eine eingängige Melodie im Ohr gehabt. Aufgeregt habe er die Melodie am nächsten Morgen niedergeschrieben und den ganzen Tag fieberhaft an ihr gearbeitet. Als Reed nach einem Titel für das wundervolle neue Musikstück suchte, wurde ihm klar, dass es schon einen gab – *An der schönen blauen Donau!* Manchmal »plagiieren« Menschen auch unabsichtlich ihre eigenen Ideen. Der verstorbene Psychologe B. F. Skinner berichtete: »Eine der niederschmetterndsten Erfahrungen im hohen Alter ist die Entdeckung, dass ein Argument, das Sie gerade vorgebracht haben – treffend und wunderbar formuliert –, schon vor langer Zeit von Ihnen entwickelt und publiziert wurde.«[185]

Auf den ersten Blick scheint es kaum möglich, Kryptomnesie unter kontrollierten Bedingungen zu untersuchen: Wie soll ein Versuchsleiter Menschen veranlassen, unabsichtlich die Ideen anderer zu plagiieren? Doch 1989 entwickelten Alan Brown und Dana Murphy von der Southern Methodist University ein entsprechendes Verfahren.[186] Sie forderten Gruppen von vier Versuchspersonen auf, nacheinander Beispiele aus bestimmten Kategorien zu nennen. So sagte der Versuchsleiter beispielsweise »Obst«, worauf die Gruppenmitglieder nacheinander »Apfel«, »Birne«, »Orange« und »Pfirsich« nannten. In späteren Tests wurden die Teilnehmer aufgefordert, aus denselben Kategorien weitere Beispiele zu suchen, die noch keiner zuvor genannt hatte. Trotz der ausdrück-

lichen Bedingung, bereits von anderen genannte Begriffe nicht zu wiederholen, kam es zu solchen »Plagiaten«.

Wahrscheinlich ist die Kryptomnesie in diesem Experiment auf einen unbewussten Einfluss des Gedächtnisses zurückzuführen, den man als »Priming« bezeichnet.[187] Wenn Menschen hören, wie andere Gruppenmitglieder Wörter wie *Apfel* oder *Birne* nennen, werden die Wörter im Gedächtnis aktiviert oder »geprimt«. Das Priming bleibt eine Zeit lang bestehen, sodass diese Wörter den Teilnehmern später beim Suchen wie von selbst in den Sinn kommen. Sie erinnern sich nicht, die geprimten Wörter schon einmal gehört zu haben, sondern bilden sich ein, sie selbst gefunden zu haben.

Neuere Untersuchungen lassen darauf schließen, dass sich Kryptomnesie verringern lässt, wenn man die Menschen dazu anhält, sorgfältig auf die Quellen ihrer Ideen zu achten.[188] Der Psychologe Richard Marsh von der University of Georgia forderte Gruppen von Collegestudenten auf, neue Lösungen für die beiden folgenden Probleme zu finden:

1. Welche Möglichkeiten gibt es, die Situation an der Universität zu verbessern?
2. Wie lässt sich die Zahl der Verkehrsunfälle in den Vereinigten Staaten verringern?

Ähnlich wie in der oben beschriebenen Studie kehrten die Teilnehmer eine Woche später zurück und wurden nun gebeten, neue Lösungen zu entwickeln, die keiner in der Gruppe beim ersten Treffen erwähnt hatte. Einige Male nannten diese Studenten Ideen, die andere bereits in der Vorwoche vorgeschlagen hatten. Doch eine zweite Studentengruppe, die eine Woche nach der ersten Sitzung neue Lösungen zu finden versuchte, wurde von den Versuchsleitern ausdrücklich aufgefordert, genau zu überlegen, ob die Ideen wirklich neu waren oder sich in irgendeiner Weise an bereits zuvor formulierte Vorschläge anderer Gruppenmitglieder anlehnten. Bei diesen Studenten kam es seltener zu Plagiaten als bei den Teilnehmern der anderen Gruppe. Manchmal versäumen Menschen es, aus eigenem Antrieb nach dem Ursprung ihrer Ideen zu suchen, was sie anfällig für die starken Einflüsse des Primings macht. Die Anweisung, sich über die möglichen Ursprünge einer Idee klar zu werden, kann sich bis zu einem gewissen Grad gegen den Einfluss des Primings durchsetzen und es uns ermöglichen, unsere Informationen über die Quelle einer Idee zu nutzen.

An den Fehlattributionen der Kryptomnesie ist einer der Faktoren beteiligt, die auch für falsche Wiedererkennung verantwortlich sind: das Versäumnis, spezifische Erinnerungen an die Quelle einer aus dem Gedächtnis abgerufenen Information zu berücksichtigen oder zu verwenden. Ein solcher Mechanismus kann großes Unheil im Alltag anrichten: Denken Sie an die überflüssige Suche nach Täter 2, an Trickbetrüger, die ältere Menschen bestehlen, und die bizarren Manifestationen des Frégoli-Syndroms.

Larry Jacoby hat auf die Ähnlichkeiten zwischen Attributionen in der Erinnerung und in sozialen Situationen hingewiesen.[189] In viel beachteten Experimenten hat der Sozialpsychologe Stanley Schachter seinen Versuchspersonen Adrenalin in einer angenehmen und einer unangenehmen Situation injiziert. Die Teilnehmer in der ersten Gruppe fühlten sich glücklich, die Mitglieder der zweiten Gruppe wurden zornig. Das Adrenalin rief ein mehrdeutiges Gefühl von Erregung hervor, das die Versuchspersonen auf positive oder negative Merkmale der Situation attribuierten. Die adrenalininduzierte Erregung ähnelt der raschen geistigen Aktivität, die Menschen manchmal – zu Recht oder Unrecht – einem in der Vergangenheit begründeten Vertrautheitsgefühl zuschreiben. Vielleicht dachte der französische Psychiater Arnaud daran, als er das eigenartige Déjà-vu-Erlebnis zu erklären versuchte, das sein Patient so oft durchlebte. Es war, als erhielte Louis Adrenalinstöße, die er verzweifelt zu interpretieren versuchte und letztlich auf

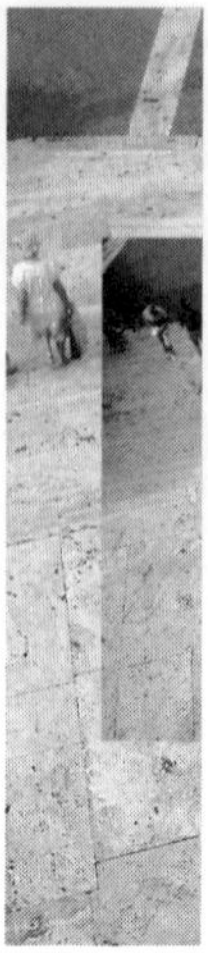

vergangene Erfahrungen attribuierte, die nie stattgefunden hatten.

Die seltsamen Erfahrungen eines Patienten wie Louis und die lästigen Fehlattributionen, die uns so häufig im Alltag unterlaufen, enthalten eine wichtige Lehre über das Wesen des Gedächtnisses. Häufig müssen wir uns einen Reim auf mehrdeutige Signale machen – Vertrautheitsgefühle oder fließende Vorstellungen –, die ihren Ursprung in bestimmten Erlebnissen der Vergangenheit, aber auch in unmerklichen Einflüssen der Gegenwart haben können. Wenn wir uns auf Urteilsvermögen und Vernunft verlassen, um mit plausiblen Attributionen aufzuwarten, gehen wir manchmal in die Irre. Vereinigt sich die Fehlattribution mit einer anderen Gedächtnissünde – der Suggestibilität –, können sich detaillierte und tief verwurzelte Erinnerungen an komplexe Ereignisse entwickeln, die nie stattgefunden haben. In den letzten zehn Jahren haben es solche »Erinnerungen« an sehr verstörende Ereignisse in psychotherapeutischen Praxen, in Gerichtssälen und Kindergärten zu trauriger Berühmtheit gebracht. Ihre Auswirkungen haben Familien zerrissen und Leben zerstört.

5 Suggestibilität: Wie sich Erinnerungen manipulieren lassen

Kurz nachdem ein Transportflugzeug der El Al am 4. Oktober 1992 vom Flughafen Schiphol in Amsterdam gestartet war, fielen zwei Triebwerke aus. Die Piloten versuchten, zum Flughafen zurückzukehren, doch sie schafften es nicht: Die Maschine stürzte in ein elfstöckiges Wohnhaus am südlichen Stadtrand. Neununddreißig Bewohner und die vierköpfige Besatzung kamen ums Leben. Journalisten und Kameraleute umlagerten den verwüsteten Schauplatz der Tragödie, die tagelang die Nachrichten in den Niederlanden beherrschte. Im ganzen Land sahen, lasen, hörten und sprachen die Menschen von der Katastrophe.

Zehn Monate später prüfte eine Gruppe holländischer Psychologen, was Angehörige ihrer Universität von dem Unglück im Gedächtnis behalten hatten.[190] Die Forscher stellten eine einfache Frage: »Haben Sie den Fernsehfilm gesehen, der zeigt, wie das Flugzeug in das Wohnhaus stürzt?« 55 Prozent der Befragten antworteten mit ja. In einer Nachuntersuchung bejahten zwei Drittel der Teilnehmer die Frage. Sie erinnerten sich auch an Einzelheiten: mit welcher Geschwindigkeit und in welchem Winkel die Maschine aufgeprallt war, ob das Flugzeug schon vor dem Aufprall brannte und was unmittelbar danach mit dem Rumpf geschah. Diese Ergebnisse sind insofern bemerkenswert, als es keinen Fernsehfilm gab, der den Augenblick des Flugzeugabsturzes zeigte.

Die Psychologen hatten eine offenkundige Suggestivfrage gestellt: Sie implizierten, dass es diesen Fernsehfilm gab. Vermutlich hatten die Befragten Bilder von dem Schauplatz nach dem Aufprall gesehen und sich anschließend vorgestellt oder darüber unterhalten, was wohl im Augenblick des Unglücks geschehen sein mochte. Von der Suggestivfrage angeregt, hatten die Teilnehmer Informationen aus diesen oder anderen Quellen auf einen Film attribuiert, den sie nie gesehen hatten.

1997 konnten die Zuschauer der PBS-Fernsehserie *Scientific American Frontiers* – in einem von Alan Alda moderierten Beitrag über Gedächtnisforschung – erfahren, dass es zu ganz ähnlichen Ergebnissen bei einer scheinbar harmlosen Alltagsbeschäftigung kommen kann – dem Betrachten von Fotos.[191] Auf der Grundlage von unlängst durchgeführten Laborstudien hatte ich ein Gedächtnisexperiment vorbereitet. Alda war die unwissende, aber willige Versuchsperson. An einem sonnigen Herbstmorgen trafen wir uns in einem Park in Brookline, Massachusetts. Die Kamera lief, als wir uns auf eine Bank setzten, vor der ein Mann und eine Frau ein einstudiertes Picknick abhielten. Alda wusste, dass es sich um Schauspieler handelte, und nahm an, dass sein Gedächtnis getestet werden sollte. Also beobachtete er aufmerksam, wie das Paar etwas trank, sich mit Sonnencreme einrieb, sich das Haar kämmte, ein Sandwich aß, Fotos machte und verschiedene andere Dinge tat, die Menschen an einem schönen Tag bei einem Picknick zu tun pflegen.

Zwei Tage später trafen wir uns in meinem Büro an der Harvard University. Ich zeigte Alda Fotos von der idyllischen Szene und bat ihn bei jedem Bild, die ästhetische Qualität zu beurteilen. Rasch merkte er, dass ich irgendetwas im Schilde führte. Als er ein Foto sah, auf dem die Schauspieler Kartoffelchips aßen – sich aber an keine Kartoffelchips beim Picknick erinnern konnte –, durchschaute er die Strategie des Experiments. Einige Fotos zeigten Ereignisse, die sich beim Picknick tatsächlich abgespielt hatten, andere enthielten visuelle Suggestionen: Sie zeigten mögliche Handlungen, die aber nicht stattgefunden hatten. Laut fragte sich Alda, ob wir seinem Gedächtnis einen Streich zu spielen versuchten.

Nachdem wir uns die Fotos angesehen hatten, las ich eine Reihe von Objekten und Handlungen vor und forderte Alda auf, mit ja zu antworten, wenn er sie seiner Erinnerung nach beim Picknick gesehen hatte. Ich wies ihn darauf hin, dass er gut überlegen müsse, da einige Dinge – ganz wie er vermutet habe – nur auf den Fotos zu sehen gewesen seien und nicht in der tatsächlichen Picknick-Szene. Trotz seines Argwohns und seines im Allgemeinen

guten Gedächtnisses beging Alda schon bald seine ersten Fehler: Er glaubte sich zu erinnern, dass sich die junge Frau während des Picknicks die Nägel gefeilt habe, tatsächlich aber hatte sie dies nur auf einem der soeben betrachteten Fotos getan. Kurz darauf kam es zu einem erneuten Versehen: Er wollte beim Picknick eine Flasche Wasser bemerkt haben, die in Wirklichkeit nur auf einem der Fotos aufgetaucht war. Mit dem ihm eigenen Humor akzeptierte Alda sein fehlerhaftes Gedächtnis, und ich versicherte ihm, dass er kein Einzelfall sei.

Suggestibilität des Gedächtnisses bedeutet, jemand neigt dazu, irreführende Informationen von externen Quellen – wie anderen Menschen, schriftlichen Unterlagen oder Bildern, selbst Massenmedien – den persönlichen Erinnerungen einzuverleiben. Suggestibilität hat insofern etwas mit Fehlattributionen zu tun, da diese zwangsläufig an der Umwandlung von Suggestionen in unzutreffende Erinnerungen beteiligt sind. Doch Fehlattributionen finden häufig auch ohne Suggestion statt, daher ist Suggestibilität eine eigenständige Gedächtnissünde.

Suggerierte Erinnerungen können genauso real erscheinen wie wirkliche. Am 31. Mai 2000 wurde in einem Artikel auf der Titelseite der *New York Times* der verblüffende Fall des Koreakrieg-Veteranen Edward Daly geschildert, der detaillierte – aber imaginäre – Geschichten über seine Heldentaten erzählte, unter anderem über seine Verwicklung in ein schreckliches Massaker, mit dem er in Wirklichkeit nichts zu tun hatte.[192] Während er seine wahnhaften Geschichten ausspann, wandte sich Daly an Veteranen, die an dem Massaker beteiligt gewesen waren, und »erinnerte« sie an seine Taten. Seine Suggestionen infiltrierten ihre Erinnerungen. »Ich weiß, dass Daly dabei war«, behauptete ein Veteran. »Ich weiß es, ich weiß es ganz genau.«

Suggestibilität ist aus verschiedenen Gründen beunruhigend: Suggestivfragen können zu falschen Identifizierungen durch

Augenzeugen führen; suggestive psychotherapeutische Verfahren können die Bildung falscher Erinnerungen unterstützen, und aggressive Befragungen von Vorschulkindern können verzerrte Erinnerungen an angeblichen Missbrauch durch Lehrer und andere Personen hervorbringen. Für die Betroffenen steht in diesen Fällen viel auf dem Spiel. Daher sind das Verständnis und die Bekämpfung der Suggestibilität ebenso bedeutsam für die Entwicklung der psychologischen Theorie wie für den Umgang mit sozialen und juristischen Problemen.

Beeinflussung von Augenzeugen

In der holländischen Untersuchung über die Erinnerungen an den Absturz der El-Al-Maschine entlockten die Forscher ihren Versuchspersonen falsche Informationen über einen angeblichen Film, der das Unglück festgehalten haben sollte. Dabei setzten sie ein Verfahren ein, das die Psychologin Elizabeth Loftus von der University of Washington entwickelt hatte und das seither in zahlreichen Laborstudien angewandt wurde.[193] Zunächst betrachten die Versuchspersonen ein alltägliches Ereignis auf Dias oder Video. Dann beantworten sie eine Frage, die irreführende Suggestionen über das Ereignis enthält, und unterziehen sich anschließend einem Gedächtnistest, der ihre Erinnerungen an das ursprüngliche Ereignis überprüft. Beispielsweise hat unlängst der Psychologe Philip Higham von der University of British Columbia den Teilnehmern seiner Studie das Videoband eines nachgestellten Überfalls auf einen Imbissladen gezeigt. Dann erhielten sie irreführende Informationen über ein Kleidungsstück, das der Angestellte getragen hatte, und mussten schließlich versuchen, sich an die Kleidung des Angestellten und andere Einzelheiten der Szene zu erinnern.

An der Durchführung des Projekts war ein Doktorand beteiligt. Als er später einem Psychologiekurs das Experiment aus der Erin-

nerung beschrieb, behauptete er, der Angestellte in dem Video habe eine weiße Schürze getragen. Seiner Sache absolut sicher, schilderte er seine Erinnerung in allen Einzelheiten, um den Studenten ein genaues Bild des Versuchs zu geben. Zu seinem großen Entsetzen entdeckte er kurz darauf, dass er unwissentlich die Macht des Phänomens unter Beweis gestellt hatte, das er untersuchte. Der Angestellte trug in dem Video keine weiße Schürze; dies war erst später von dem Versuchsleiter suggeriert worden.

Frühere Experimente hatten gezeigt, dass Suggestivfragen zu Gedächtnistäuschungen führen, weil sie Probleme mit der Quelle der Erinnerung hervorrufen, wie ich sie im letzten Kapitel beschrieben habe: Es kommt zur Fehlattribution von Informationen, die nur in Suggestivfragen über das ursprüngliche Videoband geliefert wurden. Highams Ergebnisse veranschaulichten noch eine weitere Verwicklung. Auch wenn die Versuchspersonen wenige Minuten nach der irreführenden Frage – zu einem Zeitpunkt also, als sie sich daran erinnerten, dass die »weiße Schürze« von dem Versuchsleiter suggeriert worden war – einen Gedächtnistest absolvierten, behaupteten manche trotzdem, der Angestellte habe in dem Video eine weiße Schürze getragen. Tatsächlich begingen sie diesen Fehler genauso häufig wie Menschen, die dem Gedächtnistest zwei Tage nach den irreführenden Suggestionen unterzogen wurden und daher mehr Zeit hatten zu vergessen, dass die weiße Schürze lediglich suggeriert war. Die Ergebnisse sind ein Beleg für die Macht irreführender Suggestionen: Sie können sogar dann falsche Erinnerungen an ein Ereignis hervorrufen, wenn sich die Betroffenen erinnern, dass die Fehlinformation suggeriert wurde.

Die Ergebnisse sind von erheblicher Bedeutung für die polizeiliche Befragung von Augenzeugen. Denn aus diesen Untersuchungen folgt, dass Suggestivfragen die Erinnerungen an ein ursprüngliches Ereignis verändern können, selbst wenn sich die Befragten darüber bewusst sind, dass der Untersuchungsbeamte eine ent-

scheidende Information erwähnt hat. Zwar liegen uns nur wenige Daten vor, die über die suggestive Befragung von Augenzeugen Aufschluss geben, doch eine britische Studie, die auf tatsächlichen Vernehmungen basiert, deutet darauf hin, dass annähernd jede sechste Frage bei Zeugenbefragungen in irgendeiner Hinsicht suggestiv war.[194]

Aus zahlreichen Studien über gezielte Fehlinformationen, die an Elizabeth Loftus' Arbeit anknüpfen, geht hervor, dass Gedächtnisverzerrungen durch Suggestionen hervorgerufen werden, die schlichtweg unzutreffende Informationen enthalten – wie zum Beispiel eine nicht vorhandene weiße Schürze. Doch selbst schwächere Suggestionen, die keine direkten Ungenauigkeiten enthalten, können die Zeugenaussagen beeinflussen. Hier einige Aktenauszüge zu einem Fall in Missouri:

AUGENZEUGIN EINER STRAFTAT BEI EINER GEGENÜBERSTELLUNG: O mein Gott ... Ich weiß nicht ... Er ist einer von diesen beiden ... aber ich weiß nicht ... O Mann ... der Bursche war ein bisschen größer als Nummer zwei ... Es ist einer von diesen beiden, aber ich weiß nicht.

AUGENZEUGIN 30 MINUTEN SPÄTER (noch immer betrachtet sie die aufgereihten Männer und kann sich zu keiner Entscheidung durchringen): Ich weiß nicht ... Nummer zwei?

DER BEAMTE, DER DIE GEGENÜBERSTELLUNG LEITET: Okay.

DER VERTEIDIGER, MONATE SPÄTER, VOR GERICHT: Sie waren sich ganz sicher, dass es Nummer zwei war? Kein Zweifel?

AUGENZEUGIN: Nicht der geringste Zweifel ... Ich war mir absolut sicher.[195]

Die Zeugin verbrachte 30 Minuten damit, sich vier aufgereihte Männer anzusehen, und versuchte unter ihnen den Angreifer herauszufinden. Während sie ihre Wahl traf, äußerte sie beträchtliche Zweifel. Später jedoch, beim Prozess, leugnete sie, auch nur eine Spur von Unsicherheit empfunden zu haben. Der Psychologe

Gary Wells warf die Frage auf, ob das bestätigende Feed-back des Untersuchungsbeamten – sein schlichtes »Okay« – nicht suggestiv gewirkt und das Vertrauen der Zeugin in ihr Gedächtnis gestärkt habe. Wenn ja, wäre klar, welche Bedeutung das für Zeugenaussagen vor Gericht hätte: Der Grad von Gewissheit, die ein Augenzeuge erkennen lässt, ist von entscheidender Bedeutung dafür, ob die Geschworenen zu der Überzeugung gelangen, er habe einen Verdächtigen zutreffend identifiziert. Ist sich der Zeuge seiner Sache sehr sicher, fällt dies für die Geschworenen ins Gewicht als Informationen über die Bedingungen, unter denen es möglicherweise schwierig war, den Täter wahrzunehmen oder zu erkennen. Geschworene schenken selbstsicheren Zeugen mehr Glauben als unsicheren, obwohl die Gewissheit von Zeugen nur bedingt auf die Genauigkeit ihrer Aussagen schließen lässt: Selbstsichere Zeugen sind in ihren Aussagen häufig nicht genauer als Zeugen, die unsicher wirken. Was die Sache noch schlimmer macht: Ein Zeuge kann in seiner Gewissheit bestärkt werden, wenn man ihm mitteilt, ein anderer Zeuge habe denselben Verdächtigen identifiziert, oder wenn man ihn seine Aussage während der Prozessvorbereitungen ständig wiederholen lässt. Offenbar wird die Gewissheit von Zeugen während der Tat noch nicht ein für alle Mal festgelegt.[196] Aber ist sie so beeinflussbar, dass ein harmloses bestätigendes Feedback – etwa ein schlichtes »Okay« – sie erheblich steigern kann?

Um das herauszufinden, zeigten Wells und Amy Bradfield Versuchspersonen ein Überwachungsvideo, auf dem ein Mann einen Target Store betrat, und teilten ihnen mit, wenige Augenblicke nach dieser Szene habe der Mann einen Sicherheitsbediensteten erschossen. Anschließend versuchten die Teilnehmer, den Täter anhand einer Reihe von Fotos zu identifizieren, auf denen er allerdings nicht zu sehen war. Einige Versuchspersonen erhielten ein bestätigendes Feed-back: »Sehr schön, Sie haben den richtigen Täter identifiziert.« Bei anderen gab es gar keinen Kommentar und bei einigen ein entmutigendes Feed-back – der Verdächtige sei auf einem der Fotos, die sie nicht ausgewählt hätten. Anschließend schätzten alle Versuchspersonen ein, wie gut sie den Verdächtigen hatten sehen können, und beurteilten die Gewissheit, Klarheit und andere Merkmale ihrer Erinnerung.

Im Vergleich zu den Teilnehmern, die ein entmutigendes Feed-back oder gar keines erhalten hatten, zeigten die Versuchspersonen, die ein bestätigendes Feed-back bekommen hatten, größere Gewissheit, was die Zuverlässigkeit und Genauigkeit ihrer Erinnerungen betraf. Sie glaubten, sie hätten sich die Einzelheiten des Gesichts besser eingeprägt. Natürlich entbehrten diese Behauptungen jeglicher Grundlage: Die Teilnehmer aller drei Gruppen hatten die gleichen Möglichkeiten, den Täter wahrzunehmen und sich an sein Aussehen zu erinnern. Zwar lagen die Zeugen mit ihren Aussagen völlig falsch, doch hätten ihre selbstsicheren Behauptungen, sie hätten den Täter deutlich erkannt und könnten sich genau erinnern, auf Geschworene äußerst überzeugend gewirkt.

Für die rechtlichen Kriterien bei der Bewertung von Zeugenaussagen haben diese Ergebnisse große Bedeutung. Nachdem bewiesen war, dass Suggestivfragen Zeugenaussagen beeinflussen können, entschied der Oberste Gerichtshof 1972 in dem Fall *Neil vs. Biggers* Folgendes: Solche Methoden würden einen Augenzeugenbericht nicht notwendig entkräften, dann nämlich nicht, wenn Grund zu der Annahme bestehe, dass der Bericht grundsätzlich zutreffe. Nach den Biggers-Kriterien hängt die mutmaßliche Genauigkeit eines Augenzeugenberichts von der Gewissheit des Zeugen ab, von seiner Fähigkeit, den Verdächtigen zu beschreiben, und der Gelegenheit, die er seinerzeit hatte, das Verbrechen zu sehen und wahrzunehmen (sowie dem Zeitraum, der zwischen dem Ereignis und dem Identifikationsversuch liegt). Doch wie Wells und Bradfield anhand ihrer Ergebnisse darlegen, kann das bestätigende Feed-back zum Beispiel einige der Kriterien beeinflussen, die zur

Bewertung von suggestiv beschafftem Beweismaterial herangezogen werden, was an die groteske Logik von Catch-22 erinnert:[197]

»Das Argument, die Anwendung von Feed-back sei suggestiv, reicht nicht aus als Grundlage für einen erfolgreichen Antrag, das Beweismaterial nicht zuzulassen, weil der Augenzeuge sich sicher ist, behauptet, eine gute Sicht gehabt zu haben und so fort. Natürlich ist sich der Augenzeuge sicher, behauptet, eine gute Sicht gehabt zu haben und so fort, weil ein suggestives Verfahren angewendet wurde, doch die Biggers-Kriterien lassen diese Analyse nicht gelten… Die Auffassung, eine suggestive Vorgehensweise stelle kein Problem dar, wenn der Augenzeuge die Biggers-Kriterien erfülle, gleicht dem Argument, ein forensisches DNA-Analyseverfahren, welches das Blut des Verdächtigen mit einer Probe vom Tatort verunreinige, sei kein Problem, da die Laborergebnisse eine vollkommene Übereinstimmung zeigten.«

Angesichts der Ergebnisse von Wells und Bradfield und der Ausrichtung der Gerichtspraxis an den Biggers-Kriterien lässt sich gar nicht genügend unterstreichen, wie wichtig es ist, suggestive Verfahren in Polizeiverhören zu unterbinden. Nun kann sich die Polizei bei der Zeugenbefragung aber nicht nur um die Suggestibilität Gedanken machen: Sie möchte von den Zeugen auch ein Höchstmaß an zutreffender Information erhalten. Um die Erinnerungsfähigkeit von Augenzeugen zu stärken, empfehlen einige Polizeiexperten den Einsatz der Hypnose.[198] Mithilfe einer Induktionstechnik bringt der Hypnotiseur die Person dazu, sich zu entspannen und sich auf einen bestimmten Gegenstand oder eine Tätigkeit zu konzentrieren – auf ein Bild an der Wand zu blicken, während sie das Empfinden hat, ihre Augenlider würden schwer, oder sich vorzustellen, sie liege an einem sonnigen Strand. Sobald ein hypnotischer Zustand von hinreichender Tiefe erreicht ist, versucht der Hypnotiseur der Erinnerung auf die Sprünge zu helfen: Er fordert die Person auf, sich in die Zeit zurückzubegeben und das

betreffende Ereignis noch einmal zu durchleben oder sich einen riesigen Fernsehschirm vorzustellen, auf dem dieser Vorgang abläuft.

Manchmal führen hypnotische Verfahren in Kriminalfällen zu spektakulären Ergebnissen. Besonders eindrucksvoll gelang dies 1976 bei der Entführung von 26 Kindern und ihrem Busfahrer in Chowchilla, Kalifornien. Drei maskierte Männer bemächtigten sich des Busses mit vorgehaltener Waffe, führten die Kinder und den Fahrer in einen Steinbruch und begruben sie dort zwei Meter tief in der Erde. Nachdem den Kindern und dem Fahrer wie durch ein Wunder die Flucht gelungen war, versuchten die FBI-Agenten ohne Erfolg, von ihnen Informationen über die Entführer zu bekommen. Daraufhin wurde der Busfahrer einer hypnotischen Befragung unterzogen, und er erinnerte sich prompt an mehrere Ziffern vom Nummernschild des Kleinbusses der Entführer.[199] Diese wichtige Information führte letztlich zur Festnahme und Verurteilung der drei Straftäter.

Trotz dieses und anderer bemerkenswerter Erfolge bleibt die Bedeutung von Zeugenaussagen, die unter Hypnose gewonnen werden, umstritten. Häufig entlocken Hypnoseverfahren ungenaue Berichte, und manchmal verstärken sie auch die suggestiven Effekte irreführender Informationen. Neuere Forschungen haben wenig oder keine Anhaltspunkte dafür erbracht, dass Hypnose die Genauigkeit von Augenzeugenerinnerungen verstärkt.[200] Allerdings kann die Hypnose die Glaubwürdigkeit von Zeugen in den Augen der Geschworenen erhöhen. Daher ist und bleibt das Gespenst der überzeugenden – aber ungenauen – Aussage eines hypnotisierten Zeugen eine höchst bedenkliche Angelegenheit.

Die Befürworter hypnotisch gestützter Zeugenaussagen, etwa der forensische Psychologe Martin Reiser, heben spektakuläre Erfolge hervor und weisen darauf hin, dass Hypnose nicht unvermeidlich erhöhte Suggestibilität bewirke. Wenn sich die Ermittlungen festgefahren haben und andere Methoden fehlgeschlagen sind,

könnte sich die Hypnose tatsächlich als nützlich erweisen, um Hinweise zu erhalten, die sich anschließend durch andere Beweise erhärten lassen. Die Hypnose kann dem Zeugen auch helfen, das Gesicht zu wahren. Manchmal sträuben sich Zeugen anfangs, Informationen preiszugeben, weil sie Racheakte fürchten oder weil ihnen die Umstände peinlich sind. Wenn sie später ihre Meinung ändern, brauchen sie nicht als Lügner dazustehen, sondern können eine Erinnerung unter Hypnose »wieder entdecken«. Möglicherweise sind derartige Motive der Schlüssel zu einigen offensichtlichen Erfolgen hypnotischer Befragungen.[201]

Aufgrund der Probleme mit hypnotisch gestützten Zeugenaussagen hat man versucht, andere Verfahren zum verbesserten Gedächtnisabruf bei Augenzeugen zu entwickeln, ohne dabei die Suggestibilität zu verstärken. Ein wirksames Verfahren ist das »kognitive Interview«.[202] Es wurde in den Achtzigerjahren von den kognitiven Psychologen Ronald Fisher und Edward Geiselman entwickelt und stützt sich auf Befunde und Überlegungen aus kontrollierten Gedächtnisstudien, wobei das besondere Augenmerk der Vermeidung von Suggestivfragen gilt. Ursprünglich bestand das kognitive Interview aus vier Abschnitten. Im ersten wurde der Zeuge aufgefordert, nach Möglichkeit alles über den betreffenden Vorfall zu berichten. Dies ist wichtig, weil Polizeibeamte äußerst spezifische Fragen stellen, die das Erinnerungsvermögen des Zeugen nicht unterstützen – wie etwa »Welche Farbe hatte sein Hemd?« statt »Beschreiben Sie den Angreifer«. Um die Erinnerung an Einzelheiten anzuregen, die zunächst möglicherweise nicht abgerufen wurden, muss der Zeuge in einem zweiten Schritt versuchen, sich den Kontext oder Schauplatz zu vergegenwärtigen. Aus vielen Laborstudien wissen wir, dass die Vorstellung des Kontextes dem Gedächtnisabruf zugute kommen kann. In einem dritten Schritt werden die Zeugen aufgefordert, sich die Ereignisse in unterschiedlichen zeitlichen Abfolgen zu vergegenwärtigen – vom Anfang bis zum Ende und umgekehrt. Auch

dieses Verfahren hat in kontrollierten Studien zu verbesserten Gedächtnisleistungen geführt. Viertens müssen die Zeugen versuchen, sich das Ereignis aus unterschiedlichen Perspektiven vorzustellen, etwa aus der Sicht des Täters, weil ihnen dann möglicherweise Aspekte des Vorfalls einfallen, die sie sonst übersehen hätten. Zu Anfang der Neunzigerjahre wurden diese vier Schritte des kognitiven Interviews durch Verfahren ergänzt, welche die soziale Interaktion und Kommunikation zwischen Interviewer und Zeugen fördern.

Viele Forscher haben das kognitive Interview mit den üblichen polizeilichen Vernehmungstechniken verglichen. Praktisch alle sind zu dem Ergebnis gekommen, dass das kognitive Interview deutliche – und manchmal erhebliche – Verbesserungen beim Gedächtnisabruf von Zeugen bewirkt. Diese Wirkung hat sich bei ganz verschiedenen Interviewern gezeigt (von Studienanfängern bis zu erfahrenen Polizeibeamten) und bei den unterschiedlichsten Zeugen: Erwachsenen, älteren Menschen und Kindern.

Wie die Hypnose kann das kognitive Interview jedoch auch ein höheres Maß an ungenauen Informationen zutage fördern. Doch die Menge an ungenauer Information bleibt in der Regel gering – viele Studien entdecken überhaupt kein Anzeichen dafür –, und nichts lässt darauf schließen, dass das kognitive Interview die Zuverlässigkeit von Zeugen schmälert. Da die bisher erzielten Ergebnisse dafür sprechen, dass das kognitive Interview den Gedächtnisabruf verbessert, ohne die Suggestibilität zu steigern, werden jetzt viele Polizeibeamte – unter anderem alle in England und Wales – in der Technik des kognitiven Interviews ausgebildet und wenden sie routinemäßig bei der Zeugenvernehmung an. Ferner sind etliche Elemente des kognitiven Interviews in die Richtlinien zur Sammlung von Zeugenaussagen eingegangen, die von der Arbeitsgruppe der damaligen Justizministerin Janet Reno entwickelt wurde (siehe Kapitel 4).

Suggestibilität spielt auch eine unrühmliche Rolle bei höchst beunruhigenden Ergebnissen einiger Polizeiverhöre: falschen Geständnissen.[203] Manche dieser Geständnisse werden abgelegt, weil die Verdächtigten die psychischen oder körperlichen Misshandlungen beenden möchten, obwohl sie sich keiner Straftat bewusst sind; andere erfolgen ohne jeden Zwang, resultieren möglicherweise aus einem erhöhten Aufmerksamkeitsbedürfnis oder anderen pathologischen Verhaltensweisen. Doch bei einem Teil der falschen Geständnisse – niemand weiß genau, wie vielen – gelangen die Beschuldigten zu der irrigen Überzeugung, sie hätten ein Verbrechen begangen. Der Harvard-Professor Hugo Munsterberg hat als erster Psychologe auf diese Problematik aufmerksam gemacht. Wie Munsterberg in seinem Klassiker *On the Witness Stand* ausgeführt hat, kann emotionaler Stress in Verbindung mit sozialem Druck und Suggestion die Erinnerung so verzerren, dass Menschen fälschlicherweise glauben, ein Verbrechen begangen zu haben.

Zur Zeit der Säuberungen waren in der Sowjetunion falsche Geständnisse an der Tagesordnung. »Die Kommunisten verstehen sich darauf, ihren Gefangenen Informationen zu entreißen und sie gefügig zu machen«, hieß es 1958 in einem Artikel über kommunistische Verhörmethoden. »Es hat sich gezeigt, dass sie Menschen zwingen können, Verbrechen zu gestehen, die sie nicht begangen haben, und ihre Opfer offenbar so gründlich von der Wahrhaftigkeit dieser Geständnisse zu überzeugen vermögen, dass sie ihren Kerkermeistern mit Verständnis und Dankbarkeit begegnen.«[204]

Auch in modernen Gesellschaften des Westens legen Beschuldigte falsche Geständnisse ab und sind irrtümlicherweise von ihrer Schuld überzeugt. In den Siebzigerjahren wurde über einen bizarren Fall in England berichtet: die Geschichte von Peter Reilly, der beim Nachhausekommen die Leiche seiner ermordeten Mutter vorfand. Sogleich benachrichtigte er die Polizei, die ihn für verdächtig hielt und einem Lügendetektortest unterzog, den er nicht

bestand. Obwohl Reilly den Mord zunächst abgestritten hatte, gelangte er schließlich zu der Überzeugung, er habe das Verbrechen begangen, und legte ein schriftliches Geständnis ab. Zwei Jahre später ergaben neue Beweismittel, dass er den Mord an seiner Mutter nicht begangen haben konnte.[205]

Der Fall Reilly ist ein Beleg für das Phänomen, das der klinische Psychologe Gisli Gudjonsson als »Gedächtnis-Misstrauenssyndrom« *(memory distrust syndrome)* bezeichnet. Obwohl Reilly keine detaillierte Erinnerung an den Mord abrufen konnte, begann er angesichts der massiven Polizeiverhöre dem eigenen Gedächtnis zu misstrauen und ignorierte es schließlich vollkommen. Um jegliches Vertrauen in seine Erinnerung an ein so grauenhaftes Ereignis zu verlieren – genauer, in seine Nicht-Erinnerung an den Mord –, musste Reilly die Gedächtniskontrollstrategie aufgeben, die ich im vierten Kapitel die Auffälligkeitsheuristik genannt habe: die Erwartung, sich an auffällige Einzelheiten eines Ereignisses zu erinnern. Normalerweise würde jemand, der an einem so grausigen Ereignis wie der Ermordung der eigenen Mutter beteiligt war, mit Sicherheit erwarten, dass er sich daran erinnert. Ein Gedächtnis-Misstrauenssyndrom kann sich entwickeln, wenn es plausibel erscheint, dass man sogar ein Gewaltverbrechen vergisst – vielleicht weil man betrunken war oder sich einbildet, man habe ein schreckliches Ereignis verdrängt. Erwartet man nicht mehr, sich deutlich an ein Ereignis zu erinnern, neigt man leichter dazu, dem Gedächtnis zu misstrauen.

In einigen Fällen von falschen Geständnissen glauben die Verdächtigen zu Anfang an ihre Unschuld. Doch im Laufe der suggestiven Befragung durch die Polizei können sich bei ihnen spezifische Erinnerungen an ein Verbrechen entwickeln, das sie nicht begangen haben. In einem Aufsehen erregenden Fall Mitte der Neunzigerjahre gestand der Deputy Sheriff Paul Ingram im Staat Washington, er habe seine beiden Töchter sexuell missbraucht und

einer grausigen Satanssekte angehört, zu deren Ritualen Tieropfer und die Ermordung von Säuglingen gehört hätten. Der Druck und die Einschüchterungen der örtlichen Polizeibeamten hatten Ingram veranlasst, ausführliche »Erinnerungen« an diese scheußlichen Geschehnisse wiederzugeben – Erinnerungen, von denen er glaubte, er habe sie zuvor verdrängt.[206] Obwohl nie eindeutige Beweise für eine der eingestandenen Taten erbracht wurden und Ingram sein Geständnis schließlich widerrief, kam er ins Gefängnis. Nach Verbüßung seiner Strafe wurde er 2003 entlassen, wurde aber als Sexualstraftäter registriert.

Massive Polizeiverhöre sind häufig an falschen Geständnissen beteiligt. Gisli Gudjonsson und seine Kollegen in London haben vor einigen Jahren einen Fall mit merkwürdigem Ausgang beschrieben. Ein 17-Jähriger war während der Ermittlungen zu einem brutalen Mord routinemäßig verhört worden. Daraufhin suchten ihn »Visionen« vom Gesicht des Opfers heim, und er begann sich zu fragen, ob er das Verbrechen wirklich nicht begangen habe. Er stellte sich der Polizei, wobei er zunächst erklärte, »ich könnte es gewesen sein«, aber »ich weiß nicht, ob ich sie umgebracht habe oder nicht. Ich sehe sie nur ständig vor mir.« Im Laufe der nächsten 24 Stunden kam er zu der Überzeugung: »Ich muss es getan haben, weil ich ihr Bild vor mir sehe.« Schließlich war er sich seiner Sache ganz sicher: »Ich habe sie ganz bestimmt getötet ... Ich weiß, dass ich es getan habe.« Obwohl es keine anderen Beweise für seine Behauptung gab, wurde der Mann auf der Grundlage seines schriftlichen Geständnisses verurteilt. Er saß 25 Jahre im Zuchthaus, bevor neue Beweise zur Aufhebung des Urteils führten.[207]

Angesichts dieses Falles erscheint es denkbar, dass manche Menschen eine besondere Neigung zu falschen Geständnissen besitzen, weil sie besonders suggestibel sind. Gudjonsson hat eine Skala entwickelt, mit der man individuelle Unterschiede in der von ihm so genannten Befragungssuggestibilität messen kann – also

der Tendenz, Behauptungen über die Vergangenheit unter dem Eindruck von Fehlinformationen und Suggestivfragen zu ändern.[208] Wie Gudjonsson feststellte, ließen sich Menschen, die ein Geständnis abgelegt und es später widerrufen hatten, stärker von Suggestivfragen beeinflussen als »Leugner«, die trotz erdrückender Beweise jede Beteiligung an den ihnen zur Last gelegten Verbrechen abstritten. Hingegen zeigte die Gedächtnisleistung der beiden Gruppen in klinischen Standardtests keine Unterschiede.

Trotzdem ist schwer nachvollziehbar, wie sich jemand zu einer Tat, gar einem Gewaltverbrechen bekennen kann, das er nicht begangen hat. Die in den vorangehenden Kapiteln dieses Buches betrachteten Gedächtnissünden – Transienz, Geistesabwesenheit, Blockierung und einige Formen der Fehlattribution – sind uns aus unserer Alltagserfahrung so vertraut, dass wir uns mühelos in sie hineinversetzen können. Doch die Art von Suggestibilität, die zu falschen Geständnissen führt, scheint nichts mit unserem alltäglichen Erinnern und Vergessen gemein zu haben. Erwartungsgemäß können sich *Mock Jurys* (Übungsjurys)* schwer vorstellen, dass Menschen Verbrechen gestehen, die sie nicht begangen haben.[209]

Experimente von Saul Kassins Gruppe am Williams College zeigen, dass falsche Geständnisse vielleicht gar nicht so ungewöhnlich sind, wie sie auf den ersten Blick erscheinen mögen. Collegestudenten wurden vor einen Computer gesetzt und angewiesen, eine Reihe von vorgelesenen Buchstaben einzutippen – eine Gruppe musste sie eilig eintippen, eine andere gemächlicher. Beide Gruppen wurden aufgefordert, nicht die ALT-Taste zu betätigen, weil das Programm sonst abstürzen würde. Keiner der Studenten hat die ALT-Taste tatsächlich gedrückt, aber der Versuchsleiter beschuldigte sie fälschlicherweise, es getan zu haben. Die Hälfte der Studenten in jeder Gruppe hörte die Aussage einer eingeweih-

* Eine experimentelle Anordnung, in der Versuchspersonen fiktive Rechtsfälle zur Entscheidung vorgelegt werden. (Anm. d. Übers.)

ten »Zeugin«, sie habe den Fehler gesehen. Bei der anderen Hälfte der Versuchspersonen gab es keinen solchen Zeugen. Fast 70 Prozent der Studenten bekannten schließlich schriftlich, die ALT-Taste gedrückt zu haben. In der Untergruppe, die rasch reagieren musste, hatte die Aussage der »Zeugin« besondere Wirkung: Hier unterzeichneten alle das Geständnis, und 35 Prozent entwickelten eine detaillierte falsche Erinnerung daran, wie sie den Fehler begangen hatten.[210]

Kassins Ergebnisse sind beunruhigend, denn sie legen den Schluss nahe, dass unter entsprechenden Bedingungen viele von uns dazu gebracht werden können, eine Tat zu gestehen, die sie nicht begangen haben. Natürlich kann man nicht unbedingt davon ausgehen, dass man sich daran erinnert, die ALT-Taste auf einem Computer gedrückt zu haben, während man normalerweise doch erwarten würde, sich an die Verübung eines Gewaltverbrechens zu erinnern. Sicherlich dürfte es leichter sein, Menschen das Bekenntnis abzunehmen, sie hätten die ALT-Taste gedrückt, als sie zum Eingeständnis eines Gewaltverbrechens zu bringen. Denn in der Experimentalsituation wird man wohl seltener die Auffälligkeitsheuristik einsetzen – wenn ich diese Handlung ausgeführt hätte, würde ich mich daran erinnern. Für diese Interpretation spricht das Ergebnis, dass falsche Geständnisse besonders häufig bei Versuchspersonen waren, die ihre Buchstaben rasch eintippen mussten. Diese Teilnehmer erwarteten von ihrem Gedächtnis wahrscheinlich weniger als diejenigen Versuchspersonen, die mehr Zeit hatten zu reagieren. Da sie so rasch reagieren mussten, meinten sie vielleicht, bei ihnen sei die Wahrscheinlichkeit größer gewesen, einen Fehler zu begehen und zu vergessen.

Die Konsequenzen der Suggestibilität bei Zeugenaussagen und Polizeiverhören können verheerend sein, doch ihre negativen Auswirkungen zeigen sich nicht nur bei öffentlichen Angelegenheiten. Suggestibilität kann sogar die Erinnerungen an die intimsten und privatesten Aspekte unserer Vergangenheit in Mitleidenschaft ziehen.

Aufstieg und Fall des Syndroms der falschen Erinnerung

1992 gründete eine Gruppe besorgter Menschen mittleren Alters die erste Organisation, die sich mit dem Thema der Gedächtnisverzerrung beschäftigte: die False Memory Syndrome Foundation. Die ersten Mitglieder waren vorwiegend Eltern, die sich in verstörenden Konflikten mit ihren erwachsenen Töchtern befanden. Die Geschichten der Eltern wühlten die Öffentlichkeit zunächst auf, nahmen im Laufe der Neunzigerjahre aber den Charakter von ermüdender Einförmigkeit an. Gebildete, intelligente Frauen aus der Mittelschicht begannen eine Therapie, weil sie unter Depressionen oder ähnlichen Problemen litten, und saßen am Ende mit wieder entdeckten Erinnerungen an sexuellen Missbrauch in der Kindheit da, in der Regel von den Vätern, manchmal auch den Müttern begangen. Die Mitglieder dieser Vereinigung und viele andere Eltern, denen es genauso erging, bestritten wütend den Wahrheitsgehalt der Erinnerungen, von denen ihre Kinder berichteten. Die Anklägerinnen und ihre Fürsprecher warfen den Eltern vor, sie leugneten eine Realität, die sie nicht akzeptieren könnten.

Wie im dritten Kapitel erwähnt, sind einige wieder entdeckte Erinnerungen an Missbrauchserlebnisse in der Kindheit untermauert worden und scheinen zu stimmen. Doch als die Krise 1992 ihren ersten Höhepunkt erreichte, erhoben Fachleute und beschuldigte Eltern den Vorwurf, man habe eine Epidemie falscher Erinnerungen ausgelöst. Schuld daran seien die Suggestivtechniken einiger Psychotherapeuten – Hypnose, gelenkte Vorstellungsübungen, in denen sich Menschen mögliche Missbrauchsszenarien vorstellen, und Ähnliches – mit dem Ziel, angeblich vergessene Traumata

zurückzurufen. Im Laufe der Neunzigerjahre fanden sich verschiedene Anhaltspunkte dafür, dass viele wieder entdeckte Erinnerungen ungenau sind: unglaubwürdige Erinnerungen an entsetzliche Praktiken in Satanssekten, deren Existenz nie bewiesen wurde; Mangel an wissenschaftlichen Begründungen für häufig verwendete Techniken zur Aufdeckung von Erinnerungen; und eine stetig wachsende Zahl von Frauen, die ihre Erinnerungen widerriefen. Schon früh wurden Gedächtnisforscher als Schiedsrichter angerufen, die entscheiden sollten, wie real die wieder entdeckten Erinnerungen waren. Viele dringliche Fragen warteten auf eine fundierte wissenschaftliche Klärung: Ist es möglich, falsche Erinnerungen an traumatische autobiografische Ereignisse hervorzurufen? Bei welchen Techniken ist die Wahrscheinlichkeit besonders groß, dass sie imaginäre Erinnerungen fördern? Sind manche Menschen besonders anfällig dafür, dass man ihnen Erinnerungen an Ereignisse eingibt, die nie geschehen sind?[211]

Anfang der Neunzigerjahre wussten die Gedächtnisforscher keine rechte Antwort auf diese Fragen. Prinzipiell war Psychologen bekannt, dass das Gedächtnis suggestibel ist. Doch größtenteils mussten sie sich auf die Befunde verlassen, die mit Experimentaltechniken gewonnen wurden, wie sie erstmals von Elizabeth Loftus entwickelt worden waren: Suggerierte Einzelheiten eines Ereignisses sickern in die Erinnerungen von Augenzeugen ein. Zu Recht wandten Kritiker ein, dass solche suggerierten Erinnerungen kaum mehr als winzige Aspekte einer Erfahrung umfassen. Sie seien kein Beweis dafür, dass Menschen vollständige falsche Erinnerungen an Traumata wie sexuellen Missbrauch entwickeln könnten. Die Gedächtnisforscher, so die Kritiker, müssten schon mit sehr viel mehr aufwarten, bevor ihre Ergebnisse einen echten Beitrag zur laufenden Debatte leisten könnten. Und sie taten es. So verheerend sich die Debatte über wieder entdeckte Erinnerungen auf viele Familien auswirkte und so tief die Gräben waren, die

sie in der Psychologie und Psychiatrie schuf, ihre Wirkung auf die Gedächtnisforschung war heilsam, weil sie eine neue Welle von Studien zur Suggestibilität auslöste.

Wieder war es Elizabeth Loftus – eine zentrale Figur der frühen Suggestibilitätsforschung und umstritten in der Debatte über die wieder entdeckten Erinnerungen –, die über die ersten Versuche berichtete, einen leichten traumatischen autobiografischen Vorfall zu implantieren. In dem Experiment – es wurde später als *lost-in-the-mall*-Studie bekannt – wurde der halbwüchsige Chris von seinem älteren Bruder Jim gefragt, ob er sich daran erinnere, dass er sich mit fünf Jahren in einem Einkaufszentrum verlaufen habe. Zunächst erinnerte sich Chris an gar nichts, doch nach einigen Tagen entwickelte er eine detaillierte Erinnerung an das Ereignis.[212] Die Studie erregte sofort großes Aufsehen, weil sich Chris laut Jim und anderen Familienmitgliedern nie in einem Einkaufszentrum verlaufen hatte. Loftus' nachfolgende Untersuchung mit einer größeren Gruppe von 24 Teilnehmern ergab, dass nach mehreren eingehenden Befragungen ungefähr ein Viertel der Teilnehmer fälschlicherweise glaubte, sich als Kinder in einem Einkaufszentrum oder an einem ähnlichen öffentlichen Ort verlaufen zu haben.

Dem Psychologen Ira Hyman und seiner Forschungsgruppe an der Western Washington University ist es gelungen, einer bedeutsamen Minderheit ihrer Versuchspersonen falsche Erinnerungen an Kindheitserlebnisse zu implantieren.[213] Hyman fragte Collegestudenten nach verschiedenen Kindheitserlebnissen, die sich nach Auskunft der Eltern tatsächlich zugetragen hatten, und zusätzlich nach einem Ereignis, das, wie die Eltern versicherten, nie passiert war. Beispielsweise wurden die Studenten gefragt: »Mit fünf Jahren waren Sie auf einem Hochzeitsempfang bei Freunden der Familie. Da sind Sie gegen einen Tisch gelaufen, sodass sich die Bowle über die Brauteltern ergoss.« Die Teilnehmer erinnerten sich an fast alle der wirklichen Ereignisse und gaben anfangs an, keine

Erinnerungen an das falsche Erlebnis zu haben. Doch unter dem Einfluss verschiedener Experimentalbedingungen beschrieben etwa 20 bis 40 Prozent der Teilnehmer in späteren Interviews Erinnerungen an das falsche Ereignis. In einem Experiment berichteten mehr als die Hälfte der Teilnehmer, die ihr Gedächtnis trog, von »bewussten Erinnerungen«. Sie glaubten sich an spezifische Einzelheiten des zentralen Ereignisses erinnern zu können, beispielsweise wo und wie genau sie die Bowle verschüttet hatten. Knapp die Hälfte schilderte »partielle« falsche Erinnerungen, also einige Einzelheiten, hatte aber keine bewusste Erinnerung an das zentrale Ereignis.

Hymans Ergebnisse deuteten darauf hin, dass die visuelle Vorstellung erhebliche Schuld an suggerierten Erinnerungen trägt.[214] Teilnehmer an seinen Studien, die falsche Erinnerungen an Kindheitserlebnisse entwickelten, erzielten höhere Punktwerte auf Skalen, welche die Lebhaftigkeit der visuellen Vorstellung maßen, als Versuchspersonen, deren Erinnerungen genauer waren. Mehr noch, wenn Hyman und seine Mitarbeiter die Teilnehmer ausdrücklich anwiesen, sich das Erlebnis vorzustellen, falls es ihnen nicht gleich einfiele, ergaben sich mehr falsche Erinnerungen als bei Versuchspersonen, die man ungestört darüber nachdenken ließ, ob das Ereignis stattgefunden hatte oder nicht. Diese Ergebnisse decken sich mit anderen Befunden, aus denen hervorgeht, dass Erinnerungen an reale Ereignisse häufig durch vielfältige und detaillierte Vorstellungsbilder charakterisiert sind. Wenn Vorstellungen eine Art Erkennungszeichen wahrer Erinnerungen sind, müsste die Ausschmückung einer falschen Erinnerung mit lebhaften Vorstellungsbildern dafür sorgen, dass diese wie eine wahre Erinnerung wirkt.

Zusammen mit Elizabeth Loftus hat die italienische Psychologin Giuliana Mazzoni untersucht, ob ein suggestives Verfahren anderer Art ebenfalls falsche Erinnerungen hervorrufen kann: Traumdeutungen.[215] Einige Therapeuten schließen von den Träumen ihrer

Patienten auf Dinge, die diesen in der Vergangenheit zugestoßen sind. Könnte die Traumdeutung dazu beitragen, vergangene Erlebnisse zu konstruieren, statt sie aufzudecken? Mazzoni und Loftus forderten Versuchspersonen auf, einzustufen, wie sicher sie sich seien, dass sie Ereignisse verschiedener Art erlebt oder nicht erlebt hätten. Eine Gruppe nahm dann an einem scheinbar separaten Versuch teil, in dem ein klinischer Psychologe ihre Träume deutete. Der Psychologe suggerierte, die Träume enthielten verdrängte Erinnerungen an Ereignisse, die ihnen widerfahren seien, bevor sie drei Jahre alt gewesen seien. Es handele sich um beunruhigende Erlebnisse: etwa die Erfahrung, von den Eltern im Stich gelassen worden zu sein, sich an einem öffentlichen Ort verlaufen zu haben oder sich einsam und verloren in fremder Umgebung befunden zu haben. Zuvor hatten die Teilnehmer angegeben, derartige Ereignisse seien ihnen nie zugestoßen. Als sie zwei Wochen nach der Interpretation ihrer Träume abermals befragt wurden, behauptete die Mehrzahl, sich an eines oder mehrere der suggerierten Erlebnisse zu erinnern, von denen sich zuvor keine Spur in ihrem Gedächtnis gefunden hatte. Nichts dergleichen geschah in einer Kontrollgruppe, in der keine suggestive Traumdeutung stattfand.

Die Ereignisse, an die sich die Teilnehmer in den Studien von Loftus, Mazzoni und Hyman fälschlich erinnert haben, waren teilweise leicht beunruhigend, aber keine wirklichen Traumata. In jüngeren Experimenten hat man ähnliche Ergebnisse mit verstörenderen Ereignissen erzielt. Ähnlich wie Hyman implantierten der kanadische Psychologe Stephen Porter und seine Mitarbeiter ungefähr einem Drittel ihrer als Versuchspersonen dienenden Collegestudenten falsche Kindheitserinnerungen an gefährliche Angriffe von Tieren, schlimme Unfälle im Freien und böse Übergriffe anderer Kinder.[216] Natürlich gibt es Grenzen für die Art von Erinnerungen, die man suggerieren kann. In einer Studie entwickelten 15 Prozent der Teilnehmer falsche Erinnerungen daran,

dass sie sich in einem Einkaufszentrum verlaufen hatten, aber nicht eine Versuchsperson erinnerte sich fälschlich daran, in der Kindheit einen Einlauf erhalten zu haben.

Trotzdem ist es beeindruckend, wie viele verschiedene Arten von Erinnerungen suggeriert werden können. Nehmen Sie beispielsweise Ihre frühesten Erinnerungen: Was ist das erste Kindheitserlebnis, an das Sie sich erinnern können? Der Psychoanalytiker Alfred Adler glaubte, die frühesten Erinnerungen seien von großer psychologischer Bedeutung, weil sie wichtige Einblicke in den Kern einer Persönlichkeit böten. Bei den meisten Menschen reichen diese Erinnerungen bis ins Alter von drei bis fünf Jahren zurück. Es gibt keine Anhaltspunkte dafür, dass sich Menschen an Ereignisse vor ihrem zweiten Geburtstag erinnern, wahrscheinlich weil die Hirnregionen, auf die das episodische Gedächtnis angewiesen ist, vorher noch nicht ausgereift sind.

In einer Studie berichteten die meisten Befragten, dass ihre frühesten Erinnerungen bis ins Alter von drei bis vier zurückreichten, was sich weitgehend mit früheren Forschungsergebnissen deckt.[217] Dann wandten die Versuchsleiter ein suggestives Verfahren an: Sie forderten Versuchspersonen auf, sich als Kleinkinder zu visualisieren und zu versuchen, mit noch früheren Erinnerungen »in Kontakt zu kommen«.[218] Dabei versicherten sie den Teilnehmern, jeder könne sich an sehr frühe Ereignisse wie etwa an den zweiten Geburtstag erinnern, wenn er sich »seinen Erinnerungen überlasse« und sich ernsthaft bemühe, das Ereignis zu visualisieren. Nach dieser suggestiven Intervention berichteten die Versuchspersonen von frühesten Erinnerungen, die im Durchschnitt bis zu einem Alter von annähernd 18 Monaten zurückreichten – also deutlich im allgemein anerkannten Zeitraum der Kindheitsamnesie. Tatsächlich berichtete ein Drittel dieser Versuchspersonen sogar über Erinnerungen aus dem ersten Lebensjahr, was bei niemandem ohne Suggestionen der Fall war. Da es keine andere Evidenz dafür gibt, dass sich Menschen an Ereignisse aus

so frühen Lebensabschnitten erinnern können, beruhen diese neu entdeckten »Erinnerungen« aller Wahrscheinlichkeit nach nicht auf dem Gedächtnisabruf tatsächlicher Ereignisse. Diese Annahme wurde dadurch untermauert, dass die Teilnehmer, die sich an Ereignisse aus ihren ersten beiden Lebensjahren zu erinnern glaubten, höhere Punktwerte auf der Gudjonsson-Skala für Befragungssuggestibilität erreichten als Versuchspersonen ohne frühe Erinnerungen.

Visualisierung ist nicht das einzige Suggestivverfahren, das Behauptungen über frühe Kindheitserinnerungen beeinflussen kann. In einer Studie führten hypnotische Suggestionen zu weiter zurückreichenden autobiografischen Erinnerungsberichten als die Anweisung, sich zu entspannen oder visuell zu zählen. Fast vier von zehn Teilnehmern, die hypnotische Suggestionen erhielten, behaupteten, sich an Ereignisse zu erinnern, die sich an oder vor ihrem ersten Geburtstag zugetragen hätten.[219]

Wer immer noch daran zweifelt, dass alle Erinnerungen, die weiter zurückreichen als bis ins Alter von zwei Jahren, das Produkt von Suggestionen sind, der sollte sich durch die Ergebnisse aus dem Labor des verstorbenen kanadischen Hypnoseforschers Nicholas Spanos endgültig eines Besseren belehren lassen. Betrachten Sie die folgende Frage: Können Sie sich erinnern, ob in dem Krankenhaus, in dem Sie geboren wurden, ein buntes Mobile über dem Bettchen hing?[220] Natürlich nicht. Spanos und seine Mitarbeiter teilten den Versuchspersonen mit, sie wollten genau dies bei ihnen herausfinden. Eine Gruppe informierten sie, dass die Hypnose es Menschen ermögliche, sich an Ereignisse aus den ersten Lebenstagen zu erinnern, denn diese Technik könne sie in eine frühere Zeit und damit in die Lage versetzen, diese Erfahrungen noch einmal zu durchleben. Anschließend wurden diese Teilnehmer einer hypnotischen Regressionstherapie unterzogen, sodass sie im Geiste zum Tag nach ihrer Geburt »zurückkehrten«. Auch einer

zweiten Gruppe wurde mitgeteilt, dass die Hypnose frühe Erinnerungen freisetzen könne. Sie werde aber einem genauso wirksamen nicht hypnotischen Verfahren unterzogen, der so genannten gelenkten Gedächtnisrestrukturierung. Man forderte sie auf, den Tag nach ihrer Geburt noch einmal zu »durchleben«, wandte aber keine hypnotische Regressionstherapie an. Eine Kontrollgruppe erhielt keinerlei Informationen über die Wirkung von Hypnose oder Gedächtnissteigerung, sondern erhielt lediglich die Anweisung, sich nach Möglichkeit zu erinnern, was am Tag nach ihrer Geburt über ihrem Bettchen gehangen habe.

Keiner in der Kontrollgruppe förderte Erinnerungen an ein Mobile über dem Bettchen zutage, während dies bei der Hälfte der Teilnehmer in den anderen beiden Gruppen der Fall war. Bei diesen Versuchspersonen spielte es keine Rolle, ob eine hypnotische Regressionstherapie stattgefunden hatte oder nicht: Nachdem in ihnen die Erwartung geweckt worden war, sie könnten sich Erlebnisse vom ersten Tag nach der Geburt ins Gedächtnis rufen, äußerten sie die feste Überzeugung, das sei bei ihnen tatsächlich der Fall gewesen.

Obwohl nicht ganz neu – aus anderen Quellen wissen wir, dass sich Menschen manchmal, meist unter dem Einfluss von Hypnose, an frühere Leben oder Entführungen durch Außerirdische »erinnern« –, sind diese Ergebnisse doch von Bedeutung: Sie unterstreichen, wie wichtig die Rolle von Erwartungen für die Erzeugung falscher Erinnerungen ist.[221] Die bloße Andeutung, dass die Teilnehmer erwarten dürften, sich an Ereignisse ihres ersten Lebenstages zu erinnern, reichte aus, um die Hälfte einer Stichprobe von ansonsten normalen Versuchspersonen – es handelte sich um die Teilnehmer eines psychologischen Einführungskurses – zu der Überzeugung zu bringen, sie hätten eine Erinnerung wieder entdeckt, obwohl diese offenkundig absurd war.

Vor dem Hintergrund meiner Ausführungen über die Auffälligkeitsheuristik und die Erwartungen an das Gedächtnis (siehe

Kapitel 4) erscheint es vielleicht gar nicht so überraschend, dass die Menschen so leicht falsche Erinnerungen aus der frühen Kindheit und dem Säuglingsalter produzieren. Gewöhnlich rechnen wir nicht damit, uns an derart frühe Ereignisse in aller Lebhaftigkeit und Klarheit zu erinnern, während wir dies bei kurz zurückliegenden Ereignissen durchaus erwarten. Es ist außerordentlich schwierig, uns falsche Erinnerungen an auffällige persönliche Erlebnisse zu suggerieren, die angeblich erst gestern passiert sind – etwa dass wir uns im Einkaufszentrum verlaufen haben –, weil wir davon ausgehen, dass wir die Ereignisse des gestrigen Tages mit einiger Klarheit und Detailliertheit behalten haben. Für kürzliche Ereignisse können wir eine Auffälligkeitsheuristik einsetzen: Wäre das suggerierte Ereignis geschehen, könnten wir uns lebhaft daran erinnern. Doch an Erinnerungen aus der frühen Kindheit stellen wir nur geringe Erwartungen. Und daher sind wir viel eher geneigt, verschwommene Bilder oder vage Vertrautheitsgefühle als Zeichen für eine heraufdämmernde Erinnerung zu deuten, besonders wenn man uns zuvor gesagt hat, dass solche Erinnerungen möglich seien.

Die negativen Auswirkungen der Suggestibilität machen deutlich, dass die Erinnerung an die Vergangenheit nicht nur die Aktivierung oder Belebung einer verborgenen Spur, eines in unserem Geist schlummernden Bildes ist. Vielmehr handelt es sich um eine weit komplexere Interaktion zwischen den gegenwärtigen Lebensumständen, dem, was man zu erinnern erwartet, und dem, was man aus der Vergangenheit behalten hat. Suggestivtechniken verändern das Gleichgewicht zwischen diesen Faktoren dergestalt, dass die gegenwärtigen Einflüsse ein Übergewicht bekommen. Unsere Erinnerung wird dann stärker von den aktuellen Faktoren bestimmt als von dem, was in der Vergangenheit tatsächlich geschehen ist.

Gleichzeitig tragen Ergebnisse wie die von Spanos und anderen zu einer Versachlichung der Diskussion über die wieder entdeckten

Erinnerungen bei. Erinnerungen an frühe Erlebnisse sind außerordentlich formbar, jedenfalls weit mehr, als viele Forscher noch vor zehn Jahren gedacht hätten. Wird mithilfe von Suggestivtechniken wie Hypnose und gelenkter Vorstellung Jagd auf Erinnerungen aus vulnerablen Kindheitsphasen gemacht, ist die Gefahr groß, dass falsche Erinnerungen produziert werden. Befragungen von Psychotherapeuten, die Anfang bis Mitte der Neunzigerjahre durchgeführt wurden, ergaben, dass viele meinten, Hypnose und gelenkte Vorstellung könnten verschüttete Kindheitserinnerungen freisetzen. Daher verwendeten sie diese Techniken, um dem Gedächtnis ihrer Klienten auf die Sprünge zu helfen.[222] Angesichts der oben beschriebenen Ergebnisse, die wir betrachtet haben, wäre es keine Überraschung, wenn sich ein Teil dieser Klienten an Ereignisse erinnert hätte, die nie stattgefunden haben.

Menschen, die ein besonders lebhaftes Vorstellungsvermögen besitzen oder hohe Punktwerte auf Skalen für Befragungssuggestibilität erzielen, scheinen eine ausgeprägte Neigung zu haben, bestimmte Formen von falschen Erinnerungen zu entwickeln. Ira Hyman hat ferner festgestellt, dass Menschen, die auf einer Skala zur Selbsteinschätzung der Auffälligkeit für Aufmerksamkeits- und Gedächtnislücken hohe Werte erreichen, stärker dazu tendieren, falsche Kindheitserinnerungen zu produzieren, als Menschen, die auf dieser Skala weniger Punkte erzielen.[223] Experimente mit Collegestudenten haben gezeigt, dass eine höhere Punktzahl auf dieser Skala verknüpft ist mit einem höheren Maß an falscher Wiedererkennung von semantisch assoziierten Wörtern (von Wörtern wie *süß* nach der Darbietung verwandter Wörter wie *Bonbon*, *sauer*, *Zucker*, *bitter* und so fort – siehe Kapitel 4). Eine Studie, die Susan Clancy in meinem Labor durchgeführt hat, zeigte einen ähnlichen Zusammenhang bei erwachsenen Frauen. Bei dieser Untersuchung ergab sich, dass Frauen, die von wieder entdeckten Erinnerungen an sexuellen Missbrauch in der Kindheit berichteten, im *süß*-Test höhere Werte falscher Wiedererkennung von semantisch assoziierten Wörtern erzielten als Frauen, die als Kinder missbraucht wurden und sich stets daran erinnerten, und als nicht missbrauchte Kontrollpersonen.

Es ist möglich, dass jene Frauen, die von wieder entdeckten Erinnerungen berichteten, als Kinder missbraucht wurden, es vergessen haben und sich später wieder an den Missbrauch erinnerten. Das frühe Trauma könnte an der erhöhten Anfälligkeit für falsche Wiedererkennung schuld sein. Doch diese Hypothese erklärt nicht, warum Frauen, die über wieder entdeckte Erinnerungen berichteten, stärker zu falscher Wiedererkennung neigten als Frauen, die sich immer an den Missbrauch erinnert hatten. Eine andere Möglichkeit wäre, dass die wieder entdeckten Erinnerungen ungenau sind und sich darin eine Anfälligkeit für Gedächtnistäuschungen zeigt, die auch zu einem erhöhten Maß von falscher Wiedererkennung semantisch assoziierter Wörter führt. Wir können nicht mit Sicherheit sagen, wie die Kausalkette aussieht: ob frühe Traumata eine größere Zahl von falschen Erinnerungen produzieren oder ob höhere Anfälligkeit für trügerische Erinnerungen falsche Berichte über frühe Traumata hervorbringt. Eine weitere Studie von Clancy zeigt jedoch, dass bei Menschen, die sich »erinnern«, von Außerirdischen entführt und missbraucht worden zu sein, ebenfalls ein erhöhtes Maß an falscher Wiedererkennung semantisch assoziierter Wörter zu beobachten ist. Da diese Erinnerungen mit Sicherheit falsch sind, deutet ein hohes Maß an falscher Wiedererkennung semantisch assoziierter Wörter im Labor möglicherweise darauf hin, dass diese Menschen auch außerhalb des Labors anfälliger für falsche Erinnerungen sind. Zumindest sind unsere Ergebnisse weitere Belege dafür, dass einige Menschen stärker zu falscher Wiedererkennung neigen als andere.

Ende der Neunzigerjahre gab es deutliche Anzeichen dafür, dass sich die Krise der wieder entdeckten Erinnerungen allmählich legte. Vielleicht lag es daran, dass sich die Therapeuten durch die

neuen Erkenntnisse über Suggestibilität und Gedächtnis veranlasst sahen, bei der Aufdeckung verschütteter Erinnerungen vorsichtiger zu Werke zu gehen. Hinzu kam möglicherweise, dass Frauen, die ihre Erinnerungen widerrufen hatten, erfolgreiche Prozesse gegen ihre Therapeuten führten. Jedenfalls ging die Häufigkeit neuer Fälle von wieder entdeckten Erinnerungen außerordentlich zurück. Im Winter 1999 gab Pamela Freyd, die Vorsitzende der False Memory Syndrome Foundation, in einem Rundschreiben bekannt, die Vereinigung erhalte jetzt »deutlich weniger Anrufe und Briefe von Menschen, die um Hilfe bitten«. Weiter heißt es: »Der Rückgang ist so erheblich, dass wir die Abteilung der FMSF-Organisation, die für diese Anrufe zuständig ist, stilllegen können.« Aufstieg und Fall der Kontroverse um die wieder entdeckten Erinnerungen vollzogen sich parallel zu einer verwandten Krise, bei der es um die Suggestibilität der anfälligsten Erinnerungen überhaupt ging.

Suggestibilität im Kindergarten

Am 19. April 1999 schickte mir der Bostoner Anwalt James Sultan die Kopie eines Amicus-Briefes,* der einige Tage zuvor im Fall *Commonwealth von Massachusetts vs. Cheryl Amirault LeFave* eingereicht worden war.[224] LeFave war mehr als zehn Jahre zuvor zusammen mit ihrem Bruder Gerald und ihrer Mutter Violet verurteilt worden, weil sie in der von der Familie betriebenen Tagesstätte Fells Acres in Malden, einem kleinen Vorort nördlich von Boston, Kinder sexuell belästigt haben soll. Die Geschichte der Amiraults ähnelt anderen sensationellen Kindergartenfällen, die sich in den Achtzigerjahren und Anfang der Neunzigerjahre wie Buschfeuer ausbreiteten – etwa den Fällen McMartin in Los Angeles und Little

* Beweisführende Petition von Privatpersonen oder Organisationen, die nicht direkt in einen Prozess involviert sind, aber Interesse am Ausgang bekunden.

Rascals in Endenton, North Carolina. In diesen beiden Fällen berichteten Vorschulkinder, es seien ekelhafte, ja entsetzliche Handlungen an ihnen vorgenommen worden. Die Anschuldigungen der Kinder umfassten nicht nur sexuellen Missbrauch, sondern auch blutige Folterpraktiken, Morde, Rituale, bei denen sie tote Säuglinge essen mussten, sogar Fahrten in Raumschiffen von Außerirdischen. Doch es gab keinerlei medizinische Anhaltspunkte dafür, dass die Kinder tatsächlich missbraucht worden waren, und erwachsenen Besuchern der Tagesstätten war nie etwas Ungewöhnliches aufgefallen. In keiner der Einrichtungen hatte es jemals zuvor Probleme gegeben: Fells Acres zum Beispiel wurde seit 18 Jahren betrieben, ohne dass es irgendwelche Vorwürfe gegeben hätte – bevor 1984 die Anschuldigungen gegen Gerald Amirault vorgebracht wurden. Alle Kinder, die Vorwürfe erhoben, waren vorher suggestiven Befragungen durch die Polizei oder professionelle Erzieher unterzogen worden.

Allerdings gab es zwischen Fells Acres und den anderen Kindergärten einen entscheidenden Unterschied, auf den auch die genannte Amicus-Stellungnahme hinwies. Im Fall McMartin erreichten die Ankläger keine Verurteilung und stellten das Verfahren schließlich ein. Die verurteilten Kindergärtner der Tagesstätte Little Rascals wurden aufgrund von neuem Beweismaterial freigelassen. Dagegen blieb der Bundesstaat Massachusetts trotz vereinter Bemühungen von Verteidigern und führenden Forschern auf dem Gebiet des kindlichen Gedächtnisses bei seiner Auffassung, dass Cheryl Amirault LeFave hinter Gitter gehöre.

Amirault LeFave und ihrer Mutter Violet war 1992 Haftentlassung für ein Schuldbekenntnis angeboten worden. Doch die beiden Frauen weigerten sich, Verbrechen zu gestehen, die sie nach eigenem Bekunden nicht begangen hatten. Gerald Amirault war ein solches Angebot nicht gemacht worden. 1995 wurden sie entlassen, da ein neuer Prozess angesetzt wurde. Doch die Staatsanwalt-

schaft legte Berufung ein: 1997 hob der Oberste Gerichtshof des Staates Massachusetts die Entscheidung auf, den Fall der beiden Frauen neu zu verhandeln, und ordnete an, sie wieder in die Strafanstalt zu überführen. Nach einem abenteuerlichen Hin und Her von juristischen Kniffen und Schachzügen hob im Mai 1997 Richter Isaac Borenstein die Urteile gegen Cheryl und Violet aus Verfahrensgründen auf, denn man hatte ihnen vor Gericht eine Gegenüberstellung mit ihren Belastungszeugen – den Kindern von Fells Acres – verweigert. Violet Amirault starb im September 1997 an Krebs. Die Staatsanwaltschaft bereitete gerade eine Berufung gegen die Entscheidung vor, durch die Cheryl freigekommen war, als ihr Anwalt James Sultan dem Gericht eröffnete, er habe neue Beweismittel, die eine Wiederaufnahme des Verfahrens erforderlich machten.

Sultan rief Dr. Maggie Bruck von der McGill University in Montreal als Gutachterin in den Zeugenstand, eine anerkannte Expertin für die Suggestibilität von kindlichen Erinnerungen. Dr. Bruck erklärte, der Staat Massachusetts schulde Cheryl ein Wiederaufnahmeverfahren: Neue Forschungsergebnisse über die Suggestibilität von Kindern sprächen eindeutig dafür, dass die Befragungstechniken, die bei den Kindern von Fells Acres angewandt worden seien, diese zu ungenauen Berichten veranlasst haben könnten. Die Amicus-Stellungnahme, die James Sultan mir im April 1999 schickte, unterstützte Brucks Interpretation der neuen Forschungsergebnisse und ihrer möglichen Relevanz für die Schuld oder Unschuld von Cheryl Amirault LeFave. Neunundzwanzig namhafte Wissenschaftler auf dem Gebiet der Gedächtnisforschung, darunter auch ich, hatten die Stellungnahme unterzeichnet.

Die überwiegende Zahl der Belege, die in der Amicus-Stellungnahme genannt wurden, stammte aus Experimenten, die zeigen, dass kindliche Erinnerungen an persönliche Erfahrungen erstaunlich suggestibel sind. Schon Anfang des 19. Jahrhunderts hatten erste Untersuchungen gezeigt, dass Suggestivfragen die Berichte von Kindern über vergangene Ereignisse verzerren können – manchmal stärker als die Erwachsener. Doch bis zum Beginn der Neunzigerjahre waren alle diese Studien an Kindern vorgenommen worden, die älter waren als die Vorschulkinder, um deren Erinnerungen es im Fall von Fells Acres und ähnlichen Prozessen ging. Als die Amiraults verurteilt wurden, gab es nur eine Hand voll Untersuchungen über die Suggestibilität von Kindern in der Altersgruppe, die in diesem Prozess entscheidend war. Außerdem hatte man sich in den frühen Studien auf die Frage konzentriert, ob man Kindern winzige Details eines Vorfalls durch irreführende Fragen suggerieren konnte. Wenn Kinder nach der Haarfarbe eines kahlköpfigen Besuchers gefragt wurden und sich »erinnerten«, dass der Mann schwarzes Haar gehabt hätte, galten sie als suggestibel. Doch Untersuchungen dieser Art reichten bei weitem nicht aus, um zu entscheiden, ob Suggestivfragen Kinder dazu verleiten können, eine falsche Erinnerung an ein Ereignis zu entwickeln, das nie stattgefunden hat.[225]

Im Fall der Amiraults nahmen Sultan und Bruck besonderen Anstoß an den von der Kinderschwester Susan Kelley durchgeführten Befragungen. Keines der Kinder von Fells Acres hatte seinen Eltern von sich aus über Belästigungen irgendwelcher Art berichtet, und sie stritten solche Vorfälle zunächst auch ab, als sie danach gefragt wurden. Berichte über Missbrauch ergaben sich erst nach Befragungen durch Eltern, Polizisten, Kelley und andere (ausgelöst dadurch, dass eines der Kinder bei sexuellen Spielen mit seiner Kusine beobachtet worden war). Dieser Umstand ist von entscheidender Bedeutung, denn neuere Untersuchungen haben gezeigt, dass die spontanen Erinnerungen von Kindern in der Regel zutreffend sind, während ihre Antworten auf spezifische Fragen eher Verzerrungen enthalten. So wurden 1996 in einer Studie zwei- bis fünfjährige Kinder über eine Behandlung befragt, die sie gerade auf einer Unfallstation erhalten hatten. Die Forscher stellten fest,

dass die Kinder auf offene Fragen – etwa »Was ist geschehen?« – zutreffende Einzelheiten ihrer Erlebnisse nannten. Stellte man ihnen hingegen spezifischere Fragen, etwa: »Wo hast du dir wehgetan?«, stieg die Häufigkeit falscher Details steil an: von neun Prozent bei offenen Fragen auf 49 Prozent bei spezifischen Fragen.[226]

Bruck wies darauf hin, dass Susan Kelley bei der Befragung der Kinder von Fells Acres nie mit einer offenen Frage begann, wie etwa »Was ist geschehen?«, sondern immer sofort spezifische Fragen stellte, Fragen nach den Erzieherinnen, ob sie nett gewesen seien und so fort. Häufig wiederholte Kelley auch spezifische Fragen. Offenbar wollte sie nicht akzeptieren, dass die Kinder manche Fragen mit nein beantworteten.

Die Ermittler stellten die Hypothese auf, ein Clown, den Kinder im Zusammenhang mit der Tagesstätte erwähnt hatten, sei auf irgendeine Weise in den angeblichen Missbrauch verwickelt. In dem folgenden Dialog fragt Kelley ein Kind wiederholt nach den Handlungen des Clowns:

KELLEY: Hat der Clown dich berührt?
KIND: Nein...
KELLEY: Du sagst, der Clown hat dich ausgezogen?
KIND: Ja.
KELLEY: Und was ist dann geschehen?
KIND: Eigentlich nichts.
KELLEY: Hat der Clown dich berührt... Möchtest du mir zeigen, ob der Clown dich irgendwo berührt hat?
KIND: Nein, er hat mich nirgends berührt...
KELLEY: Nimm an, das wärst du. Hat der Clown dich berührt? Wo hat er dich berührt?
KIND: Genau hier [zeigt auf den Fuß].
KELLEY: Hat er dir die Unterhosen ausgezogen?
KIND: [Keine Antwort]

KELLEY: Was hat er noch getan?
KIND: Nichts weiter.
KELLEY: Nichts? Hat er dich nicht berührt?
KIND: Ich möchte den jetzt tragen.
KELLEY: Oh, aber ich möchte, dass du mir erzählst, ob der Clown dich berührt hat.
KIND: Ja.[227]

Bei anderen Fells-Acres-Kindern wurden verschiedentlich die Befragungen wiederholt, wenn das erste Gespräch keine befriedigenden Antworten erbracht hatte, was zu ähnlichen Ergebnissen wie in dem obigen Protokoll führte: Negative Antworten wurden am Ende durch positive ersetzt. Solche wiederholten Befragungen sind äußerst bedenklich: Wenn Kinder bei einer zweiten Befragung von Einzelheiten berichten, die sie bei der ersten nicht erwähnt haben, sind die neuen Einzelheiten, wie Untersuchungen von Bruck und anderen zeigen, mit hoher Wahrscheinlichkeit ungenau. In ähnlichen Studien haben Bruck und der Cornell-Psychologe Stephen Ceci Kindern wiederholt Fragen zu Ereignissen gestellt, die nach Auskunft der Eltern nie stattgefunden hatten – etwa dass sie mit dem Finger in eine Mausefalle geraten und ins Krankenhaus gebracht worden waren. Die Kinder wurden aufgefordert, über die Ereignisse nachzudenken und sie sich vorzustellen. Nach wiederholten Fragen entwickelten 58 Prozent der Vorschüler detaillierte Erinnerungen an mindestens ein Ereignis, von dem sie ursprünglich gesagt hatten, es sei nie passiert: 25 Prozent produzierten falsche Erinnerungen an eine Mehrzahl solcher Ereignisse.[228]

Zum Teil sind die negativen Auswirkungen von Suggestivfragen auf eine prinzipielle Anfälligkeit des Gedächtnissystems von Kleinkindern zurückzuführen. Eine wachsende Zahl von Laborstudien lässt darauf schließen, dass Kleinkinder besondere Schwierigkeiten haben, sich an Quelleninformationen zu erinnern – das heißt, wann und wo genau sich ein bestimmter Vorfall oder eine Hand-

lung zugetragen hat. Werden die Kinder wiederholt über bestimmte Ereignisse befragt, kommen ihnen die Vorfälle unter Umständen einfach deshalb bekannt vor, weil der Frager sie mehrfach erwähnt hat. Da Vorschulkinder keine detaillierte Erinnerung an die Quelle des Vertrautheitsgefühls haben, beginnen sie möglicherweise, Teile verschiedener Episoden aus der Vergangenheit zu vermischen, oder lassen sogar Elemente ihrer Fantasie und Vorstellung einfließen. Probleme mit dem Quellengedächtnis können auch erklären, warum Eltern ihren Kindern manchmal unabsichtlich Erlebnisse suggerieren, die sich nie ereignet haben. In einer Studie besuchten Vorschulkinder »Mr Science« in einem Universitätslabor und beobachteten, wie er einige Experimente durchführte. Vier Monate später erhielten die Eltern der Kinder schriftliche Beschreibungen von diesen Experimenten, aber auch von anderen, welche die Kinder nicht gesehen hatten, sowie von einem Zwischenfall, der nicht stattgefunden hatte: »Mr Science wischte [Name des Kindes] Hände und Gesicht mit einem nassen Tuch ab. Dieses geriet dabei in die Nähe von [Name des Kindes] Mund und schmeckte wirklich scheußlich.« Dreimal lasen die Eltern ihren Kindern die Geschichte vor. Als die Kinder später gefragt wurden, was sie im Labor gesehen hätten, erinnerten sie sich häufig an Experimente, die nur von ihren Eltern erwähnt worden waren. Die Frage, ob Mr Science ihnen etwas Scheußliches in den Mund gesteckt habe, beantwortete die Hälfte der Vorschüler mit ja. Schuld daran ist wahrscheinlich ein schlechtes Quellengedächtnis.[229]

Einige der Berichte der Kinder in den Kindergartenfällen könnten auch auf den sozialen Druck zurückzuführen sein, der häufig in der Befragungssituation entsteht. Beispielsweise hat Maggie Bruck zahlreiche Fälle dokumentiert, in denen Susan Kelley für Aussagen Versprechungen gemacht oder sogar Belohnungen angeboten hat.

Zu der Zeit, als der Fall von Cheryl Amirault LeFave verhandelt wurde, wusste man wenig über die Wirkung sozialer Einflüsse auf die Genauigkeit kindlicher Erinnerungen. Wenn man damals die Wirkung von Suggestivfragen untersuchte, hat man sie meist von den sozialen Zwängen abgekoppelt, die in den Kindergartenfällen der Achtzigerjahre üblicherweise herrschten. Tatsächlich ging aus einigen Studien hervor, dass Vorschulkinder, denen nur eine Suggestivfrage gestellt wurde, über die Hauptmerkmale eines Ereignisses – etwa ob ein Fremder sie ausgezogen hatte –, selten falsch berichteten.[230]

Neuere Untersuchungen begannen diese Lücke zu schließen. 1998 griffen die Psychologen Sena Garven, James Wood und ihre Mitarbeiter von der University of Texas in El Paso auf eine neue Quelle zurück, die beim Fells-Acres-Prozess noch nicht zur Verfügung gestanden hatte: die Befragungsprotokolle aus dem Fall McMartin. Wie Susan Kelley wendeten die Ermittler auch hier verschiedene soziale Zwänge an, um den widerstrebenden Vorschulkindern Informationen zu entlocken. Die Beamten stellten nicht nur Suggestivfragen, sondern boten auch Lob und Belohnungen für gewünschte Informationen. Sie äußerten Enttäuschung oder Missbilligung, wenn die Kinder nicht die erhofften Antworten gaben, wiederholten Fragen, die beim ersten Mal nicht beantwortet wurden, und forderten die Kinder auf, über das, was geschehen sein könnte, zu spekulieren, indem sie es sich vorstellten oder nachspielten.

Garven und ihre Mitarbeiter verglichen die Befragungstechniken im Fall McMartin mit einer Kontrollbedingung, bei der lediglich Suggestivfragen gestellt wurden.[231] Vorschulkinder erlebten einen Studenten, der ihnen als Manny Morales vorgestellt wurde und die Geschichte des *Glöckners von Notre-Dame* erzählte. Nach der Geschichte verteilte er Muffins und Servietten, verabschiedete sich und verließ den Kindergarten. Eine Woche später wurden die Kinder der Kontrollgruppe nach einigen Dingen gefragt, die Manny getan hatte – etwa dass er seine Mütze abgenommen und die Kinder aufgefordert hatte, still zu sitzen und zuzuhören. Außer-

dem stellte man ihnen Suggestivfragen über Dinge, die Manny nicht getan hatte: dass er ein Buch zerrissen, einem Kind einen Aufkleber aufs Knie geklebt, ein schlimmes Wort gesagt, ein Stück Kreide nach einem Kind geworfen habe, das sich unterhalten hatte, und so fort. Den Kindern einer anderen Gruppe wurden die gleichen Fragen gestellt, nur dass die Interviewer die Manipulationstechniken aus den McMartin-Protokollen anwandten.

Die Ergebnisse waren beunruhigend. In der Gruppe mit sozialen Anreizen bejahten die Fünf- und Sechsjährigen knapp über die Hälfte der irreführenden Fragen, während die gleichaltrigen Kinder der Kontrollgruppe weniger als zehn Prozent dieser Fragen mit ja beantworteten. Ähnlich waren die Ergebnisse bei den Vierjährigen. Noch schlimmer war es bei den Dreijährigen: In der Gruppe mit sozialen Anreizen bejahten sie 81 Prozent der irreführenden Fragen gegenüber 31 Prozent bei der Kontrollgruppe. Diese Ergebnisse lassen wenig Zweifel daran, dass soziale Belohnungstechniken, wie von den Ermittlern in den Fällen McMartin und Fells Acres angewendet, verheerende Folgen für den Wahrheitsgehalt der Berichte von Vorschulkindern über Erlebnisse in der Vergangenheit haben.

In einem anderen Aufsehen erregenden Fall wurden 19 Erwachsene in der Kleinstadt Wenatchee, Washington, verurteilt, weil sie angeblich einen Kindersexring betrieben hatten. Allerdings wurden Zweifel an den Urteilen laut, weil ein 13-jähriges Mädchen, das als Hauptzeugin aufgetreten war, ihre Aussage widerrief und behauptete, der Chefermittler der Polizei habe sie gezwungen, den Vorwurf des sexuellen Missbrauchs zu erheben.[232] »Ich musste das alles erfinden«, erklärte sie. »Zuerst habe ich gesagt, dass nichts passiert ist … dann hat er mich gezwungen, mir eine Lüge aus den Fingern zu saugen.« Als die Psychologinnen Jennifer Ackil und Maria Zaragoza in ihren Experimenten Grundschulkindern befahlen, eine Suggestivfrage über das Geschehen in einem zuvor gezeigten Video zu beantworten, führte das zu einem erheblichen

Problem des Quellengedächtnisses: Die Kinder verwechselten ihre eigenen Antworten mit dem, was in dem Video geschehen war.

Obwohl die 29 Gedächtnisforscher, die die Amicus-Stellungnahme von Dr. Bruck unterzeichnet hatten, die wissenschaftlichen Beweise für absolut überzeugend hielten, beharrte die Staatsanwaltschaft auf ihrer Meinung, die Gründe für eine Wiederaufnahme des Prozesses gegen Cheryl Amirault LeFave seien nicht ausreichend. Im Winter 1998 legte Maggie Bruck dem Richter Isaac Borenstein die neuen Forschungsergebnisse dar und wies auf wichtige Unterschiede zu den Untersuchungen hin, die zur Zeit des Prozesses gegen Amirault vorgelegen hatten. Trotz Widerspruchs der Staatsanwaltschaft fand Richter Borenstein Brucks Argument überzeugend. Nach scharfer Kritik an etlichen Beweisen der Staatsanwaltschaft entschied er zugunsten eines neuen Prozesses. Doch Borenstein hatte nicht das letzte Wort. Im August 1999 schloss sich der Oberste Gerichtshof des Staates Massachusetts dem Argument der Staatsanwaltschaft an, dass alle Erkenntnisse über die Suggestibilität von Kindern schon zur Zeit des Prozesses bekannt gewesen seien und Bruck nichts entscheidend Neues vorgebracht hätte. Er hob Richter Borensteins Entscheidung auf und bestätigte das Urteil. Dies schien zu bedeuten, dass Amirault in die Haftanstalt zurückkehren musste. Doch wenige Tage vor dem dafür festgesetzten Termin, Ende Oktober 1999, einigten sich Staatsanwaltschaft und Verteidigung auf einen Vergleich: Amirault LeFave durfte auf freiem Fuß bleiben, gilt aber weiterhin als verurteilte Schwerverbrecherin. Während einer Bewährungsfrist von zehn Jahren darf sie nicht über ihren Fall im Fernsehen berichten oder in anderer Weise materiellen Nutzen aus ihm ziehen. Gerald Amirault blieb weiterhin in Haft und durfte von seiner Schwester nicht besucht werden.[233] Nach 18 Jahren wurde er 2004 begnadigt und aus der Haft entlassen. Beide Geschwister wurden als Sexualstraftäter registriert.

Zweifellos ist der Fall äußerst tragisch für die Amiraults, die Eltern und Kinder von Fells Acres und alle Menschen, die in ähnliche Ereignisse verstrickt waren. Doch die Befragungsfehler der Achtzigerjahre haben immerhin dazu geführt, dass neue Forschungsansätze entwickelt wurden, die unseren Kindern und dem Rest der Gesellschaft sicherlich nützen werden. Mehr über die Faktoren zu wissen, welche die Suggestibilität von Kleinkindern erhöhen – Suggestivfragen, soziale Anreize, erzwungene Antworten und Ähnliches –, heißt auch, besser zu wissen, wie man sie verringern kann. Ermittler, die sich mit einfachen, offenen Fragen begnügen und die gefährlichen Techniken vermeiden, die in der Vergangenheit verwendet wurden, haben gute Chancen, selbst von sehr jungen Zeugen zutreffende Informationen zu erhalten.

Ohne Zweifel bleibt die Suggestibilität eine Besorgnis erregende Anfälligkeit des Gedächtnisses, vor allem bei kleinen Kindern. Doch obwohl sie mehr Unheil anrichten kann als irgendeine andere der sieben Gedächtnissünden, lässt sie sich wahrscheinlich am leichtesten ausschalten. Während man bei der Überwindung von Problemen wie Transienz und Geistesabwesenheit auf elaborierte Enkodierungstechniken oder die Entwicklung externer Gedächtnishilfen angewiesen ist, muss man, um die negativen Folgen der Suggestibilität zu vermeiden, eigentlich nur wissen, was man *nicht* tun darf.

Polizisten und Fachleute, die Kinder oder Erwachsene für forensische oder therapeutische Zwecke befragen, haben heute keinen Grund mehr, die Fehler zu wiederholen, die begangen wurden, bevor die Psychologen in den Neunzigerjahren der Suggestibilität den Krieg erklärten. Die neuen Untersuchungen zeigen, wie anfällig für Suggestionen unsere Erinnerungen sein können. Damit liefern sie die Waffen, die es der Gesellschaft ermöglichen, die Integrität des Gedächtnisses besser vor äußeren Einflüssen zu schützen, die ihm schweren Schaden zufügen können.

6 Verzerrung:

Wie sich Erinnerungen mit der Zeit verändern

In George Orwells Roman *1984*, der beklemmenden Schilderung des Lebens in einem totalitären politischen System, gelingt es der herrschenden Partei, sich ihre Untertanen durch gezielte Veränderung der Vergangenheit psychologisch gefügig zu machen. »Wer die Vergangenheit kontrolliert«, lautet der Parteislogan, »kontrolliert die Zukunft: Wer die Gegenwart kontrolliert, kontrolliert die Vergangenheit.« Das regierungsabhängige Wahrheitsministerium versucht die historischen Dokumente zu fälschen und sogar die aktuelle Erfahrung des Erinnerns zu manipulieren:[234]

»Vergangene Geschehnisse, wird darin bedeutet, haben keinen objektiven Bestand, sondern leben nur in schriftlichen Aufzeichnungen und im Gedächtnis der Menschen weiter. Die Vergangenheit sieht so aus, wie es die Aufzeichnungen und die Erinnerungen wahrhaben wollen … Man wird sehen, dass die Kontrolle über die Vergangenheit vor allem von der Schulung des Gedächtnisses abhängt. Dafür zu sorgen, dass alle schriftlichen Aufzeichnungen sich mit der Forderung des Augenblicks decken, ist eine lediglich mechanische Handlung. Aber man muss sich auch daran *erinnern*, dass Ereignisse in der gewünschten Form stattfanden. Und wenn es Not tut, seine Erinnerungen umzuordnen oder mit schriftlichen Aufzeichnungen willkürlich umzuspringen, dann gilt es zu *vergessen*, dass man das getan hat. Das Verfahren, wie man das macht, ist ebenso erlernbar wie jedes andere Gedächtnistraining.«

Totalitäre Gesellschaften wie diejenige, die Orwell entwarf, gibt es seit dem Zusammenbruch des Ostblocks kaum noch. Doch Kräfte, die eine gewisse Ähnlichkeit mit dem Wahrheitsministerium haben, sind in der Psyche des Einzelnen noch am Werk: Häufig werden unsere Erinnerungen an die Vergangenheit umgeschrieben, um sie unseren gegenwärtigen Auffassungen und Bedürfnissen anzugleichen. Die Sünde der Verzerrung *(bias)* – das sind die entstellenden Einflüsse unseres gegenwärtigen Wissens, Glaubens und Fühlens auf neue Erfahrungen oder spätere Erinnerungen an diese Erfahrungen. Im bedrückenden psychologischen Klima von *1984* nutzt das Wahrheitsministerium das Gedächtnis als Instrument, um die Herrschaft der Partei zu zementieren. Ganz ähnlich zeigen Verzerrungen in der Erinnerung an vergangene Erfahrungen, wie das Gedächtnis von den herrschenden Kräften unserer kognitiven Systeme instrumentalisiert wird.

Fünf Hauptarten von Verzerrungen lassen sich unterscheiden und können uns vor Augen führen, wie das Gedächtnis seinem Herrn dient. Konsistenz- und Veränderungsfehler *(consistency biases, change biases)* zeigen, wie uns unsere Vorstellungen dazu verleiten können, die Vergangenheit so zu rekonstruieren, dass sie der Gegenwart allzu ähnlich wird – oder sich allzu sehr von ihr unterscheidet. Rückschaufehler *(hindsight biases)* offenbaren, dass Erinnerungen an vergangene Ereignisse durch aktuelles Wissen gefiltert werden. Egozentrische Gedächtnisfehler *(egocentric biases)* stellen unter Beweis, wie gründlich das Selbst Wahrnehmungen und Erinnerungen organisiert. Und stereotype Gedächtnisfehler *(stereotypical biases)* lassen erkennen, wie Erinnerungen allgemeinen Charakters die Deutung der Welt prägen, selbst wenn uns ihr Vorhandensein oder ihr Einfluss gar nicht bewusst sind.

Wie wir waren, hängt davon ab, wie wir sind

Als Ross Perot am 16. Juli 1992 unerwartet seinen Ausstieg aus dem Präsidentschaftswahlkampf bekannt gab, war das ein schwerer Schlag für seine begeisterten Helfer. Die Presse ging hart mit ihm ins Gericht – *Newsweek* titelte »Der Drückeberger« –, und seine Anhänger empfanden eine vielschichtige Mischung aus Trauer, Zorn und Hoffnung, er könne es sich doch noch einmal anders überlegen. Als er Anfang Oktober doch wieder ins Rennen

ging, reagierten seine Anhänger unterschiedlich. Die Loyalisten hatten bedingungslos zu Perot gehalten und erneuerten nun ihre Anstrengungen. Andere Anhänger waren zunächst zu einem anderen Kandidaten übergelaufen, kehrten aber rasch in sein Lager zurück. Die Deserteure hatten Perot den Rücken gekehrt, als er das Handtuch geworfen hatte, und unterstützten ihn nicht mehr.

Ein paar Tage nach Perots Ausstieg im Juli fragte die Psychologin Linda Levine von der University of California in Irvine Anhänger des ehemaligen Kandidaten, wie sie sich fühlten.[235] Nach der Wahl im November unterzog sie das Gedächtnis der Anhänger noch einmal einer Prüfung. Loyalisten, Rückkehrer und Deserteure erinnerten sich genau oder zumindest teilweise an die Trauer, den Zorn und die Hoffnung, die sie empfunden hatten, als Perot im Juli seine überraschende Erklärung abgab. Doch sie interpretierten ihre Erinnerungen auch um, damit sie nicht im Widerspruch zu ihren Gefühlen im November standen. Nach der Wahl spielten die Loyalisten die Trauer herunter, die sie empfunden hatten, als Perot aufgab. Die Rückkehrer hatten den Eindruck, dass sie weniger zornig gewesen waren, als sie damals angegeben hatten. Und die Deserteure erinnerten sich an weniger Hoffnung, als sie wirklich gehegt hatten.

Dieser Konsistenzfehler ist für verschiedene Kontexte dokumentiert. So wird etwa die Erinnerung an frühere Schmerzerlebnisse von der gegenwärtigen Stärke der Schmerzen beeinflusst. Empfinden chronische Schmerzpatienten in der Gegenwart große Schmerzen, neigen sie dazu, sich an ähnlich hohe Schmerzniveaus in der Vergangenheit zu erinnern. Sind die Schmerzen augenblicklich nicht so schlimm, erscheinen ihnen die vergangenen Schmerzerlebnisse harmloser. Auch in den Einstellungen zu politischen und sozialen Fragen kommen Konsistenzfehler zum Ausdruck. Menschen, deren Auffassungen zu politischen Fragen sich im Laufe der Zeit verändert haben, glauben häufig in der Rückschau, ihre frühe-

ren Einstellungen hätten sich kaum von den gegenwärtigen unterschieden. Tatsächlich haben die Erinnerungen an ehemalige politische Meinungen manchmal mehr Ähnlichkeit mit gegenwärtigen Überzeugungen als mit dem, woran diese Leute in der Vergangenheit tatsächlich glaubten. In einer Studie äußerten Highschool-Schüler ihre Meinung zum *Busing* – der Beförderung von Kindern zu Schulen in Stadtteilen mit anderer ethnischer Bevölkerungsstruktur. Dann hörten sie Argumente für und gegen das *Busing*. Obwohl die Schüler ihre Haltungen unter dem Einfluss der vorgetragenen Argumente änderten, spielte ihnen ihr Gedächtnis einen Streich: Sie glaubten, schon immer die jetzigen Ansichten vertreten zu haben.[236]

Vielleicht können Sie besser verstehen, warum Menschen zu Konsistenzfehlern neigen, wenn Sie sich zu erinnern versuchen, wie Sie vor fünf Jahren zur Todesstrafe standen. Können Sie Ihre damalige Meinung detailliert abrufen? Der kanadische Sozialpsychologe Michael Ross hat beobachtet, dass wir häufig keine klare Erinnerung davon haben, was wir in der Vergangenheit dachten oder glaubten, und stattdessen frühere Überzeugungen, Einstellungen und Gefühle aus unserem gegenwärtigen Zustand ableiten. Wenn es keine guten Gründe zu der Annahme gibt, dass sich Ihre Haltung zur Todesstrafe verändert hat, dann werden Sie sich wahrscheinlich Ihre gegenwärtige Meinung zur Todesstrafe vor Augen führen und davon ausgehen, dass Sie vor fünf Jahren genauso gedacht haben. Die Orientierung an einer »impliziten Stabilitätstheorie«, wie sie Ross nennt, führt zu einem richtigen Gedächtnisabruf, wenn sich Ihre Auffassungen im Laufe der Zeit nicht verändert haben. Andernfalls ruft sie aber einen Konsistenzfehler hervor.[237]

Doch nicht immer nehmen wir eine Stabilitätstheorie in Anspruch: Manchmal glauben wir auch, wir hätten uns im Laufe der Zeit verändert oder hätten es tun sollen. Möglicherweise machen sich Selbsthilfeprogramme solche Empfindungen zunutze. Wenn

Menschen Zeit und Energie in ein Programm investiert haben, das ihnen helfen soll, sich zu verändern – Gewicht abzunehmen, sich auf ein Examen vorzubereiten, mehr Sport zu treiben –, können sie eine übertriebene Vorstellung von dem Maß an Veränderung entwickeln, das sie tatsächlich erreicht haben. Nach den Erinnerungen von Studenten, die ein Programm zur Steigerung der Lernfähigkeit absolviert hatten, waren ihre Ausgangsfertigkeiten schlechter, als sie sie zu Beginn des Programms beschrieben hatten. Dagegen ließen Studenten, die auf die Warteliste gesetzt worden waren, keine Veränderungsfehler erkennen.[238]

Veränderungsfehler beeinflussen auch Frauen, die sich an ihre emotionalen Zustände während der Menstruation erinnern.[239] Umfragen zeigen, dass Frauen gewöhnlich annehmen, sie seien während der Periode sehr reizbar und niedergeschlagen. Untersuchungen an Frauen während der Menstruation lassen deutlich ein erhöhtes Maß an körperlichen Symptomen wie Rücken-, Kopf- und Leibschmerzen erkennen – doch es gibt wenige Hinweise auf größere Niedergeschlagenheit oder ähnliche Stimmungsveränderungen. Möglicherweise entwickeln die Frauen aufgrund der körperlichen Beschwerden die Theorie, die Menstruation rufe negative Stimmungen und ähnliche psychische Beeinträchtigungen hervor. In einer Untersuchung von Michael Ross' Arbeitsgruppe berichteten Frauen, die ihre Periode hatten, vermehrt über körperliche Symptome, doch kaum über Auswirkungen auf ihre Stimmung. Während der Periode aber hatten diese Frauen ihre Gemütszustände zwischen den Menstruationen positiver in Erinnerung, als sie tatsächlich waren – was ihre Theorie untermauerte, die Periode führe zu Verstimmungen. Solche Theorien können auch die Erinnerung an negative Menstruationssymptome verstärken: Je mehr eine Frau überzeugt ist, sie leide während der Menstruation unter Verstimmungen, desto stärker sind solche Symptome in ihrer Erinnerung nach dem Ende der Periode.

Wohl nirgends treten die Auswirkungen von Konsistenz- und Veränderungsfehlern so deutlich zutage wie in engen zwischenmenschlichen Beziehungen. Denken Sie an Barbra Streisands Lied *The Way We Were* aus den Siebzigerjahren:

Memories
May be beautiful, and yet
What's too painful to remember
We simply choose to forget;
For it's the laughter
We will remember
Whenever we remember
The way we were*

Wie aus dem Lied – und den bislang betrachteten Forschungsergebnissen und Überlegungen – hervorgeht, lässt sich die Erinnerung an das »Wie wir waren« nicht von dem Urteil über das »Wie wir sind« trennen. Wenn ein Paar in der Rückschau betrachtet, was es einst gefühlt hat, wird dieses Urteil häufig vom gegenwärtigen Zustand der Beziehung beeinflusst. Dieser Zustand diktiert der Erinnerung, wie die Dinge einst waren. Beispielsweise hat man Studenten und Studentinnen, die miteinander »gingen«, in zwei getrennten Sitzungen aufgefordert, sich und ihre *Dating*-Partner im Hinblick auf Eigenschaften wie Ehrlichkeit, Freundlichkeit, Intelligenz einzustufen und anzugeben, wie sehr sie ihre Partner mochten und liebten.[240] Bei der zweiten Sitzung, die zwei Monate nach der ersten stattfand, mussten sich die Paare auch ihre frühere Bewertung ins Gedächtnis rufen. Die Studenten, bei denen sich die Beurteilung des Partners im Laufe der Zeit verschlechterte, hatten ihre ursprünglichen Eindrücke negativer in Erinnerung, als

* Erinnerungen / können wunderbar sein, doch / was zu schmerzlich im Gedächtnis wäre / vergessen wir lieber; / denn an das Lachen / werden wir uns erinnern / wenn wir uns erinnern / wie wir waren.

sie tatsächlich waren. Studenten, die in der zweiten Sitzung von größerer Zuneigung oder Liebe zu ihrem Partner berichteten als in der ersten, glaubten auch zuvor mehr Liebe und Zuneigung empfunden zu haben. Erinnerungen an frühere Eindrücke und Gefühle wurden durch die gegenwärtigen Empfindungen der Partner gefiltert und mit ihnen in Einklang gebracht (konsistent gemacht).

Konsistenzfehler sind bei verheirateten wie befreundeten Paaren verbreitet. Beziehen Sie die folgenden Fragen auf Ihren Partner: Wie stark ist Ihre Bindung? Wie glücklich sind Sie in Ihrer Beziehung? Wie oft geht Ihnen Ihr Partner auf die Nerven? Wie sehr lieben Sie ihn oder sie? Versuchen Sie nun, die gleichen Fragen für die Situation vor einem Jahr zu beantworten. Verheiratete und *Dating*-Partner, denen ähnliche Fragen zweimal gestellt wurden – dazwischen lag ein Zeitraum von acht Monaten oder vier Jahren –, erinnerten sich, häufig zutreffend, dass sie beide Male ähnliche Antworten genannt hatten. Doch die Männer und Frauen, deren Gefühle sich im Laufe der Zeit verändert hatten, irrten sich in der Regel, wenn sie sich zu erinnern meinten, sie hätten schon immer auf die gleiche Weise empfunden.[241] Bei dem Versuch, sich an ihre Gefühle vor vier Jahren zu erinnern, konnten sich vier Fünftel der Befragten, deren Gefühle stabil geblieben waren, auf ihr Gedächtnis verlassen. Dagegen konnte sich bei denen, deren Gefühle sich verändert hatten, nur jeder Fünfte zutreffend daran erinnern, wie er damals empfunden hatte. Noch deutlicher waren die Ergebnisse bei den Paaren, die sich an ihre Gefühle vor acht Monaten erinnerten: 89 Prozent der Frauen und 85 Prozent der Männer, deren Gefühle sich nicht verändert hatten, konnten sich zutreffend an ihre ursprünglichen Empfindungen erinnern, doch nur 22 Prozent der Frauen und 15 Prozent der Männer, deren Gefühle sich gewandelt hatten, zeigten einen zutreffenden Gedächtnisabruf. Die Paare schienen zu sagen: »So wie ich jetzt empfinde, habe ich immer empfunden« – egal, ob es stimmte oder nicht.

Gedächtnisfehler dieser Art können manchmal die Probleme verstärken, unter denen einige Ehepaare in ihren ersten gemeinsamen Jahren leiden. Sind die Flitterwochen vorbei, kommt es in vielen Ehen zu einer jähen Krise. In den frühen Ehejahren sind aktuelle Schwierigkeiten schon schwer genug zu bewältigen, doch Konsistenzfehler können die Situation zusätzlich belasten, indem sie die Erinnerung an die Vergangenheit mit dem unschönen Klima der Gegenwart vergiften. In einer Studie folgte man fast 400 Ehepaaren aus Michigan durch ihre ersten Ehejahre.[242] Bei den Paaren, die in den vier Jahren der Studie wachsende Unzufriedenheit mit der Ehe äußerten, hatten die Männer auch den Beginn der Ehe als negativ in Erinnerung, obwohl sie damals gesagt hatten, sie seien glücklich. »Solche Verzerrungen können gefährliche Abwärtsspiralen in Gang setzen«, bemerkten die an der Durchführung der Studie beteiligten Forscher. »Je ungünstiger das gegenwärtige Bild des Partners, desto nachteiliger auch die Erinnerungen, was die negativen Einstellungen weiter verstärkt.«

Zwar haben Konsistenzfehler großen Einfluss auf die Beziehungserinnerungen, aber auch Veränderungsfehler können auftreten – und gelegentlich mit positiven Auswirkungen. Erinnern Sie sich noch an den populären Schlager Ende der Sechzigerjahre mit der Zeile *I love you more today than yesterday*?[243] Zweifellos möchten die Menschen gerne glauben, ihre romantischen Gefühle würden im Laufe der Zeit stärker. Als man *Dating*-Partner einmal pro Jahr aufforderte, die aktuelle Qualität ihrer Beziehung zu bewerten und sich ihre Gefühle in den vergangenen Jahren zu vergegenwärtigen, hatten ihre Aussagen den gleichen Tenor wie die Schlagerzeile. Paare, die in den vier Jahren zusammengeblieben waren, erinnerten sich, dass ihre Liebe seit der letzten Befragung gewachsen sei. Analysierte man hingegen ihre tatsächlichen Einstufungen, so zeigten sich keinerlei Steigerungen im Hinblick auf die zuvor angegebene Liebe und Bindung. Objektiv gesehen liebten

sich die Paare heute nicht mehr als gestern. Doch durch die subjektive Brille der Erinnerung betrachtet, taten sie es.

Dieses Muster unterscheidet sich von den Konsistenzfehlern, die bei anderen Paaren zu erkennen sind, denn es offenbart eine Art Verbesserungsfehler. Irrtümlicherweise hatten die Paare die Vergangenheit weniger positiv in Erinnerung, als sie tatsächlich war, wodurch die Gegenwart im Vergleich noch rosiger wirkte. Konsistenz- und Veränderungsfehler können zu verschiedenen Zeitpunkten in einer Beziehung auftreten. Dabei hängt es von der Art und vom Stadium der Beziehung ab, welcher Gedächtnisfehler zu einer bestimmten Zeit vorherrscht. Benjamin Kearney von der University of Florida und Robert Coombs von der University of California in Los Angeles werteten eine 20-jährige Langzeitstudie aus, die untersuchte, wie sich die Haltung von Frauen zu ihrer Ehe entwickelte.[244] Die Studie begann 1969, als die Frauen Mitte 20 waren. Den betrachteten Zeitraum unterteilten die Wissenschaftler in die ersten zehn Ehejahre der Frauen, die Phase, in der die Kinder auf die Welt kamen, und das zweite Jahrzehnt, in dem sie eine Phase der persönlichen und wirtschaftlichen Stabilität erreichten. Dabei beantworteten die Frauen jeweils Fragen von sehr allgemeinem Zuschnitt (Wie glücklich sind Sie in Ihrer Ehe?) und andere, die eher spezifisch waren (Wie viele gemeinsame Interessen haben Sie und Ihr Ehemann?).

Bei einem Rückblick auf die ersten zehn Ehejahre ließen die Frauen einen Veränderungsfehler erkennen: Ihre Bewertungen stellten sich in ihrer Erinnerung schlechter dar, als sie tatsächlich gewesen waren. Dank dieser Verzerrung erschienen den Frauen ihre gegenwärtigen Empfindungen als Verbesserung, obwohl sie in Wirklichkeit ihre Ehe nach zehn Jahren negativer einschätzten als am Anfang. Bei der Rückschau auf das zweite Jahrzehnt nach 20-jähriger Ehe machte sich bei den Frauen ein Konsistenzfehler bemerkbar: In ihrer Erinnerung meinten sie fälschlicherweise, ihre Gefühle vor zehn Jahren seien ähnlich gewesen wie ihre gegenwärtigen. Tatsächlich war ihre Einstellung jedoch nach 20 Ehejahren negativer als nach zehn. Beide Arten von Gedächtnisfehlern halfen den Frauen bei der Bewältigung ihrer Ehen. Je stärker die Erinnerungen der Frauen an der Zehnjahresmarke positiv verzerrt waren, desto glücklicher waren sie an der Zwanzigjahresmarke.

Nach 20 Jahren zeigten die Frauen, die am glücklichsten in ihrer Ehe waren, die geringsten Gedächtnisfehler, während diejenigen, die am wenigsten zufrieden waren, die größten Verzerrungen erkennen ließen – worin sich vielleicht der fortlaufende Versuch ausdrückte, eine unglückliche Gegenwart durch Verzerrung der Vergangenheit zu bewältigen. Die Erinnerungen an das »Wie wir waren« werden nicht nur beeinflusst von dem »Wie wir sind«, sondern tragen auch dazu bei.

Konsistenz- und Veränderungsfehler können zur Verringerung dessen beitragen, was die Sozialpsychologen als »kognitive Dissonanz« bezeichnen – das psychologische Unbehagen, das aus einander widersprechenden Gedanken und Gefühlen erwächst.[245] Wir nehmen große Mühen auf uns, um kognitive Dissonanz abzubauen. Angenommen, ein starker Trinker liest die neueste Gesundheitsstatistik, die keinen Zweifel an den Gefahren des Alkoholismus lässt. Er könnte nun versuchen, die Dissonanz abzuschwächen, indem er die Gültigkeit der Statistik in Zweifel zieht oder indem er sich einredet, er würde doch nur ab und zu ein Gläschen in Gesellschaft trinken. Entsprechend könnte eine unglücklich verheiratete Frau, die glaubt, ihre Ehe müsse erfolgreich sein, die kognitive Dissonanz verringern, indem sie die Vergangenheit durch Konsistenz- oder Veränderungsfehler entstellt, welche die Gegenwart erträglicher erscheinen lassen.

Zum Dissonanzabbau kann es sogar dann kommen, wenn sich die Betroffenen nicht mehr an das Ereignis erinnern, das für die Dissonanz verantwortlich ist. Angenommen, Sie besuchen eine Kunstgalerie und sind hingerissen von zwei Drucken eines Malers,

können sich aber nur einen von beiden leisten. Lange sind Sie hin und her gerissen, schließlich treffen Sie eine Wahl, aber als Sie die Galerie mit Ihrer Neuerwerbung verlassen, spüren Sie noch immer einen inneren Konflikt, weil Sie sich nicht für den anderen Druck entschieden haben. Doch am folgenden Tag stellen Sie fest, dass Ihnen der Druck, den Sie gekauft haben, doch ein bisschen besser gefällt als der andere, und so schwindet die Dissonanz, die durch die schwierige Entscheidung hervorgerufen wurde.

Aus Untersuchungen wissen wir, dass diese Art von Dissonanzreduktion auftritt, wenn Menschen gezwungen sind, sich zwischen zwei Kunstdrucken zu entscheiden, die ihnen vorher nach eigenem Bekunden gleich gut gefielen: Nach der Entscheidung behaupten sie, sie hätten den ausgewählten Druck lieber und den verschmähten Druck weniger gemocht, als sie zuvor angegeben hatten. In einer Untersuchung unter Leitung der Sozialpsychologen Matthew Lieberman und Kevin Ochsner fanden wir heraus, dass auch amnestische Patienten, welche die Wahl zwischen zwei Kunstdrucken hatten, ihre Dissonanz reduzierten, indem sie im Nachhinein die Vorliebe für das gewählte Bild übertrieben.[246] Nun hatten aber die amnestischen Patienten keine bewusste Erinnerung mehr an die Entscheidung, welche die Dissonanz hervorgerufen hatte! Diese Ergebnisse lassen darauf schließen, dass viele die Dissonanzen reduzierenden Operationen, unter anderem Konsistenz- und Veränderungsfehler, auch dann erfolgen, wenn den Betroffenen die Ursache der zu bewältigenden Konflikte nur begrenzt bewusst ist.

Ich wusste es die ganze Zeit

Als die Boston Red Sox die Cleveland Indians im Oktober 1999 im entscheidenden Spiel der Play-off-Runde schlugen, waren die Bostoner Fans im Freudentaumel, denn nun traf ihre Mannschaft

in der Endrunde der amerikanischen Meisterschaft auf den Weltmeister, die New York Yankees. Begeisterte Anrufer in den Sportsendungen der örtlichen Radiosender nannten tausend Gründe, warum die Red Sox nach ihrer langen Durststrecke jetzt beste Aussichten hatten, die übermächtigen – und verhassten – Yankees zu entthronen. Durch ihren kaum noch erwarteten Sieg gegen Cleveland hatten die Red Sox viel Selbstvertrauen getankt. Keine Mannschaft war ihrem besten Werfer Pedro Martinez gewachsen. Und in einer kurzen Baseballserie war alles möglich.

Nachdem die Red Sox die Serie verloren hatten, hörten sich die Argumente der Anrufer ganz anders an. Einer nach dem anderen erklärte, er habe nie an einen Erfolg der Red Sox geglaubt. »Ich habe gleich gewusst, dass die Qualität der Schlagleute nicht ausreicht«, hieß es da. »Ich war immer der Meinung, dass die Ersatzwerfer zu schwach sind.« »Ich wusste, dass die Yankees zu gut sind«, räumten selbst überzeugte Red-Sox-Fans ein.

Die Erinnerung der Anrufer war offenbar nachhaltig beeinflusst von dem Ergebnis der Play-off-Serie: In der Rückschau waren die Fans davon überzeugt, sie hätten schon immer gewusst, dass die Red Sox verlieren mussten. Natürlich ist es problematisch, Schlussfolgerungen aus unwissenschaftlich zusammengetragenen Anrufen bei Radiosendern zu ziehen (möglicherweise haben die optimistischen Fans vor den Play-offs und die pessimistischen Fans danach angerufen). Doch die Ergebnisse aus kontrollierten Studien an anderen Sportfans zeigen das gleiche Muster wie die Anrufe der Red-Sox-Fans. Während der Herbstsaison 1995 bewerteten Anhänger der Footballmannschaft der Northwestern University die Siegeschancen ihres Teams vor oder nach Heimspielen gegen die Mannschaften der Universitäten Wisconsin, Penn State und Iowa. Die Northwestern, die 1995 eine außerordentlich erfolgreiche Saison hatte, gewann alle drei Spiele. Fans, die nach jedem Spiel aufgefordert wurden, sich an ihre Einschätzung vor dem Spiel

zu erinnern, hatten der Northwestern sehr viel bessere Siegeschancen eingeräumt als Fans, welche die Aussichten des Teams vor dem Spiel beurteilten.[247]

Sportfans sind aber nicht die Einzigen, die es »schon immer wussten«. Nehmen wir ein anderes öffentliches Ereignis, das die Gemüter erregte: das Geschworenenurteil im Strafprozess gegen O. J. Simpson. Können Sie sich noch erinnern, für wie wahrscheinlich Sie eine Verurteilung von O. J. hielten? Zwei Stunden bevor die Geschworenen den Angeklagten freisprachen, forderte man Studenten auf, die Wahrscheinlichkeit eines Schuldspruchs einzuschätzen. Die Befragung wurde zwei Tage später wiederholt, als die Studenten das Urteil kannten. Nach der Entscheidung stuften sie die Wahrscheinlichkeit einer Verurteilung geringer ein als vorher.[248]

Die Einschätzungen von Sportereignissen und dem Simpson-Prozess führen uns ein alltägliches Phänomen vor Augen: Sobald wir den Ausgang eines Ereignisses kennen, haben wir den Eindruck, wir hätten schon immer gewusst, was geschehen würde. »Rückschaufehler« nennen Psychologen diese Tendenz, einen Ausgang im Rückblick als unvermeidlich anzusehen. Der Rückschaufehler ist ein naher Verwandter des Konsistenzfehlers: Wir rekonstruieren die Vergangenheit, damit sie konsistent mit dem wird, was wir in der Gegenwart wissen.

Besonders virulent scheint der Rückschaufehler nach Wahlen zu sein, wenn uns allerorten Experten erklären, warum eine bestimmte Wahl so und nicht anders ausgehen musste. Doch haben sie die Sachlage schon so klar gesehen, bevor die Stimmzettel ausgezählt wurden? Am Tag vor der Präsidentschaftswahl 1980 wurden Studenten gebeten, das Ergebnis vorherzusagen. Andere wurden am Tag danach aufgefordert anzugeben, was sie vor dem Wahldienstag vorhergesagt hätten. Diejenigen, die am Mittwoch gefragt wurden, sagten einen höheren Prozentsatz an Stimmen für Reagan und einen niedrigeren Prozentsatz für Jimmy Carter

sowie den unabhängigen Kandidaten John Anderson »vorher« als die Studenten, die am Montag befragt worden waren.[249]

Sehr ausgeprägt ist der Rückschaufehler, wenn Menschen hinterher mit Erklärungen kommen, die eine zwingende Ursache für das Ergebnis liefern. So hat man Versuchspersonen über alternative Ergebnisse eines Krieges urteilen lassen, der im 19. Jahrhundert zwischen den Briten und den Gurkha in Nepal stattfand.[250] Unter der prospektiven Bedingung lasen die Teilnehmer von dem Ereignis und urteilten über die Wahrscheinlichkeit verschiedener Ergebnisse. Unter der retrospektiven Bedingung wurden die Teilnehmer über den Ausgang informiert (die Briten gewannen) und anschließend aufgefordert, die Wahrscheinlichkeit verschiedener Ergebnisse so zu beurteilen, als wüssten sie nicht, was tatsächlich geschehen war. Trotz dieser Anweisung zeigte sich bei den Versuchspersonen, die das Ergebnis kannten, ein Rückschaufehler. Besonders stark fiel er aus, wenn die Versuchsleiter einen zwingenden Grund für den britischen Sieg angaben: die überlegene Disziplin ihrer Truppen. Praktisch nicht existent war der Rückschaufehler jedoch, wenn die Versuchsleiter eine zufällige Ursache nannten – außergewöhnlich starke Regenfälle. Analog dazu war der Rückschaufehler auch besonders ausgeprägt in einer Untergruppe von Northwestern-Footballfans, die kausale Erklärungen für ein Spielergebnis fanden – etwa »Unsere Verteidigung hat sie kaltgestellt« oder »Sie haben ein entscheidendes Feldtor verpatzt« –, wenn sie nach einem Spiel aufgefordert wurden, sich an ihre Voraussage zu erinnern.[251] Es bestärkt uns in unserer Überzeugung, wir hätten den Ausgang schon immer gewusst, wenn wir ein befriedigendes kausales Szenario entwerfen können, welches das Ergebnis in der Rückschau unvermeidlich erscheinen lässt.

Der Rückschaufehler ist so wirksam, dass er auch auftritt, wenn man Versuchspersonen ausdrücklich anweist, den tatsächlichen

Ausgang eines Ereignisses außer Acht zu lassen. Es ist, als würde das Wissen um das Ergebnis augenblicklich mit anderem allgemeinem Wissen im semantischen Gedächtnis integriert. Offenbar können die Versuchspersonen diese neue Information nicht anders behandeln als alles andere Wissen, das für das verlangte Urteil relevant ist. Dass der Rückschaufehler auch dann fortbesteht, wenn Versuchspersonen ausdrücklich versuchen, Ergebniswissen zu ignorieren, kann von erheblicher Bedeutung für entsprechende Alltagssituationen sein. Wenn Sie bei einer wichtigen Diagnose die Meinung eines zweiten Arztes einholen möchten, liegt es in Ihrem Interesse, dass dieser Arzt ein unvoreingenommenes Urteil fällt. Doch da die Wirksamkeit des Rückschaufehlers so groß ist, wird sich das Wissen um die Meinung des ersten Arztes unvermeidlich auf die des zweiten auswirken, mag er auch versuchen, das Urteil seines Kollegen zu ignorieren. Genau dieses absehbare Ergebnis stellte sich ein, wenn man Ärzten zu einem bestimmten Fall eine Diagnose nannte (etwa Leukämie oder Alzheimer-Krankheit) und sie aufforderte, sich unabhängig davon ihr eigenes Urteil zu bilden. Trotzdem stimmten die Diagnosen dieser Ärzte häufiger mit der Vorgabe überein als die anderer Ärzte, die ihre Diagnose ohne eine solche Vorgabe stellten.[252]

Ähnlich verhält es sich mit Geschworenen. Nehmen wir an, die Staatsanwaltschaft nennt dem Gericht ein scheinbar belastendes Telefongespräch als Beweismittel, die Verteidigung erhebt Einspruch, und der Richter lässt das Beweismittel nicht zu. Streng weist er die Geschworenen an, das Telefongespräch bei ihrer Urteilsfindung nicht zu berücksichtigen. Aus zahlreichen Untersuchungen wissen wir, dass Übungs-Jurys unzulässige Beweise in einer solchen Situation nicht ignorieren können, selbst wenn sie ausdrücklich dazu aufgefordert wurden: Sie neigen stärker zu einem Schuldspruch als Geschworene, die von dem unzulässigen Beweis nichts gehört haben.[253] Gleiches gilt für Vorverurteilungen

in der Öffentlichkeit, die Geschworene nicht berücksichtigen sollen. Sobald solche Aspekte in das Gedächtnis der Geschworenen gelangen, gibt ihnen der Verzerrungsfehler das Gefühl ein, sie hätten »schon immer gewusst«, dass der Angeklagte schuldig sei.

Der Rückschaufehler ist also allgegenwärtig: Wir scheinen unter einem Zwang zu stehen, die Vergangenheit so zu rekonstruieren, dass sie sich unserem gegenwärtigen Wissen angleicht. Wenn der Ausgang bekannt ist, können wir leichter Ereignisse und Beispiele aus dem Gedächtnis abrufen, die ihn bestätigen. Neuere Befunde verknüpfen diese selektive Erinnerung mit dem gemeinsamen Einfluss zweier Kräfte: dem allgemeinen Wissen, dass die Wahrnehmung und das Verständnis von Ereignissen beeinflusst, und der Anfälligkeit für Fehlattribution.

Betrachten wir das folgende Szenario. Barbara ist 24 Jahre alt, Single und lebt in Neuengland, wo sie während eines wirtschaftswissenschaftlichen Aufbaustudiums einen aufgeschlossenen, intelligenten jungen Mann namens Jack kennen lernt und mit ihm in einem Kursprojekt zusammenarbeitet. Sie sitzen nach den Kursen öfter zusammen und unterhalten sich angeregt über das Studium, berufliche Karrieren und ihre gemeinsame Leidenschaft für das Skilaufen. Als sie einmal zusammen essen gehen, streitet sich Jack mit dem Kellner und schreit Barbara an, die daraufhin weinend nach Hause läuft.

Nach Abschluss des Kurses trinken und feiern Jack und Barbara bis spät in die Nacht. Barbara nimmt Jacks Einladung an, ein gemeinsames Wochenende in der Skihütte seiner Eltern in Vermont zu verbringen. Am ersten Abend trinkt Barbara Wein zum Abendessen und küsst Jack. Am folgenden Tag lädt Jack Barbara nach dem Skilaufen in ein besonders schönes Restaurant ein; sie trinken Wein, und Jack hält Barbaras Hand. Nach dem Dinner kehren sie in die Hütte zurück. Dort eröffnet Jack Barbara, dass er sie sexy findet und liebt, und Barbara erklärt Jack, dass sie ihn sehr mag.

Die Psychologin Linda Carli forderte Studienanfänger am Wellesley College auf, sich einen Abschnitt über Jack und Barbara durchzulesen. Man sagte ihnen, er stamme aus der Fallgeschichte einer Frau, die in einer Studie über wichtige Lebensereignisse befragt worden sei. Carli erfand für die Geschichte zwei verschiedene Fortsetzungen. Die eine Hälfte der Studenten erfuhr, dass Jack um Barbaras Hand angehalten habe, während die andere Hälfte las, dass er sie vergewaltigt habe. Zwei Wochen später wurden alle Studenten aufgefordert, die Wahrscheinlichkeit möglicher Ausgänge so zu beurteilen, als würden sie den Schluss nicht kennen. Außerdem wurden sie einem Gedächtnistest unterzogen, in dem sie angeben mussten, ob bestimmte Ereignisse in der Geschichte vorgekommen waren oder nicht.[254]

Carli entdeckte klare Belege für den Rückschaufehler: Studenten, deren Version mit einem Heiratsantrag endete, hielten diesen Ausgang für wahrscheinlicher als die Studenten, bei denen die Geschichte mit der Vergewaltigung endete, und umgekehrt. Viele Studenten, welche die Version mit dem Antrag gelesen hatten, erinnerten sich fälschlicherweise an Episoden, die in der Geschichte nicht vorgekommen waren, aber als Vorboten eines Heiratsantrags erwartet wurden – beispielsweise »Jack schenkte Barbara einen Ring«, »Barbara und Jack dinierten bei Kerzenschein« oder »Barbara wünschte sich Kinder«.[*] Ferner war die Tendenz, sich an falsche Vorläufer zu erinnern, ein Vorhersagefaktor für die Größenordnung des Rückschaufehlers: je zahlreicher die falschen Erinnerungen, umso deutlicher der Rückschaufehler.

Die Ergebnisse lassen darauf schließen, dass die Studenten, als sie die Ereignisse der Geschichte zu rekonstruieren versuchten,

[*] In der anderen Gruppe gab es trügerische Erinnerungen an Episoden, die auf die Vergewaltigung hinzudeuten schienen: »Jack hatte keinen Erfolg bei Frauen.« – »Barbara war eine Nervensäge.« – »Jack und Barbara gingen oft nach der Arbeit etwas trinken.«

allgemeines Wissen aktivierten, das zum jeweiligen Ausgang passte – Antrag oder Vergewaltigung. Manchmal attribuierten sie dieses Wissen fälschlicherweise auf die Geschichte. Dies veranlasste sie, falsche Erinnerungen an das Geschehen abzurufen und zu meinen, sie hätten »schon immer gewusst«, dass die Geschichte enden würde, wie sie es gelesen hatten.

Rückschaufehler sind beunruhigend, da sie das Lernen aus Erfahrung verringern oder ganz verhindern können: Wenn wir glauben, alles schon im Voraus gewusst zu haben, sind wir möglicherweise weniger geneigt, die Lehren aus einer bestimmten Erfahrung zu ziehen. Gleichzeitig schmeichelt das angenehme Gefühl, schon immer gewusst zu haben, wie der Hase läuft, unserer Eitelkeit, bestätigt uns in der Überzeugung, die Dinge zu durchschauen. Diese Eigenschaft des Rückschaufehlers trägt zweifellos zu seiner Wirksamkeit bei, denn Gedächtnisfehler, die das Selbstgefühl stärken, sind allgegenwärtige Begleiter unserer Versuche, die eigene Vergangenheit zu rekonstruieren.

Ich erinnere mich noch gut

In dem Musical *Gigi* aus dem Jahr 1958 denkt ein ehemaliges Liebespaar, dargestellt von Maurice Chevalier und Hermione Gingold, über die vergangenen Jahre nach und erinnert sich an das letzte Rendezvous. Wie das Duett »I Remember It Well« sehr hübsch verdeutlicht, erinnern sich beide lebhaft an das Treffen, doch die Einzelheiten dieser Erinnerungen könnten kaum verschiedener sein:

ER: Ich kann mich an alles erinnern, als wäre es gestern.
Wir trafen uns um neun.
SIE: Wir trafen uns um acht.
ER: Ich kam pünktlich.

SIE: Nein, du kamst zu spät.
ER: O ja, ich erinnere mich noch gut.
Wir aßen mit Freunden.
SIE: Wir aßen allein.
ER: Ein Tenor sang.
SIE: Ein Bariton.
ER: O ja, ich erinnere mich noch gut.
Der betörende Aprilmond.
SIE: Es war eine mondlose Nacht.
Und wir hatten Juni.

Das Lied geht weiter mit einer wachsenden Zahl von unvereinbaren Erinnerungen. Einer von beiden muss sich in jedem Punkt irren, aber keiner rückt von seiner Version der Geschichte ab. Die meisten Paare können sich wahrscheinlich an ähnliche, wenn auch nicht ganz so extreme Beispiele aus dem eigenen Leben erinnern. Auf einer Party in der Weihnachtszeit hatte eine meiner Doktorandinnen einen Gedächtniskonflikt mit ihrem Ehemann, bei dem es fast zu Handgreiflichkeiten gekommen wäre. Sie konnten sich nicht darüber einigen, wer bei der Party im Vorjahr die gefüllten Krapfen gebacken hatte. Beide erinnerten sich gleichermaßen und detailliert daran, die süße Überraschung selbst vorbereitet und serviert zu haben.

In der Regel schenken wir unseren Erinnerungen mehr Glauben als denen anderer Menschen, wenn wir die Ereignisse rasch abrufen können und sie uns in allen Einzelheiten lebhaft und überzeugend vor Augen stehen. Einen so direkten Zugang wie zu diesen Eigenschaften der eigenen Gedächtnisinhalte können wir zu denen anderer nicht haben. Dies kann dazu führen, dass wir uns darauf versteifen, unsere Sichtweise sei die einzig richtige. Diese Form des egozentrischen Gedächtnisfehlers trägt dazu bei, dass sich Paare über ihre gemeinsame Vergangenheit streiten. So haben Untersuchungen an Paaren gezeigt, dass jeder der Partner dazu neigt, sich selbst mehr Verantwortung für bestimmte Gescheh-

nisse zuzuschreiben als dem anderen.[255] Als jeder Partner einzeln aufgefordert wurde, sich an den Umfang seiner Entscheidung über Geldausgaben, die Planung des gemeinsamen Urlaubs oder ähnliche Unternehmungen zu erinnern, beanspruchte der eine beispielsweise 80 Prozent der Entscheidung für sich, der andere 40 Prozent. Zwar waren sich beide einig, dass einer mehr Verantwortung getragen hatte, aber offensichtlich überschätzte einer – oder beide – den eigenen Beitrag. Dieser egozentrische Gedächtnisfehler ist sogar bei negativen Ereignissen zu beobachten – etwa, wenn in der Frage, wer die Streitereien in der Beziehung verursacht, beide Partner zu viel Verantwortung auf sich nehmen. Wahrscheinlich ist der Grund für die Verzerrung, dass sich jeder an die eigenen Handlungen und Gefühle besser erinnern kann als an das, was der Partner gesagt oder getan hat. Laborstudien haben gezeigt, dass wir in der Regel unsere eigenen Handlungen und Äußerungen eher im Gedächtnis behalten als die anderer.

Egozentrische Gedächtnisfehler zeigen, wie wichtig die Rolle ist, die das Selbst für die Organisation und Regulation des geistigen Lebens spielt. Viele Psychologen begreifen das Selbst als eine vielfältig vernetzte Wissensstruktur – die Gesamtsumme aller gespeicherten Informationen über persönliche Attribute und Erfahrungen. Aus zahlreichen Experimenten ist bekannt, dass neue Informationen, die wir enkodieren, indem wir sie auf das Selbst beziehen, besser aus dem Gedächtnis abgerufen werden können als Informationen, die wir auf andere Weise enkodiert haben. Wenn ich Sie bitte, darüber nachzudenken, ob Sie sich durch Attribute wie »ehrlich« oder »intelligent« zutreffend beschrieben fühlen oder nicht, werden Sie sich an diese Wörter eher erinnern, als wenn ich Sie auffordere, die gleichen Urteile über jemand anders zu fällen, einen Freund etwa oder einen Prominenten. Selbst-Enkodierung führt auch zu besseren Gedächtnisleistungen als die Aufforderung, eine elaborierte Enkodierung der Wörter

durch Konzentration auf ihre Bedeutung oder andere nicht mit dem Selbst zusammenhängende Eigenschaften vorzunehmen.[256]

Doch das Selbst ist schwerlich ein neutraler Beobachter der Welt. Die Menschen sind in unserer Gesellschaft motiviert, eine hohe Meinung von sich zu haben, und hegen häufig schmeichelhafte Vorstellungen von ihren Fähigkeiten und Leistungen. Die von der Sozialpsychologin Shelley Taylor und ihren Mitarbeitern zusammengefassten Studien lassen darauf schließen, dass Menschen mit überhöhtem Selbstwertgefühl häufig »positiven Illusionen« unterliegen.[257] Beispielsweise neigen die meisten Menschen zu der Meinung, dass positive Persönlichkeitsmerkmale für sie eher zutreffen als für den Durchschnitt, unerwünschte Persönlichkeitsmerkmale dagegen weniger typisch für sie sind als für den Durchschnitt. Da die meisten Menschen nicht besser als der Durchschnitt sein können, muss bei einigen von uns diese optimistische Selbsteinschätzung illusorisch sein. Ähnlich sind die Menschen geneigt, sich selbst eher Erfolge als Misserfolge zuzuschreiben und die Misserfolge auf Kräfte zurückzuführen, die sich ihrem Einfluss entziehen.

Die bestimmende Rolle des Selbst bei Enkodierung und Gedächtnisabruf und die ausgeprägte Neigung des Menschen, sich positiv zu sehen, sind ein fruchtbarer Boden für derartige Gedächtnisverzerrungen: Vergangene Erlebnisse werden in ein Licht getaucht, welches das Selbst von seiner besten Seite zeigt. So hat man beispielsweise Collegestudenten suggeriert, Introvertiertheit sei eine wünschenswerte Charaktereigenschaft, eine Voraussetzung für akademischen Erfolg. Anschließend wurden sie aufgefordert, sich an Vorfälle zu erinnern, in denen sie sich introvertiert oder extrovertiert verhalten hatten.[258] Im Vergleich zu Studenten, denen man eingeredet hatte, Extrovertiertheit sei ein wünschenswerter Zug, hatten die Studenten, die Introvertiertheit für Erfolg versprechend hielten, mehr Erinnerungen an Vorfälle, in denen sie

sich introvertiert verhielten, als an solche, in denen sie extrovertiert waren. Die Gedächtnisarbeit wurde durch den Wunsch verzerrt, das Selbst positiv zu sehen. Dies veranlasste die Studenten, vergangene Vorfälle auszuwählen, in denen sie die erwünschte Eigenschaft zeigten.

Ähnliche Prozesse wirken in Alltagssituationen, in denen Menschen bestrebt sind, ihre Vergangenheit in einer der aktuellen Selbsteinschätzung förderlichen Weise umzuschreiben. Erinnern Sie sich, welche Noten Sie in der Schule hatten? Wissen Sie noch, wie viele Einsen und Vieren auf Ihren Zeugnissen standen? Die Wahrscheinlichkeit ist groß, dass Ihnen mehr gute als schlechte Noten einfallen. Als eine Gruppe von Collegestudenten versuchte, sich an ihre Schulnoten zu erinnern, und die Erinnerungen mit den tatsächlichen Zeugnissen verglichen wurden, waren die Ergebnisse außerordentlich genau für die Note A, die beste Zensur im amerikanischen Schulsystem (89 Prozent richtige Angaben), und außerordentlich ungenau für die Note D (29 Prozent richtige Angaben).[259]

Auch eine Scheidung kann egozentrische Gedächtnisfehler verstärken. Als unlängst geschiedene Paare ihre gescheiterten Ehen in der Rückschau bewerteten, zeigte sich, dass jeder Partner dazu neigt, die Vergangenheit aus einer eigenen, das Selbst aufwertenden Perspektive darzustellen.[260] Auf die rückblickende Frage, warum die Ehe auseinander ging, erinnerte sich ein Mann: »Alles, was sie wollte, war Geld, um es auf die Bank zu tragen«, während seine Exfrau behauptete: »Mein Mann schien vom Geldverdienen besessen zu sein.« Ein anderer Mann führte das Scheitern seiner Ehe darauf zurück, dass er eine andere Frau kennen gelernt habe, die »jünger war und besser aussah«. Seine Exfrau beschrieb die Neue als »hohles Püppchen« und berichtete: »Die Leute sagen von ihr: ›Sie hat die Weisheit nicht mit Löffeln gefressen.‹«

Verzerrungen zur Aufwertung des Selbst können auch dadurch zustande kommen, dass man die Schwierigkeit vergangener Erfah-

rungen übertreibt. Angenommen, Sie bereiten sich ängstlich auf ein schweres Examen vor, unterziehen sich der Prüfung und erfahren, dass Sie bestanden haben. Wie ängstlich waren Sie eigentlich vor dem Examen? Studenten, die ihr Angstniveau vor einer Reihe wichtiger Prüfungen einstuften, wurden einen Monat später aufgefordert, sich zu erinnern, wie groß ihre Angst vor den Examina war. Die Studenten neigten dazu, die Ängste vor den Prüfungen zu übertreiben. Besonders ausgeprägt war die Gedächtnisverzerrung bei denen, die wussten, dass sie das Examen bestanden hatten. Wenn die Studenten aus ihrem Gedächtnis höhere Angstniveaus abriefen, als sie tatsächlich empfunden hatten, verstärkte sich dadurch das Gefühl, etwas geleistet zu haben. Das machte sie stolz und gab ihnen das Bewusstsein, schwierige Situationen meistern zu können. Ähnliche Gedächtnisverzerrungen treten bei Blutspendern auf: In der Rückschau wird die Angst vor dem Spenden übertrieben, um das Gefühl der Tapferkeit zu erhöhen, mit der man alle Widerstände überwunden hat, um eine heroische Tat zu vollbringen.[261]

Manchmal wird auch das frühere Selbst im Wert herabgesetzt, um das gegenwärtige Selbst in einem besseren Licht darzustellen. »Von allen Leben, die ich gelebt habe, denke ich, dass dieses mein liebstes ist«, erklärte die Schauspielerin Mary Tyler Moore 1997 in einem Interview. »Ich bin stolz darauf, dass ich mich zu einem freundlicheren Menschen entwickelt habe, als ich jemals glaubte werden zu können. Ich bin weniger kritisch als früher und daher auch weniger kritisch mir selbst gegenüber.«[262] Vielleicht hat sich Tyler Moore im Laufe der Zeit tatsächlich positiv entwickelt. Doch indem sie ihr früheres Selbst in der Erinnerung weniger freundlich und kritischer sieht, erhöht sie, wie der Psychologe Michael Ross vermutet, den Wert ihres gegenwärtigen Selbst. Ross hat festgestellt, dass Menschen im Allgemeinen günstiger von ihrem gegenwärtigen Selbst sprechen als von ihrem früheren Selbst. Wie bei Tyler Moore kann sich darin eine wirkliche Entwicklung zum

Besseren ausdrücken oder die Tendenz, das frühere Selbst abzuwerten. Hier ein Beleg für die zweite Möglichkeit: Eine deutliche Mehrheit von Collegestudenten und Erwachsenen mittleren Alters stuft ihr gegenwärtiges Selbst, jedoch nicht ihr früheres, als überdurchschnittlich im Vergleich zu ihrer Altersgruppe ein. Wie erwähnt, kann eine große Mehrheit von Menschen im Vergleich zu ihrer Altersgruppe nicht über dem Durchschnitt liegen. Diese Ergebnisse lassen folglich darauf schließen, dass sie die Einschätzung ihres gegenwärtigen Selbstwerts überhöhen, indem sie das, was sie früher waren, niedriger einstufen.

Egozentrische Gedächtnisverzerrungen äußern sich also in verschiedenen miteinander verwandten Maßnahmen – selektiver Gedächtnisabruf, Übertreibung früherer Schwierigkeiten und Abwertung der Vergangenheit –, die das Selbst mit dem tröstlichen Lichtschein positiver Illusionen umgeben.

Vivaldi pfeifen

Als der afroamerikanische Journalist Brent Staples sein Studium an der University of Chicago aufnahm, ging er abends gern am Seeufer spazieren. Doch eines Abends bemerkte er beunruhigt, wie eine weiße Geschäftsfrau bei seinem Anblick ihren Schritt beschleunigte und dann zu laufen begann. »Was war ich für ein Narr«, bekannte Staples, »da schlenderte ich durch die Straßen und sagte zu Leuten, die eine Todesangst vor mir hatten, freundlich grinsend ›Guten Abend‹.« Um zu zeigen, dass er nicht hinter weißen Fußgängerinnen her war und auch sonst keine bösen Absichten hegte, fing Staples an, Vivaldis *Vier Jahreszeiten* zu pfeifen. Damit wollte er signalisieren, dass er nur ein harmloser Spaziergänger war. »Die Leute wirkten gleich entspannter, wenn sie mich hörten«, erinnerte sich Staples. »Einige haben sogar gelächelt, als sie im Dunkeln an mir vorbeigingen.«[263]

Staples pfiff Vivaldi, weil seine Gegenwart in den Weißen ein heftiges Stereotyp aktivierte, das ihre Wahrnehmung ihm gegenüber verzerrte: Ein Schwarzer, der nachts durch eine verlassene Straße ging, stellte eine Gefahr dar. Der gewitzte Staples ließ sich eine wirksame Methode einfallen, die verhinderte, dass man sich ein so stereotypes – und falsches – Bild von ihm machte.

Stereotype sind generalisierende Beschreibungen früherer Erfahrungen, die wir verwenden, um Menschen und Gegenstände in Kategorien einzuteilen. Für viele Sozialpsychologen sind Stereotype »Energiesparvorrichtungen«, die das Verständnis sozialer Welten vereinfachen.[264] Es erfordert erhebliche kognitive Mühen, jeden Menschen, den wir kennen lernen, als besonderes Individuum wahrzunehmen. Daher machen wir uns die Sache häufig einfacher und greifen auf stereotype Verallgemeinerungen zurück, die sich aus verschiedenen Quellen speisen: aus Gesprächen mit anderen Menschen, den Medien und persönlicher Erfahrung. Zwar kann der Rückgriff auf solche Stereotype unser kognitives Leben entlasten, unter Umständen aber auch zu unerwünschten Ergebnissen führen: Wenn Stereotype in bestimmten Fällen von der Wirklichkeit abweichen – wie es bei Brent Staples der Fall war –, können die daraus resultierenden Verzerrungen zu falschen Urteilen und ungerechtfertigtem Verhalten führen.

Der bedeutende Sozialpsychologe Gordon Allport hat als einer der Ersten erkannt, wie die Doppelnatur von Stereotypen zu Rassenvorurteilen beiträgt. Zwar räumte er ein, dass Stereotype uns helfen, die Welt in Kategorien einzuteilen, hielt aber dagegen, dass wir »oft Fehler bei den Einordnungen in Kategorien machen und so in Schwierigkeiten geraten«.[265] In seinem Klassiker *Die Natur des Vorurteils* aus dem Jahr 1954 sah Allport die Situation, mit der Brent Staples Jahrzehnte später konfrontiert war, ziemlich klar voraus. »Ein Mensch mit dunkelbrauner Haut wird in uns den Begriff ›Neger‹ auslösen, der in unserem Verstand vorherrschend ist«, erklärte Allport. »Wenn die vorherrschende Kategorie aus negativen Einstellungen und Überzeugungen besteht, so werden wir ihn automatisch zu meiden suchen oder eine andere gewohnte und mögliche Form der Ablehnung wählen.«

Allports Einschätzung war äußerst hellsichtig: Neuere Studien zeigen, dass stereotype Verzerrungen automatisch und völlig unbewusst geschehen. Erste Anhaltspunkte dafür ergaben Experimente, bei denen Stereotype aktiviert wurden, indem man Wörter so rasch darbot, dass die bewusste Wahrnehmung sie nicht registrieren konnte (ein Verfahren, das man als unterschwelliges Priming bezeichnet).[266] Nach unterschwelligem Priming durch Wörter, die ein Stereotyp von »Schwarzen« aktivieren sollten – zum Beispiel *Wohlfahrt*, *Busing* und *Ghetto* –, zeigten weiße amerikanische Studenten eine größere Neigung, eine fiktive männliche Person von unspezifischer ethnischer Zugehörigkeit als feindselig einzustufen, als beim Priming mit neutralen Wörtern. Ferner war die Verzerrung bei Studenten, die auf einem Fragebogen geringe Rassenvorurteile offenbarten, ebenso ausgeprägt wie bei denen, die erhebliche Rassenvorurteile zum Ausdruck brachten.

Letzteres Ergebnis ist besonders beunruhigend, denn es lässt darauf schließen, dass sogar Menschen, die geringe bewusste Vorurteile hegen, automatisch stereotype Verzerrungen aktivieren. Doch neuere Ergebnisse aus einer britischen Studie lassen Unterschiede zwischen Menschen mit starken und mit schwachen Vorurteilen erkennen.[267] Wie ihre amerikanischen Kommilitonen waren auch weiße britische Studenten mit starken und geringen Vorurteilen geneigt, eine ethnisch unspezifische Person feindselig zu sehen, nachdem sie mit negativen Wörtern geprimt worden waren, welche die direkte Aktivierung eines rassischen Stereotyps bewirkten – etwa *Drogen*, *Nigger*, *unverschämt* und *Verbrechen*. Doch nur Personen mit ausgeprägten Vorurteilen ließen nach unterschwelligem Priming mit neutralen, die allgemeine Kategorie

»Schwarze« aktivierenden Wörtern – *Farbige, Afro* oder *Westinder* – eine Verzerrung erkennen.

Stereotype Verzerrungen können auch die beunruhigende Tendenz erzeugen, dass sich Menschen fälschlicherweise an Berichte über Verbrechen »erinnern«, die angeblich von Schwarzen begangen wurden.[268] Mahzarin Banaji und ihre Mitarbeiter an der Yale University zeigten Collegestudenten Männernamen und erläuterten dazu, einige würden ihnen möglicherweise vertraut vorkommen, denn es handele sich um Namen von Straftätern, die kürzlich durch die Medien gegangen seien. Obwohl sich in Wirklichkeit keine Namen von Kriminellen auf der Liste befanden, glaubten die Studenten doppelt so häufig stereotype schwarze Namen (Tyrone Washington, Darnell Jones) als die von Kriminellen zu erkennen wie stereotype weiße Namen (Adam McCarthy, Frank Smith). Die Verzerrung trat selbst dann noch auf, als die Versuchspersonen folgende Instruktion erhielten: »Menschen mit rassistischen Einstellungen nennen mehr schwarze als weiße Namen; richten Sie sich bei Ihrem Urteil bitte nicht nach der ethnischen Zugehörigkeit eines Namens.«

Verzerrungen sind nicht auf ethnische Stereotype beschränkt. In einer anderen Untersuchungsreihe boten Banaji und ihre Mitarbeiter Versuchspersonen die Namen prominenter und unbekannter Personen dar und forderten sie später auf zu entscheiden, welche Namen bekannt seien und welche nicht. In früheren Studien hatten Versuchspersonen nicht prominente Namen später irrtümlich als prominent eingestuft. Die Namen erschienen den Teilnehmern deshalb vertraut, weil sie ihnen zu einem früheren Zeitpunkt präsentiert worden waren. Doch die Versuchspersonen hatten vergessen, wo sie den Namen begegnet waren – ein Attributionsfehler, wie wir ihn im vierten Kapitel betrachtet haben. In Banajis Experiment begingen die Teilnehmer diesen Fehler weit häufiger bei männlichen Namen als bei weiblichen. Ein Geschlechterstereotyp – Männer sind mit höherer Wahrscheinlich-

keit prominent als Frauen – verzerrte das Urteil der Versuchspersonen.[269]

Man kann die Auffassung vertreten, dass solche stereotypen Verzerrungen entschuldbar und sogar vernünftig seien. Schließlich sind in unserer Gesellschaft mehr Männer prominent als Frauen, genauso wie ein höherer Prozentsatz schwarzer als weißer Männer in Strafanstalten sitzt. Diese Überlegung bewegte vermutlich die abendlichen Spaziergänger, Brent Staples so auffällig aus dem Weg zu gehen. Der Campus der University of Chicago, auf dem er wohnte, grenzt an überwiegend schwarze Viertel mit extrem hoher Kriminalitätsrate. Statistisch betrachtet, also bezogen auf Bevölkerungsgruppen – Männer und Frauen, Schwarze und Weiße –, müssen stereotype Verzerrungen nicht unbedingt falsch sein. Das Problem entsteht dann, wenn Menschen in Situationen nach diesen Stereotypen handeln, in denen sie völlig ungerechtfertigt sind. Laut Banaji lautet dann das Urteil: »Schuldig durch Assoziation« statt »Schuldig durch Verhalten«. Individuen werden aufgrund ihrer Zugehörigkeit zu einer Gruppe negativ wahrgenommen und nicht wegen ihres spezifischen Verhaltens oder bestimmter persönlicher Eigenschaften.[270]

Aktivierte Stereotype verzerren nicht nur unser Denken und Verhalten, sie können auch unsere Erinnerungen beeinflussen. Wenn ich Ihnen sage, Julian, ein Künstler, sei kreativ, temperamentvoll, großzügig und furchtlos, werden Sie sich eher an die beiden ersten Attribute erinnern, weil sie dem Stereotyp des Künstlers entsprechen, als an die beiden anderen. Erzähle ich Ihnen dagegen, es handele sich um einen Skinhead, der aufsässig und aggressiv anstatt glücklich und bescheiden sei, werden Sie vermutlich auch eher die ersten beiden Eigenschaften im Gedächtnis behalten. Dieser Kongruenzfehler tritt mit großer Wahrscheinlichkeit auf, wenn Menschen ausgeprägte Stereotype mit einer bestimmten Gruppe verbinden. Beispielsweise erinnert sich jemand mit starken Rassenvorurteilen eher an stereotype Merk-

male im Verhalten eines Afroamerikaners als ein vorurteilsfreier Mensch. Und wahrscheinlich erinnert er sich auch weniger an Verhaltensweisen, die sich nicht mit dem Stereotyp decken. Diese Tendenz kann einen Teufelskreis erzeugen, das heißt, ein Stereotyp bewirkt den bevorzugten Abruf kongruenter Vorfälle, was wiederum die stereotype Verzerrung verstärkt.

Häufig kommt es auch zur stereotypen Verzerrung, wenn wir uns nicht die Mühe machen, die besonderen Merkmale eines Individuums zu berücksichtigen, weil wir in Gedanken mit anderen Dingen beschäftigt sind.[271] In kontrollierten Experimenten ist die stereotype Verzerrung am ausgeprägtesten, wenn die Versuchspersonen schwierige Aufgaben ausführen, während sie gleichzeitig Eindrücke über Menschen sammeln sollen. Am ehesten werden Sie Julian, den Künstler, als kreativ und temperamentvoll im Gedächtnis behalten, wenn bei der ersten Begegnung mit ihm Ihre Aufmerksamkeit auf eine wichtige Besprechung oder ein bevorstehendes Examen gerichtet ist. Können Sie mehr kognitive Anstrengung darauf verwenden, Julian als Individuum wahrzunehmen, dann sind Sie später wahrscheinlich in der Lage, mehr Informationen abzurufen, die sich nicht mit dem Stereotyp decken. Wenn Sie beispielsweise bemerken, dass Julian ungewöhnlich ausgeglichen wirkt, fragen Sie sich vielleicht, warum er so sehr von Ihrer stereotypen Erwartung abweicht, nach der Künstler temperamentvoll sind. Infolge Ihrer Bemühungen, die scheinbare Diskrepanz aufzulösen, findet eine elaborierte Enkodierung statt, und Sie erinnern sich später deutlich an Julians ausgeglichene Wesensart.

Entwickelt sich ein Ereignis in einer Weise, die unseren aus Stereotypen und verwandtem Allgemeinwissen erwachsenden Erwartungen widerspricht, werden wir möglicherweise Vorfälle konstruieren, die nie geschehen sind, um unsere Erinnerungen unseren Erwartungen anzugleichen. Hier zwei Versionen einer

Geschichte: Bob wünschte sich sehnsüchtig, seine Freundin Margie zu heiraten. Doch obwohl er sich vor ihrer Reaktion fürchtete, musste er ihr gestehen, dass er keine Kinder wollte. In der einen Version war Margie begeistert über Bobs Eröffnung, weil das gut zu ihren beruflichen Plänen passte; in der anderen Version war sie entsetzt, weil sie selbst unbedingt Kinder wollte. Es gibt also zwei mögliche Schlüsse: Bob und Margie heirateten, oder Bob und Margie beendeten ihre Beziehung.

Hätten Sie gelesen, dass Margie hocherfreut über Bobs Eröffnung war, würden Sie aus Ihrem allgemeinen Wissen über Beziehungen folgern, dass die beiden heirateten, und wären überrascht zu hören, dass sie sich trennten. Hätten Sie hingegen gelesen, dass Margie über Bobs Mitteilung entsetzt war, würden Sie eine Trennung erwarten und wären überrascht über eine Heirat. Versuchspersonen, die einen inkongruenten Schluss dieser Geschichte gehört hatten, vergegenwärtigten sich entscheidende Episoden in einer Weise, die zwar falsch war, aber den Anfang sinnvoll erscheinen ließ. Teilnehmer, die gelesen hatten, dass Margie entsetzt war, aber dann erfuhren, dass sie Bob heiratete, erinnerten sich beispielsweise an folgende unzutreffende Ereignisse: »Sie trennten sich, aber erkannten nach langen Gesprächen, dass ihnen ihre Liebe doch wichtiger war.« Doch Teilnehmer, die lasen, Margie sei begeistert gewesen, und später erfuhren, das Paar habe sich getrennt, erinnerten sich fälschlicherweise an Zwischenfälle wie: »Da gab es Krach mit einem oder beiden Elternteilen des anderen« oder »Sie waren in der Kinderfrage *unterschiedlicher* Meinung«.[272]

Ganz so, wie das Wahrheitsministerium in Orwells *1984* die historische Vergangenheit überarbeitet, um sie der offiziellen Lesart anzupassen, verzerrte das allgemeine Wissen den Gedächtnisabruf dieser Geschichte, um die Erinnerungen mit den Erwartungen zur Deckung zu bringen. In *1984* obliegt die Revision und Erfindung den Mitarbeitern im Wahrheitsministerium, zu denen

auch Winston Smith, der Held des Romans, gehört. In der Welt der Erinnerung sind die revisionistischen Verzerrungen mit einem der erstaunlichsten Teilsysteme des menschlichen Gehirns verknüpft.

Die Grundlage der Verzerrung

Ende der Sechzigerjahre beschrieben Neuropsychologen ein faszinierendes Syndrom, das die Fantasie von Wissenschaftlern und Öffentlichkeit in gleichem Maße beschäftigte. Patienten, bei denen aufgrund unheilbarer Epilepsie eine chirurgische Trennung der linken und rechten Gehirnhälfte vorgenommen worden war – »Split-Brain-Patienten« –, verhielten sich, als beherbergten sie zwei Seelen in einem Körper. Die linke Hemisphäre verarbeitete Sprache und Symbole, die rechte nicht sprachliche Informationen wie Bilder und Raumvorstellungen. Zwar wirkten diese Patienten in zufälligen Unterhaltungen und sozialen Interaktionen normal, doch ergaben eingehende Tests, dass sich Situationen herstellen ließen, in denen jede Hemisphäre die eintreffenden Informationen verarbeitete, ohne zu wissen, was in der anderen vor sich ging.[273]

Obwohl der linken Hemisphäre das Geschehen in der rechten nicht bekannt ist, produziert sie mühelos verschiedene Erklärungen und Rationalisierungen für die merkwürdigen Situationen, die sich aus der chirurgischen Abtrennung ergeben. Der Neurowissenschaftler Michael Gazzaniga vom Dartmouth College, dem wir wegweisende Untersuchungen an Split-Brain-Patienten verdanken, entwickelte scharfsinnige Versuchsanordnungen, um Konflikte zwischen der linken und der rechten Hemisphäre zu erzeugen, die den Hang der linken Hirnhälfte zu Erklärungen und Rationalisierungen offenbarten. Nachdem etwa der rechten Hemisphäre eines Split-Brain-Patienten ohne Kenntnis der linken Hirnhälfte ganz kurz der Befehl »Gehe« gezeigt worden war, stand der Patient

gehorsam auf. Auf die Frage, warum er gehe, rationalisierte der Patient – jetzt auf die sprachliche linke Hirnhälfte angewiesen –, er gehe sich ein Glas Sodawasser holen. In einem anderen klassischen Versuch bot Gazzaniga der rechten Hirnhälfte das Bild eines schneebedeckten Hauses und der linken eine Hühnerkralle dar. Der Patient erhielt die Anweisung (aus mehreren Angeboten), die Strichzeichnung eines Gegenstandes auszuwählen, der zu dem gesehenen Bild in Beziehung stehe. Die (von der linken Hemisphäre gesteuerte) rechte Hand wählte einen Hahn aus, der zu der Hühnerkralle passte, während sich die linke Hand (von der rechten Hemisphäre gesteuert) für eine Schneeschaufel entschied, die zu dem Winterbild passte. Angesichts des merkwürdigen Anblicks seiner beiden Hände, die auf verschiedene Zeichnungen deuteten, hielt sich der Patient an seine sprachliche linke Hemisphäre (die nichts von dem der rechten Hirnhälfte gezeigten Winterbild wusste) und bot sofort eine Erklärung an: Mit der linken Hand habe er die Schaufel ausgewählt, um damit den Hühnerstall auszumisten! Die linke Hirnhälfte wusste nicht, dass die linke Hand die Schaufel in Wirklichkeit gewählt hatte, weil sie zu dem Winterbild passte, das der nicht sprachlichen rechten Hemisphäre gezeigt worden war. Dennoch entwickelte die linke Hemisphäre selbstsicher – aber irrtümlicherweise – eine nachträgliche Rationalisierung, welche die eigentlich befremdliche Wahl sinnvoll erscheinen ließ.

Auf diese und ähnliche Beobachtungen gestützt, stellte Gazzaniga die These auf, die linke Hemisphäre enthalte einen »Dolmetscher«, der im Rückgriff auf allgemeines Wissen und frühere Erfahrung versuche, Ordnung in unsere psychologischen Welten zu bringen.[274] Dadurch können ähnliche Gedächtnisverzerrungen hervorgerufen werden, wie wir sie in früheren Abschnitten dieses Kapitels betrachtet haben. Beispielsweise zeigten Gazzaniga und seine Kollegin Elizabeth Phelps Split-Brain-Patienten Dias von alltäglichen Aktivitäten – etwa wie ein Mann aufsteht, um zur

Arbeit zu gehen. Später überprüften sie die Erinnerungen der linken und der rechten Hirnhälfte, und zwar anhand der gezeigten Ereignisse (zum Beispiel, wie der Mann auf den Wecker schaut), aber auch von noch nicht gezeigten Szenen (etwa wie er einen Fernseher einschaltet). Vor allem aber wurde jede Hemisphäre auch nach Vorgängen befragt, die in das Stereotyp (oder »Schema«) des Aufstehens passten, aber auf den ursprünglichen Dias nicht zu sehen waren – sich im Bett aufsetzen, die Zähne putzen und Ähnliches.

Oft erkannte die linke Hemisphäre fälschlicherweise neue Ereignisse wieder, die dem Stereotyp entsprachen, während das bei der rechten kaum jemals der Fall war. Wieder war hier der Dolmetscher in der linken Gehirnhälfte am Werk. Er beging einen Gedächtnisfehler, weil er auf der Grundlage des allgemeinen Wissens über Tätigkeiten reagierte, die gewöhnlich mit dem Aufstehen an einem Arbeitstag zu tun haben. Obwohl die Antworten der linken Hemisphäre, allgemein betrachtet, durchaus sinnvoll waren – Menschen setzen sich im Bett auf oder putzen sich die Zähne, wenn sie aufstehen –, waren sie doch auf diesen Dias nicht gezeigt worden.

Die Ähnlichkeit mit den oben erörterten stereotypen Verzerrungen ist auffällig. Der Dolmetscher in der linken Hemisphäre arbeitet mit Schlussfolgerungen, Rationalisierungen und Verallgemeinerungen, wenn er versucht, einen Zusammenhang zwischen Vergangenheit und Gegenwart herzustellen. Dabei trägt er wahrscheinlich auch zu Konsistenz-, Veränderungs-, Rückschau- und egozentrischen Gedächtnisfehlern bei. Einerseits hilft uns der Dolmetscher, einen Anschein von Ordnung in unser Leben zu bringen. Er ermöglicht es uns, unsere gegenwärtigen Einstellungen mit unseren früheren Handlungen und Gefühlen in Einklang zu bringen, sodass wir den beruhigenden Eindruck haben, wir hätten schon alles im Voraus gewusst, und uns in unserem Selbstwertgefühl gestärkt sehen. Letztlich kann er uns aber auch zu Selbsttäuschungen verleiten. Wenn die simplen Erklärungen und Rationalisierungen, die der Dolmetscher anbietet, nachhaltige Gedächtnisfehler hervorrufen, die uns an einer realistischen Selbsteinschätzung hindern, laufen wir sicherlich Gefahr, frühere Fehler in Zukunft zu wiederholen.

Glücklicherweise wirken dem linkshemisphärischen Dolmetscher Systeme in der rechten Hirnhälfte entgegen, die besser auf die Bedingungen der Außenwelt abgestimmt sind. In der Gedächtnisstudie von Phelps und Gazzaniga erinnerte sich die rechte Hirnhälfte beispielsweise nur an genau die Ereignisse, die sie tatsächlich erlebt hatte. Fast nie erkannte sie ähnliche Vorfälle wieder, die nicht stattgefunden hatten. In fMRI-Studien, die unter Leitung von Wilma Koutstaal in meinem Labor durchgeführt wurden, entdeckten wir, dass eine Region des rechten visuellen Kortex differenziert darauf reagiert, ob bei zwei verschiedenen Gelegenheiten ein identisches Objekt dargeboten wird (Bilder desselben Tisches) oder zwei verschiedene Beispiele eines Objekts (Bilder verschiedener Tische). Dagegen zeigt der linke visuelle Kortex dieselbe Reaktion, mögen nun die Objekte, die bei zwei verschiedenen Gelegenheiten dargeboten werden, identisch oder nur gleich sein.[275]

Die Neigung der rechten Hemisphäre, sich enger an die Tatsachen zu halten, trägt unter Umständen dazu bei, ihren mitteilsameren und fehlerträchtigeren Nachbarn unter Kontrolle zu halten. In Orwells *1984* herrscht das Wahrheitsministerium unangefochten und uneingeschränkt. Dies führt zu schrecklichen totalitären Verhältnissen. Sich selbst überlassen, könnte der linkshemisphärische Dolmetscher in der Psyche des Individuums eine ähnliche Katastrophe anrichten: Unkontrollierte Gedächtnisverzerrungen und Rationalisierungen würden zu einem ähnlichen Abgrund an Selbsttäuschung führen.

Zum Glück für unsere Spezies hat das Gehirn ein System von Kontrollen und Gegenkräften eingerichtet, die in Orwells Albtraum-

vision fehlen. Trotzdem sind die verschiedenen Arten von Gedächtnisfehlern so tief in die menschliche Kognition eingebettet, dass es kaum zuverlässige Mittel gibt, sie völlig zu vermeiden. Vielleicht können wir nicht mehr tun als akzeptieren, dass unsere gegenwärtigen Kenntnisse, Überzeugungen und Gefühle unsere Erinnerungen an die Vergangenheit beeinflussen und unsere Eindrücke von Menschen und Objekten in der Gegenwart prägen können.

Nur wenn wir wachsam sind und uns die möglichen Ursprünge unserer Vorstellungen über Vergangenheit und Gegenwart bewusst machen, können wir die Verzerrungen verringern, die entstehen, wenn das Gedächtnis zum Sklaven seiner Meister wird.

7 Persistenz:

Wenn Erinnerung zur Qual wird

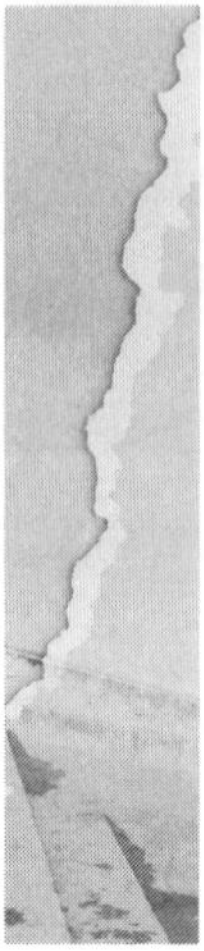

An einem sonnigen Nachmittag Anfang Oktober 1986 jubelte eine glückliche Menge von Baseballfans, als die Heimmannschaft California Angels in der Meisterschaftsrunde der American League kurz vor dem Sieg über die Boston Red Sox stand. Im neunten Inning des fünften Spiels der Serie lagen die Angels scheinbar uneinholbar vorn: Sie führten mit 5 zu 2, brauchten also nur noch einen Punkt für den Gesamtsieg. Doch die Red Sox bäumten sich auf, verkürzten auf 5 zu 4 und hatten einen Spieler mit zwei Outs auf der ersten Base platziert. In dem Bemühen, das Spiel zu beenden, schickte der Angels-Manager Gene Mauch den ausgezeichneten Ersatzspieler Donnie Moore gegen den erfahrenen Schlagmann Dave Henderson auf den Platz. Rasch warf Moore zwei Bälle, die Henderson nicht zurückschlagen konnte. Die Fans und Spieler der Angels begannen ihren Sieg schon zu feiern, als der scheinbar überforderte Henderson den dritten Wurf nur mit Mühe ins Foul Territory beförderte, um einen Verlust seines Schlagrechts zu vermeiden. Doch obwohl Henderson auf verlorenem Posten zu stehen schien, hämmerte er Moores nächsten Wurf zu einem spielentscheidenden Homerun weit ins linke Feld. Fassungslos schauten Moore, seine Mitspieler und die Menge zu, wie Henderson gemächlich die Bases ablief. Davon erholten sich die Angels nicht mehr, und die Red Sox qualifizierten sich für die World Series.

Im Laufe der Zeit überwanden die Spieler und Anhänger der Angels die vernichtende Niederlage – mit Ausnahme von Donnie Moore. Immer wieder suchte ihn die Erinnerung an Hendersons Homerun heim. Vergebens erinnerten ihn seine Mitspieler an all die Spiele, die er während der Saison gerettet hatte, seine Gedanken kreisten nur um den verhängnisvollen Pitch, und er machte sich Vorwürfe wegen der Niederlage seiner Mannschaft. Die Anhänger und die Medien frischten seine Erinnerungen ständig auf, weil sie immer wieder diesen Vorfall aufs Tapet brachten. Unfähig, die Erinnerung abzuschütteln, versank Moore immer tiefer in eine

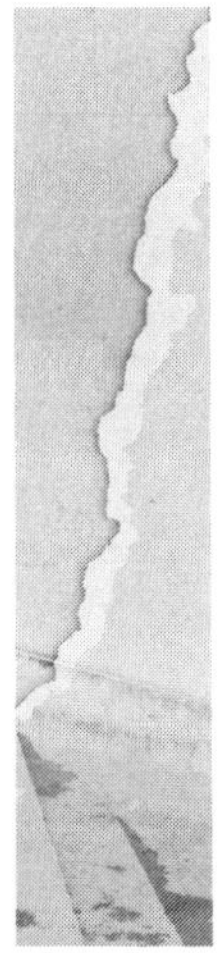

Depression, die seine Ehe und Karriere untergrub. Im Juli 1989 fand Moores unaufhaltsamer Abstieg ein gewaltsames Ende. »Von der Erinnerung an einen Wurf gequält«, begann eine Mitteilung von Associated Press, »und verzweifelt über das Scheitern seiner Karriere und Ehe, tötete Donnie Moore, der ehemalige Werfer der California Angels, laut Auskunft der Polizei seine Frau mit mehreren Schüssen, bevor er sich selbst erschoss.« Dazu Dave Pinter, Moores Agent: »Es hatte keinen Zweck, ihm zu sagen, dass ein Wurf nicht über eine Saison entscheidet, er ist nicht darüber hinweggekommen. Dieser Homerun hat ihn umgebracht.«[276]

Obwohl sich Moores Niedergang wahrscheinlich nicht ausschließlich auf diesen einen Vorfall zurückführen lässt, ist sein Tod doch ein spektakuläres Beispiel für die siebte und vermutlich am schwersten wiegende Sünde des Gedächtnisses – die Persistenz. Im Gegensatz zur Transienz, Geistesabwesenheit und Blockierung, bei denen wir Informationen oder Ereignisse vergessen, an die wir uns gerne erinnern würden, verhält es sich bei der Persistenz so, dass wir uns an Dinge erinnern, die wir gerne vergessen würden. Manchmal ist die Persistenz nur ein leichtes Ärgernis. Wir kennen alle die Situation, dass uns eine Melodie oder ein Lied nicht aus dem Kopf geht. Zunächst ist das vielleicht ganz angenehm, doch irgendwann haben wir es satt, uns diese Melodie ständig im Geiste »anhören« zu müssen, und versuchen den Eindringling aus unserem Bewusstsein zu verbannen. Gelegentlich können uns solche hartnäckigen Ohrwürmer auch von wichtigeren Dingen abhalten. Ich weiß noch, wie genervt ich an der Highschool war, als mir während einer Prüfung mein Lieblingssong von Led Zeppelin nicht aus dem Kopf gehen wollte, was mir die Konzentration auf den Test fast unmöglich machte. Eine ähnlich unangenehme Erfahrung hatte Laurie Gordon gemacht, der als Studienanfänger an einem meiner Harvard-Seminare teilnahm und Maßnahmen traf, um die Wiederholung des Phänomens zu verhindern:

»Zu einer meiner Prüfungen konnte ich ein doppelseitiges Blatt mit Notizen mitbringen. Da noch ein bisschen Platz auf dem Papier war und ich nicht wusste, welche Informationen mir in dem Examen noch nützen sollten, beschloss ich, diesen Platz mit den Texten von vier oder fünf meiner Lieblingssongs zu füllen. So hoffte ich, die Situation zu vermeiden, die ich am Vortag erlebt hatte, als ich ständig einen nervigen Song im Kopf hatte. Als ich nun in der Prüfung saß, konnte ich diese Melodie verscheuchen, indem ich einfach auf die Songtexte blickte, die ich auf dem Blatt Papier notiert hatte.«[277]

So lästig ein Ohrwurm ist, er kommt relativ selten vor, hat meist keine ernsthaften Folgen und lässt sich gut mit Techniken in den Griff bekommen, wie sie Gordon beschrieben hat. Jene Form der Persistenz, die das Leben von Donnie Moore zerstört hat, ist weit beunruhigender. So ungewöhnlich Moores Geschichte auch ist, sie zeigt doch, auf welchem Feld die Persistenz zu Hause ist: Enttäuschung, Reue, Versagen, Traurigkeit und Trauma. Erlebnisse, deren Erinnerungen hartnäckig wiederkehren, obwohl wir sie verzweifelt aus unseren Gedanken zu verbannen suchen, sind eng verknüpft mit unserem Identitäts- und Selbstwertgefühl – und manchmal eine Bedrohung dafür.

Heiße Erinnerungen

Da Persistenz eng mit unserem emotionalen Leben verknüpft ist, können wir die siebte Sünde nur verstehen, wenn wir uns den Zusammenhang von Emotion und Gedächtnis vor Augen führen. Alltagserfahrungen und Laborstudien zeigen, dass emotional besetzte Ereignisse besser im Gedächtnis bewahrt werden als solche, bei denen Emotionen keine so große Rolle spielen. Die emotionale Aufladung beginnt in dem Augenblick der Geburt einer Erinnerung – wenn Aufmerksamkeit und Elaboration entscheiden, ob

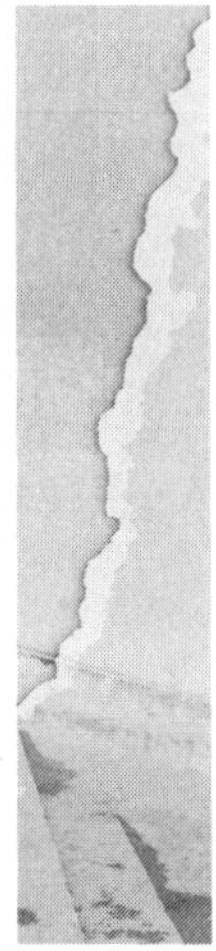

man ein Erlebnis behält oder vergisst. Wie Anflüge von Geistesabwesenheit deutlich machen, sind unsere Chancen gering, uns später an Informationen zu erinnern, die wir nicht elaboriert enkodiert haben.

Wie wir aus Experimenten wissen, ziehen emotionale Informationen die Aufmerksamkeit rasch und automatisch auf sich. Sehr anschaulich wird dies in einem Versuch vor Augen geführt, der auf einer Spielart des bekannten »Stroop-Effekts« beruht.[278] Schreiben Sie das Wort *gelb* in gelber Farbe, *rot* in blauer Farbe, *grün* in schwarzer Farbe, und versuchen Sie, die Farbe zu benennen, in der jedes Wort gedruckt ist. Sie werden feststellen, dass Sie länger brauchen, um »blau« und »schwarz« als »gelb« zu sagen. Sie können nämlich nicht umhin, die Bedeutungen von *rot* und *grün* zu analysieren, und diese kollidieren dann mit den Farben, die Sie zu benennen versuchen. Etwas Ähnliches kann mit emotionalen Wörtern wie *traurig* und *Freude* geschehen: Im Vergleich zu neutralen Wörtern wie *nass* dauert es länger, die Farben positiver und negativer Wörter zu benennen. Die emotionalen Wörter scheinen die Aufmerksamkeit automatisch auf sich zu ziehen, was der Benennung der Farbe in die Quere kommt. In dem Sekundenbruchteil, den es dauert, ein Wort zu lesen, wird seine emotionale Bedeutung abgerufen und bewertet. Dies hat Einfluss darauf, wie wir es benennen und enkodieren.

Nach dieser ersten, automatischen Bewertung wird die Bedeutung der emotionalen Information im Hinblick auf unsere gegenwärtigen Ziele und Interessen beurteilt. Die Ziele können kurzfristig oder langfristig sein. Kurzfristig will man einem Batter das Schlagrecht abnehmen, um ein Baseballspiel zu beenden, langfristig möchte man während einer Baseballsaison gute Leistungen erbringen, um in Zukunft ein besseres Gehalt zu bekommen.

Wenn unsere Handlungen uns daran hindern, unsere Ziele zu erreichen – wie es bei Donnie Moore der Fall war –, fühlen wir uns traurig, niedergeschlagen oder enttäuscht. Ermöglichen sie uns hingegen, dass wir unsere Ziele erreichen – stellen Sie sich vor, Moore hätte Dave Henderson das Schlagrecht abgenommen –, empfinden wir Glück oder sogar Begeisterung. Wenn wir unsere gegenwärtige Erfahrung auf unsere kurz- oder langfristigen Ziele beziehen, nehmen wir eine Reflexion und Analyse vor, welche die spätere Erinnerung an das Erlebnis unterstützt – eine elaborierte Enkodierung.[279]

Zwar profitiert die Erinnerung an emotionale Ereignisse normalerweise sowohl von der ersten automatischen Bewertung wie von der späteren Reflexion, aber wir müssen einen Preis dafür bezahlen. Nehmen wir einen unbeteiligten Dritten, der sich in einer Bank befindet, während sie ausgeraubt wird. In dem Bestreben, zu entkommen, fuchtelt der Räuber mit einem Revolver herum. Unter dem Eindruck seiner Furcht richtet der Zuschauer seine Aufmerksamkeit ganz auf die Waffe. Folglich kann er sich später an alle Einzelheiten des Revolvers erinnern. Doch wenn die Polizei ihn um eine Beschreibung des Räubers bittet, vermag der Zuschauer nur eine verschwommene Erinnerung an das Gesicht abzurufen – keine ausreichende Information, um bei den Ermittlungen zu helfen. Psychologen nennen dieses Phänomen »Waffenfokus«. Das emotional erregende Objekt zieht die Aufmerksamkeit automatisch an, sodass kaum noch psychische Ressourcen bleiben, um den Rest der Szene zu enkodieren. Experimente haben gezeigt, dass sich Menschen für gewöhnlich gut an den Brennpunkt eines emotional erregenden Geschehens erinnern und das mit schlechter Erinnerung an die peripheren Einzelheiten bezahlen.[280]

Die Verstärkung der Erinnerung durch emotionale Erregung gilt für positive wie negative Ereignisse: Wir erinnern uns an mehr gute und schlechte Augenblicke unseres Lebens als an neutrale. Wie negative Erlebnisse haben auch positive die Tendenz, sich unwillkürlich und hartnäckig, »intrusiv«, in Erinnerung zu bringen. Rund 90 Prozent der Collegestudenten, die emotionale Ereignisse in einem Tagebuch festhielten, berichteten später, sie hätten zumindest einige intrusive Erinnerungen an positive und negative Ereignisse gehabt – je heftiger die Emotionen, desto intrusiver die Erinnerungen. Der Unterschied besteht natürlich darin, dass positive Erinnerungen im Allgemeinen willkommene Eindringlinge sind – nur zu gern sonnen wir uns im Glanz unseres jüngsten beruflichen Erfolges, einer sportlichen Leistung oder einer Liebesbegegnung –, was bei negativen Erinnerungen entschieden nicht der Fall ist.[281]

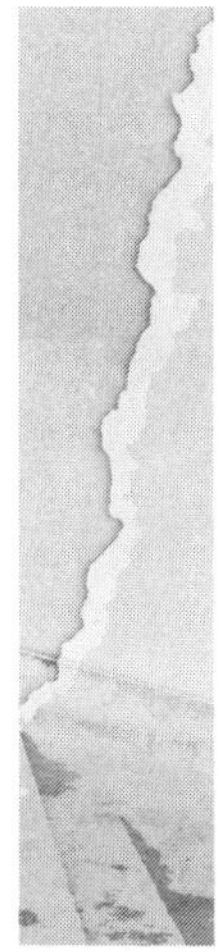

Lange haben die Psychologen darüber gestritten, ob man sich an positive oder negative Erlebnisse besser erinnern kann. Wenngleich dazu bislang wenig Befunde vorliegen, haben Experimente, die von dem Psychologen Kevin Ochsner in meinem Labor durchgeführt wurden, einen hochinteressanten qualitativen Unterschied zwischen den beiden zutage gefördert. Er zeigte Collegestudenten eine Reihe positiver, negativer und neutraler Fotos – ein lächelndes Baby, ein entstelltes Gesicht oder ein normales Gebäude. In einem späteren Test erkannten die Teilnehmer mehr positive und negative als neutrale Bilder wieder, wobei sich die positiven und negativen Fotos in etwa die Waage hielten. Doch als Ochsner von seinen Versuchspersonen genauer wissen wollte, warum sie behaupteten, ein bestimmtes Bild wieder zu erkennen, begannen sich Unterschiede zwischen positiven und negativen Erinnerungen herauszuschälen. Erkannten die Teilnehmer positive Bilder wieder, erklärten sie in der Regel, lediglich die Bilder kämen ihnen bekannt vor; erkannten sie dagegen negative Bilder wieder, berichteten sie von detaillierten, spezifischen Erinnerungen an ihre Gedanken und Empfindungen, als sie das Foto zum ersten Mal erblickten.[282] Wenn wir dazu neigen, negative Ereignisse detaillierter in Erinnerung zu behalten als positive, laufen wir Gefahr, dass wir fortwährend schmerzliche Einzelheiten ebenjener Erlebnisse abrufen, die wir unbedingt vergessen möchten.

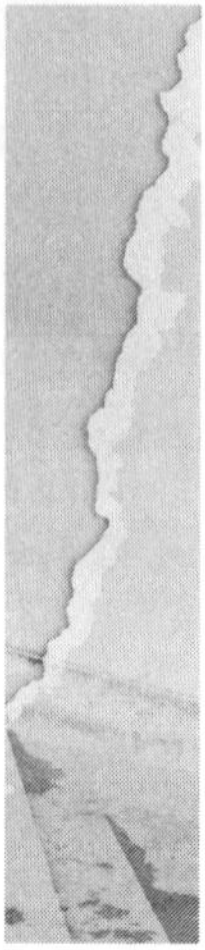

Wenn Erinnerung schmerzt

Ob jemand chronisch von Persistenz gequält wird, hängt zum Teil davon ab, was nach einem negativen Erlebnis geschieht. Im Laufe der Zeit schwindet der Schmerz, der mit unangenehmen Erfahrungen verknüpft ist. Wir haben alle schon Dinge erlebt – den Tod eines nahe stehenden Menschen, die Zurückweisung durch jemanden, den wir lieben, eine Niederlage am Arbeitsplatz –, die uns in den ersten Tagen und Wochen danach heftig zu schaffen machten. Anfangs durchleben wir das schmerzliche Ereignis wieder und wieder, doch der akute Schmerz lässt allmählich nach. Neuere Forschungsdaten lassen darauf schließen, dass negative Emotionen rascher verblassen als positive. In einer Studie, in der Collegestudenten Tagebuch über ihre täglichen Erfahrungen führten, mussten sie Annehmlichkeit und andere Eigenschaften von Ereignissen einstufen. Anschließend versuchten sie sich zu verschiedenen Zeitpunkten – von drei Monaten bis zu mehr als vier Jahren nach den Erlebnissen – an die Vorfälle zu erinnern. Die Erinnerung an unangenehme Emotionen verblasste rascher als die an angenehme.[283]

Erinnerungsreize, die mit schwierigen Erfahrungen verknüpft sind, können das normale Verblassen schmerzlicher Erlebnisse aufhalten. Der bedeutende Romancier Gabriel García Márquez beginnt seinen Roman *Die Liebe in den Zeiten der Cholera* mit einem Tribut an einen solchen Reiz: »Es war unvermeidbar: Der Geruch von bitteren Mandeln ließ ihn stets an das Schicksal verhinderter Liebe denken.«[284] Wenn wir ständig erinnert werden, kann dies den Abruf der verstörenden Einzelheiten so verstärken, dass die Persistenz unerträglich wird. Noch Monate nach Hendersons Homerun hackten Reporter, Fans und Medien auf Donnie Moore herum, sodass ihm noch nicht einmal der Trost zuteil wurde, den normalerweise die Zeit mit sich bringt. Sein Teamkollege Brian Downing gab den Medien die Schuld, weil sie Moore unablässig an den Vorfall erinnert hatten. »Ihr habt das Leben eines Mannes wegen eines Wurfs zerstört«, erklärte Downing bedrückt, nachdem er von Moores Selbstmord erfahren hatte. »Ständig war nur von diesem einen Wurf die Rede.«[285]

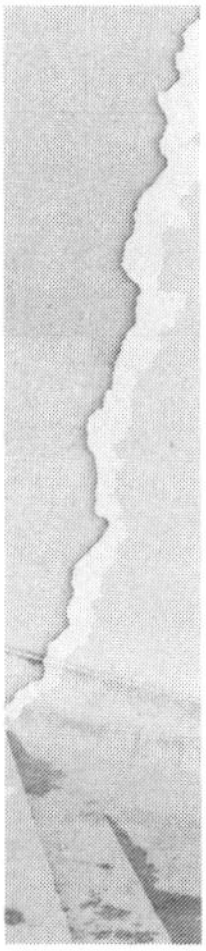

Ständige Erinnerungen an unerfreuliche Erlebnisse können uns zu »kontrafaktischem Denken« veranlassen, wie die Psychologen sagen – dazu, alternative Szenarien zu entwickeln, Handlungsverläufe zu entwerfen, die hätten sein können oder sollen.[286] Wer schon einmal Geld auf dem Aktienmarkt investiert hat, dürfte bestens mit der Macht kontrafaktischen Denkens vertraut sein. Sie sehen, dass der Kurs einer Aktie, mit der Sie liebäugeln, ständig steigt. Schließlich fassen Sie sich ein Herz und investieren, und im Handumdrehen bewahrheiten sich Ihre schlimmsten Befürchtungen – der Markt reagiert auf die erhöhten Kurssteigerungen, und Sie verlieren in wenigen Tagen 20 Prozent Ihrer ursprünglichen Investition. Während Sie hilflos mit ansehen, wie die Kurse purzeln, bereuen Sie Ihr übereiltes Handeln. Hätte ich doch mehr Geduld gehabt und gewartet, bis die Kurse nachgeben, werfen Sie sich vor, während Sie noch einmal die Augenblicke durchleben, die Sie zu der Entscheidung brachten, auf den fahrenden Zug zu springen. Nachts wachen Sie auf und grübeln über Ihre Entscheidung nach. Wie glücklich wären Sie gewesen, hätten Sie einen oder zwei Tage mit Ihrer Investition gewartet! Solch kontrafaktisches Denken kann leicht zu jener Art von Rückschaufehlern führen, die wir im sechsten Kapitel betrachtet haben.

Eine quälende Episode kontrafaktischen Denkens erlebte ich einmal im Winter bei der Rückreise von einer Konferenz in Florida. Eigentlich wollte ich am späten Freitagabend wieder in Boston sein, hörte aber im Wetterbericht die Warnung vor einem heftigen Schneesturm, der sicherlich zur Streichung meines Flugs führen würde. Sollte ich die Konferenz vorzeitig verlassen, um vor dem Schneesturm nach Boston zurückzukehren, oder mich entspannen

und Floridas Sonnenschein noch ein oder zwei Tage länger genießen? Nach einigem Hin-und-her-Überlegen entschloss ich mich, dem Schneesturm zuvorzukommen. Fast wäre mein Plan aufgegangen: Meine Maschine befand sich bereits im Landeanflug auf Boston, und es sah so aus, als würde ich vor dem Blizzard nach Hause kommen. Doch die Bedingungen verschlechterten sich plötzlich so, dass der Flug mit einer Notlandung in Maine endete. Anschließend erwartete mich eine 18-stündige Odyssee: Warten, ein weiterer fehlgeschlagener Landeversuch, eine Umleitung zum Kennedy-Flughafen in New York und schließlich eine nächtliche Taxifahrt nach Boston mit mehreren anderen nervösen Passagieren. Warum bist du bloß nicht im sonnigen Süden geblieben, dachte ich immer wieder, während die Situation zunehmend aus dem Ruder lief. Während ich an meine Entscheidung zurückdachte, dem Schneesturm zuvorzukommen, malte ich mir aus, wie ich mit der Fluggesellschaft telefonierte und die in der Rückschau kluge Entscheidung traf, noch ein wenig länger in Florida zu bleiben.

Wesentlich schwerer wiegende Konsequenzen hat andauerndes – »persistierendes« – kontrafaktisches Denken, wenn wir das Gefühl haben, wir hätten durch unser Handeln eine Tragödie verhindern können. Wenn sich Menschen das Leben nehmen, werden Freunde und Angehörige häufig von persistierenden kontrafaktischen Gedanken heimgesucht, die um die Frage kreisen, wie sie den Selbstmord hätten verhindern können. »Manche Hinterbliebenen machen sich Vorwürfe, dass sie nicht eingegriffen haben«, meinte der britische Suizidexperte Mark Williams, »und zerbrechen sich endlos den Kopf darüber, wie sie hätten reagieren müssen, um es zu verhindern.« Selbst wenn ein naher Verwandter an einer unheilbaren Krankheit stirbt, lassen die trauernden Familienangehörigen »immer wieder im Geiste die Ereignisse Revue passieren, die zum Tode führten, wobei sie das Geschehen oft endlos durchspielen, als könnten sie dadurch die Ereignisse ungeschehen

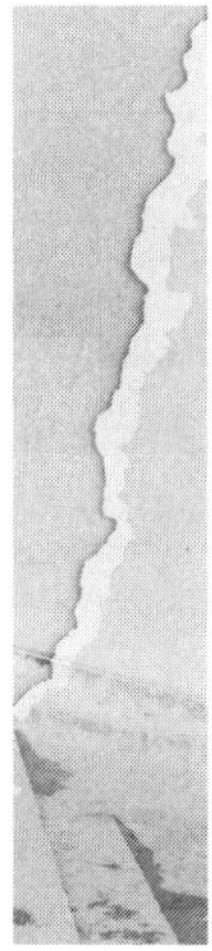

machen oder verändern«. Eine Witwe, die durch kontrafaktisches Denken wie gelähmt war, erklärte: »Ich durchlebe immer wieder diese letzte Woche im Krankenhaus. ... es scheint sich in mein Gehirn eingebrannt zu haben.«[287] Im Einklang mit diesen realen Beispielen haben Laborstudien gezeigt, dass negative Erfahrungen zu vermehrtem kontrafaktischem Denken des »Hätte ich doch ...« führen als positive Erlebnisse.[288]

Persistierende Erinnerungen und kontrafaktisches Denken begleiten fast unvermeidlich erschütternde Ereignisse wie den Tod eines geliebten Menschen. Doch unsere Reaktionen auf viele Arten von Enttäuschungen und Fehlschlägen hängen zumindest teilweise von früheren Erfahrungen ab, die unser Bild von uns selbst festlegen: Selbst fortwährendes Erinnertwerden an unerfreuliche Erfahrungen muss nicht unbedingt lähmendes kontrafaktisches Denken oder jene verstörende Persistenz hervorrufen, die Donnie Moore ins Unglück trieb. Da ist zum Beispiel der Fall von Jean Van de Velde. Dieser bis dahin unbekannte französische Golfprofi erregte internationales Aufsehen, als er im Juli 1999 in der Schlussrunde der British Open, eines sehr renommierten Golfturniers, an der Spitze des Teilnehmerfeldes lag. Am Abschlag des 18. Lochs führte Van de Velde mit beeindruckenden drei Schlägen. Nur eine absolute Katastrophe konnte ihm noch den Sieg nehmen. Und doch scheiterte er: Unkontrollierte Schläge in fernste Bereiche des Rough und ins Wasser führten dazu, dass er für das Par 5-Loch acht Schläge benötigte, ein Triple-Bogey. Millionen Golffans in aller Welt waren fassungslos. Es kam zum Gleichstand mit zweien seiner Verfolger, und Van de Velde verlor das Turnier im Play-off. Dies war der erstaunlichste Einbruch, den es im Profigolf jemals gegeben hatte.

Angesichts dieser Katastrophe verkündeten die Londoner Zeitungen am folgenden Tag, die bittere Erinnerung an seinen Einbruch werde Van de Velde für den Rest seines Lebens verfolgen. Doch das sollte sich nicht bewahrheiten. Zwar war Van de Velde in

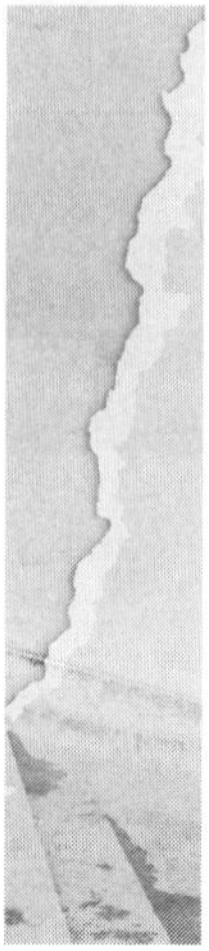

den Stunden und Tagen nach dem verlorenen Turnier betroffen und enttäuscht, doch wurde er nicht wie Donnie Moore zum Gefangenen persistierender Erinnerungen. Er verfiel auch nicht in endloses kontrafaktisches Denken darüber, was er am verhängnisvollen 18. Loch hätte tun können oder sollen. Stattdessen erläuterte er die Gründe für einige seiner strittigen Entscheidungen, die sich als höchst nachteilig erwiesen hatten, und ordnete die Erfahrung in einen größeren Rahmen ein: Er erklärte, Golf sei ein Spiel und nur ein Teil seines Lebens. Statt sich zu grämen, genoss Van de Velde den neuen Ruhm, der ihm zuteil wurde, nachdem er bei einem internationalen Turnier gekämpft hatte. »Vielleicht liegt es an meiner Wesensart«, erwiderte er einige Wochen später auf die Frage von Journalisten, wie es ihm gelinge, so gut mit der Situation fertig zu werden und sich nicht ständig mit den Geschehnissen am 18. Loch zu beschäftigen. »Ich lebe nicht in der Vergangenheit.«[289]

Die gegensätzlichen Schicksale von Donnie Moore und Jean Van de Velde führen uns vor Augen, dass nicht jede Enttäuschung notwendigerweise zu lang andauernder Persistenz führen muss: Wie wir auf widrige Umstände reagieren und ob wir von Persistenz heimgesucht werden, hängt von unserer Einschätzung und Bewertung ab. Psychologen bezeichnen die Sammlungen vergangener Erfahrungen, die gegenwärtige Einschätzungen beeinflussen, als »Selbst-Schemata«.[290] Die in Jahren und Jahrzehnten entstandenen Selbst-Schemata enthalten das evaluative Wissen um unsere Wesensmerkmale. Entscheiden Sie, welches der folgenden Wörter Sie beschreibt: traurig, optimistisch, erfolgreich oder lethargisch. Um derartige Urteile zu fällen, rekurrieren Sie auf ein Selbst-Schema, das einschlägige Informationen aus individuellen Erfahrungen und zusammengesetzte Bilder aus verschiedenen Abschnitten Ihres Lebens enthält. Emotional gesunde Personen wählen gewöhnlich mehr positive als negative Wörter aus, während sich depressive Menschen für mehr negative als positive Wörter ent-

scheiden. Die Depression ist mit einem außerordentlich negativen Selbst-Schema verknüpft, was zur Folge hat, dass sich Betroffene chronisch als unzulänglich oder schwach wahrnehmen. Der große russische Dichter Alexander Puschkin hat einige der bohrenden Gefühle intrusiver Erinnerungen beschrieben, die ein negatives Lebensskript oder Selbst-Schema verstärken:

> Ich spüre in der Nacht, wie's in mir wühlt und bohrt
> Und aufzuckt in Gewissensbissen;
> Die Träume glühn; im Geist, erdrückt von Schmerz
> und Gram,
> Drängt lastend der Gedanken Fülle;
> Und die Erinnerung löst das Buch von Reue und von
> Scham
> Wortlos vor mir aus seiner Hülle;
> Und zitternd les ich nun, gequält von bitterem Hass,
> In meinem Leben, dem ich fluche,
> Und klag ich auch und wein ich Tränen ohne Maß –
> Sie löschen nichts in diesem Buche.[291]

Ein negatives Selbst-Schema kann leicht in die Depression führen, weil es ein vielfältiges Wissensnetz liefert, das die Enkodierung und Bewahrung negativer Erfahrungen erleichtert. Wenn depressive Patienten beurteilen sollen, ob Wörter wie *scheitern* oder *glücklich* auf sie zutreffen, denken sie später an mehr negative Wörter – aber nicht an mehr positive Wörter – als gesunde Kontrollpersonen. Die Harvard-Psychologin Patricia Deldin hat festgestellt, dass depressive und nicht depressive Individuen unterschiedliche Muster elektrischer Hirnaktivität bei der Enkodierung von positiven und negativen Informationen zeigen. Im Vergleich zu gesunden Kontrollpersonen waren bei depressiven Patienten die elektrischen Reaktionen auf negative Wörter stärker als auf positive.[292] Diese Unterschiede, die in den flüchtigen Augenblicken der Geburt einer Erinnerung auftreten, begünstigen den persistierenden Abruf negativer Erfahrungen – was wiederum die depressive Verstimmung verstärken und auf diese Weise zu einem Teufelskreis führen kann.

Wir wissen nicht, ob Donnie Moore ein ungewöhnlich negatives Selbst-Schema besaß, das ihn anfällig für Persistenz machte. Ebenso wenig können wir sagen, ob Jean Van de Velde über ein außergewöhnlich positives Selbst-Schema verfügte, das ihn vor der siebten Sünde des Gedächtnisses bewahrte. Doch wir wissen, dass Patienten, die unter einer klinischen Depression leiden, in besonderem Maße zu Persistenz neigen. Aus Studien des Psychologen Chris Brewin und seiner Kollegen von der University of London geht hervor, dass depressive Patienten weitaus anfälliger für intrusive Erinnerungen an negative Erlebnisse sind als gesunde Kontrollpersonen. In einer Untersuchung stellte Brewins Gruppe fest, dass fast alle Patienten, die durch einen kürzlichen Todesfall, Krankheiten, sexuellen Missbrauch oder erlittene Gewalt depressiv geworden waren, über unerwünschte persistierende Erinnerungen im Zusammenhang mit dem auslösenden Ereignis berichteten.[293]

Brewin untersuchte das Vorkommen intrusiver Erinnerungen auch bei Menschen, bei denen vor kurzem Krebs diagnostiziert worden war. Einige der Betroffenen verfielen in eine schwere Depression, andere in eine leichte, und wieder andere wurden nicht depressiv. Die schwer depressiven Patienten berichteten von weitaus mehr intrusiven Erinnerungen – die vor allem mit Krankheit, Verletzung und Tod zu tun hatten – als die anderen.[294] Diese intensive Persistenz konnte der negativen Verstimmung zugeschrieben werden, die bei schwerer Depression vorherrscht. Aus Laborstudien wissen wir, dass der jeweilige Gemütszustand Einfluss darauf hat, welche Arten von Erinnerungen Menschen abrufen: In glücklicher Stimmung treten uns eher Erinnerungen an positive Erlebnisse ins Bewusstsein als Erinnerungen an negative

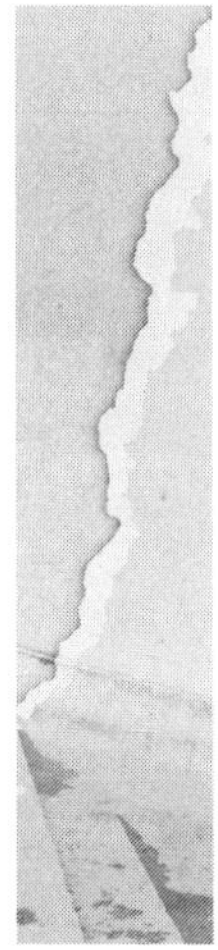

Erfahrungen; wenn wir düsterer Stimmung sind, ist es meist umgekehrt. Die intrusiven Erinnerungen der Krebspatienten könnten auch auf negative Selbst-Schemata zurückzuführen sein, die Patienten erst für die Ausbildung von Depressionen prädisponieren. Möglicherweise haben die Patienten einen größeren Vorrat negativer Erinnerungen als Patienten, die eine Krebsdiagnose emotional verkraften. Wiederum sind alle Bedingungen für die Entstehung eines Teufelskreises gegeben, in dem negative Selbst-Schemata und Verstimmungen einen fruchtbaren Boden für den persistierenden Abruf von negativen Erinnerungen bilden, die ihrerseits die Depression verstärken.

Die Psychologin Susan Nolen-Hoeksema und ihre Mitarbeiter von der University of Michigan haben herausgefunden, dass grüblerische Menschen, die sich zwanghaft auf ihre gegenwärtigen negativen Stimmungen und früheren negativen Erlebnisse konzentrieren, besonders gefährdet sind, in einem solch zerstörerischen Teufelskreis zu landen.[295] Sie erleiden längere Depressionsphasen als Menschen, die kaum zu Grübeleien neigen. Nolen-Hoeksema hat die Stimmung und die grüblerischen Neigungen in einer großen Gruppe von Collegestudenten erfasst, bevor 1989 das Loma-Prieta-Erdbeben die Bay Area in Nordkalifornien erschütterte. In den Tagen und Wochen nach dem verheerenden Ereignis untersuchte sie die Stimmungen und emotionalen Reaktionen dieser Studenten. Teilnehmer, die vor dem Erdbeben zur Grübelei geneigt hatten, waren Wochen danach eher depressiv als Studenten, bei denen vorher keinerlei Anzeichen dafür erkennbar gewesen waren. Größere Neigung zum Grübeln vor dem Erdbeben war verknüpft mit längerer und schwererer Depression. Ähnliches beobachtete Nolen-Hoeksema an Menschen, die unheilbar kranke Patienten pflegten – eine Personengruppe, bei der die Gefahr einer Depression besonders groß ist. Pflegepersonen, die dazu neigten, über gegenwärtige und vergangene negative Erfahrungen zu grübeln, litten im Verlauf einer tödlichen Krank-

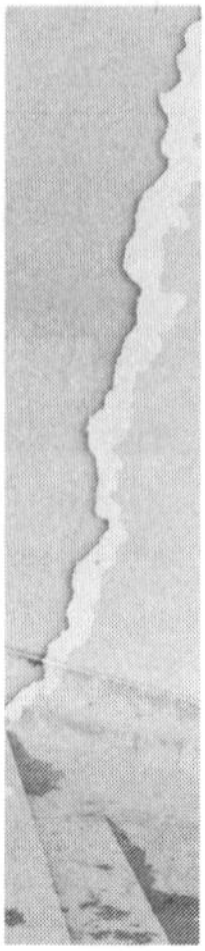

heit unter schwereren Depressionen als andere Pflegepersonen.

Vor kurzem hat Nolen-Hoeksemas Gruppe einen noch stärkeren Zusammenhang von Neigung zur Grübelei, Depression und Gedächtnis nachgewiesen. Collegestudenten, die in depressiver oder nicht depressiver Stimmung waren, arbeiteten an zwei Aufgaben unterschiedlicher Art. Die Grübelaufgabe befasste sich mit der gegenwärtigen Stimmung der Studenten, ihrem Energieniveau und früheren Ereignissen, die dazu beigetragen hatten, dass sie geworden waren, wie sie waren. Die Ablenkungsaufgabe sollte die Aufmerksamkeit der Studenten auf andere Dinge richten als ihre Stimmungen und Sorgen. Dabei wurde von den Teilnehmern verlangt, sich Mona Lisas Gesicht oder Wolkengebilde am Himmel vorzustellen. Anschließend forderte man die Studenten auf, sich an autobiografische Einzelheiten aus ihrer Vergangenheit zu erinnern. Bei Studenten, die sich bereits in depressiver Stimmung befanden, führte die Grübelaufgabe zum Abruf von mehr negativen autobiografischen Erinnerungen als die Ablenkungsaufgabe.[296]

Neigung zur Grübelei könnte durch einige Unterschiede zwischen den Reaktionen von Männern und Frauen auf Depressionen erklärt werden. Nolen-Hoeksema zeichnete einen Monat lang Depressionsphasen bei Frauen und Männern auf. Sie stellte fest, dass Frauen eher als Männer dazu neigten, über ihre depressiven Stimmungen zu grübeln. Männer zeigten eher die Tendenz, sich in ablenkende Tätigkeiten zu stürzen – die Arbeit oder ein Hobby. Intensives Grübeln trug dazu bei, dass Frauen längere und schwerere Depressionsphasen durchlebten als Männer. Auch hier war der Teufelskreis von Grübelei, Gedächtnis und Depression am Werk. Wenn Frauen grübelten, fragten sie sich, warum sie depressiv waren, und aktivierten dadurch eine Fülle von negativen Erinnerungen: frühere Erlebnisse, in denen sie sich unzulänglich fühlten oder sich anderweitig in einem negativen Licht sahen. Solche negativen Erinnerungen vertieften eine ohnehin schon düstere Stimmung und führten in eine längere, leidvolle Depression. Durch die Flucht in ablenkende Tätigkeiten entzogen sich Männer dieser Abwärtsspirale.[297]

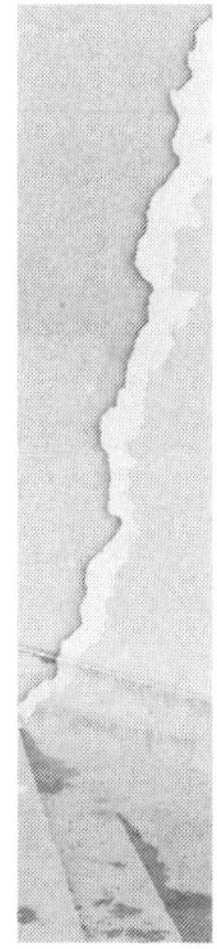

Dabei ist es wichtig, zwischen dem Grübeln über schmerzliche Erlebnisse und ihrer Offenbarung anderen gegenüber zu unterscheiden. Zur Grübelei gehört, dass die Gedanken und Erinnerungen zwanghaft um die gegenwärtige Stimmung oder Situation kreisen, wodurch sich die Lage weiter verschlimmert. Wenn man dagegen die schwierigen Erfahrungen anderen mitteilt, kann sich das sehr positiv auswirken. Der Psychologe James Pennebaker und seine Mitarbeiter an der University of Texas haben Studien durchgeführt, in denen die Teilnehmer verstörende Erfahrungen offenbarten, indem sie sie mehrere Tage lang aufschrieben oder darüber sprachen.[298] Die Folgen sind erstaunlich günstig: positivere Stimmungen, verbesserte Immunfunktionen, weniger Arztbesuche, besserer Notendurchschnitt, weniger Fehlzeiten am Arbeitsplatz und sogar höhere Wiedereinstellungsraten nach Arbeitsplatzverlust. Zwar sind die genauen Gründe für diese positiven Wirkungen noch strittig, doch lassen die Ergebnisse darauf schließen, dass wichtige physiologische Systeme beeinflusst werden, wenn man die aufwühlenden Emotionen in eine narrative Form bringt.

Der Unterschied zwischen der Erzeugung hilfreicher narrativer Strukturen und endlosen Grübeleien zeigt sich sehr deutlich bei schweren oder suizidalen Depressionen. Suizidal-depressiven Patienten fällt es unter Umständen schwer, zusammenhängende Erzählungen hervorzubringen, weil ihre grüblerischen Gedanken ständig um »übergeneralisierte Erinnerungen« kreisen, wie der britische Psychologe Mark Williams sie nennt. Vor einigen Jahren begann Williams Experimente über das autobiografische Gedächtnis suizidal-depressiver Patienten durchzuführen. Dabei bediente er sich einer bekannten Technik, die mit Wortreizen arbeitet. Ver-

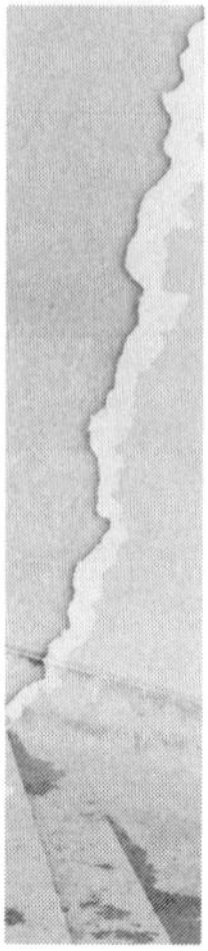

suchen Sie, sich bei jedem der folgenden Wörter an ein bestimmtes Ereignis aus Ihrem Leben zu erinnern: *glücklich, betrübt, zornig* und *erfolgreich*. Die meisten Menschen haben keine Schwierigkeit, zu diesen Wörtern spezifische Erlebnisse abzurufen. Bei *glücklich* fällt mir beispielsweise ein, wie stolz ich war, als meine Tochter Hannah bei einem Spiel in der Basketballliga drei Körbe warf. Bei *betrübt* erinnere ich mich daran, wie unangenehm es einer befreundeten Kollegin war, dass sie die Dias verloren hatte, die ich für einen Vortrag an ihrer Universität brauchte.

Williams berichtet, dass schwer depressive Patienten auf positive oder negative Wortreize selten Erinnerungen an spezifische Vorfälle abriefen – obwohl Kevin Ochsners Ergebnisse darauf schließen lassen, dass diese Patienten eine natürliche Neigung haben, negative Ereignisse sehr detailliert zu wiederholen. Stattdessen lieferten diese Patienten summarische Beschreibungen: Auf den Wortreiz *betrübt* folgte die Reaktion »wenn ich etwas falsch mache«, oder auf *glücklich* kam die Antwort »mein Vater«. Williams meint, der persistierende Abruf übergeneralisierter Erinnerungen könne schließlich zum Entschluss beitragen, sich das Leben zu nehmen. Ein unerfreuliches Ereignis, das in der suizidalen Entwicklung zum letzten Anlass wird, kann den Abruf von negativen übergeneralisierten Erinnerungen und entsprechend fokussierte Grübeleien auslösen, zum Beispiel: »Ich bin immer ein Versager gewesen« oder »Nie hat mich jemand wirklich gemocht.« Gelegentlich wird der fortwährende Abruf solcher selbstschädigender Beschreibungen für den Patienten unerträglich und führt zu dem Entschluss, seinem Leben ein Ende zu setzen.[299]

Studien zur Gehirnaktivität depressiver Patienten liefern einige Hinweise auf mögliche hirnorganische Grundlagen persistierender übergeneralisierter Erinnerungen.[300] In mehreren Untersuchungen hat man festgestellt, dass depressive Patienten eine relativ reduzierte Aktivität in Teilen des linken Frontallappens aufweisen, vor allem an der seitlichen Oberfläche (in der dorsolateralen Frontalregion), im Ruhezustand ebenso wie bei der Durchführung kognitiver Aufgaben. Schlaganfallpatienten mit einer Schädigung des linken Frontallappens werden häufig depressiv, was bei Patienten, deren rechter Frontallappen in Mitleidenschaft gezogen ist, gewöhnlich nicht der Fall ist. Möglicherweise spielen die beeinträchtigten Regionen im linken Frontallappen eine Rolle bei der Erzeugung positiver Emotionen.

Neuroimaging-Studien lassen darauf schließen, dass ähnliche Regionen im linken präfrontalen Kortex an der Rückschau auf frühere Erlebnisse und am Gedächtnisabruf bestimmter Aspekte der Geschehnisse beteiligt sind.[301] In den von der Psychologin Marcia Johnson und ihrer Forschungsgruppe an der Yale University durchgeführten Studien war die Aktivität im linken präfrontalen Kortex während des Gedächtnisabrufs am größten, wenn sich die Versuchspersonen an bestimmte Details früherer Erlebnisse erinnerten. Wenn schwer depressive Patienten größere Schwierigkeiten haben, Schlüsselregionen im linken Frontallappen zu aktivieren, sind sie unter Umständen besonders anfällig für den persistierenden Abruf übergeneralisierter Erinnerungen. Ein gesunder Mensch könnte in der Lage sein, dem Abruf negativer Erinnerungen entgegenzusteuern, indem er sich ein spezifisches positives Erlebnis ins Gedächtnis ruft. Wenn mein Paper von einer wissenschaftlichen Zeitschrift abgelehnt wird, mich dieser Vorgang an frühere Ablehnungen erinnert und ich zu dem Schluss komme, dass ich ein lausiger Forscher bin, kann ich immer noch spezifische Erinnerungen an Artikel abrufen, die von den Gutachtern der betreffenden Zeitschriften begeistert aufgenommen wurden. Beflügelt von diesen positiven Erinnerungen, beginne ich meine Fähigkeiten in einem positiveren Licht zu sehen und beschließe, den abgelehnten Artikel zu überarbeiten, damit er an anderer Stelle publiziert werden kann. Doch wenn ich depressiv und daher unfähig bin, spezifische Erinnerungen hervorzubringen, kann es durchaus passieren, dass mich intrusive, übergeneralisierte Erinnerungen überwältigen, die meiner niedergeschlagenen Stimmung entsprechen – »ich hatte immer Probleme, meine Arbeiten in den wichtigen Zeitschriften zu veröffentlichen«, »Ich bin eben ein Versager« – und damit mein Gefühl der Verzweiflung weiter verstärken. Ein funktionsgestörter linker Frontallappen könnte durchaus zu diesem destruktiven Kreislauf beitragen.

Persistenz gedeiht also in einem emotionalen Klima von Enttäuschung, Traurigkeit und Bedauern. Doch um eine Vorstellung von der ganzen Macht der siebten Sünde zu erhalten, müssen wir uns der Welt der traumatischen Erfahrungen zuwenden.

Schrecken in der Vergangenheit

»In Sakai ... versetzte sie das Erdbeben in solchen Schrecken, dass vielen die Sinne schwanden, während andere von dem entsetzlichen Schauspiel in einem Maße verstört waren, dass sie nicht mehr wussten, was sie taten. Blasius, Christ und Chronist der Ereignisse, war seinerseits derart entsetzt, dass er, obschon zwei Monate verstrichen waren, kaum er selbst war noch die Erinnerung an das Geschehene aus seinem Gedächtnis zu verbannen vermochte. Noch Jahre hindurch sollten sie immer wieder bei der Erinnerung oder Vorstellung des schrecklichen Themas erbeben, ja ihr ganzes Leben lang, wenn davon die Rede war.«[302]

In seiner klassischen Abhandlung *The Anatomy of Melancholy* hat der britische Schriftsteller Robert Burton im 17. Jahrhundert die verheerenden psychischen Folgen eines antiken Erdbebens beschrieben. Die Erfahrungen, die Blasius und andere in Sakai machten, haben sich im Laufe der Jahrhunderte und Jahrtausende zahllose Male wiederholt: Traumatische Erlebnisse bewirken fast

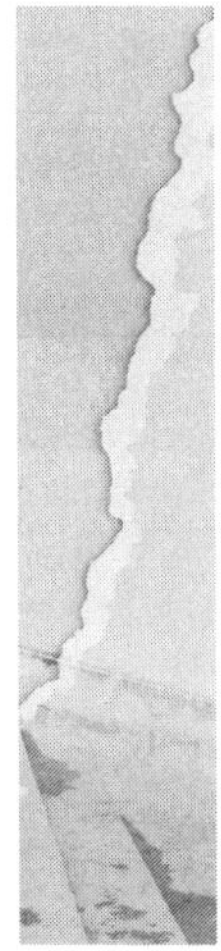

unvermeidlich intrusive, persistierende Erinnerungen an das schreckliche Ereignis.

Im 20. Jahrhundert wurden die negativen Folgen traumatischer Erfahrungen für das Gedächtnis und andere psychische Funktionen erstmals während des Ersten Weltkrieges erkannt. Die Ärzte begannen Fälle des so genannten Granatenschocks zu behandeln – Soldaten, die auf den Schlachtfeldern Europas lebensgefährliche Situationen durchlebt hatten, waren wie gelähmt durch ständig wiederkehrende Albträume und intrusive Erinnerungen an ihre Begegnungen mit dem Tod. Nach dem Krieg berief die britische Regierung einen Ausschuss, der feststellen sollte, ob Soldaten, die wegen Feigheit vor dem Feind hingerichtet worden waren, in Wirklichkeit unter einem Granatenschock gelitten hätten.[303] Mit dem Zweiten Weltkrieg kam es zu einer weiteren Zunahme solcher Fälle, doch dieses psychische Leiden, das wir heute posttraumatische Belastungsstörung nennen, wurde von der medizinischen Zunft allgemein und offiziell erst nach dem Ende des Vietnamkrieges anerkannt. Krankenhäuser und andere Institutionen, die sich um die zurückgekehrten Veteranen kümmerten, wurden überflutet mit Fällen, in denen intrusive Kriegserinnerungen und stetig wiederkehrende, von Schlachtenbildern gespeiste Albträume die Fähigkeit der Betroffenen beeinträchtigten, ihr Leben in der Heimat fortzusetzen und sich wieder in die Gesellschaft einzugliedern.

Persistierende Erinnerungen sind eine Hauptfolge fast jeder Art von traumatischer Erfahrung: Krieg, erlittene Gewalt oder Vergewaltigung, sexueller Missbrauch, Erdbeben und andere Naturkatastrophen, Folter und brutale Kerkerhaft, Autounfälle. Obwohl derartige Ereignisse relativ selten vorzukommen scheinen, lassen epidemiologische Untersuchungen darauf schließen, dass etwas mehr als die Hälfte der Frauen und 60 Prozent der Männer in ihrem Leben mindestens ein traumatisches Erlebnis haben.[304] Die intrusiven Erinnerungen, die aus solchen Erlebnissen resultieren, nehmen

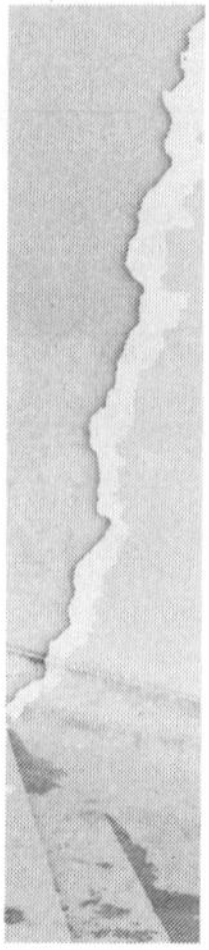

gewöhnlich die Form lebhafter Vorstellungsbilder an, die noch bis ins kleinste Detail ebenjene Merkmale eines Traumas bewahren, an dessen Vergessen den Betroffenen besonders gelegen wäre. Obwohl intrusive Erinnerungen in jeder Sinnesmodalität vorkommen können, sind visuelle Erinnerungen bei weitem am häufigsten. Die Psychologin Anke Ehlers aus Oxford untersuchte die Wahrnehmung intrusiver Erinnerungen bei Menschen, die durch sexuellen Missbrauch oder Verkehrsunfälle traumatisiert waren. Für beide Arten von Traumata galt, dass bei fast allen Betroffenen visuelle Erinnerungen vorherrschten: Einige erinnerten sich an »Einzelbilder« des traumatischen Geschehens, während etwa der gleiche Anteil der Befragten von »Filmsequenzen« berichtete, die aus mehreren Bildern bestanden. Auch andere Sinne spielten eine gewisse Rolle: Mehr als die Hälfte der Opfer von sexuellem Missbrauch und von Verkehrsunfällen berichtete von intrusiven Erinnerungen in Form von Gerüchen, Geräuschen und Körperempfindungen.[305]

Posttraumatische Belastungsstörungen (PTSD nach *post-traumatic stress disorder*) stehen häufig mit Depressionen im Zusammenhang. Chris Brewin hat einen direkten Vergleich angestellt zwischen intrusiven Erinnerungen bei traumatisierten Patienten und bei depressiven Patienten, die kein spezifisches Trauma erlitten hatten.[306] Patienten mit PTSD berichteten häufiger über intrusive Erinnerungen und Flash-backs (Erinnerungsattacken) als depressive Patienten, doch die Eigenschaften der Erinnerungen waren im Wesentlichen bei beiden Gruppen ähnlich. Traumatisierte Patienten berichteten jedoch von ungewöhnlichen dissoziativen Zuständen: Dabei hatten sie den Eindruck, sie wären Zeugen eines Ereignisses, das jemand anderem zustieß.

Studien an Traumaopfern lassen darauf schließen, dass fast alle Betroffenen verstörende intrusive Erinnerungen in den Tagen und Wochen nach einem Trauma erleben. Doch wie der Fall Jean Van de Velde zeigt, wird nicht jeder auch noch Monate, Jahre oder

Jahrzehnte später von intrusiven Erinnerungen heimgesucht. Wer noch lange nach einem traumatischen Ereignis von intrusiven Erinnerungen gequält wird und daher sein normales Leben nicht wieder aufnehmen kann, leidet höchstwahrscheinlich an einer posttraumatischen Belastungsstörung.[307]

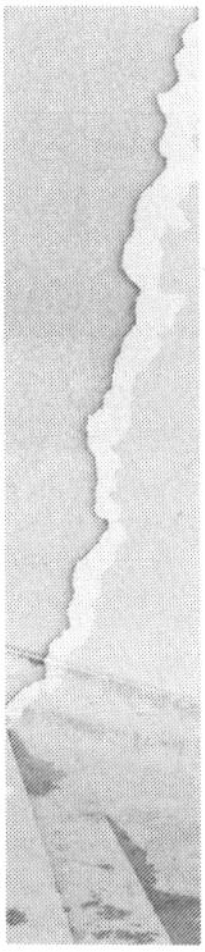

Einige Menschen stehen so stark unter dem Einfluss eines traumatischen Ereignisses, dass sie in der Vergangenheit »stecken bleiben«.[308] Untersuchungen an Vietnamveteranen und Opfern sexuellen Missbrauchs lassen darauf schließen, dass Menschen, die jahrelang auf die Vergangenheit fixiert bleiben, ein höheres Maß an seelischem Leid erdulden als andere, die ihre Aufmerksamkeit auf die Gegenwart und Zukunft richten. Ein hohes Maß an seelischem Leid bewirkt wiederum eine noch größere Vergangenheitsfixierung und löst damit einen zerstörerischen Teufelskreis persistierenden Erinnerns aus, wie wir ihn bereits bei depressiven Patienten beobachtet haben.

Die Wahrscheinlichkeit, dass eine Person in der Vergangenheit stecken bleibt, hängt teilweise davon ab, wie sie im unmittelbaren Anschluss an ein Trauma reagiert. Erinnern Sie sich an die entsetzlichen Waldbrände, die 1993 riesige Gebiete in Südkalifornien zerstörten, Leben gefährdeten und zahllose Bewohner zwangen, ihre Häuser zu verlassen. Alison Holman und Roxane Silver von der University of California befragten Betroffene am benachbarten Laguna Beach und in der Malibu-Topanga-Region von Los Angeles wenige Tage nach der Katastrophe, sechs Monate danach und schließlich ein Jahr später. Unmittelbar nach den Bränden berichteten einige der Befragten von einer Störung ihres Zeitsinns: Sie hatten das Gefühl, die Zeit sei zum Stillstand gekommen oder die Gegenwart bilde kein Kontinuum mehr mit der Vergangenheit und der Zukunft. Betroffene, die unmittelbar nach den Bränden unter einer hochgradigen Ausprägung dieser »zeitlichen Desintegration« litten, neigten besonders dazu, noch sechs Monate später über das

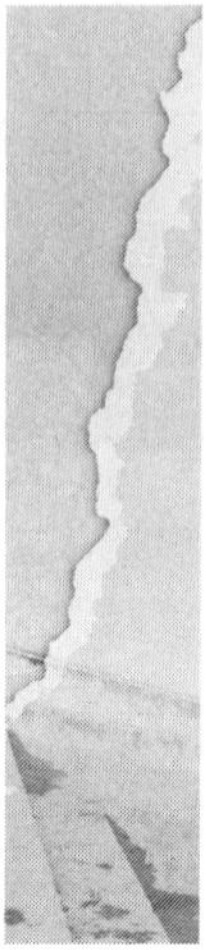

Ereignis zu grübeln. Ein Jahr später litten diese Personen stärker unter den Erinnerungen als Menschen, die sich in den dazwischen liegenden Monaten auf die Gegenwart oder Zukunft konzentrieren konnten. Zeitliche Desintegration als Reaktion auf ein Trauma ist also ein prognostischer Hinweis auf spätere Probleme bei Menschen, die in der Vergangenheit stecken bleiben, das heißt zu Gefangenen persistierender Erinnerungen werden.

Langfristige psychologische Probleme können auch daraus erwachsen, dass sich die Betroffenen bemühen, in der unmittelbaren Folgezeit nicht an ein traumatisches Ereignis zu denken. Die überwältigende Pein eines traumatischen Erlebnisses und die mit ihm verbundenen intrusiven Erinnerungen wecken bei den Betroffenen das ganz natürliche Bedürfnis, alles zu vermeiden, was sie an das Ereignis erinnern könnte, und, wenn möglich, Erinnerungen und Gedanken zu verdrängen, die mit dem Trauma im Zusammenhang stehen. Nehmen wir zum Beispiel die Protagonistin in Sarah Van Arsdales 1995 erschienenem Roman *Toward Amnesia*. Libby ist kürzlich von ihrem Freund verlassen worden und versucht nun, mit den persistierenden Erinnerungen an ihre Beziehung fertig zu werden. Sie entwickelt einen psychologischen Fluchtplan, der sie von den belastenden Erinnerungen befreien soll. »Am Memorial Day beschloss ich, mir eine Amnesie zu fabrizieren«, beginnt der Roman. Zunächst versucht sie dieses Ziel einfach dadurch zu erreichen, dass sie sich ständig ermahnt zu vergessen. »Ich würde es schaffen ... durch Herbeten dieses Mantras oder des anderen: Vergiss, vergiss, vergiss.« Schließlich flieht Libby vor den allgegenwärtigen Dingen, die sie an ihre Beziehung erinnern, indem sie hunderte von Kilometern nach Kanada fährt, um endlich Ruhe vor der Erinnerung zu haben.[309]

Obwohl die Aussicht auf Vergessen nach Enttäuschungen oder Traumata tröstlich erscheinen mag, können solche Versuche leicht in ihr Gegenteil umschlagen. Nehmen wir als Beispiel Angehörige

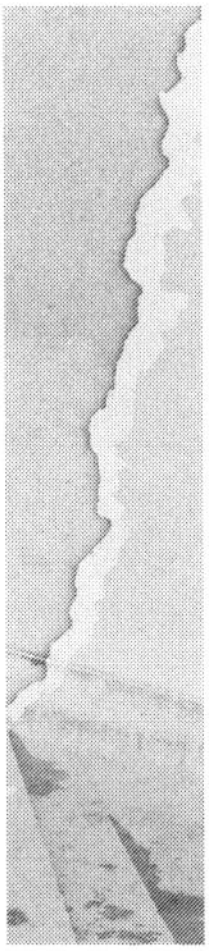

von Berufen, die in Notsituationen zum Einsatz kommen, eine Gruppe, bei der die Gefahr intrusiver traumatischer Erinnerungen sehr groß ist. Rettungssanitäter, Feuerwehrleute und Katastrophenhelfer sind häufig aufwühlenden und manchmal unerträglichen Situationen ausgesetzt. In einer Studie an Rettungssanitätern stellten Anke Ehlers und ihre Mitarbeiterinnen fest, dass praktisch alle Befragten unter intrusiven Erinnerungen litten, die mit ihrer Arbeit zusammenhingen.[310] Die häufigste Ursache intrusiver Erinnerungen waren Unfälle, bei denen Kinder oder Bekannte umgekommen waren, gewaltsame Todesfälle, schwere Verbrennungen oder gescheiterte Versuche, das Leben eines Unfallopfers zu retten. Doch obwohl persistierende traumatische Erinnerungen bei Rettungssanitätern allgegenwärtig waren, erfüllte nur ein Fünftel von Ehlers' Stichprobe die Kriterien der PTSD. Häufig reagierten diese Personen zunächst mit Versuchen, die Erinnerung an das Trauma zu vermeiden. In der Regel deuteten sie ihre traumatischen Gedächtnisinhalte als Anzeichen dafür, dass sie verrückt wurden oder irgendetwas anderes nicht mit ihnen stimmte. Statt das traumatische Ereignis von Anfang an aufzuarbeiten, flüchteten sie sich in Wunschdenken: Manchmal versuchten sie, in ihren Fantasien die Vergangenheit zu verändern oder ungeschehen zu machen. Doch alle Versuche, die quälenden Erinnerungen zu verscheuchen, führten im Laufe der Zeit nur zu noch mehr Grübelei und Leid.

Diese Beobachtungen decken sich weitgehend mit wegweisenden Laborstudien, in denen der Harvard-Psychologe Daniel Wegner untersucht hat, wie paradox oder ironisch sich der Versuch auswirkt, unerwünschte Gedanken zu unterdrücken. In Wegners Experimenten wurden die Versuchspersonen angewiesen, jeden Gedanken an ein bestimmtes Thema zu vermeiden – an eine neutrale Vorstellung wie einen Eisbären oder an etwas persönlich Bedeutsames wie eine ehemalige Liebe. Nach einer Phase der Gedankenunterdrückung – so Wegners Entdeckung – zeigen die

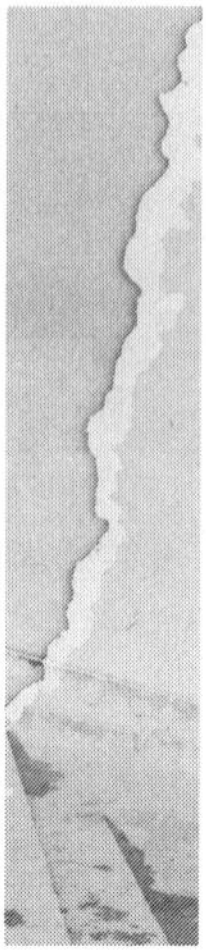

Teilnehmer gewöhnlich einen »Nachholeffekt«.[311] Zu einem späteren Zeitpunkt denken sie an den verbotenen Gegenstand häufiger und heftiger, als sie es ohne vorherige Unterdrückung getan hätten. »Die Gedanken an quälende Erinnerungen zu vermeiden mag zwar wie eine vernünftige Bewältigungsstrategie erscheinen«, kommentiert Wegner, »doch der Versuch zu vergessen kann das Leid nicht nur verlängern, sondern auch verschlimmern.« Dies wird durch andere Studien untermauert. Versuchspersonen, die nach der Darbietung quälender Filmsequenzen angewiesen werden, alle Gedanken daran zu unterdrücken, haben später mehr intrusive Erinnerungen an den Film als Teilnehmer, die keine derartigen Anstrengungen unternehmen. Versuche, die Gedanken an ein schreckliches Erlebnis zu vermeiden, sind bei Traumaopfern häufig, führen in der Regel aber eher zu einer Verstärkung als zu einer Minderung späterer Probleme mit persistierenden Erinnerungen.

Ein Grund für dieses Phänomen könnte darin liegen, dass das erneute Durchleben einer schrecklichen Erfahrung in einem sicheren Umfeld ihr manchmal etwas von ihrer akuten Wirkung nimmt. Die Wiederholung fast aller Reize und Erfahrungen bewirkt das, was man in der Wissenschaft *Habituation* nennt – eine reduzierte physiologische Reaktion auf den Reiz. Wenn ich Ihnen beispielsweise in regelmäßigen Abständen einen lauten Ton vorspiele und Ihre physiologische Aktivität aufzeichne, zeigen Sie zunächst eine heftige Reaktion auf den Ton, die dann allmählich abnimmt. Gleiches gilt für traumatische Erinnerungen: Wiederholtes Durchleben einer traumatischen Erinnerung in einem sicheren Umfeld kann die ursprüngliche physiologische Reaktion auf das Trauma dämpfen. Versuche, die Erinnerungen an die beunruhigenden Erfahrungen zu unterdrücken, verhindern diesen normalen Prozess der Habituation. Unterdrückte Gedächtnisinhalte können eine zusätzliche Belastung bedeuten und schließlich die Persistenz erhöhen.

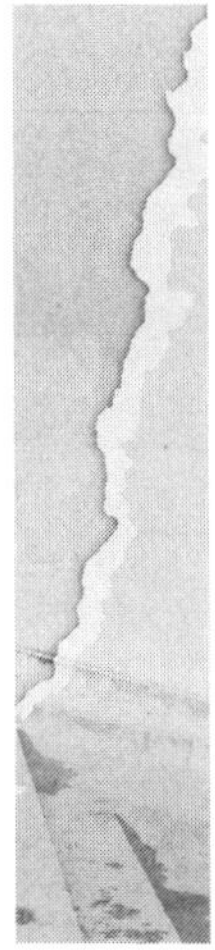

Von daher ist es keine Überraschung, dass therapeutische Bemühungen zur Überwindung der Persistenz fast immer darauf zielen, den Patienten unter den sicheren Bedingungen des therapeutischen Settings die Möglichkeit zu eröffnen, das traumatische Ereignis noch einmal zu durchleben. Als besonders erfolgreich haben sich dabei Therapieansätze erwiesen, die sich auf die bildliche Exposition stützen: Man bietet den Patienten wiederholt Reize dar, die mit ihren Traumata assoziiert sind, worauf sie lebhafte Vorstellungen der Ereignisse abrufen und sie durchleben.[312] Anfang der Achtzigerjahre berichteten der Bostoner Psychologe Terrence Keane und seine Kollegen, die Expositionstherapie habe das Angstniveau und die intrusiven Erinnerungen bei Vietnamveteranen verringert. Andere Forscher erzielten ähnliche Wirkungen bei Opfern sexuellen Missbrauchs. In späteren Studien hat man die bildliche Expositionstherapie mit anderen Behandlungsformen wie der unterstützenden Beratung verglichen, die nicht auf dem wiederholten Durchleben eines Traumas beruhen. Keanes Gruppe und ein weiteres Team unter Leitung der Psychologin Edna Foa stellten fest, dass die Expositionstherapie intrusive Erinnerungen, Flash-backs und verwandte Symptome von PTSD am nachhaltigsten reduzierte.

Vor einigen Jahren haben der Psychiater Stevan Weine und seine Mitarbeiter einen ähnlichen Ansatz zur Reduktion von Persistenz bei Menschen beschrieben, die durch staatlich geförderten Terrorismus traumatisiert waren. Flüchtlinge, die einige Jahre zuvor dem versuchten Völkermord in Bosnien-Herzegowina entkommen waren, zeigten die klassischen Symptome von PTSD, unter anderem intrusive Erinnerungen, deren sie sich nicht erwehren konnten. Weine und seine Mitarbeiter untersuchten die Wirksamkeit eines Verfahrens, das sie als *Testimony Therapy* (Zeugnistherapie) bezeichneten. Dabei beschreiben und durchleben Opfer ihre traumatischen Erfahrungen und versuchen, sie in Beziehung zu den Traumata anderer Menschen ihres Landes zu setzen.[313] Weines

Gruppe sammelte die Erinnerungen der Traumaopfer in einem Oral-History-Archiv, zu dem viele Patienten im Zuge der Testimony Therapy ihren Beitrag leisteten. »Innerhalb dieses Kontextes, in dem den Opfern klar ist, dass ihre Erinnerungen Elemente einer kollektiven Nachforschung sind«, meinte Weine, »können die Zeugnisse das individuelle Leid verringern, selbst wenn sich die Opfer gar nicht explizit in eine Traumatherapie begeben haben.« Erste Ergebnisse lassen darauf schließen, dass die Testimony Therapy tatsächlich das Ausmaß intrusiver Erinnerungen bei traumatisierten Bosnienflüchtlingen verringert.

Diese Untersuchungen decken sich weitgehend mit den Ergebnissen von James Pennebakers Studien über die positive Wirkung des Offenbarens von Enttäuschungen, Verlusten und anderen negativen Erfahrungen. Auf kurze Sicht ist Persistenz eine praktisch unausweichliche Folge schwieriger Erfahrungen. Doch auf lange Sicht werden wir wohl am besten mit der Persistenz fertig, wenn wir uns mit den Erlebnissen konfrontieren, die wir vor allen anderen vergessen möchten, sie offenbaren und integrieren.

Die Wurzeln der Persistenz

Um besser zu verstehen, warum traumatische Ereignisse überhaupt eine solch hartnäckige Persistenz hervorrufen, müssen wir die neuronalen Systeme betrachten, die an der Erinnerung von Traumata beteiligt sind. Eine Schlüsselrolle bei der Reaktion des Gehirns auf traumatische Ereignisse spielt eine kleine, mandelförmige Hirnstruktur, die Amygdala heißt. Tief in den inneren Regionen des Temporallappens verborgen, grenzt die Amygdala an den Hippocampus, nimmt aber ganz andere Funktionen wahr als ihr Nachbar. Wir erinnern uns, dass Patienten, die eine Schädigung des Hippocampus und der umgebenden Kortexareale er-

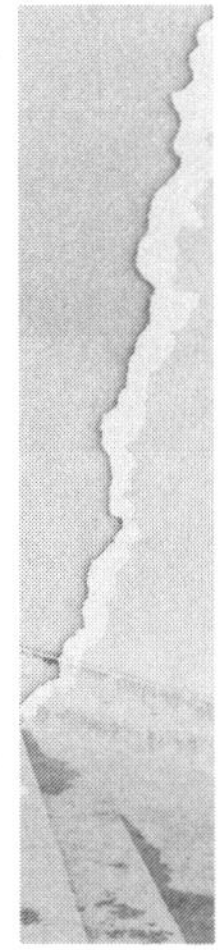

leiden, fast immer generelle Probleme haben, neue persönliche Erfahrungen im episodischen Gedächtnis einzuspeichern und später abzurufen. Eine Schädigung der Amygdala führt nicht zu solchen globalen Gedächtnisdefiziten: Patienten mit Amygdalaläsionen können ihre kürzlichen Erlebnisse ohne große Schwierigkeiten aus dem Gedächtnis abrufen. Allerdings profitieren die Erinnerungen von Patienten mit Amygdalaschädigung nicht von den Emotionen, die normalerweise ein aufwühlendes Erlebnis begleiten und beim anschließenden Gedächtnisabruf helfen.[314] Sehen wir uns an, was geschieht, wenn gesunde Versuchspersonen eine Reihe von Dias betrachten, die ganz harmlos anfängt – eine Mutter geht mit ihrem Kind zur Schule –, später aber ein emotional erregendes Ereignis zeigt: Das Kind wird von einem Auto angefahren. Bei einem späteren Test erinnern sich gesunde Versuchspersonen besser an das erschütternde Ereignis als an die alltäglichen Vorkommnisse. Bei Patienten mit Amygdalaschädigung ist die Erinnerung an die alltäglichen Szenen normal, doch bei dem aufwühlenden Ereignis fällt sie auch nicht stärker aus.

Abnorme Angstreaktionen sind ein Merkmal von Amygdaläsionen: Die Patienten haben große Schwierigkeiten, sich Angst auslösende Situationen einzuprägen, die andere Menschen erschrecken würden.[315] Nehmen wir zum Beispiel ein Vergewaltigungsopfer, das jedes Mal Angst und Verzweiflung empfindet, wenn es sich im Auto dem Park nähert, wo es überfallen wurde. An sich hat dieser Park nichts besonders Schreckliches an sich, doch für das Vergewaltigungsopfer ist er unauflöslich mit dem Trauma verknüpft. Mithilfe von bestimmten Konditionierungsverfahren haben Forscher experimentelle Entsprechungen für das Furchtlernen entwickelt. Dabei werden Menschen oder Tiere normalerweise harmlos wirkenden Reizen ausgesetzt, die mit einem Angst auslösenden Ereignis assoziiert sind. Grundlage dieser Verfahren sind die berühmten Konditionierungsexperimente, die der russi-

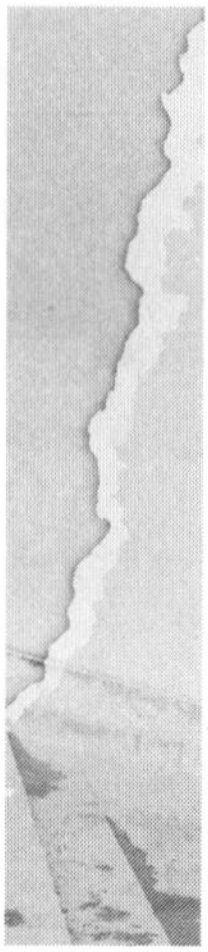

sche Physiologe Iwan Pawlow Anfang des 20. Jahrhunderts durchgeführt hat. Pawlows Hunde lernten, Speichel beim Klang einer Glocke abzusondern, weil ihr Ton zuvor mit der angenehmen Erfahrung eines leckeren Fleischstücks gepaart worden war. Etwas Ähnliches geschieht mit der Furcht. Stellen Sie sich vor, ich zeige Ihnen eine Reihe von farbigen Dias, und jedes Mal wenn Sie ein blaues Dia sehen, hören Sie zugleich den durchdringenden Ton einer lauten Hupe. Schon nach kurzer Zeit wird das Auftauchen eines blauen Dias eine emotionale Reaktion hervorrufen, da Sie das Ertönen der widerlichen Hupe fürchten. Forscher können die Hautleitfähigkeitsreaktion messen, die einen groben Wert für die emotionale Erregung liefert.

Als Patienten mit Amygdalaschädigung an solchen Konditionierungsverfahren teilnahmen, zeigten sie keinerlei Anzeichen für Furcht oder emotionale Erregung bei wiederholten Darbietungen der blauen Dias. Die Psychologin Elizabeth Phelps hielt die Reaktion einer solchen Patientin, die gerade an einem ähnlichen Konditionierungsexperiment teilgenommen hatte, auf Video fest. Die Patientin wusste sehr genau, dass bei jedem Erscheinen des blauen Dias ein lautes, unangenehmes Geräusch ertönen würde. »Blaues Dia, lautes Geräusch«, verkündete sie mit Nachdruck. Trotzdem zeigte die Patientin zu keinem Zeitpunkt des Konditionierungsexperiments das geringste Anzeichen von Furchtlernen – das blaue Dia rief keine physiologische Erregung hervor.[316]

Diese Ergebnisse entsprechen exakt zahlreichen Studien an Ratten und anderen Versuchstieren, die zeigen, dass eine Schädigung der Amygdala das Furchtlernen beendet. Erhält eine normale Ratte einen elektrischen Schlag, nachdem sie einen bestimmten Ton gehört hat, wird sie sich schon bald furchtsam verhalten, wenn sie den Ton allein vernimmt. Der Neurowissenschaftler Joseph LeDoux, der wegweisende Studien zur Furchtkonditionierung durchgeführt hat, liefert eine anschauliche Beschreibung einer solchen verängstigten Ratte:

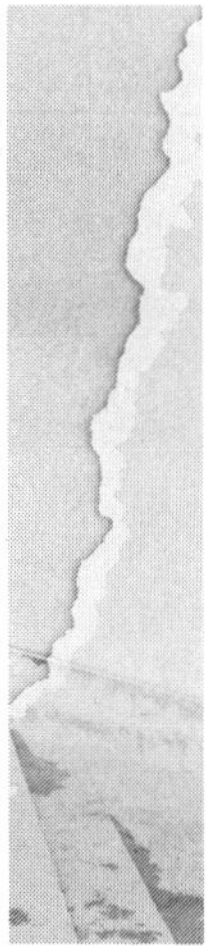

»Schon nachdem das Geräusch und der elektrische Schlag sehr wenige Male gepaart wurden, beginnt die Ratte, sich ängstlich zu verhalten, wenn sie das Geräusch hört: Sie bleibt stocksteif stehen und nimmt die typische Erstarrungshaltung an – sie kauert sich nieder und verharrt reglos, von den rhythmischen Bewegungen des Atmens abgesehen. Dazu sträubt sich das Fell der Ratte, Blutdruck und Herzfrequenz erhöhen sich, und Stresshormone werden in ihre Blutbahn ausgeschüttet. Diese und andere konditionierte Reaktionen zeigten sich praktisch bei jeder Ratte auf die gleiche Weise.«[317]

Wie LeDoux und andere entdeckt haben, beseitigt die selektive Schädigung spezifischer Regionen in der Amygdala diese unübersehbaren Anzeichen der Furcht. LeDoux' Gruppe hat ferner gezeigt, dass Erinnerungen, die bei gesunden Tieren während der Furchtkonditionierung angelegt werden, außerordentlich dauerhaft sind – vielleicht sogar unauslöschlich. Wie auch die Studien an hirngeschädigten Patienten lassen diese Beobachtungen darauf schließen, dass die Amygdala an der Hervorbringung jener persistierenden Erinnerungen beteiligt ist, welche die Opfer traumatischer Ereignisse heimsuchen.

Wie LeDoux darlegt, könnte die Amygdala entscheidend an dem Prozess beteiligt sein, bei dem die persönliche Bedeutung eintreffender Informationen bewertet wird – dem Kernstück emotionaler Reaktionen. LeDoux vergleicht die Amygdala mit der Nabe eines Rades: Sie empfängt vom Thalamus, einer zentralen subkortikalen Umschaltstation, sensorische Rohdaten, von Kortexarealen höherer Ordnung weitergehend verarbeitete Wahrnehmungsinformationen und vom Hippocampus Signale über den allgemeinen Kontext eines Ereignisses. Durch diese von allen Seiten eintreffenden Informationen ins Bild gesetzt, kann die Amygdala das Vorkommen eines wichtigen Ereignisses signalisieren.[318]

Die Amygdala hat auch großen Einfluss auf Hormonsysteme, die höchste Aktivität entwickeln, wenn wir uns einem erschre-

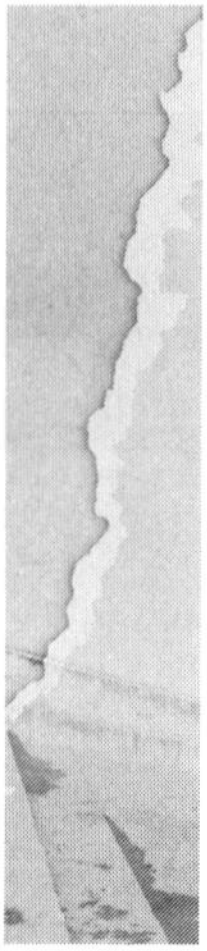

ckenden oder in anderer Weise erregenden Ereignis gegenübersehen. Stresshormone, etwa Adrenalin und Kortisol, mobilisieren Gehirn und Körper angesichts einer Bedrohung oder anderer Stressfaktoren und unterstützen auch die Erinnerung an die Erfahrung (wahrscheinlich indem sie die Aktivität des Hippocampus beeinflussen). Ist die Amygdala jedoch geschädigt, haben die Stresshormone keinerlei Einfluss mehr auf das Gedächtnis. Die Amygdala reguliert oder moduliert also die Gedächtnisspeicherung: Sie sorgt für die Ausschüttung der Hormone, dank derer wir in der Lage sind, auf bedrohliche und traumatische Ereignisse zu reagieren und uns lebhaft – aber manchmal auch intrusiv – an sie zu erinnern.[319]

Nach und nach liefern Neuroimaging-Techniken neue Erkenntnisse darüber, welche Rolle die Amygdala und andere Gehirnstrukturen bei persistierenden Erinnerungen an traumatische Ereignisse spielen. Mehrere PET- und fMRI-Studien haben gezeigt, dass die Amygdala durch die Darbietung bedrohlicher Inhalte heftig aktiviert wird: durch Bilder von verstümmelten Leibern, Filmsequenzen mit traumatischen Ereignissen, sogar durch Gesichter mit zornigem oder furchtsamem Ausdruck. Diese Neuroimaging-Studien sind besonders interessant, weil ein Gesicht mit einem angstvollen Ausdruck beim Betrachter nicht unbedingt eine emotionale Reaktion wachruft. Wie aus Experimenten des Neurowissenschaftlers Paul Whalen und seiner Mitarbeiter von der University of Wisconsin hervorgeht, kann man ängstliche Gesichter so kurz darbieten, dass die Versuchspersonen den Ausdruck nicht bewusst erkennen – die Teilnehmer berichten, sie hätten »ausdruckslose« Gesichter gesehen. Und trotzdem lässt sich feststellen, dass die Amygdala bei ängstlichen Gesichtern größere Aktivität zeigt als bei glücklichen Gesichtern.[320] Diese und ähnliche Ergebnisse veranlassten Whalen zu der These, die Amygdala werde durch Ereignisse eingeschaltet, die eine mögliche Gefahr in der Umgebung signalisieren.

Wenn die Amygdala bei bedrohlichen Ereignissen »aufleuchtet«, lässt sich anhand des Aktivitätsniveaus vorhersagen, wie gut sich die Betroffenen später an die Erfahrungen erinnern werden. Larry Cahill und James McGaugh von der University of California in Irvine führten PET-Scans durch, während ihre Versuchspersonen Filmsequenzen betrachteten, die sowohl neutrale als auch verstörende Episoden zeigten.[321] Später versuchten sich die Teilnehmer an die Geschehnisse in den Filmen zu erinnern. Das Aktivitätsniveau in der Amygdala war eng verknüpft mit der Zahl verstörender Episoden, an die sich die Versuchspersonen erinnerten: Je heftiger die Amygdala-Aktivität beim Betrachten der Filmsequenzen, desto mehr beängstigende Geschehnisse haben sie später im Gedächtnis behalten. Für neutrale Ereignisse konnten die Forscher diesen Zusammenhang nicht beobachten (interessanterweise korrelierte das Aktivitätsniveau im Hippocampus mit dem anschließenden Gedächtnisabruf der neutralen, aber nicht der bestürzenden Ereignisse).

Aus Neuroimaging-Studien wissen wir ferner, dass die Amygdala bei Furchtkonditionierung stark aktiviert wird. Dies geht auch aus Daten von Tierversuchen hervor. Daher überrascht es kaum, dass in mehreren Neuroimaging-Studien an Traumapatienten (unter anderem an Vietnamveteranen und Opfern sexuellen Missbrauchs) eine Amygdala-Aktivierung beobachtet wurde, wenn sich die Opfer an traumatische Ereignisse erinnerten und sie durchlebten, die als Intrusionen ihren Alltag vergifteten. Untersuchungen mit bildgebenden Verfahren zeigten bei traumatischen Erinnerungen auch eine erhöhte Aktivität in mehreren anderen Hirnregionen, von denen man annimmt, dass sie an Furcht und Angst beteiligt sind – die eine ist weit unten im Frontallappen verborgen, die andere nahe dem Temporallappen-Pol. Mithilfe dieser Ergebnisse lässt sich vielleicht erklären, warum persistierende Erinnerungen an Traumata häufig die intensiven Gefühle von Furcht und

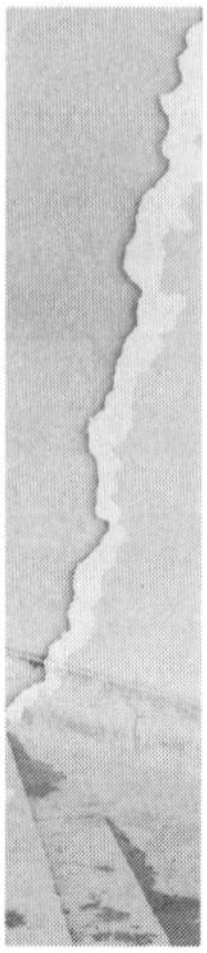

Angst bewahren, welche die ursprüngliche Erfahrung beherrschten.[322]

In Übereinstimmung mit den Ergebnissen von Tierversuchen, die auf eine Beteiligung von Stresshormonen an der Furchtkonditionierung schließen lassen, haben auch Studien an Traumaopfern einen Zusammenhang zwischen diesen Hormonen und intrusiven Erinnerungen erbracht. Wenn Stresshormone im Zuge einer emotional erregenden Erfahrung ihre Wirkung entfalten, bewirken sie die Freisetzung von chemischen Botenstoffen, die als Katecholamine bezeichnet werden. Besondere Aufmerksamkeit schenkten die Forscher dabei der Rolle des Noradrenalins, eines der wichtigsten Katecholamine. Mehrere Untersuchungen an Vietnamveteranen und Opfern sexuellen Missbrauchs haben gezeigt, dass erhöhte Noradrenalinspiegel (in Urinproben gemessen) mit intrusiven Erinnerungen an traumatische Erfahrungen einhergehen. Als man traumatisierten Patienten den Wirkstoff Yohimbin verabreichte, der die Noradrenalinkonzentration in bestimmten Hirnregionen erhöht, erlebte fast die Hälfte der Patienten überwältigende visuelle Flash-backs traumatischer Erlebnisse, häufig in Begleitung von Angst und sogar Panik.[323]

Yohimbin erhält man in amerikanischen Apotheken und Drogerien als Mittel gegen männliche Impotenz und als Energie steigerndes Medikament. Mehrere PTSD-Patienten, die das Mittel kauften, erlebten überraschende Flash-backs und Panikattacken. »Ich hatte das Gefühl, verrückt zu werden«, erinnerte sich ein Kriegsveteran, der Yohimbin als Aphrodisiakum eingenommen hatte und statt der erhofften Wirkung höchst unwillkommene Kriegs-Flashbacks erlebte. »Ich dachte die ganze Zeit, mein Kumpel ist verwundet. Ich glaubte, ich sei Sanitäter und müsse ihn retten.«[324]

Zwar zeigten sich diese Wirkungen besonders deutlich bei Patienten, die unter PTSD litten, doch andere Studien haben gezeigt, dass sich auch normale Versuchspersonen, die unter dem Einfluss von Yohimbin emotional erregende Dias betrachteten,

später besser an diese Szenen erinnerten. Dies liegt wahrscheinlich daran, dass während der Enkodierung die Noradrenalinkonzentrationen erhöht waren. Das Noradrenalin liefert einen chemischen Funken, der die intrusiven Erinnerungen zündet.[325]

Diese Erkenntnisse über die chemischen und hormonalen Grundlagen der Persistenz liefern uns Hinweise dafür, wie wir ihr pharmakologisch begegnen können. Wenn Yohimbin oder andere die Aktivität von Stresshormonen und Noradrenalin erhöhende Substanzen die Persistenz verstärken, liegt der Schluss nahe, dass Substanzen, welche die Konzentration dieser Hormone verringern, auch die Persistenz reduzieren. Genau zu diesem Ergebnis kamen Larry Cahill und James McGaugh in einer Studie zur Wirkung eines Medikaments – des Betablockers Propranolol –, das die Wirkung von Stresshormonen verhindert. Einige Teilnehmer sahen eine Reihe von Dias mit unspektakulären Ereignissen, während andere eine Diaserie betrachteten, bei der zwischen alltäglichen Bildern ein emotional bedeutsames Ereignis eingestreut wurde. Die Gruppe, die Propranolol erhielt, erinnerte sich an die neutralen Ereignisse ungefähr ebenso deutlich wie die Gruppe, die ein wirkungsloses Placebo bekam. Doch es zeigte sich auch ein wichtiger Unterschied: Bei der Placebo-Gruppe ließ sich eine gesteigerte Erinnerung an das erregende Ereignis feststellen, bei der Propranolol-Gruppe dagegen nicht. Propranolol hemmte wirkungsvoll die üblichen gedächtnisverstärkenden Effekte der emotionalen Erregung.[326]

Aus diesen Resultaten ergibt sich die faszinierende Möglichkeit, dass man Traumaopfern Betablocker wie Propranolol verabreichen könnte, um persistierende Erinnerungen zu verringern. Vielleicht könnte man auch dem Rettungspersonal vor dem Einsatz an einer Unglücksstelle Betablocker geben, um die Entstehung von lästigen intrusiven Erinnerungen zu verhindern. Das sind lockende Perspektiven, da intrusive Erinnerungen ihren lähmenden Einfluss über

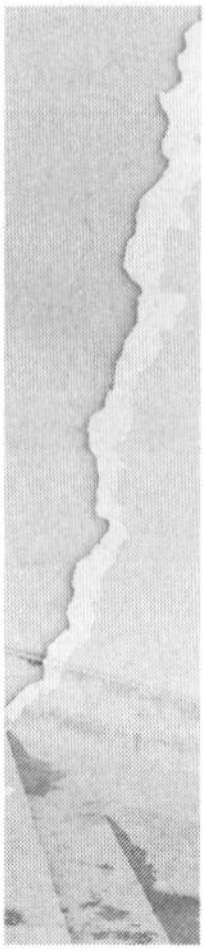

lange Zeiträume entfalten können. Bei Sanitätern und Katastrophenhelfern, die sich immer wieder potenziellen Persistenzquellen aussetzen müssen, könnte die vorbeugende Verabreichung von Betablockern zur Bewältigung eines außerordentlich stressbelasteten Berufes beitragen.

Doch diese Methode zur Bekämpfung der Persistenz birgt auch Gefahren. Wie wir gesehen haben, schlagen Versuche, traumatische Erinnerungen zu meiden, oft in ihr Gegenteil um. Intrusive Erinnerungen müssen eingestanden und aufgearbeitet werden, um langfristig entschärft zu werden. Unwillkommene Erinnerungen an Traumata sind Symptome für eine gestörte Psyche, die Zuwendung benötigt, damit sie ihre normalen Funktionen wieder aufnehmen kann. Betablocker können es Traumaopfern erleichtern, sich ihren traumatischen Erinnerungen zu stellen und sie zu integrieren. Insofern sind sie möglicherweise in der Lage, die längerfristige Adaptation zu erleichtern. Es wäre aber auch denkbar, dass Betablocker den normalen Gesundungsprozess stören: In diesem Fall würden traumatische Erinnerungen nicht mit jener psychologischen Kraft ins Bewusstsein dringen, die Aufmerksamkeit und vielleicht auch Intervention erfordert. Bei der Verabreichung von Betablockern empfiehlt sich ein vernünftiger Mittelweg zwischen kurzfristiger Linderung des Leids, das durch traumatische Erinnerungen verursacht wird, und dem Risiko der langfristigen Verstärkung der Persistenz oder verwandter Symptome eines Traumas, mit dem sich die Betroffenen nicht angemessen auseinander gesetzt haben.

Ungeachtet ihres zerstörerischen Potenzials nimmt die Persistenz eine heilsame Funktion wahr: Ereignisse, mit denen wir uns auseinander setzen müssen, melden sich in unserem Bewusstsein mit einem Nachdruck, den wir schlecht ignorieren können. Die siebte Sünde ist – genau wie die anderen sechs – nicht lediglich unangenehm oder ärgerlich, sondern ein Bestandteil der größten Stärken des menschlichen Geistes.

8 Die sieben Sünden: Laster oder Tugenden?

Die Menschen klagen gern und reichlich über ihr Gedächtnis. Wenn ich jemanden kennen lerne und wir auf meine Forschungsarbeiten zu sprechen kommen, weiß ich schon im Voraus, was nun folgt. »Mich sollten Sie auch mal untersuchen«, wird mein neuer Bekannter achselzuckend sagen, besonders wenn er die 40 überschritten hat. Dann folgt eine lange Liste höchst ärgerlicher Fälle von Geistesabwesenheit oder Namensblockierungen und schließlich ein Seufzer der Erleichterung, wenn ich versichere, dass Gedächtnisprobleme dieser Art sehr verbreitet sind. Die Allgegenwart von Gedächtnisfehlern, für die wir auf den vorangehenden Seiten reichlich Beispiele genannt haben, kann leicht zu dem Schluss führen, Mutter Natur habe einen gigantischen Fehler begangen, als sie uns mit einem so fehleranfälligen System ausstattete.

John Anderson, ein kognitiver Psychologe von der Carnegie-Mellon University, bemerkt zu der herrschenden Auffassung, aus den beschriebenen Sünden ließe sich wenig über den Bauplan des Gedächtnisses lernen: »Im Laufe der Jahre haben wir an vielen Gesprächen mit Fachleuten für Künstliche Intelligenz (KI) teilgenommen, in denen es darum ging, ob man menschliche Modelle für die Entwicklung von KI-Programmen verwenden könne. Unweigerlich bekommt man dann zu hören: ›Na ja, aber wir wollen in unserem System nichts haben, was so unzuverlässig ist wie das menschliche Gedächtnis.‹«[327]

Die Versuchung ist groß, diesem Urteil zuzustimmen – vor allem, wenn Sie gerade viel Zeit damit verschwendet haben, nach einem verlegten Schlüsselbund zu suchen, wenn Sie die Statistiken über Justizirrtümer aufgrund falscher Zeugenaussagen studieren oder nachts aufwachen, weil Ihnen ein Versäumnis bei der Arbeit eingefallen ist, das Sie nicht vergessen können. Doch wie Anderson bin ich der Meinung, dass diese Auffassung irrig ist: Es ist einfach falsch zu glauben, die sieben Sünden seien Bauplanfehler, die zeigen, dass das Gedächtnis ein prinzipiell mangelhaftes System

sei. Im Gegenteil, ich behaupte, dass die sieben Sünden ein Nebenprodukt von ansonsten adaptiven Eigenschaften des Gedächtnisses sind, ein Preis, den wir für Prozesse und Funktionen zahlen, die uns in vielerlei Hinsicht gute Dienste leisten.

Um diese Behauptung zu belegen, beziehe ich mich auf Befunde und Thesen aus verschiedenen Gebieten, unter anderem der Evolutionsbiologie und Evolutionspsychologie.

Die Evolutionspsychologie hat in jüngerer Zeit heftige Debatten ausgelöst. Bei dem Versuch, Kognition und Verhalten zu erklären, orientieren sich die Vertreter dieser Richtung eng an Darwins Vorstellungen über die natürliche Selektion. Ihrer Ansicht nach lässt sich der Geist nicht vollständig verstehen, wenn man sich nicht die evolutionäre Perspektive zu Eigen macht.[328] Sie behaupten, der Geist bestehe aus einer Sammlung spezialisierter Fähigkeiten, die sich herausbildeten, weil es galt, bestimmte Probleme zu lösen, vor die uns die Umwelt im Laufe der Evolution gestellt hat. Die natürliche Selektion sei also primär für die komplexe Beschaffenheit unseres Geistes verantwortlich. Weiterhin behaupten die Evolutionstheoretiker, die Struktur unseres Geistes werde weitgehend durch raffinierte genetische Programme festgelegt. So gesehen ist die Aufgabe der Psychologie das, was der kognitive Psychologe und Evolutionstheoretiker Steven Pinker »Rückwärtsplanung« *(reverse-engineering)* nennt:

»Bei der Vorwärtsplanung entwickelt man eine Maschine, damit sie etwas tut; bei der Rückwärtsplanung überlegt man sich, wofür eine Maschine entwickelt wurde. Rückwärtsplanung ist das, was die Eierköpfe bei Sony tun, wenn Panasonic ein neues Produkt auf den Markt bringt, oder umgekehrt. Sie kaufen eins, tragen es in ihr Labor und versuchen herauszufinden, wozu all die Teile da sind und wie sie ineinander greifen, damit das Gerät funktioniert.«

Die Kritiker des Ansatzes bemängeln verschiedene Aspekte dieser Theorie. Beispielsweise finden sie, dass sich evolutionäre Konzepte zu häufig auf Spekulationen stützen – und zu wenig auf überprüfbare Fakten. Sie bezweifeln, dass sich evolutionäre Theorien hinreichend testen lassen, um die Ursprünge einer bestimmten Fähigkeit zu verstehen, und bestreiten den Erfolg von Versuchen der Rückwärtsplanung. Es gibt auch den Einwand, die Evolutionspsychologen würden zu viel Gewicht auf angeborene genetische Programme legen, wenn sie versuchen, die Fähigkeiten und komplexen Funktionen des Geistes zu erklären. Andere meinen, man solle den Geist besser als einen universellen Problemlöser verstehen und nicht als eine Sammlung spezialisierter Fähigkeiten. Schließlich fragen sich einige Kritiker, ob eine Evolutionsperspektive tatsächlich irgendeinen Erkenntnisgewinn gegenüber den nicht evolutionären Theorien bringen kann, mit denen Psychologen die Arbeitsweise des Geistes zu ergründen versuchen.

Ich werde an späterer Stelle dieses Kapitels auf einige dieser Fragen zurückkommen. Zwar teile ich die Bedenken der Kritiker, was die Überprüfbarkeit der evolutionären Theorien angeht, doch habe ich auch schon in früheren Arbeiten diese Ansätze aufgegriffen und die Erfahrung gemacht, dass sie äußerst anregende Vorschläge und Hypothesen liefern können.[329] In den vorangegangenen Kapiteln dieses Buches habe ich mich auf die Erkenntnisse gestützt, die uns die Experimentalforschung im Hinblick auf die sieben Sünden geliefert hat. Der Ansatz dieses Kapitels ist offener: Ich stelle Thesen über den Ursprung der sieben Sünden vor, die uns helfen können, sie unter einem erweiterten Blickwinkel zu betrachten, unorthodoxe Gedanken in Erwägung zu ziehen und ein Verständnis dafür zu entwickeln, warum die Sünden des Gedächtnisses auch Tugenden sein können.

Wenn weniger mehr ist

Um deutlich zu machen, worauf mein Vorschlag abzielt, sollten wir uns anschauen, was der Evolutionspsychologe Marc Hauser von der Harvard University »intelligente Fehler« nennt.[330] In einem Forschungsüberblick zum räumlichen Orientierungsvermögen verschiedener Tierarten weist Hauser darauf hin, dass Tiere gelegentlich scheinbar absonderliche Fehler begehen, wenn sie sich in ihrer Umwelt orientieren. Beispielsweise kann man eine Ratte so dressieren, dass sie sich in einem Labyrinth zurechtfindet und an seinem Ausgang eine Belohnung in Form eines Leckerbissens abholt. Legt man ihr dann auf halber Strecke einen Haufen Nahrung hin, läuft die Ratte schnurstracks daran vorbei, als gäbe es ihn gar nicht, und setzt ihren Weg bis zum Ausgang fort, wo sie sich nach ihrer gerechten Belohnung umsieht! Warum hält sie nicht auf halber Strecke inne und genießt die Belohnung dort? Hauser vermutet, dass die Ratte in dieser Situation eine Art »Koppelnavigation« durchführt – das heißt, sie berechnet exakt, wo sie sich jeweils befindet, indem sie ständig Geschwindigkeit, Entfernung und Richtung aktualisiert. Ein ähnlich merkwürdiger Fehler unterläuft der weiblichen Wüstenspringmaus, wenn man ihr aus einem Nest mit mehreren Jungen eines herausnimmt und es in eine nahe Schale setzt. Während die Mutter nach dem verlorenen Kleinen sucht, wird das Nest ein wenig verrückt. Kommt die Mutter mit dem verlorenen Jungen zurück, begibt sie sich mithilfe der Koppelnavigation direkt an den alten Platz des Nestes. Ohne auf die Schreie und Gerüche der anderen Jungen zu achten, die nur ein kleines Stück entfernt sind, sucht sie an der alten Stelle nach dem Nest. Hauser meint, die Mutter gehorche den Signalen ihres Orientierungssystems.

Obwohl das Verhalten in diesen Beispielen widersinnig erscheint, drückt sich darin das Vertrauen in eine Art der räumlichen Orientierung aus, die den Tieren in den meisten Situationen gute

Dienste leistet. Das System ist an bestimmte Aspekte ihrer Umwelt angepasst, kann sie aber in Schwierigkeiten bringen, wenn sich die Dinge in unvorhergesehener Weise ändern. In der angestammten Welt der Tiere bleiben die Nester glücklicherweise an Ort und Stelle. Zu derart verwirrenden Veränderungen kommt es nur durch das listige Eingreifen eines Versuchsleiters, die Natur ist da rücksichtsvoller.

Etwas Ähnliches geschieht bei dem Verhalten, das als Prägung bezeichnet wird. Nach dem Schlüpfen behandelt das Küken das erste bewegte Objekt, das ihm begegnet, als seine Mutter. Da das erste bewegte Objekt, das in sein Blickfeld gerät, fast immer die Henne ist, sorgt die Prägung auf wirksame Weise dafür, dass ein frisch geschlüpftes Küken der Mutter folgt, von der es Nahrung und Schutz erwarten kann. Doch wenn ein Küken nach dem Schlüpfen ein anderes bewegtes Objekt sieht – einen rollenden roten Ball oder einen Menschen –, wird das Tier, wie der Verhaltensforscher Konrad Lorenz gezeigt hat, auf dieses Objekt geprägt und folgt ihm, wie es normalerweise der Henne folgen würde. So wurde Lorenz häufig von einer Schar Gänseküken verfolgt. Prägung beruht auf einem spezialisierten Gedächtnismechanismus, der an die üblichen Verhältnisse in der Umwelt eines Kükens angepasst ist. Zwar ist die Prägung gewöhnlich adaptiv, kann aber Probleme für das Küken heraufbeschwören, wenn die Mutter nicht das erste bewegte Objekt ist, dem es begegnet. Das ist in der Natur allerdings ein höchst unwahrscheinliches Ereignis.[331]

Ich glaube, mit den sieben Sünden des Gedächtnisses verhält es sich ähnlich: Mechanismen, die uns den größten Teil der Zeit gute Dienste leisten, bringen uns gelegentlich in Schwierigkeiten. Vielleicht ist die positive Seite bei keiner Sünde so leicht zu erkennen wie bei der Persistenz. Schon vor einigen Jahrhunderten brachte René Descartes das Problem in aller Klarheit zur Sprache: Er schreibt, dass »der Nutzen aller Leidenschaften nur darin be-

steht, dass sie in der Seele die Gedanken stärker und dauerhafter machen, die zu erhalten gut für sie ist... So besteht auch alles Übel, das sie verursachen können, darin, dass sie solche Gedanken, mehr als es nötig ist, verstärken und bewahren und dass sie wieder andere, mit denen es nicht gut ist, sich aufzuhalten, ebenfalls in ihr stärken und zu erhalten suchen.«[332]

Gewiss können intrusive Erinnerungen an Traumata eine große Beeinträchtigung darstellen, doch ist es von entscheidender Bedeutung, dass emotional erregende Erfahrungen, die sich manchmal in Reaktion auf lebensbedrohliche Gefahren einstellen, über längere Zeit erhalten bleiben.

Die Amygdala und verwandte Strukturen tragen zur Persistenz solcher Erfahrungen bei, indem sie modulierend auf die Gedächtnisbildung einwirken, was gelegentlich zu Erinnerungen führt, die wir lieber vergessen würden. Doch dieses System erhöht die Wahrscheinlichkeit, dass wir in der Lage sind, Informationen über bedrohliche und traumatische Ereignisse, deren Vergegenwärtigung eines Tages lebenswichtig für uns sein könnte, leicht und rasch aus dem Gedächtnis abzurufen. Wenn wir uns langfristig an lebensbedrohende Ereignisse erinnern können – wo der Vorfall stattgefunden hat, wer oder was für ihn verantwortlich war –, verbessern sich unsere Chancen, eine Wiederholung zu vermeiden.

Auch die Transienz – das Vergessen im Laufe der Zeit – besitzt eine adaptive Seite. Vergessen kann frustrierend sein, doch häufig ist es nützlich und sogar notwendig, Informationen auszusondern, die nicht mehr aktuell sind – etwa alte Telefonnummern oder die Stelle, wo wir letzte Woche das Auto geparkt haben. Wie die Psychologen Robert und Elizabeth Bjork dargelegt haben, werden unwichtige oder nicht mehr relevante Informationen in der Regel nicht mehr abgerufen oder wiederholt. Da die verstärkende Wirkung eines wiederholten Gedächtnisabrufs schwindet, werden sie im Laufe der Zeit immer unzugänglicher.[333]

John Anderson und seine Mitarbeiter haben diesen Ansatz noch weitergeführt: Sie argumentieren, dass im allmählichen Vergessen eine optimale Adaptation an die Struktur der Umwelt zum Ausdruck kommt.[334] Anderson hat verschiedene Situationen betrachtet, an denen der Gedächtnisabruf von Information beteiligt ist, und untersucht, inwieweit die bisherige Verwendung einer bestimmten Information ihren aktuellen Gebrauch vorhersagt. Dabei beobachtete er eine Regelmäßigkeit, die der Verlaufsform der Transienz im menschlichen Gedächtnis entspricht: Der Bedarf an einer bestimmten Informationseinheit lässt in dem Maße nach, wie der Zeitraum seit ihrer letzten Verwendung größer wird. So hat Andersons Gruppe festgestellt, dass Bibliotheksbücher, die in der Vergangenheit häufig oder erst vor kurzem ausgeliehen wurden, in einem bestimmten aktuellen Augenblick mit größerer Wahrscheinlichkeit verlangt werden als andere, bei denen dies nicht der Fall war. Einen ähnlichen Effekt stellten sie fest, als sie die Schlagzeilen der *New York Times* von 730 Tagen in den Jahren 1986 und 1987 überprüften und dabei das Vorkommen bestimmter Wörter festhielten. Die Wahrscheinlichkeit, dass ein bestimmtes Wort an einem bestimmten Tag vorkam, ging abhängig von dem Zeitraum zurück, der seit seiner letzten Verwendung verstrichen war. Ähnliche Gesetzmäßigkeiten hat Andersons Gruppe auch in anderen Situationen entdeckt. Dabei ging es beispielsweise um die Verwendung von Wörtern in Unterhaltungen mit Kindern und um die Wahrscheinlichkeit, eine E-Mail von einem Korrespondenten zu erhalten – als Funktion der Zeit, die seit seinen früheren Nachrichten verstrichen ist.

Ein System, das die Verfügbarkeit von Informationen im Laufe der Zeit einschränkt, ist also außerordentlich zweckmäßig, weil für Informationen, die seit längerem nicht verwendet wurden, die Wahrscheinlichkeit stetig abnimmt, dass sie in Zukunft benötigt werden. Alles in allem fährt das System besser, wenn es derartige

Informationen aussondert – und genau das bewirkt die Transienz. Anderson vermutet, der normalen Form des Vergessens, wie sie in zahlreichen Experimenten dokumentiert wurde – die Vergessensrate nimmt im Laufe der Zeit ab –, entspreche eine ähnliche Gesetzmäßigkeit in der Umwelt, die vergangene und gegenwärtige Informationsverwendung verbindet. Laut Anderson haben unsere Gedächtnissysteme diese Regelmäßigkeit verinnerlicht, und wir gehen jede Wette ein, dass wir eine Information, die wir in letzter Zeit nicht verwendet haben, wahrscheinlich auch in Zukunft nicht brauchen werden. Die Wette gewinnen wir häufiger, als dass wir sie verlieren. Verlieren wir aber, wird uns das deutlich bewusst – die Frustration über das Vergessen –, während wir überhaupt nicht zur Kenntnis nehmen, wenn wir gewinnen.

Die Grundidee ähnelt dem, was Wissenschaftler, die Tierverhalten in ihrer natürlichen Umwelt untersuchen, als die Strategie des »Abwägens« bezeichnen. Denken Sie an ein Eichhörnchen, das sich vorsichtig Kekskrümeln am Ort eines Picknicks nähert. Kühn schnappt sich das Tier einen Krümel und zieht sich auf einen nahen Baum zurück, bevor es seine Beute verzehrt. Dieser Vorgang wiederholt sich einige Male. Obwohl es nicht gerade die bequemste Art ist, einen Keks zu essen, ermöglicht dieses Verfahren dem Eichhörnchen, die Zeit seiner Gefährdung durch mögliche Feinde einzuschränken. Tatsächlich haben Forscher herausgefunden, dass sich Eichhörnchen mit großen Kekskrümeln eher zurückziehen als mit kleinen – bei großen Stücken dauert der Verzehr länger, was die Gefahr für das Eichhörnchen erhöht. Es wird abgewogen zwischen der Maximierung des Nutzens, den die Nahrung bringt, und der Minimierung der Risiken, einem Raubtier zu begegnen. Das Verhalten des Eichhörnchens lässt darauf schließen, dass es einen Ausgleich zwischen beidem anstrebt.[335] Ähnlich verläuft das Abwägen im Gedächtnis: ein Kompromiss zwischen dem Nutzen aus der Einschränkung der Zugänglichkeit von Informationen, die

weder kürzlich noch häufig verwendet wurden und daher wahrscheinlich auch in Zukunft nicht benötigt werden, und andererseits dem Ärger über das Vergessen oder anderen Nachteilen.

Die Frage, ob eine Information häufig oder kürzlich abgerufen wurde, spielt auch eine Rolle bei der Blockierung des semantischen Gedächtnisses, die besonders deutlich im Zungenspitzen-Phänomen zum Ausdruck kommt. Erinnern wir uns, dass Menschen vor allem dann zur Blockierung von Namen und anderen Informationen neigen, wenn sie diese in letzter Zeit nicht verwendet haben. Blockierungen resultieren also häufig aus einer geschwächten Verbindung zwischen begrifflichen Repräsentationen (Dingen, die Sie über einen Menschen oder einen Gegenstand wissen) und phonologischen Repräsentationen (den Lauten eines Wortes oder Namens). In solchen Zuständen kann sich folglich das Prinzip äußern, das von Andersons Gruppe aufgestellt wurde: Informationen, die in letzter Zeit nicht verwendet worden sind, beginnen im Gedächtnis zu verblassen, weil die Wahrscheinlichkeit zunimmt, dass sie nicht mehr benötigt werden. Wurde eine Verbindung zwischen einer begrifflichen und einer phonologischen Repräsentation in letzter Zeit nicht dadurch verstärkt, dass man ein Wort oder einen Namen verwendet hat, wird die Verknüpfung zwischen ihnen immer unzuverlässiger und das Subjekt empfänglicher für Blockierungen.

Bei einigen Arten der Blockierung kommt die Wirkung inhibitorischer Prozesse zum Ausdruck, durch die Informationen unzugänglich werden (siehe Kapitel 3). Psychologen und Neurowissenschaftler wissen seit langem, dass Hemmung eine fundamentale Eigenschaft des Nervensystems ist: Das Gehirn arbeitet in gleichem Maße mit Mechanismen, die seine Aktivität vermindern, wie mit Mechanismen, die sie verstärken. Stellen Sie sich vor, was ohne inhibitorische Prozesse geschähe: ein Gedächtnissystem, in dem stets und sofort alle Informationen, die für einen Hinweisreiz potenziell von Belang wären, ins Bewusstsein drängten. Machen wir folgendes Experiment: Versuchen Sie, sich an Episoden in Ihrem Leben zu erinnern, in denen ein Tisch vorkam. Woran erinnern Sie sich, und wie lange haben Sie für den Abruf der Erinnerung gebraucht? Wahrscheinlich hatten Sie wenige Schwierigkeiten, auf einen bestimmten Vorfall zu kommen – vielleicht eine Unterhaltung beim gestrigen Abendessen oder eine Konferenz im Büro heute Morgen. Nun stellen Sie sich aber vor, der Hinweisreiz »Tisch« hätte alle mit einem Tisch zusammenhängenden Erinnerungen zutage gefördert, die Sie eingespeichert haben. Wahrscheinlich gibt es hunderte oder tausende solcher Erinnerungen. Was wäre, wenn sie Ihnen alle in den Sekunden in den Sinn kämen, da Sie über das Stichwort nachdenken? Würde das System auf diese Weise arbeiten, käme kaum mehr als eine gewaltige Verwirrung zustande, hervorgerufen durch zahlreiche konkurrierende Gedächtnisspuren, die alle gleichzeitig im Bewusstsein auftauchen würden. Es wäre fast so, als gäben Sie in eine Internet-Suchmaschine ein Wort ein, das in einer weltweiten Datenbank viele Treffer hat, und müssten sich anschließend durch tausende von Einträgen hindurcharbeiten, die Ihre Anfrage ergeben hat. Ein Gedächtnissystem, das eine derartige Datenüberlastung hervorbrächte, wäre alles andere als wünschenswert. Robert und Elizabeth Bjork haben überzeugend dargelegt, dass inhibitorische Prozesse zum Schutz vor solch potenziellem Chaos beitragen.[336]

Das Prinzip, das den vorausgegangenen Analysen der Transienz und Blockierung zugrunde liegt, besagt, dass beim Gedächtnis weniger manchmal mehr ist. In gleicher Weise – wenn nicht noch stärker – gilt dieses Prinzip für die Geistesabwesenheit. Die Herstellung einer detaillierten Gedächtnisrepräsentation, die sich später nach Belieben abrufen lässt, setzt eine aufmerksame, elaborierte Enkodierung voraus. Ereignisse, denen nur geringfügige Aufmerksamkeit und Elaboration zuteil wird, haben wenig Aussicht, später aus der Erinnerung abgerufen zu werden. Doch was wäre, wenn alle Ereignisse in elaborierten Einzelheiten eingespeichert würden, unabhängig von der Tiefe oder Art der Verarbeitung, der sie unterworfen wären? Das Ergebnis wäre ein vermutlich unübersehbares Durcheinander von nutzlosen Details, wie im Fall des berühmten Gedächtniskünstlers Schereschewski, mit dem sich der russische Neuropsychologe Alexander Luria jahrelang beschäftigt hat. Wie Luria beschreibt, legte Schereschewski eingehende Erinnerungen von praktisch allem an, was ihm widerfuhr – Wichtigem wie Trivialem. Doch war er unfähig, sich auf einer abstrakten Ebene zu bewegen, weil er von unwichtigen Einzelheiten seiner Erfahrungen überschwemmt wurde – Details, denen besser von vornherein der Zugang zum Gedächtnissystem verwehrt worden wäre.[337] Ein System, das sich auf Elaboration stützt, sorgt dafür, dass man sich nur an die Ereignisse, deren Wichtigkeit eine elaborierte Enkodierung rechtfertigt, später mit hoher Wahrscheinlichkeit erinnert. Ereignisse, die keine Aufmerksamkeit und Elaboration auf sich ziehen, erscheinen als weniger wichtig und werden also auch kaum für einen künftigen Gedächtnisabruf benötigt.

Ein elaborationsabhängiges System ermöglicht uns, von den beträchtlichen Vorzügen zu profitieren, die automatisiertes Verhalten bietet: Unser Gedächtnis braucht nicht mit überflüssigen Informationen über Routinetätigkeiten voll gestopft zu werden. Wie im zweiten Kapitel dargelegt, werden Aufgaben, die uns anfangs beträchtliche Aufmerksamkeit und Mühe kosten, etwa Auto fahren, nach hinreichender Übung durch automatisierte Prozesse übernommen, sodass unsere kognitiven Ressourcen für wichtigere Angelegenheiten zur Verfügung stehen. Natürlich ist es höchst ärgerlich, wenn Sie auf »Autopilot« umgeschaltet haben und in diesem Zustand ein Buch oder Ihre Brieftasche an einer Stelle deponieren, an die Sie sich später nicht erinnern können. Doch nehmen wir an, Sie hätten zu dem Zeitpunkt, als Sie diesen

Gegenstand verlegten, nach einer Möglichkeit gesucht, die Kosten in Ihrer Firma zu reduzieren, und dabei eine großartige Idee gehabt, die Ihnen viel Geld einspart. Das automatisierte Verhalten führte zu einem ärgerlichen, durch Geistesabwesenheit verursachten Vorfall, doch da Sie Ihre ganze Aufmerksamkeit auf Ihre Firma richten konnten, haben Sie einen erheblichen Nutzen erzielt. Wenn wir Routineaufgaben »per Autopilot« erledigen können, haben wir die Freiheit, uns ganz auf wichtigere Dinge zu konzentrieren. Da wir uns im Alltag häufig auf automatisierte Prozesse verlassen, sind gelegentliche Geistesabwesenheiten ein relativ geringer Preis für einen so großen Nutzen.

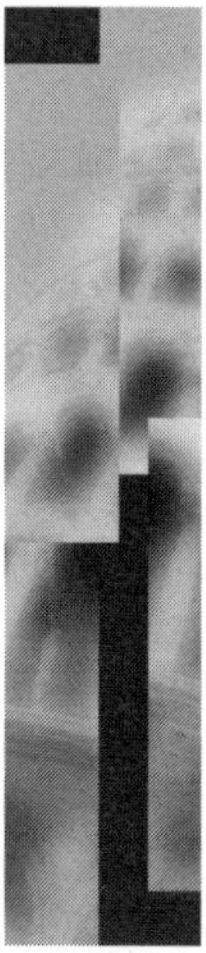

Dieses Motto »Weniger ist mehr« gilt auch für zwei der Sünden, an denen Gedächtnisverzerrungen beteiligt sind: Fehlattribution und Suggestibilität. An früherer Stelle habe ich gezeigt, dass vielen Fällen von Fehlattribution und Suggestibilität mangelhafte Erinnerung an die Quelle einer Erfahrung zugrunde liegt (siehe Kapitel 4 und 5). Wenn wir uns nicht genau erinnern, wer uns einen bestimmten Sachverhalt erzählt hat, woher wir ein Gesicht zu kennen glauben, ob wir einem Ereignis tatsächlich als Zeugen beigewohnt oder nur später davon gehört haben, dann ist der Keim zur Gedächtnisverzerrung angelegt. Haben wir die exakte Quelle einer Erfahrung nicht behalten – entweder weil die Einzelheiten schon ursprünglich nicht hinreichend enkodiert wurden oder weil sie im Laufe der Zeit verblasst sind –, werden wir sehr anfällig für die im vierten Kapitel behandelten Fehlattributionen, die mit Quellenverwechslungen und Kryptomnesie (unbeabsichtigten Plagiaten) verknüpft sind. Möglicherweise neigen wir auch dazu, unserem Gedächtnis nachträgliche Suggestionen über spezifische, von uns nur verschwommen erinnerte Einzelheiten eines Erlebnisses einzuverleiben. Wie ich im fünften Kapitel gezeigt habe, kann die Übernahme ungenauer Suggestionen schwer wiegende Folgen für die Aussagen von Augenzeugen haben.

Doch welchen Preis würden wir dafür bezahlen, wenn wir die unzähligen Details behielten, die unsere zahlreichen Alltagserfahrungen begleiten? Nehmen wir an, das Gedächtnis ist tatsächlich so angepasst, dass es vor allem die Informationen behält, deren Verwendung in seiner Umwelt am wahrscheinlichsten ist. Nur selten müssen wir exakt die sensorischen und kontextuellen Einzelheiten aller unserer Erfahrungen behalten. Würde ein adaptives System alle diese Einzelheiten routinemäßig aufzeichnen oder nur dann, wenn die Umstände einen Hinweis enthielten, dass die Details später gebraucht werden könnten? Unser Gedächtnis arbeitet nach letzterem Prinzip, und meist fahren wir besser damit. Den Preis dafür müssen wir allerdings bezahlen, wenn von uns der Abruf detaillierter Quelleninformationen über ein Erlebnis verlangt wird, bei dem die Enkodierung der Quellendetails nicht notwendig erschien.

Einige Formen von Fehlattribution kommen vor, wenn wir bestimmte Einzelheiten eines Erlebnisses nicht aus dem Gedächtnis abrufen können, uns jedoch durchaus an den allgemeinen Eindruck des Geschehens erinnern. In den Laborexperimenten zur falschen Wiedererkennung, von denen im vierten Kapitel die Rede war, behaupteten die Teilnehmer zum Beispiel fälschlicherweise, sie hätten das Wort *süß* gehört, obwohl man ihnen in Wirklichkeit eine Gruppe semantisch verwandter Wörter dargeboten hatte, unter anderem *Bonbon*, *Zucker* und *Geschmack*. In ähnlichen Versuchen wollten die Teilnehmer das Bild eines bestimmten Autos oder einer bestimmten Teekanne gesehen haben, obwohl es sich in Wirklichkeit um Bilder von ähnlichen, aber nicht identischen Autos und Teekannen handelte. Zu diesen Fehlattributionen kommt es, weil sich die Versuchspersonen am allgemeinen Eindruck oder an wesentlichen Eigenschaften des Gesehenen oder Gehörten orientieren.

Doch die Fähigkeit, sich an das Wesentliche zu erinnern, ist auch eine Stärke des Gedächtnisses: Wir können aus einer Erfahrung Nutzen ziehen, auch wenn wir uns nicht an alle ihre Einzelheiten erinnern. Tatsächlich zeigen Untersuchungen in meinem Labor, dass Fehlattributionen, die aus der Erinnerung an das Wesentliche entstehen, Anzeichen eines gesunden Gedächtnissystems sind. Als sich amnestische Patienten, die unter einer Schädigung des Hippocampus und benachbarter Strukturen im Temporallappen litten, semantisch assoziierte Wörter wie *Bonbon* und *Zucker* einprägen sollten, behielten sie weniger von diesen Wörtern als gesunde Kontrollpersonen – ein Ergebnis, das kaum überrascht. Doch amnestische Patienten neigten auch in geringerem Maße als Kontrollpersonen dazu, irrtümlicherweise semantisch verwandte Wörter wie *süß* wieder zu erkennen, die in der ursprünglichen Liste nicht dargeboten worden waren. Das Gleiche geschah, wenn sich amnestische Patienten Bilder von Autos, Teekannen und anderen Gegenständen einprägten: Im Vergleich zu gesunden Versuchspersonen erkannten sie später weniger Bilder wieder, als sie zuvor gesehen hatten. Doch sie neigten auch weniger dazu, ähnliche Bilder, die sie zuvor nicht gesehen hatten, fälschlicherweise wieder zu erkennen.[338] Eine Schädigung des Temporallappens beeinträchtigte die Erinnerung der Patienten sowohl an die Einzelheiten als auch an das Wesentliche dessen, was sie erlebt hatten – mit dem Ergebnis, dass sie weniger richtige wie falsche Erinnerungen hatten.

Das Gedächtnis für wesentliche Informationen ist grundlegend für Fähigkeiten wie Kategorienbildung und Verstehen, denn es ermöglicht uns, unsere Erfahrungen zu verallgemeinern und zu organisieren. Um beispielsweise eine vernünftige Kategorie »Vögel« zu entwickeln, müssen wir erkennen, dass ein Kardinalvogel und ein Pirol zu derselben Kategorie gehören, obwohl es Unterschiede in ihrem Erscheinungsbild gibt. Wir müssen uns die ständig wiederkehrenden Merkmale einprägen, die allen Vögeln gemeinsam sind, und die besonderen Einzelheiten übergehen, die sie unterscheiden.

Der kognitive Psychologe James McClelland hat ein theoretisches Modell entwickelt, laut dem Verallgemeinerung daraus erwächst, dass wir das Wesentliche früherer Erfahrungen behalten. McClelland behauptet, dass Verallgemeinerung »entscheidend für unsere Fähigkeit ist, intelligent zu handeln«. Doch er merkt auch an, dass »Verzerrungen ein unvermeidliches Nebenprodukt einer solchen Verallgemeinerung sind«.[339]

Diese These deckt sich exakt mit den Ergebnissen einer Studie zur falschen Wiedererkennung, die vor kurzem an autistischen Erwachsenen durchgeführt wurde. Autismus äußert sich in beeinträchtigten sozialen Fertigkeiten, eingeschränkten Kommunikationsfähigkeiten und einer äußerst rigiden, direkten Form der Informationsverarbeitung. Andererseits besitzen autistische Kinder und Erwachsene gelegentlich ein mechanisches Gedächtnis, das außerordentlich gut, ja spektakulär ist – wie man an der Figur sieht, die Dustin Hoffman in dem erfolgreichen Film *Rain Man* spielte. Raymond Babbitt ist trotz seiner vielen Defizite ein Hort scheinbar unwichtiger Fakten: Sein Gedächtnis enthält Perlen wie den Namen der einzigen großen Fluggesellschaft, die noch nie einen Absturz zu beklagen hatte (Qantas).

In der Forschung sind Fälle autistischer Patienten dokumentiert, die ein außergewöhnliches Gedächtnis für Daten, Namen oder visuelle Muster besitzen.[340] Der Neurologe David Beversdorf und seine Mitarbeiter haben autistischen Erwachsenen und einer nicht autistischen Kontrollgruppe Listen mit semantisch assoziierten Wörtern vorgelegt. In einem anschließenden Test erkannten die autistischen Versuchspersonen genauso viele der gelernten Wörter wieder wie die nicht autistischen Teilnehmer. Doch die autistische Gruppe zeigte seltener »falschen Alarm« bei semantisch verwandten, aber nicht dargebotenen Wörtern. Die autistische Gruppe unterschied also genauer zwischen wahren und falschen Erinnerungen als die kognitiv unbeeinträchtigten Versuchspersonen.[341]

Wir haben es hier mit einem anderen Muster als bei den amnestischen Patienten zu tun, die weniger wahre und falsche Erinnerungen zeigten. Die autistischen Erwachsenen verallgemeinerten die Wörter der dargebotenen Liste seltener als die Kontrollpersonen. Sie speicherten individuelle Erinnerungen an bestimmte Wörter, die sie gelernt hatten, aber nicht die wesentlichen semantischen Merkmale, die kognitiv normale Erwachsene zur falschen Wiedererkennung verleiteten. Ein Gedächtnissystem, das gegen eine am Wesentlichen ausgerichtete falsche Wiedererkennung gefeit ist, mag uns vor gelegentlichen Fehlattributionen bewahren. Doch es könnte uns auch in jemanden verwandeln wie Raymond in *Rain Man*, der von mechanisch aufgezeichneten trivialen Fakten überschwemmt wird und gleichzeitig für die Muster und Gesetzmäßigkeiten in der Umwelt unempfänglich bleibt, die unser Gedächtnissystem gewöhnlich zu unserem Vorteil nutzt. Zum Teil dürfte falsche Wiedererkennung also der Preis sein, den wir für die Vorteile der Verallgemeinerung bezahlen.

Auch die Sünde der Verzerrung ist teilweise auf wichtige Vorzüge unseres kognitiven Systems zurückzuführen. Wie im sechsten Kapitel dargestellt, führen stereotype Verzerrungen häufig zu ungerechten Urteilen über Individuen, weil wir uns an die akkumulierte Erfahrung mit Gruppen halten. Zwar können Stereotype diese unerwünschten Folgen haben, doch sie tragen auch zu einer Erleichterung unseres kognitiven Lebens bei, weil sie uns zu Verallgemeinerungen verhelfen, die gewöhnlich ausreichend genau sind. Das hat der Sozialpsychologe Gordon Allport schon in den 1950er-Jahren deutlich erkannt. Für ihn resultierten Stereotype aus gewöhnlichen Wahrnehmungs- und Gedächtnisprozessen, aus »der normalen und natürlichen Tendenz [des Menschen], Verallgemeinerungen, Begriffe, Kategorien zu bilden, deren Inhalt eine grobe Vereinfachung seiner Erfahrungswelt darstellt«. Stereotype Verzerrungen sind ein weiterer Preis für Gedächtnisprozesse,

die uns die Verallgemeinerung vergangener Erlebnisse ermöglichen.[342]

Ferner haben wir gesehen, dass Gedächtnisfehler häufig zu Erinnerungen führen, die das Selbst in einem allzu günstigen Licht präsentieren. Egozentrische Gedächtnisfehler verleiten uns dazu, uns an bessere Noten zu erinnern, als wir tatsächlich hatten, oder im Rückblick unsere Rolle am Arbeitsplatz beziehungsweise in der Familie zu übersteigern. Konsistenz- und Veränderungsfehler können uns helfen, unser Verhalten in einer Beziehung zu rechtfertigen, und Rückschaufehler lassen uns im Nachhinein klüger erscheinen, als wir tatsächlich waren. Oberflächlich betrachtet, scheinen diese Gedächtnisfehler zu einem Realitätsverlust zu führen und damit eine beunruhigende, ja gefährliche Tendenz darzustellen. Doch wie die Sozialpsychologin Shelley Taylor in ihrer Arbeit über »positive Illusionen« dargelegt hat, scheinen offenkundig optimistische Einschätzungen des Selbst der seelischen Gesundheit eher förderlich als abträglich zu sein. Menschen, die in besonderem Maße zu positiven Illusionen neigen, sind in ihrem Verhalten keineswegs eingeschränkt oder benachteiligt, sondern ganz im Gegenteil in vielen Bereichen ihres Lebens erfolgreich. Dagegen fehlen depressiven Patienten in der Regel die positiven Illusionen, die für gesunde Menschen charakteristisch sind.[343] Wenn wir uns an die Vergangenheit in einer übermäßig positiven Weise erinnern, fühlen wir uns vielleicht ermutigt, neuen Herausforderungen zu begegnen, da wir auch die Zukunft in einer überzeichnet positiven Weise ins Auge fassen. Dagegen könnte uns eine genauere oder negativ gefärbte Erinnerung an die Vergangenheit entmutigen. Sicherlich muss das in bestimmten Grenzen geschehen, denn übertriebene optimistische Verzerrungen würden uns am Ende in Schwierigkeiten bringen. Doch wie Taylor darlegt, sind positive Illusionen im Allgemeinen moderat und tragen entscheidend zu unserem Wohlbefinden bei. In dem Maße, wie Gedächtnisfehler die Zufriedenheit mit unserem Leben fördern, sind sie als adaptive Komponenten des kognitiven Systems anzusehen.

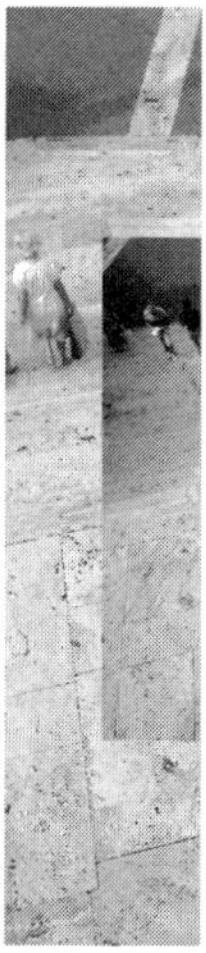

Auf der Suche nach den Ursprüngen der sieben Sünden

Bislang habe ich das Wort *adaptiv* in einem recht allgemeinen Sinne verwendet. Aber um die möglichen Ursprünge der sieben Sünden zu erklären, muss ich deutlich machen, was ich damit meine, wenn ich einen Aspekt des Gedächtnisses adaptiv nenne. Psychologen verwenden den Begriff *Adaptation* (Anpassung) in mindestens zwei Bedeutungen.[344] Die eine kommt aus der Evolutionstheorie und hat eine sehr spezifische, technische Ausrichtung. Adaptation in diesem Sinne ist ein artspezifisches Merkmal, das sich mithilfe der natürlichen Selektion ausgebildet hat, weil es die reproduktive Fitness der Einzelwesen erhöht. Darwins These, die natürliche Selektion sei der einzige evolutionäre Mechanismus, der die adaptiven Eigenschaften von Lebewesen erkläre, stützte sich auf drei grundlegende Beobachtungen. Erstens registrierte er, dass es nur einem Teil jeder Generation gelang, sich fortzupflanzen. Zweitens fiel ihm auf, dass die Nachkommen nicht alle mit den Eltern identisch sind – einige sind größer, schneller oder stärker als andere. Variationen wie diese, die an nachfolgende Generationen weitergegeben werden, gelten als erblich. Drittens vertrat Darwin die Auffassung, einige Aspekte erblicher Variation würden die Wahrscheinlichkeit erhöhen, dass ihre Träger überleben und sich fortpflanzen. Merkmale eines Organismus, die durch natürliche Selektion entstehen, sind Adaptationen.

Doch häufig verwenden Psychologen den Begriff Adaptation auch weniger streng. In diesem eher umgangssprachlichen Sinne bezeichnet er das Merkmal eines Organismus, das ganz allgemein vorteilhafte Folgen hat, unabhängig davon, ob es wirklich im Laufe

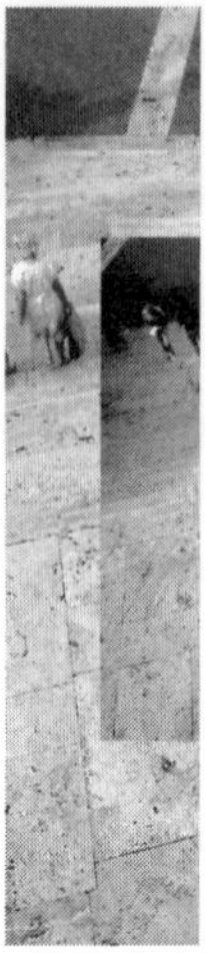

der Evolution durch natürliche Selektion entstanden ist. So sind auf dem Gebiet des Gedächtnisses die Fähigkeiten, Telefonnummern zu behalten und einen Computer zu bedienen, Beispiele für diese weniger strenge Verwendung des Begriffs »adaptives Merkmal«. An häufig verwendete Telefonnummern können wir uns einigermaßen gut erinnern, und insofern können wir sagen, das Gedächtnis sei an diese Aufgabe angepasst. Nun sind Telefone aber eine so neue Erfindung, dass diese Fähigkeit nicht im Zuge der Evolution entstanden sein kann – als eine durch natürliche Selektion hervorgebrachte Adaptation. Das Gleiche gilt für die Fähigkeit, einen Computer oder andere moderne technische Geräte zu bedienen: Unser Gedächtnissystem ermöglicht es uns, diese Aufgaben zu bewältigen, doch das Gedächtnis kann nicht als Adaptation entstanden sein, um uns den Umgang mit der modernen Technik zu erleichtern.

Der Harvard-Paläontologe Stephen Jay Gould bezeichnet mit dem Wort *Exaptation* »Merkmale, die heute die Fitness steigern, von der natürlichen Selektion aber nicht für ihre gegenwärtige Aufgabe angelegt wurden«. Exaptationen sind also Adaptationen, die übernommen worden sind, um Funktionen zu erfüllen, für die sie ursprünglich nicht selektiert wurden.[345] Beispielsweise glauben Evolutionsbiologen, die Federn der Vögel seien Adaptationen, die ursprünglich für Aufgaben wie Wärmeregulation oder Beutefang selektiert und erst später für die ganz anders geartete Funktion des Fliegens übernommen wurden. Im Bereich menschlicher Kognition ist die Lesefähigkeit ein Beispiel für eine Exaptation. Da große Teile der Bevölkerung erst in den letzten Jahrhunderten zu lesen begonnen haben, ist die Fertigkeit zu jung, um ein Produkt der natürlichen Selektion sein zu können. Doch das Lesen greift auf grundlegende visuelle und kognitive Fähigkeiten zurück, die sich wahrscheinlich als Adaptationen entwickelt haben. Ähnlich sind unsere Fähigkeiten, Telefonnummern zu behalten und Computer zu bedienen, an sich keine evolutionären Adaptationen, verwenden aber Merkmale des Gedächtnisses, die vermutlich als Adaptationen entstanden sind.

Gould und sein Harvard-Kollege Richard Lewontin definierten noch eine dritte Art evolutionärer Hervorbringung, die Spandrille – eine Sonderform der Exaptation, die als unbeabsichtigte Begleiterscheinung eines bestimmten Merkmals auftritt.[346] Während Exaptationen als Adaptationen entstanden sind und später für andere Funktionen vereinnahmt wurden, haben Spandrillen von Anfang an keine adaptive Funktion. Der Terminus *Spandrille* (Bogenzwickel) stammt aus der Architektur. Gould und Lewontin verweisen auf die vier Spandrillen im Hauptschiff des Markusdoms von Venedig: Flächen zwischen Bogen und Wänden, die mit den vier Evangelisten und vier biblischen Flüssen geschmückt wurden. Die Spandrillen wurden nicht eingebaut, um einen Platz für diese Gemälde zu schaffen, wenngleich sie diese Aufgabe sehr schön erfüllen. In ähnlicher Weise können Menschen, die Schutz vor den Unbilden der Witterung suchen, sich zwischen den Pfeilern einer Brücke unterstellen, obwohl die Pfeiler und ihre Zwischenräume ursprünglich nicht zu diesem Zweck geschaffen wurden.

Die Entscheidung, ob bestimmte Merkmale des menschlichen Geistes Adaptationen, Exaptationen oder Spandrillen sind, ist eine schwierige Frage, über die in der zeitgenössischen Psychologie und Biologie eine erbitterte Auseinandersetzung geführt wird. Die Evolutionspsychologen haben versucht, Kognition und Verhalten des Menschen durch Adaptationen zu erklären, die auf natürliche Selektion zurückzuführen sind. »Der Geist ist ein organisches Rechensystem, das von der natürlichen Selektion angelegt wurde, um die Probleme zu lösen, denen sich unsere Vorfahren gegenübersahen, als sie noch Jäger und Sammler waren«, behauptet Steven Pinker, ein überzeugter Verfechter des evolutionären Ansatzes.[347] Ähnlich argumentieren die Psychologin Leda Cosmides und der Anthropologe John Tooby, zwei Pioniere der

Evolutionspsychologie. »Der menschliche Geist besteht aus einer Reihe informationsverarbeitender Mechanismen im menschlichen Nervensystem, die sich im Laufe der Evolution entwickelt haben«, erklären sie. »Diese Mechanismen und die Entwicklungsprogramme, die sie hervorbringen, sind Adaptationen, die über evolutionäre Zeiträume hinweg in urgeschichtlichen Umwelten durch natürliche Selektion erzeugt worden sind.«

Dagegen behaupten die Kritiker der Evolutionspsychologie, unter ihnen Stephen Jay Gould, es sei zu billig, Erklärungen des Geistes und des Verhaltens im Nachhinein von Adaptationen und natürlicher Selektion abzuleiten – Argumentationsweisen, die man in Anlehnung an Swift als »Just so«-Storys bezeichnet. Gould vertritt die Auffassung, viele gegenwärtige Merkmale des menschlichen Geistes seien Exaptationen und Spandrillen – neben dem Lesen könne man als weitere Beispiele Schreiben und religiöse Überzeugungen nennen. Der Einfluss von Exaptationen und Spandrillen auf den heutigen menschlichen Geist sei so dominant, dass sie wie »ein Berg neben dem adaptiven Maulwurfshügel« erschienen. Die Debatten zwischen den Vertretern dieser gegensätzlichen Ansätze sind oft sehr hitzig, wie die zwischen Pinker und Gould 1997 in der *New York Review of Books* ausgetragene Kontroverse zeigt.[348]

Evolutionäre Erklärungen des Geistes im Allgemeinen und des Gedächtnisses im Besonderen sind nur dann mehr als spekulative Erzählungen von Post-hoc-Geschichten, wenn man bei den Debatten über die relative Bedeutung von Adaptationen, Exaptationen und Spandrillen auf empirische Versuche zurückgreift. Experimentalpsychologen wie ich verlangen in der Regel eindeutige Beweise aus kontrollierten Studien, um zwischen konkurrierenden Hypothesen zu entscheiden. Zwar haben wir keinen direkten Zugang zu den evolutionären Belegen der menschlichen Kognition – es gab keine Psychologen, die das Verhalten unserer Vorfahren in urgeschichtlichen Umwelten unter kontrollierten Bedingungen hätten beobachten können –, aber das schließt eine strenge Prüfung evolutionärer Hypothesen nicht aus.

Der Psychologe David Buss und seine Kollegen von der University of Texas haben kürzlich in einem interessanten Beitrag gezeigt, wie eine solche Prüfung vonstatten gehen könnte. Sie nannten 30 Beispiele, in denen Hypothesen, die von einem evolutionären Ansatz ausgingen und sich auf Konzepte der Adaptation und natürlichen Selektion stützten, zu empirischen Erkenntnissen über menschliches Verhalten oder Kognition führten. Zu den zitierten Beispielen gehören die sexuelle Eifersucht des Mannes, Muster ehelicher und gleichgeschlechtlicher Tötungsdelikte, beziehungsspezifische Reaktionen auf Untreue und *mate guarding* (Bewachen des Partners) in Abhängigkeit vom weiblichen Fortpflanzungswert.[349]

Um evolutionäre Adaptationen zu testen, orientieren sich Psychologen und Biologen an verschiedenen Arten von Daten und Konzepten. Ein Kriterium ist das der komplexen oder spezifischen Beschaffenheit: Das Merkmal eines Organismus ist mit einiger Wahrscheinlichkeit eine Adaptation, wenn seine innere Struktur so komplex ist, dass die Möglichkeit, das Merkmal könnte durch Zufall oder als Nebeneffekt einer anderen Entwicklung entstanden sein, sehr gering ist. Das Auge der Wirbeltiere ist ein klassisches Beispiel für eine komplexe Struktur. Angesichts der vielfältigen Wechselbeziehungen zwischen seinen vielen Teilen ist es eher unwahrscheinlich, dass es von der natürlichen Selektion zu einem anderen Zweck angelegt wurde als zum Sehen. Es dürfte kaum durch Zufall oder als unbeabsichtigter Nebeneffekt entstanden sein. Anfang des 19. Jahrhunderts vertrat der Theologe William Paley die Auffassung, eine so komplexe Konstruktion lasse auf die Existenz eines planenden Baumeisters der Natur schließen. Paley verglich ihn mit einem Uhrmacher: Die raffinierte Konstruktion einer Uhr offenbare, wie die eines lebenden Organismus, das Vorhandensein eines Plans, der bestimmte Funktionen habe berücksichtigen wollen.

Keinesfalls könne die Konstruktion durch die zufällige Zusammenfügung all der verschiedenen Teile in genau der richtigen Anordnung entstanden sein. In seinem Buch *Der blinde Uhrmacher* gibt der Biologe Richard Dawkins diesem Argument von Paley eine darwinistische Wendung. Ein echter Uhrmacher beginne mit der Absicht, eine Uhr zu konstruieren, meint Dawkins, doch die natürliche Selektion sei blind – sie habe kein Ziel, keinen Zweck, keine Vorausschau.[350]

Adaptationen führen zu unterschiedlichen Reproduktionserfolgen. Also müsste man bei spezifischen Merkmalen oder Eigenschaften, die von der Selektion begünstigt wurden, Anhaltspunkte dafür finden, dass die Merkmalsträger mehr Nachkommen hervorgebracht haben. Beispielsweise wurde die Hypothese, dass Frauen lieber große Partner wählen, unlängst durch das Ergebnis bestätigt, dass größere Männer mehr Nachkommen haben als kleine.[351] So könnte die körperliche Statur beim Mann teilweise eine durch die Selektion hervorgerufene Adaptation sein.

Die Wirkung der natürlichen Selektion kann sich auch darin äußern, dass sich ein Merkmal ständig in verschiedenen Arten zeigt. Betrachten wir beispielsweise den Fall der Körpersymmetrie. Menschen und andere Organismen weichen in unterschiedlichem Maße von einer vollkommenen Links-rechts-Symmetrie ab. In Untersuchungen, in denen Versuchspersonen körperliche Attraktivität bewerten, ist größere Körpersymmetrie gewöhnlich mit höheren Bewertungen verknüpft.[352] Weiterhin lässt sich unter anderem bei Insekten, Vögeln und Primaten beobachten, dass Symmetrie gegenüber Asymmetrie Vorteile im sexuellen Wettbewerb bringt. Biologen haben festgestellt, dass Asymmetrie mit genetischen Anomalien und dem Einfluss negativer Umweltereignisse wie Parasiten und Schadstoffen verknüpft ist. Berücksichtigt man außerdem die Beobachtung, wie verbreitet die Selektion von Individuen mit hoher Symmetrie bei den verschiedensten Arten

ist, spricht einiges für die These, dass Körpersymmetrie eine durch natürliche Selektion hervorgerufene Adaptation ist. Obwohl sich nicht alle Forscher dieser Auffassung anschließen – es gibt eine Kontroverse über die Frage, wie Symmetrie und Asymmetrie entstehen –, sprechen die Ergebnisse doch für die Existenz eines entsprechenden Selektionsdrucks.

Eine Adaptation könnte auch bei dem vorliegen, was Anthropologen als menschliche Universalien bezeichnen: Merkmale, die in allen menschlichen Kulturen anzutreffen sind. Beispielsweise lassen interkulturelle Studien darauf schließen, dass körperliche Attraktivität von Männern wie Frauen geschätzt wird (wenn auch von Männern in höherem Maße) und dass Menschen aus verschiedenen Kulturen in der Regel übereinstimmen, was ihr Urteil über die Attraktivität von Gesichtern angeht. Aspekte dieser Attraktivität werden ihrerseits mit größerer körperlicher und geistiger Gesundheit verknüpft, was den Schluss nahe legt, dass es sich um eine evolutionär entstandene Adaptation handelt.[353]

Der Umstand, dass ein Merkmal eine Universalie ist, besagt noch nicht zwangsläufig, dass es als Adaptation entstanden ist. Die Anthropologen Donald Brown und Steven Gaulin weisen darauf hin, dass Universalien auch aus kulturellen Merkmalen erwachsen können, die alt sind, sich als sehr nützlich erwiesen haben und daher in viele Kulturen Eingang fanden.[354] So ist die Verwendung des Feuers (insbesondere zum Kochen) eine menschliche Universalie. Allerdings ist daraus nicht unbedingt zu schließen, dass darin die Wirkung einer gemeinsamen Adaptation zum Ausdruck kommt. Einfacher lässt sich postulieren, was sowohl Brown wie Gaulin tun, dass die Menschen lange Zeit dem Feuer ausgesetzt waren und so seinen Nutzen erkannt haben. Aber, so Gaulin, selbst wenn diese Form kultureller Erklärung nicht zutreffe, seien die verbleibenden Universalien wichtige Anhaltspunkte für die Suche nach psychologischen Adaptationen.

Wenn umgekehrt ein Merkmal mit einer einzigen Ausnahme in allen Kulturen anzutreffen ist, dann schließt diese Ausnahme nicht unbedingt aus, dass wir es mit einer Adaptation zu tun haben. Die Ausnahme könnte durch die Wirkung anderer kultureller Faktoren zu erklären sein. Wir können also festhalten, dass Universalien zwar keine eindeutigen Beweise für (oder gegen) Adaptationen liefern, wohl aber als hilfreiche Wegweiser dienen können.

Wie sieht es mit dem Gedächtnis und den sieben Sünden aus? Obwohl es kaum Hinweise gibt, mit denen sich Behauptungen über evolutionäre Ursprünge begründen lassen, liegen doch einige relevante Daten aus Studien über Geschlechterdifferenzen vor. So gibt es eine evolutionäre Hypothese über das Gedächtnis, die in dem bereits erwähnten Artikel von Buss und Mitarbeitern erwähnt wird: Frauen haben ein besseres Gedächtnis für die räumliche Anordnung von Objekten als Männer. Wie die kanadischen Psychologen Marion Eals und Irwin Silverman darlegen, lassen die archäologischen und paläontologischen Daten aus der Periode der Jäger und Sammler, einer der wichtigen Epochen für die Entwicklung der menschlichen Kognition, darauf schließen, dass die Männer vorwiegend mit der Jagd und die Frauen in erster Linie mit Sammeln beschäftigt waren. Daraus leiten Eals und Silverman die Hypothese ab, diese verschiedenen Tätigkeiten hätten die räumliche Kognition und Erinnerungsfähigkeit unterschiedlich beansprucht. Insbesondere behaupten sie, erfolgreiche Sammler müssten Nahrungsquellen lokalisieren, die sich in komplexen Vegetationsflächen befinden, und sich diese Stellen für spätere Besuche einprägen. Daher habe die natürliche Selektion wahrscheinlich dafür gesorgt, dass Frauen ein besseres Gedächtnis für die räumliche Lage von Objekten entwickelten als Männer.[355]

Eals und Silverman testeten diese Hypothese, indem sie Männern und Frauen eine räumliche Anordnung von Gegenständen zeigten. In einem Experiment lagen die Gegenstände in einer

Schublade, in einem anderen waren sie auf Schreib- und anderen Tischen in einem Zimmer verstreut. In beiden Experimenten erinnerten sich die Frauen an die Lage der Gegenstände genauer als die Männer. Dagegen waren die Männer den Frauen in anderen räumlichen Aufgaben überlegen, die, so Eals und Silverman, auf bestimmten für die Jagd erforderlichen Fähigkeiten beruhten.

Einige spätere Untersuchungen bestätigten die Ergebnisse von Eals und Silverman, während andere Studien verschiedene Modifikationen und Einschränkungen erbrachten. Die Frage, ob räumliche Gedächtnisfähigkeiten bei Frauen Adaptationen sind, die auf natürliche Selektion zurückgehen, ist also noch nicht geklärt. Trotzdem sind diese Experimente ein Beispiel dafür, wie evolutionäre Hypothesen über die Ursprünge des Gedächtnisses formuliert und getestet werden können.

Auch der Psychologe David Sherry von der University of Western Ontario hat Anhaltspunkte dafür entdeckt, dass geschlechtsspezifische Differenzen beim räumlichen Gedächtnis evolutionären Ursprungs sein könnten. Er hat das Gedächtnis verschiedener Vogelarten untersucht, unter anderem der Braunkopf-Kuhstärlinge.[356] In der Brutzeit legen die weiblichen Braunkopf-Kuhstärlinge ein einziges Ei in das Nest einer anderen Art und verbringen dann den Rest des Tages damit, nach anderen Nestern zu suchen, in die sie im Laufe der nächsten Tage weitere Eier legen können. Die Weibchen müssen sich an die Lage der Nester erinnern können, da die Männchen den Weibchen nicht bei der Lokalisierung der Nester helfen (bei anderen Kuhstärling-Arten sind beide Geschlechter an dieser Nestsuche beteiligt).

In früheren Studien hatten Sherry und andere gezeigt, dass der Hippocampus bei Futter hortenden Vogelarten eine entscheidende Rolle spielt, wenn sich die Tiere an ihre Nahrungsverstecke erinnern müssen. Ein Kiefernhäher hortet beispielsweise im Herbst bis zu 30000 Samenkörner an 5000 Stellen und findet sie im

nächsten Frühjahr wieder. Diese Respekt einflößende Gedächtnisaufgabe bewältigt der Vogel mit großem Erfolg. Im Durchschnitt ist der Hippocampus bei Futter hortenden Arten größer als bei anderen Vogelarten. Ferner haben Futter hortende Vögel bei einer Schädigung des Hippocampus große Schwierigkeiten, sich an ihre Nahrungsverstecke zu erinnern.

Wenn bei Vögeln der Hippocampus wichtig für das räumliche Gedächtnis ist, müsste, laut Sherry, die natürliche Selektion weibliche Braunkopf-Kuhstärlinge mit einem größeren Hippocampus ausgestattet haben als ihre männlichen Artgenossen. Schließlich obliegt den Weibchen die Suche nach geeigneten Nestern und die Erinnerung an ihre Standorte. Messungen des Hippocampus-Volumens relativ zur Gesamtgröße der Kuhstärlingsgehirne ergaben genau dieses Resultat: Der Hippocampus ist bei Weibchen in der Tat größer als bei Männchen. Derartige Geschlechterdifferenzen waren bei zwei eng verwandten Vogelarten, die keine Eier in fremde Nester legen, nicht zu erkennen.

Untersuchungen der räumlichen Fähigkeiten anderer Arten zeigen, dass sich diese Tendenz des Geschlechterunterschieds umkehren lässt, wenn der Selektionsdruck die Entwicklung räumlichen Lernens bei Männchen begünstigt. Steven Gaulin von der University of Pittsburgh untersuchte zwei Arten männlicher Nager: eine polygame Feldmaus, die ihr Streifgebiet während der Fortpflanzungsperiode ausdehnt, um die Paarungsgelegenheiten zu erweitern, und eine monogame Präriemaus, bei der das nicht der Fall ist. Die Ausweitung des Streifgebietes dürfte zur Selektion räumlicher Fähigkeiten beim Männchen der polygamen Feldmaus geführt haben. Als Gaulin die beiden Mäusearten in Laborlabyrinthen testete, stellte er bei männlichen Feldmäusen bessere räumliche Fähigkeiten fest als bei Weibchen, während er bei Präriemäusen keine derartigen geschlechtsspezifischen Unterschiede beobachtete. Weiterhin war bei männlichen Feldmäusen der Hippo-

campus größer als bei den weiblichen Tieren. Dagegen gab es auch hier keine Geschlechterdifferenzen bei den Präriemäusen.[357]

Die Arbeit von Gaulin, Sherry und ihren Mitarbeitern untermauert die These, dass einige Merkmale des Gedächtnisses Adaptationen sind, die auf natürliche Selektion zurückgehen. Mir sind keine vergleichbaren Forschungsergebnisse bekannt, die unmittelbar auf die Ursprünge der sieben Sünden hinweisen. In den Achtzigerjahren haben David Sherry und ich in einem theoretischen Artikel die Auffassung vertreten, einige Merkmale des Gedächtnisses seien evolutionär entstandene Adaptationen, während es sich bei anderen um Exaptationen handle. Dabei suchten wir in jedem Fall nach charakteristischen Eigenschaften.[358] Das gleiche Verfahren möchte ich nun auf die sieben Sünden anwenden.

Die wahrscheinlichsten Kandidaten für Adaptationen sind Persistenz und Transienz. In dem Maße, wie Persistenz als Reaktion auf gefährliche Situationen entstanden ist, die eine unmittelbare Bedrohung für das Überleben darstellten, sind Tiere und Menschen, die sich an diese Erfahrungen dauerhaft erinnern konnten, sicherlich von der natürlichen Selektion begünstigt worden. Diese Fähigkeit scheint von so grundlegender Bedeutung zu sein, dass eigentlich viele Arten neuronale Mechanismen aufweisen müssten, die eine langfristige Erinnerung an lebensbedrohliche Situationen ermöglichen. Wie oben erwähnt, lässt das universelle Vorhandensein eines bestimmten Merkmals in zahlreichen Kulturen nicht unbedingt darauf schließen, dass es sich bei dem Merkmal um eine Adaptation handelt, sondern kann nur als aufschlussreicher Hinweis auf eine Adaptation gewertet werden. Der Neurobiologe Joseph LeDoux hat festgestellt, dass die Amygdala und verwandte Strukturen an überdauerndem Furchtlernen bei verschiedenen Arten beteiligt sind – unter anderem bei Menschen, Affen, Katzen und Ratten.[359] Analog dazu lassen sich möglicherweise Zusammen-

hänge zwischen Persistenz, der Amygdala und erregenden oder bedrohlichen Erfahrungen in verschiedenen Kulturen und sozialen Gruppen beobachten. Mir sind keine Forschungsergebnisse bekannt, die direkte Hinweise darauf liefern, doch interkulturelle Studien, die sich mit den neurobiologischen und kognitiven Aspekten der Persistenz befassen, stellen ein viel versprechendes Feld für künftige Untersuchungen dar. Wie im siebten Kapitel erörtert, erwächst Persistenz ja auch aus einem differenzierten Wechselspiel zwischen Amygdala und Stresshormonen, die modulierend auf die Gedächtnisbildung einwirken – ein interdependentes System, das auf eine komplexe Struktur schließen lässt.

Die Argumente von John Anderson und seiner Gruppe sprechen dafür, dass auch Transienz eine evolutionäre Adaptation sein könnte. Wie oben erwähnt, geht Anderson bei seinem Argument von dem Gedanken aus, dass sich in den Eigenschaften der Transienz Eigenschaften der Umwelt widerspiegeln, in der das Gedächtnis operiert. Hier gibt es allerdings einen Haken: Wenn die Transienz eine durch Selektion entstandene Adaptation ist, müssten sich in ihren Eigenschaften die urgeschichtlichen Umwelten widerspiegeln, in denen sich unsere Vorfahren entwickelten. Doch wie sollen wir jemals in Erfahrung bringen, welche Eigenschaften in den Umwelten der Jäger und Sammler oder in noch früheren Epochen relevant waren, die in der menschlichen Evolution möglicherweise eine Rolle gespielt haben? Leicht wird das nicht sein. Einige Anthropologen untersuchen geografisch isolierte Gruppen, die heute noch als Jäger und Sammler leben, etwa die Matsigenka-Indios in Südostperu.[360] Wenn die Muster des Gedächtnisabrufs in solchen Gruppen untersucht werden könnten, würde sich möglicherweise feststellen lassen, ob sich in der Transienz eher Eigenschaften urgeschichtlicher oder moderner westlicher Umwelten widerspiegeln. Meines Wissens gibt es solche Studien nicht. Doch der kognitive Psychologe Lael Schooler, der gemeinsam mit

Anderson der These von den umweltabhängigen Eigenschaften des Gedächtnisses nachgegangen ist, hat versucht, die Frage von einer anderen, aber verwandten Perspektive aus anzugehen.

Schooler stützte sich auf Daten, die seine Mitarbeiter Ramon Rhine und Juan Carlos Serio Silva über Primatenverhalten in zwei verschiedenen Umwelten gesammelt hatten. In wichtigen Aspekten glichen diese Umgebungen den Umwelten, in denen sich die Evolution unserer hominiden Vorfahren vollzogen hat: tropischer Regenwald und Savanne. Die Wissenschaftler untersuchten das Streifverhalten von Brüllaffen in einem tropischen Regenwald auf der Vulkaninsel Agaltepec in Mexiko und von Pavianen, die in der Savanne und auf offenen Ebenen im Mikumi-Nationalpark in Tansania leben. An beiden Orten beobachteten die Forscher über mehrere Monate das Streifverhalten von Brüllaffen- und Pavianhorden, die von Ort zu Ort zogen. Anschließend untersuchten Schooler, Rhine und Silva die Wahrscheinlichkeit, dass ein Trupp an einen bestimmten Ort zurückkehrte – als Funktion der Zeit, die seit ihrem letzten Aufenthalt dort verstrichen war. Die Wahrscheinlichkeit, dass sie an einen bestimmten Ort zurückkehrten, nahm mit der Zeit ab, wobei die Form der Kurve der des Vergessens ähnelte.[361] Analog zu den modernen Umwelten, die Anderson und Schooler untersucht haben, können offenbar auch die Bewohner des Regenwaldes von Agaltepec und der Savanne von Mikumi darauf zählen, dass sie Informationen vergessen dürfen, die sie längere Zeit nicht verwendet haben. Wir wissen nicht, ob die ähnlichen Muster bei modernen Menschen und bei umherstreifenden Primaten auf unterschiedlichen Mechanismen beruhen oder auf einen gemeinsamen evolutionären Ursprung zurückgehen. Doch auf jeden Fall sprechen diese Beobachtungen für die Auffassung, dass Transienz eine Adaptation an überdauernde Eigenschaften von Umwelten ist, die von modernen und früheren Primaten bewohnt werden und wurden.

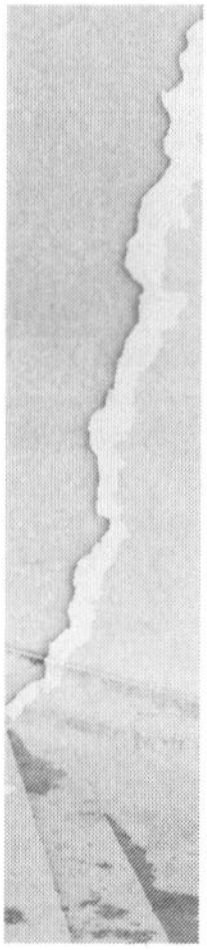

In ihrer Analyse der positiven Illusionen hat Shelley Taylor die Auffassung vertreten, auch die übertrieben optimistischen Verzerrungen könnten evolutionär entstandene Adaptationen sein. Doch die Ergebnisse von Steven Heine und seinen Mitarbeitern an der University of Pennsylvania lassen gewisse Zweifel an dieser These aufkommen. Sie vermuten, dass Verzerrungen, die das Selbst in einem allzu rosigen Licht zeigen, charakteristisch für bestimmte Kulturen sind. So zitieren sie anthropologische, soziologische und psychologische Untersuchungen, aus denen hervorgeht, dass Japaner zu einer eher kritischen Anschauung des Selbst neigen, ganz im Gegensatz zu den ausgesprochen positiven Verzerrungen, die nordamerikanische Studien erkennen lassen.[362] Wären positive Verzerrungen evolutionäre Adaptationen, könnten wir erwarten, sie durchgehend in interkulturellen Untersuchungen zu beobachten. Zwar schließt, wie erwähnt, eine einzige Ausnahme von einem universellen Muster die Möglichkeit einer Adaptation noch nicht aus, doch deuten Untersuchungen dieser Art darauf hin, dass sich interkulturelle Studien über die verschiedenen Formen der Gedächtnisfehler als höchst aufschlussreich erweisen könnten.

Gedächtnisverzerrungen stehen in enger Beziehung zu kognitiven Operationen höherer Ordnung und komplexen sozialen Interaktionen (siehe Kapitel 6). Hier handelt es sich um exakt die Art von Prozessen, bei denen wir im interkulturellen Vergleich erhebliche Schwankungen erwarten würden. Ausgehend von den Arbeiten der Heine'schen Forschungsgruppe, vermute ich, dass die spezifische Form der Gedächtnisverzerrungen von Kultur zu Kultur äußerst unterschiedlich ist und sich weit mehr als Produkt sozialer und kultureller Normen erweisen wird denn als biologische Entwicklung durch natürliche Selektion. Trotzdem ist es möglich, dass Menschen in allen Kulturen beim Erinnern irgendeine Form der Verzerrung zeigen, bei der nur die besondere Art des Inhalts interkulturellen Schwankungen unterliegt. Doch selbst wenn es sich

so verhält, ist die Verzerrung – so meine Hypothese – ein zufälliger Nebeneffekt des Umstandes, dass Gedächtnisakte häufig von allgemeinem Wissen und von Überzeugungen geleitet werden.

Weiter stelle ich die Hypothese auf, dass die übrigen Sünden des Gedächtnisses – Blockierung, Geistesabwesenheit, Fehlattribution, Suggestibilität – höchstwahrscheinlich evolutionäre Spandrillen sind. Teilweise beruhen meine Überlegungen dabei auf Plausibilitätserwägungen: Nur schwer lässt sich vorstellen, wie oder warum die natürliche Selektion ein System entwickelt haben sollte, das besonders anfällig ist für Geistesabwesenheit, häufige Blockierungen bei Wörtern und Namen oder für Erinnerungen an Ereignisse, die nie stattgefunden haben. Doch wir haben bereits gesehen, dass sich jede dieser Sünden einleuchtend als Nebeneffekt einer nützlichen Eigenschaft des Gedächtnisses interpretieren lässt, die ihrerseits entweder als Adaptation oder Exaptation entstanden ist. Geistesabwesenheit, Fehlattributionen, die aus Verwechslungen der Gedächtnisquellen resultieren, und verwandte Effekte der Suggestibilität sind, so meine ich, Nebenprodukte von Adaptationen und Exaptationen. Aus ihnen hat sich ein Gedächtnissystem entwickelt, das nicht automatisch alle Einzelheiten aufbewahrt, die erforderlich sind, um die exakte Quelle einer Erfahrung anzugeben. Die Blockierung ist möglicherweise ein zufälliger Nebeneffekt von Vorgängen, die mit der zeitlichen Nähe und Häufigkeit von Gedächtnisabrufen zu tun haben und auch für die Transienz verantwortlich sein könnten. Falsche Erinnerungen, die an wesentlichen Aspekten orientiert sind, entstehen als Nebeneffekte von Kategorisierungs- und Verallgemeinerungsprozessen, die selbst von entscheidender Bedeutung für unsere kognitiven Funktionen sind.

Es gibt jedoch einen Unterschied zwischen diesen Spandrillen des Gedächtnisses und den architektonischen Spandrillen, die Gould und Lewontin zur Veranschaulichung heranziehen. Architek-

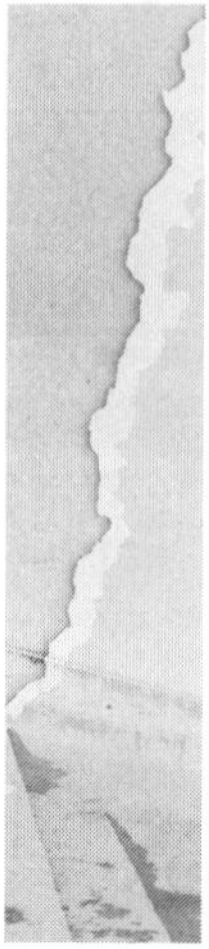

tonische Spandrillen sind harmlos in ihren Konsequenzen: Sie beeinträchtigen die Statik und Funktion eines Gebäudes nicht. Anders im Fall des Gedächtnisses: Lästige Geistesabwesenheit, frustrierende Blockierungen und möglicherweise verheerende Konsequenzen irrtümlicher Zeugenaussagen oder falscher Erinnerungen infolge von Fehlattribution oder Suggestibilität – sie alle können unser Leben vorübergehend oder dauerhaft stören. Wenn wir unter den Folgen dieser fehlgeleiteten Spandrillen leiden, können wir uns nur schwer vor Augen führen, dass sie Nebeneffekte von Prozessen sind, die in der Regel für den reibungslosen Ablauf unseres kognitiven Lebens sorgen. Vielleicht hilft es, wenn wir diese Gedächtnisspandrillen mit der Situation des Eichhörnchens vergleichen, das zwischen den Vorteilen des Fressens und den möglichen Nachteilen einer Begegnung mit einem Raubtier abwägt und mehrmals zurückkehrt, um sich Kekskrümel zu holen. Die missratenen Spandrillen sind der Preis für einen Kompromiss des Gedächtnisses, der auch wichtige, wenngleich weniger offenkundige Vorteile bringt.

Wenn ich mit meinen Hypothesen über den Ursprung der sieben Sünden auch nur ein bisschen Recht habe, können wir auf keinen Fall damit rechnen, dass die Sünden in absehbarer Zeit verschwinden könnten. Erinnern wir uns an Binjimin Wilkomirski: Er »erinnerte« sich an die Schrecken, die er als Kind in einem Nazi-KZ erlebt zu haben glaubte, obwohl er den Krieg in Wirklichkeit in der sicheren Schweiz verbracht hatte. Die Vorstellung, dass sich jemand fälschlicherweise an das schlimmste denkbare Grauen erinnert hat, wirkt so aberwitzig, dass man versucht ist, Wilkomirski als eine unerklärliche, einmalige Ausnahme abzutun. Doch wenn es sich bei Fehlattribution und Suggestibilität, die aller Wahrscheinlichkeit nach für Wilkomirskis Wahnvorstellungen verantwortlich sind, um echte evolutionäre Spandrillen handelt, dürfte er kein isolierter Fall sein. Und er ist es tatsächlich nicht. Frauen und Männer, die Erinnerungen an schreckliche Kindheitstraumata

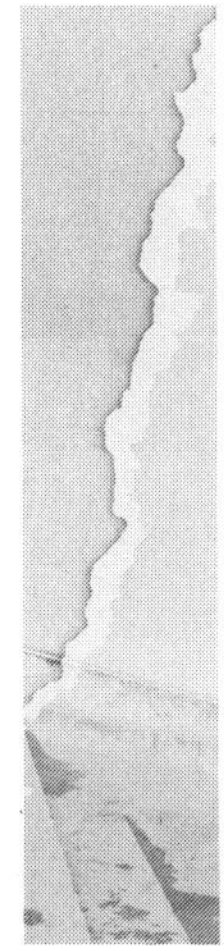

wieder entdeckt zu haben glaubten, diese nach Beendigung ihrer Psychotherapie aber widerriefen, zeigen uns, dass Wilkomirskis Erfahrung alles andere als einzigartig ist. Gleiches gilt für die Vielzahl von Menschen, die nach eigenem Bekunden von Außerirdischen entführt wurden und sich lebhaft an absurde Ereignisse wie sexuellen Missbrauch durch Dämonen oder außerirdische Entführer erinnern. Oft spielen bei solchen Fällen suggestive Verfahren wie die Hypnose eine Rolle.[363]

Falsche Erinnerungen dieser Art sind nichts Neues. Im vierten Kapitel haben wir uns mit der Debatte über falsche Erinnerungen und Déjà-vu-Erlebnissen beschäftigt, die in den 1890er-Jahren tobte. Bereits 1881 hat der britische Psychologe James Sully ein ganzes Kapitel seines Buches *Illusions: A Psychological Study* den »Gedächtnistäuschungen« gewidmet und dort einen Fall nach dem anderen beschrieben, lauter Beispiele für Fehlattribution und Suggestibilität, wie ich heute sagen würde. Der Historiker Patrick Geary berichtete von dem bayrischen Mönch Arnold aus dem 11. Jahrhundert, der sich »erinnerte«, auf einer mehrere Jahre zurückliegenden Reise einem fliegenden Drachen begegnet zu sein. Wahrscheinlich waren Arnolds falsche Erinnerungen ein Produkt aus Fantasie und Suggestion. Fehlattribution und Suggestibilität begleiten die Menschheit schon seit langem und werden es sicherlich auch in Zukunft tun.[364]

Das Gleiche gilt für die anderen Sünden des Gedächtnisses. Nehmen wir beispielsweise Transienz und Persistenz. Seit Jahrhunderten bemühen sich die Menschen, die Transienz zu bezwingen. Wie im ersten Kapitel dargelegt, geht die Erfindung der visuellen Mnemotechniken – Methoden zur Verbesserung des Gedächtnisses durch Enkodierung neuer Informationen in Gestalt lebhafter Vorstellungsbilder – auf die Griechen zurück. Genauso hat die Persistenz eine lange Tradition. Erinnern wir uns an Robert Burtons Beschreibung des entsetzten Blasius, der das antike Erdbeben in Sakai miterlebte und danach jahrelang nicht in der Lage war, »die

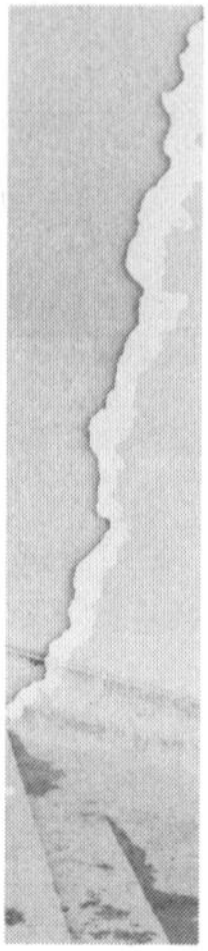

Erinnerung an das Geschehene aus seinem Gedächtnis zu verbannen« (siehe Kapitel 7). Die posttraumatische Belastungsstörung – bei der sich die Wirkungen der Persistenz leidvoll verstärken – ist erst vor kurzem von Psychologen und Psychiatern anerkannt worden. Und doch gibt es ihre Symptome wahrscheinlich, seit Menschen Traumata erleiden. Diesen Gedanken erläutert der Psychiater Jonathan Shay wunderbar einleuchtend in seinem faszinierenden Buch *Achill in Vietnam*, das Parallelen zwischen den Nachwirkungen der Kriegstraumata von Vietnam und in Homers *Ilias* zieht. Shay berichtet, wie Achill vom Kummer übermannt wird, weil er einem gefallenen Kameraden keinen Schutz gewähren konnte. Er versinkt »tief in Erinnerungen«, weil sein Gedächtnis immer wieder von dem intrusiven Gedanken an den toten Freund heimgesucht wird.[365]

Obwohl sie uns häufig wie Feinde erscheinen, sind die sieben Sünden ein unverzichtbarer Bestandteil unseres kognitiven Erbes, weil sie so eng mit Eigenschaften des Gedächtnisses verknüpft sind, die für sein reibungsloses Funktionieren sorgen. Diese scheinbar widersprüchliche Beziehung zwischen den fatalen und den förderlichen Eigenschaften des Gedächtnisses fand auch die Aufmerksamkeit von Fanny Price, der Heldin in Jane Austens Roman *Mansfield Park* aus dem 19. Jahrhundert. Als Fanny einen schönen, mit Büschen gesäumten Weg bewundert, der auf ehemaligem Brachland angelegt worden ist, erinnert sie sich, wie der Weg vor Jahren ausgesehen hat, und fragt sich, ob sie diese Erinnerung in Zukunft vergessen wird. Dies nimmt sie zum Anlass, über scheinbar widersprüchliche Eigenschaften des Gedächtnisses zu sinnieren:

»Wenn eine unserer Gaben noch großartiger als die anderen genannt werden kann, dann ist es, finde ich, das Gedächtnis. Es liegt etwas Verräterisches darin, dass die Stärke, das Versagen, die Unzuverlässigkeit des Gedächtnisses so viel unbegreiflicher ist als die all unserer anderen Geisteskräfte. Das Gedächtnis ist manchmal so verlässlich, so nützlich, so gehorsam und manchmal so

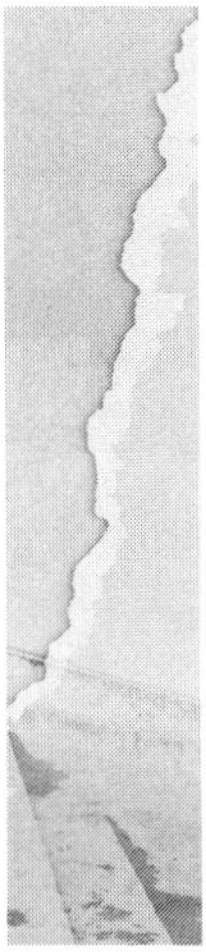

verwirrt und so schwach und dann wieder so tyrannisch, so unkontrollierbar! Wir sind zwar in *jeder* Hinsicht ein Wunder, aber unsere Fähigkeit, zu erinnern oder zu vergessen, erscheint ganz besonders unerklärlich.«[366]

Was die Unerklärlichkeit betrifft, haben die moderne Psychologie und die Neurowissenschaft Fanny widerlegt – doch ihre Einschätzung der Widersprüche zwischen Stärken und Schwächen des Gedächtnisses könnte kaum zutreffender formuliert werden. Die sieben Sünden sind nicht einfach lästige Mängel, die es einzuschränken oder zu beheben gilt. Vielmehr führen sie uns vor Augen, wie das Gedächtnis in die Vergangenheit eintaucht, um die Gegenwart mit Informationen zu versorgen, wie es Elemente der Gegenwart bewahrt, um in Zukunft auf sie zu verweisen, und wie es uns ermöglicht, die Vergangenheit nach Belieben aufzusuchen. Die Laster des Gedächtnisses sind zugleich seine Tugenden, Elemente einer die Zeit überspannenden Brücke, die unseren Geist mit der Welt verbindet.

Anhang

Danksagung

Manchmal erscheint es ungerecht, dass ein Buch nur den Namen des Autors trägt, obwohl viele Menschen direkt oder indirekt an Entwurf, Entwicklung und Herstellung beteiligt sind. Das vorliegende Buch ist hier keine Ausnahme. Ich war in der glücklichen Lage, die Themen, die auf diesen Seiten zur Sprache kommen, mit zahlreichen Kollegen und Studenten erörtern zu können – zu vielen, um allen einzeln zu danken. Ich hoffe, alle wissen, wer gemeint ist. Besonders dankbar bin ich den Mitarbeitern meines Instituts für die Arbeit, die sie in den letzten Jahren geleistet haben: Ihre Anregungen und Ideen waren von unschätzbarem Wert für dieses Buch und alle meine anderen wissenschaftlichen Bemühungen.

Außerordentlichen Dank schulde ich all denen, die sich die Zeit genommen haben, das Manuskript zu lesen und zu kommentieren. Moshe Bar, Chad Dodson, Marc Hauser, Lael Schooler, David Sherry und Gabriella Vigliocco steuerten scharfsinnige Anmerkungen zu einzelnen Kapiteln bei, halfen mir, einige wichtige Fragen zu durchdenken, und bewahrten mich vor einer Reihe von Nachlässigkeiten und Fehlern. Randy Buckner, Wilma Koutstaal, Richard McNally und Anthony Wagner lasen das ganze Manuskript, machten hilfreiche Vorschläge, übten konstruktive Kritik und trugen erheblich zur Verbesserung des Ergebnisses bei. Mehrere meiner Forschungsassistenten – Steve Prince, Carrie Racine und Danielle Unger – haben mir auf vielfältige Weise geholfen. Ich möchte, dass sie wissen, wie sehr ich ihre Arbeit zu schätzen weiß.

Laura van Dam, meine Lektorin bei Houghton Mifflin, hat sich begeistert für das Buch eingesetzt und mir kluge Anregungen zu den verschiedenen Fassungen des Manuskripts gegeben. Ihr feines

Gespür für Stil und Substanz waren sehr hilfreich. Susan Rabiner, meine Agentin, hat diesem Werk ihre ganze Energie und Intelligenz gewidmet – ich danke ihr für beides.

Mit diesem Buch begann ich während eines Sabbatjahrs, das mir durch ein John-Simon-Guggenheim-Stipendium und einen Preis des James McKeen Cattell Fund ermöglicht wurde. Ohne sie wäre das Buch nicht zustande gekommen. Einige Monate des Sabbatjahrs verbrachte ich am Institut für kognitive Neurowissenschaften des University College in London, wo ich Teile des Buches schrieb. Ich bin Professor Tim Shallice verpflichtet, weil er mir den Aufenthalt ermöglicht hat, und danke den Kollegen und Mitarbeitern des Instituts, die dafür Sorge getragen haben, dass der Aufenthalt so angenehm und fruchtbar wurde. Dankbar bin ich ferner all den Institutionen, die meine Forschungsarbeiten finanziell unterstützt haben: Human Frontiers Science Program, National Institute on Aging, National Institute of Mental Health und National Institute of Neurological Disorders and Stroke. Auf den vorangegangenen Seiten beschreibe ich große Teile der Arbeit, die von diesen Institutionen finanziert wurden.

Meiner Frau Susan McGlynn und meinen Töchtern Hannah und Emily Schacter schulde ich so viel Dank, dass ich kaum weiß, wie ich ihn zum Ausdruck bringen soll. Um wenigstens einen Anfang zu machen, widme ich ihnen dieses Buch.

Anmerkungen

Einleitung: Ein Geschenk der Götter

[1] Kawabata (1999), Zitat S. 196.
[2] Gourevitch (1999) liefert einen detaillierten Bericht des ganzen Falles. Obwohl Wilkomirskis Buch nicht als Tatsachenbericht aufgefasst werden kann, ist das Buch noch immer eine faszinierende Lektüre, bedenkt man die weitere Entwicklung.
[3] Offer et al. (2000).
[4] Wilma Koutstaal und ich beschäftigten uns mit zahlreichen Problemen, die für diese Frage von Belang sind, in einem Kapitel, das einen Überblick über Quellen von Ungenauigkeit und Unzugänglichkeit im Gedächtnis gibt (Koutstaal/Schacter, 1997b).
[5] Eine erste Zusammenfassung findet sich in Schacter (1999b).
[6] Finkelstein (1999).
[7] Kawabata (1999), Zitat S. 194.

1. Transienz: Wenn Erinnerungen mit der Zeit verblassen

[8] Schmolck et al. (2000).
[9] Die Experimente sind beschrieben in Ebbinghaus (1885/1971). Zum historischen Hintergrund und zu den modernen Perspektiven vgl. Slamecka (1985).
[10] Thompson et al. (1996).
[11] Friedman/deWinstanley (1998).
[12] Eldridge et al. (1994).
[13] Bornstein/LeCompte (1995).
[14] Brewer (1996) und Thompson et al. (1996).
[15] Meine Anmerkungen zu Clintons Aussage und alle Zitate aus der Grand-Jury-Sitzung stützen sich auf die Protokolle der Aussage Clintons vom 17.8.1998; Starr (1998).
[16] Zur Transienz älterer Menschen vgl. Huppert/Kopelman (1989); Carlesimo et al. (1997). Eine allgemeine Erörterung des Gedächtnisverlustes bei älteren Menschen finden sich bei Albert (1997).
[17] Zelinski/Burnight (1997).
[18] Beobachtungen von Davis und Kleber, zitiert bei Squire/Kandel (1999), S. 218 f.
[19] Schmand et al. (1997).
[20] Zu jüngeren Ergebnissen vgl. Jack et al. (1998), Price/Morris (1999) und Small et al. (1999). Ein verständlicher Überblick über die wissenschaftliche Forschung und eine Schilderung der Alzheimer-Krankheit aus der Sicht eines Familienangehörigen findet sich bei Pierce (2000).
[21] Buschke et al. (1999) und Killany et al. (2000) haben berichtet, dass sie anhand struktureller Hirnbilder mit einigem Erfolg vorhersagen konnten, welche älteren Erwachsenen die Alzheimer-Krankheit bekommen würden.
[22] Scoville/Milner (1957) haben HM als Erste beschrieben. Zu einem verständlichen Überblick dieses aufschlussreichen Falls vgl. Hilts (1995).
[23] Zu einem Überblick über die Neuroimaging-Techniken vgl. Posner/Raichle (1996); zu neueren Berichten über Neuroimaging-Studien des Gedächtnisses vgl. Buckner (2000), Nyberg/Cabeza (2000), Schacter/Wagner (1999).
[24] Zur Frage, warum sich Hippocampus-Aktivierungen manchmal schwer erreichen lassen, vgl. Schacter/Wagner (1999).
[25] Wagner et al. (1998). Unsere

Studie verwendete eine Art »umgekehrter Vorhersage«: Zunächst ermittelten wir die Leistung der Versuchspersonen im Wiedererkennungstest. Das heißt, wir ermittelten, ob sie sich an ein Objekt erinnerten oder es vergaßen, und bestimmten dann die Gehirnregionen, die bei erinnerten Objekten aktiver waren als bei vergessenen. Zu einer allgemeineren Erörterung der fMRI-Studien von Enkodierungsprozessen vgl. Wagner et al. (1999).

[26] Craik/Tulving (1975) berichteten über klassische kognitive Studien, welche die Bedeutung elaborierter Enkodierung unter Beweis stellten. Vgl. auch Schacter (1999), Kap. 2.

[27] Brewer et al. (1998).

[28] Brown (1958) und Peterson/Peterson (1959). Baddeley (1998) gibt einen guten Überblick über die Entwicklung dieses Forschungsfeldes.

[29] Baddeley (1992, 1998).

[30] Gathercole/Baddeley (1993).

[31] Shallice/Warrington (1970). Zu einer Sammlung ähnlicher Fälle vgl. Vallar/Shallice (1990).

[32] Baddeley (1992), S. 21.

[33] Baddeley et al. (1998), Gathercole/Baddeley (1993).

[34] Paulesu et al. (1993).

[35] Thompson et al. (1996).

[36] Bahrick (1984); Bahrick (2000) fasst zahlreiche Studien über langfristiges Behalten zusammen.

[37] Bailey/Chen (1989); zu einem ausgezeichneten Überblick über einschlägige Arbeiten vgl. Squire/Kandel (1999).

[38] Zu einem Überblick vgl. Koutstaal/Schacter (1997b).

[39] Wagenaar (1986).

[40] Crook/Adderly (1998) und Lorayne/Lucas (1996) geben Ratschläge.

[41] Stigsdotter-Neely/Bäckman (1993); Plude/Schwartz (1996); West/Crook (1992).

[42] Trudeau (1997).

[43] Rebok et al. (1997), S. 304.

[44] Noice/Noice (1996), Zitate S. 8.

[45] Noice et al. (1999).

[46] Experimentelle Studien sind von mehreren Arbeitsgruppen berichtet worden, unter anderem Kanowski et al. (1996) und Wesnes et al. (1997); Wong et al. (1998) liefern einen allgemeinen Überblick.

[47] Crook/Adderly (1998).

[48] Vgl. Drake et al. (2000) zum Zusammenhang zwischen Östrogenspiegel und verbalem Gedächtnis; Duka et al. (2000) zu den Effekten der Hormonsubstitution auf das Gedächtnis für Bildpaare; und Wolf et al. (1999) zu den Auswirkungen auf das verbale Gedächtnis. Der Zusammenhang zwischen Östrogenspiegel und Gedächtnisleistung könnte komplexer Natur sein. Beispielsweise haben Drake et al. (2000) herausgefunden, dass hohe Östrogenspiegel mit guten Leistungen des verbalen Gedächtnisses, niedrige Östrogenspiegel mit guten Leistungen des Gedächtnisses für visuelle Formen verknüpft sind. Im Übrigen ergeben sich nicht in allen Studien Anhaltspunkte für Auswirkungen der Östrogensubstitution auf das Gedächtnis. Zu einer Erörterung dieses Themas vgl. Duka et al. (2000).

[49] Tang et al. (1999).

[50] Weiner (2000), S. 29.

[51] Davis (1997), S. 136.

[52] Das Zitat stammt aus dem von Hayden (1994) herausgegebenen Band, S. 144.

2. Geistesabwesenheit: Wenn uns die alltäglichsten Dinge entfallen

[53] Levinson (1999).
[54] Schacter (1983).
[55] Vgl. einen Web-Artikel des Fachbereichs Musik der University of California in Los Angeles: www.music.ucla.edu/news/strad.html.
[56] Baddeley et al. (1984) und Craik et al. (1996) haben gezeigt, dass geteilte Aufmerksamkeit während der Enkodierung die anschließende Gedächtnisleistung beeinträchtigt. Interessanterweise fanden sie auch heraus, dass geteilte Aufmerksamkeit während des Gedächtnisabrufs wenig Einfluss auf die Leistung hat. Dies legt den Schluss nahe, dass einige Prozesse des Gedächtniszugriffs automatisch ablaufen und daher nicht viel Aufmerksamkeit erfordern. Fernandes/Moscovitch (2000) haben Bedingungen skizziert, unter denen sich geteilte Aufmerksamkeit beim Abruf auf die Gedächtnisleistung auswirken kann.
[57] Jacoby (1991).
[58] Persönliche Mitteilung vom 15.4.1999.
[59] Vgl. Craik/Byrd (1982) und Jennings/Jacoby (1993).
[60] Anderson/Fincham (1994); Logan (1988).
[61] Reason/Mycielska (1982), S. 146.
[62] Warren (1996).
[63] Shallice et al. (1994).
[64] Raichle et al. (1994).
[65] Wagner et al. (2000).
[66] Simons/Levin (1998); ein hilfreicher Überblick über Studien zur Veränderungsblindheit findet sich bei Simons (2000).
[67] Simons/Chabris (1999). Rees et al. (1999) berichten über die Neuroimaging-Studien, in denen die Aufmerksamkeit entweder auf Buchstabenfolgen oder Strichzeichnungen gerichtet war.
[68] Simons/Levin (1998).
[69] Cockburn (1996). Der Band, der Cockburns Kapitel enthält (Brandimonte et al., [1996]), umfasst noch eine Vielzahl von Beiträgen, die sich aus verschiedenen Blickwinkeln mit dem prospektiven Gedächtnis befassen.
[70] Winograd (1988).
[71] Einstein/McDaniel (1990).
[72] McDaniel/Einstein (1993).
[73] Marsh/Hicks (1998).
[74] Okuda et al. (1998). Zu den Frontalregionen, die eine erhöhte Aktivität während der prospektiven Gedächtnisarbeit zeigten, gehörten die Oberfläche des rechten Frontallappens, der linke Frontalpol und die inneren (medialen) Regionen des Frontallappens.
[75] Einstein et al. (1997).
[76] McDaniel/Einstein (1992); Maylor (1996) fasst eine Anzahl einschlägiger Untersuchungen zusammen.
[77] Maylor (1990).
[78] Gould et al. (1997), Park/Kidder (1996).
[79] Persönliche Mitteilung vom 21.4.1999.
[80] Vortac et al. (1995).
[81] Stepp (1996).
[82] Petro et al. (1991).
[83] Langer (1997), S. 89.

3. Blockierung: Wenn uns etwas auf der Zunge liegt…

[84] DeLillo (1997), S. 156.
[85] Martin (1986); Sunderland et al. (1986).
[86] Burke et al. (1991).
[87] Cohen (1990).

[88] Zitiert in Semenza/Sgaramella (1993), S. 265 f.
[89] Vgl. Cohen (1990) und Semenza/Zettin (1989) zur Grundidee und Brédart/Valentine (1998) zum Experiment.
[90] Valentine/Brennen/Brédart (1996), S. 17.
[91] Zum allgemeinen Modell vgl. Ellis/Young (1991).
[92] Einige Modelle (z. B. Garrett, [1992]; Levelt, [1989]) untergliedern die lexikalische Ebene noch einmal in zwei Knoten: in ein »Lemma«, das mit den syntaktischen Merkmalen eines Wortes verknüpft ist, und in ein »Lexem«, das mit den phonologischen Merkmalen eines Wortes zu tun hat. Andere Theoretiker wenden sich gegen diese Unterscheidung (z. B. Caramazza/Miozzo, 1997).
[93] Burke et al. (1991).
[94] Young et al. (1985).
[95] Salthouse (1996). Zwar ist sich die Forschung einig, dass der Abruf von Eigennamen mit wachsendem Alter deutlich abnimmt, doch ist die Frage noch nicht geklärt, ob die Größenordnung dieser Abnahme in einem Missverhältnis zu anderen altersbedingten kognitiven Einbußen steht (Maylor, [1997]).
[96] Das Experiment wurde von Brédart durchgeführt (1993).
[97] Valentine et al. (1996, S. 16).
[98] Burke et al. (1991).
[99] Semenza/Zettin (1989). Ähnliche Fälle sind zuvor beschrieben worden von McKenna/Warrington (1980) und von Semenza/Zettin (1988).
[100] Hanley/Kay (1998).
[101] Hanley (1995) liefert eine detaillierte Fallstudie dieses Patienten.
[102] Damasio et al. (1996) liefern Belege, die für diesen Zusammenhang sprechen, während Cappa et al. (1998) und Semenza et al. (1995) Gegenbeispiele anführen.
[103] Vgl. die Studien von Damasio et al. (1996) und Tempini et al. (1998).
[104] Newton (1998).
[105] Brown/McNeill (1966), S. 326.
[106] Schwartz (1999).
[107] Die Beispiele sind übernommen von Vigliocco et al. (1999). Die Lösungen sind: 1. Speer, 2. Gingan, 3. Paprika, 4. Epitaph, 5. Asbest, 6. Sextant, 7. Knorpel, 8. Hackmesser, 9. Zytoplasma, 10. Glukose.
[108] Die Szene wurde besprochen von Canby (1998).
[109] Caramazza/Miozzo (1997); Vigliocco et al. (1997).
[110] Riefer et al. (1995).
[111] Reason/Lucas (1984).
[112] Jones (1989); Jones/Langford (1987).
[113] Meyer/Bock (1992) sowie Perfect/Hanley (1992) führten strenger kontrollierte Studien durch; von Harley/Brown (1998) stammen die Experimente, die sich mit dem Einfluss »phonologischer Nachbarn« beschäftigten. Als dieses Buch in Druck ging, berichtete Smith (2000) von neuen Belegen dafür, dass Blockierungswörter oder »garstige Schwestern«, die mit den gesuchten Zielwörtern semantisch verwandt sind, die Häufigkeit von TOT-Zuständen erhöhen können.
[114] Rastle/Burke (1996).
[115] Burke et al. (1991).
[116] Reason/Lucas (1984).
[117] Burke et al. (1991) und Cohen/Faulkner (1986) fanden heraus, dass ältere Erwachsene weniger Teilinformationen über das Zielwort und weniger Blockierungswörter oder »garstige Schwestern« angaben als jüngere Erwachsene. Auch Brown/

Nix (1996) fanden weniger Teilinformationen bei älteren als bei jüngeren Erwachsenen, beobachteten aber zusätzlich noch, dass ältere Erwachsene mehr Blockierungswörter hervorbrachten als jüngere Erwachsene. Brown/Nix (1996), S. 88, vertreten die Auffassung, letzteres Ergebnis könne darauf zurückzuführen sein, dass die älteren Erwachsenen in ihren Studien bessere sprachliche Fertigkeiten zeigten als die älteren Erwachsenen in den früheren Untersuchungen.

[118] Burke et al. (1991), S. 550.

[119] Vgl. die ausgezeichnete Übersichtsarbeit von A. S. Brown (1991).

[120] A. S. Brown (1991, S. 214).

[121] Read/Bruce (1982).

[122] Brennen et al. (1990), Hanley/Cowell (1988).

[123] Milders et al. (1998).

[124] Drummie (1998).

[125] Dieses Problem erörtere ich ausführlich in Schacter (1999), Kap. 8.

[126] Dieses Phänomen, als *part-list cueing* bezeichnet, wurde erstmals von Slamecka (1968) beschrieben. Zu einer neueren Analyse vgl. Sloman et al. (1991).

[127] Anderson/Spellman (1995).

[128] Koutstaal et al. (1999b).

[129] Shaw et al. (1995).

[130] Vgl. Anderson (2001). Zum Teil orientiert sich Anderson bei seinen Konzepten an theoretischen Formulierungen von Freyd (1996).

[131] Zu Überblicken über die Kontroverse aus verschiedenen Blickwinkeln vgl. Brewin/Andrews (1998), Conway (1997), Freyd (1996), Kihlstrom (1995), Lindsay/Read (1994), Loftus (1993), Pendergrast (1995), Read/Lindsay (1997), Schacter (1999) und Schooler (1994).

[132] Freyd (1996).

[133] Schooler (1994).

[134] Bjork/Bjork (1996). Einige Effekte des intentionalen Vergessens sind wahrscheinlich auf verminderte Enkodierung der zu vergessenden Wörter zurückzuführen, die zum Vergessen vorgesehen sind. Vgl. Basden et al. (1993) zur Erörterung verschiedener Grundlagen intentionalen Vergessens bei verschiedenen Versuchsanordnungen. Koutstaal/Schacter (1997c) geben einen Überblick über verschiedene Experimentalanordnungen zur Untersuchung des intentionalen Vergessens und erörtern einen möglichen Zusammenhang zwischen intentionalem Vergessen einerseits und Erinnern und Vergessen von sexuellem Missbrauch in der Kindheit andererseits.

[135] Zur Erörterung der verschiedenen Definitionen, die Freud für den Verdrängungsbegriff geliefert hat, vgl. Erdelyi (1985), Schacter (1999), Kap. 9.

[136] Myers et al. (1998).

[137] Schacter (1999), Kap. 8.

[138] Markowitsch et al. (1997) hat über NN berichtet; vgl. Markowitschs allgemeinere Erörterung ähnlicher Fälle (1999). Fink et al. (1996) berichten über Ergebnisse an gesunden Versuchspersonen.

[139] Zu einem Überblick und einer Erörterung vgl. Kapur (1999).

[140] Costello et al. (1998).

4. Fehlattribution: Von Déjà-vu-Erlebnissen und anderen trügerischen Erinnerungen

[141] Zitiert bei Sno et al. (1992) über Déjà-vu-Erlebnisse in Literatur und Dichtkunst. Allgemeinere

Ausführungen über das Déjà-vu-Phänomen finden sich bei Sno/Linszen (1990).

[142] Berrios (1996), S. 219.

[143] Ribot (1881/1924).

[144] Zu der Debatte in der *Révue Philosophique* vgl. Berrios (1996), S. 217 ff.

[145] Zitiert bei Sno et al. (1992), S. 512.

[146] Das Zitat stammt von Berrios (1996), S. 219.

[147] Whittlesea (1993).

[148] Über die Ereignisse berichtete Hicks (1998).

[149] Über diese und andere Fälle liefern Ross et al. (1994) einen Überblick.

[150] Ausführlicher habe ich über diesen Fall berichtet in Schacter (1999), Kap. 4; vgl. auch Thomson (1988).

[151] Ross et al. (1994), S. 918.

[152] Ross et al. (1994).

[153] Brown et al. (1977); Davies (1988); Thomson (1988).

[154] Zu einer allgemeinen Diskussion der Gedächtnisbindung im Zusammenhang mit dem Quellengedächtnis vgl. Johnson und Chalfonte (1994).

[155] Goff/Roediger (1998).

[156] Lew Lieberman, persönliche Mitteilung vom 31.8.1999.

[157] Henkel et al. (1998).

[158] Vgl. Reinitz et al. (1994) und Rubin et al. (1999).

[159] Kroll et al. (1996).

[160] Henke et al. (1999).

[161] Shimamura (1995) und Henkel et al. (1998).

[162] Rubin et al. (1999).

[163] Wells et al. (1998) berichten über Experimente zur Minimierung relativer Urteile. Wells et al. (2000) geben einen Forschungsüberblick über Untersuchungen zur Verbesserung der Befragung von Augenzeugen und berichten von den Überlegungen und Schlussfolgerungen der von Janet Reno eingesetzten Arbeitsgruppe. Der Bericht der Arbeitsgruppe kann heruntergeladen werden von der Website: www.ojp.usdoj.gov/nij/pubs-sum/178240.htm.

[164] Hilts (1996).

[165] Deese (1959); Roediger/McDermott (1995).

[166] Unsere Studie wird beschrieben in Schacter et al. (1996a).

[167] Halperin (1996).

[168] Unsere Ergebnisse werden beschrieben in Johnson et al. (1997). In einer verwandten fMRI-Untersuchung fanden wir ähnliche Ergebnisse. Allerdings gab es einige Anhaltspunkte für Unterschiede in der Gehirnaktivität bei wahrer und falscher Wiedererkennung, wenn zuvor gelernte Wörter und nicht dargebotene, semantisch verwandte Wörter in getrennten Scans überprüft wurden. Solche Ergebnisse zeigten sich jedoch nicht, wenn die beiden Item-Arten gemischt wurden (Schacter et al., 1997a). In diesen Studien hörten die Versuchspersonen Item-Listen, die semantisch zusammengehörige Wörter enthielten. In einem neueren fMRI-Experiment versuchten wir den Versuchspersonen vielfältigere sensorische Hinweisreize zu liefern, indem wir ihnen ein Videoband vorführten, auf dem ein Mann und eine Frau abwechselnd die Wörter der Item-Liste vorlasen (Cabeza et al., 2000). Bei diesem Verfahren sorgten sowohl visuelle wie akustische Reize für eine Unterscheidung der Items von den semantisch verwandten Wörtern, die später

beim Wiedererkennungstest allein dargeboten wurden. Bei dieser Studie erhielten wir etwas deutlichere Hinweise auf Unterschiede der Hirnaktivität während wahrer und falscher Wiedererkennung. Eine Region im hinteren Bereich des Temporallappens (hinterer Gyrus parahippocampalis) zeigte bei wahrer Wiedererkennung größere Aktivität als bei falscher, während weiter vorn gelegene hippocampale Regionen ähnliche Aktivitätsniveaus bei wahrer wie falscher Wiedererkennung aufwiesen.

[169] Belege für verminderte falsche Wiedererkennung unter solchen Umständen liefern Experimente von Koutstaal et al. (1999a) und Mather et al. (1997).

[170] Rubin et al. (1999).

[171] Duzel et al. (1997), Henson et al. (1999).

[172] Curran et al. (2001).

[173] Schacter et al. (1999) berichten über Experimentaldaten und führen das Konzept der Auffälligkeitsheuristik ein.

[174] Norman/Schacter (1997), Schacter et al. (1999) und Tun et al. (1998) liefern Belege dafür, dass ältere Erwachsene beim Deese-Roediger-McDermott-Verfahren manchmal in höherem Maße zu falscher Wiedererkennung neigen; Schacter et al. (1999) zeigen, dass ältere Erwachsene diesen falschen Wiedererkennungseffekt mithilfe der Auffälligkeitsheuristik verringern können. Koutstaal/Schacter (1997a) weisen bei älteren Erwachsenen eine noch größere Anfälligkeit für falsche Wiedererkennung mittels eines Verfahrens nach, bei dem sich die Teilnehmer Bilder von Gegenständen aus verschiedenen Kategorien (z. B. Autos, Schuhe) einprägen und später neue Bilder aus zuvor dargebotenen Kategorien fälschlicherweise wieder erkennen. Doch Koutstaal et al. (1999a) zeigen, dass ältere Erwachsene mithilfe auffälliger Informationen die falsche Wiedererkennung von neuen Bildern verringern können.

[175] Jacoby (1999).

[176] Ward et al. (1999) liefern eine detaillierte Fallstudie. Dieser Artikel findet sich in einer Sonderausgabe der Zeitschrift *Cognitive Neuropsychology*, die dem Thema falscher Erinnerungen gewidmet ist und auch in Buchform vorliegt (Schacter, (1999a).

[177] Rapcsak et al. (1999).

[178] Vgl. Young et al. (1985) und Ellis/Young (1991) zu frühen Überlegungen bezüglich der Gesichtserkennung. Eine Analyse und einen Überblick aus neuerer Zeit liefern Breen et al. (2000).

[179] Perrett et al. (1992) erörtern Forschungsergebnisse zu Gesichtszellen; Kanwisher et al. (1997) und Tong et al. (2000) liefern fMRI-Daten, die auf einen Zusammenhang zwischen dem Gyrus fusiformis und Gesichtserkennung schließen lassen.

[180] Mein Zitat stammt aus Ellis et al. (1994), S. 134, einer englischen Übersetzung von Courbons und Fails Aufsatz aus dem Jahr 1927; Ellis et al. bieten auch Übersetzungen mehrerer klassischer französischer Arbeiten über wahnhafte Verkennung.

[181] Box et al. (1999). Feinberg et al. (1999) berichten ebenfalls über ein Auftreten des Frégoli-Syndroms nach einer Kopfverletzung mit Schädigung des rechten Frontal-

lappens sowie Teilen des linken Temporal- und Parietallappens.

182 Jack (1998).

183 Taylor (1965), S. 1113 (die Zitate von Nietzsche und Kerner aus Jung [1966], S. 92).

184 Daniels (1972), Zitat S. 124.

185 Die Geschichte über die »schöne blaue Donau« wird geschildert in Reed (1988), S. 100. Skinner (1983), S. 242, beschreibt seine Erfahrungen in einem Aufsatz über geistige Funktionen im hohen Alter.

186 Brown/Murphy (1989).

187 Ein Überblick zu den Forschungsergebnissen und den Konzepten des Primings findet sich bei Schacter (1999), Kap. 6, Schacter/Buckner (1998), Wiggs/Martin (1998).

188 Marsh et al. (1997).

189 Jacoby et al. (1989b). Schachter/Singer (1962) berichten über die bekannten Experimente zur Interpretation von adrenalininduzierter Erregung.

5. Suggestibilität: Wie sich Erinnerungen manipulieren lassen

190 Crombag et al. (1996).

191 Das Verfahren, das ich in der Sendung anwendete, stützte sich auf Experimente, die wir kurz zuvor in unserem Labor durchgeführt hatten; beschrieben sind sie in: Schacter et al. (1997b). Diese Experimente zeigten, dass Menschen zwischen 60 und 70 eher als Collegestudenten dazu neigen, Ereignisse, die sie nur auf Fotografien gesehen haben, mit Geschehnissen zu verwechseln, die sie sich vorher auf einem Videoband angeschaut haben.

192 Moss, (2000), Zitat S. A22.

193 Zu einem Überblick über Loftus' wegweisende Studien vgl. Loftus et al. (1995). Higham (1998) beschreibt das Experiment mit einem gestellten Überfall und die falschen Erinnerungen seiner Studenten.

194 Vgl. Fisher (1995), S. 740.

195 Wells/Bradfield (1998), Zitat S. 360, erörtern diesen Fall.

196 Vgl. Wells/Bradfield (1998) zur Erörterung von Daten, die zeigen, wie beeinflussbar die Gewissheit von Zeugen ist, und zu dem Experiment über die Wirkung eines bestätigenden Feed-backs.

197 Wells/Bradfield (1998), Zitat S. 375, erörtern die Biggers-Kriterien.

198 Kebbell/Wagstaff (1998) liefern eine informative Erörterung.

199 Vgl. Reiser (1990) zu einem Bericht über Hypnose in diesem Fall.

200 Zu neueren Überblicken über die wissenschaftliche Literatur vgl. Kebbell/Wagstaff (1998) sowie Lynn/McConkey (1998).

201 Vgl. Reiser (1990). Kebbell/Wagstaff (1998) diskutieren die Frage, ob die Hypnose dazu benutzt wird, »das Gesicht zu wahren«.

202 Zu einer eingehenden Beschreibung des kognitiven Interviews und einer Zusammenfassung der einschlägigen Forschungsarbeiten vgl. Fisher (1995) und Fisher/Geiselman (1992). Neuere Ansätze zu Entwicklung, Varianten und Anwendung des kognitiven Interviews sind (1999 in einer Sondernummer (Bd. 5, Nr. 1–2) der Zeitschrift *Psychology, Crime, and Law* zusammengetragen worden. Die Aufsätze von Clifford/Gwyer (1999), Kebbell et al. (1999) sowie Memon/Higham (1999) sind für die Fragen, die ich erörtert habe, von besonderem Interesse.

[203] Munsterberg (1908).
[204] Hinkle/Wolff (1956), Zitat S. 116. Bei Gudjonsson (1992), Kap. 6, findet sich eine interessante Erörterung dieser und verwandter Beobachtungen.
[205] Gudjonsson/MacKeith (1988); vgl. auch Gudjonsson (1992), S. 228.
[206] Wright (1994) bietet eine gründliche Beschreibung und Analyse des Falles; vgl. ferner Ofshe (1992).
[207] Gudjonsson et al. (1999), Zitat S. 456, beschreiben den Fall in allen Einzelheiten.
[208] Vgl. Gudjonsson (1984, 1992).
[209] Kassin/Wrightsman (1981).
[210] Kassin/Kiechel (1996).
[211] Eine Zusammenfassung einschlägiger Forschungsergebnisse findet sich bei Conway (1997), Lindsay/Read (1994), Loftus/Ketcham (1994), Pendergrast (1995) und Schacter (1999), Kap. 9.
[212] Loftus/Pickrell (1995).
[213] Vgl. Hyman et al. (1995), Hyman/Billings (1998).
[214] Hyman/Billings (1998) berichten über Daten, die auf eine Korrelation zwischen Lebhaftigkeit der Vorstellungen und dem Abruf falscher Erinnerungen schließen lassen; Hyman/Pentland (1996) zeigen, dass die Anweisung, Vorstellungsbilder als Erinnerungshilfen zu verwenden, zu einer größeren Häufigkeit falscher Erinnerungen führten. Mithilfe einer anderen Versuchsanordnung stellten Garry et al. (1996) fest, dass die Aufforderung, sich unwahrscheinliche Ereignisse in der Kindheit vorzustellen, etwa einen Geldfund in einem Parkhaus, die Gewissheit von Teilnehmern steigerte, dass sich diese Vorfälle tatsächlich ereignet hätten. Von ähnlichen Ergebnissen berichteten Goff/Roediger (1998) bei einer Versuchsanordnung: Sie forderten die Teilnehmer auf, einige einfache Handlungen im Labor auszuführen und sich andere nur vorzustellen. Dewhurst/Conway (1994) beobachteten, dass wahre Erinnerungen an vergangene Ereignisse häufig von lebhaften Vorstellungsbildern begleitet sind.
[215] Mazzoni/Loftus (1998).
[216] Porter et al. (1999). Pezdek et al. (1997) berichten, dass es ihnen nicht gelungen ist, Erinnerungen an einen Einlauf zu implantieren.
[217] Zu den Daten und einer allgemeinen Erörterung vgl. Usher/Neisser (1993); West/Bauer (1999). Zu einem möglichen Zusammenhang mit der Hirnfunktion vgl. Nadel/Zola-Morgan (1984); Schacter/Moscovitch (1984).
[218] Malinoski/Lynn (1999).
[219] Green (1999).
[220] Spanos et al. (1999). Vgl. auch verwandte Arbeiten und ähnliche Ergebnisse bei DuBreuil et al. (1998).
[221] Vgl. Spanos et al. (1993, 1994).
[222] Poole et al. (1995).
[223] Vgl. Hyman/Billings (1998) zu Kindheitserinnerungen, Winograd et al. (1998) zur falschen Wiedererkennung semantisch zusammengehöriger Wörter bei Collegestudenten und Clancy et al. (2000) zur falschen Wiedererkennung bei erwachsenen Frauen. Die Studie an Menschen, die über Entführungen durch Außerirdische berichten, hat Clancy in Zusammenarbeit mit Mark Lenzenweger, Richard McNally, Roger Pittman und mir durchgeführt. Vgl. Clancy et al. (2000).
[224] *Commonwealth of Massachusetts vs. Cheryl Amirault LeFave*, Massachusetts Supreme Judicial Court #SJC-7529. Eine kurze

Zusammenfassung der Geschichte der Amiraults findet sich bei Pollitt (1999). Zu einer umfassenden Darstellung des Amirault-Falles aus der Sicht von Dan Finneran, einem der Amirault-Anwälte, vgl.: http://hometown.aol.com/DanFinneran/AmiraultFrames.htm. Zu einer Zusammenfassung der Kindergartenfälle, in denen es um suggestive Befragungen und umstrittene Erinnerungen ging, vgl. die ausgezeichneten Bücher von Ceci/Bruck (1995) sowie Nathan/Snedeker (1995).

[225] Vgl. Bruck/Ceci (1999) zu einer Erörterung dieses Punktes und einschlägigen Forschungsergebnissen.

[226] Peterson/Bell (1996).

[227] Dieses Material habe ich nach einer eidesstattlichen Erklärung von Dr. Maggie Bruck zitiert, die sie mir freundlicherweise am 25.10.1999 zugeschickt hat. Sie gab die Erklärung während eines so genannten *evidentiary hearing* ab, einer Anhörung, bei der alle in früheren Instanzen nicht zugelassenen Beweise vorgelegt werden können.

[228] Zusammenfassungen der Untersuchungen von Bruck und Ceci finden sich bei Bruck et al. (1997) und Ceci (1995).

[229] Poole/Lindsay (1995).

[230] Rudy/Goodman (1991).

[231] Garven et al. (1998).

[232] Ackil/Zaragoza (1998), Zitat S. 1359.

[233] Die letzten juristischen Schachzüge im Fall Cheryl Amirault LeFave sind in einer Reihe von Artikeln dokumentiert, die am 22. und 23.10.1999 im *Boston Globe* erschienen. Sie können abgerufen werden unter: www.boston.com.

6. Verzerrung: Wie sich Erinnerungen mit der Zeit verändern

[234] Orwell (1950), S. 249 f. Bei meinen Ausführungen über Orwells *1984* folge ich Greenwalds (1980), Zitat S. 609, klassischem Artikel über das totalitäre Ich. Er bezieht sich auf Orwells Roman, um die gleichen Punkte deutlich zu machen, um die es auch mir geht.

[235] Levine (1997).

[236] Goethals/Reckman (1973). Ausgezeichnete Zusammenfassungen dieser und verwandter Forschungsergebnisse finden sich bei Dawes (1988) und Ross (1989).

[237] Ross (1989).

[238] Conway/Ross (1984).

[239] McFarland et al. (1989).

[240] McFarland/Ross (1987).

[241] Kirkpatrick/Hazan (1994) untersuchten den Gedächtnisabruf während eines Vierjahresintervalls; Scharfe/Bartholomew (1998) prüften die Erinnerungen im Laufe von acht Monaten.

[242] Holmberg/Homes (1994), Zitat S. 286.

[243] Sprecher (1999).

[244] Karney/Coombs (2000).

[245] Das Konzept der kognitiven Dissonanz stammt aus der klassischen Untersuchung von Festinger (1957/1978). Zu einem jüngeren Überblick über einschlägige Forschungsarbeiten vgl. Wood (2000).

[246] Lieberman et al. (2001) beschreiben das Experiment.

[247] Roese/Maniar (1997).

[248] Bryant/Brockway (1997).

[249] Leary (1982).

[250] Wasserman et al. (1991). Ein kluger Überblick über die Forschungsergebnisse zum Rückschau-

fehler findet sich bei Hawkins/ Hastie (1990).
[251] Roese/Maniar (1997).
[252] Arkes et al. (1981).
[253] Vgl. die Erörterung bei Hawkins/ Hastie (1990), S. 318 f. Hastie et al. (1999) berichteten über extreme Auswirkungen des Rückschaufehlers in der experimentellen Simulation eines zivilrechtlichen Prozesses, in dem eine Übungsjury die Haftung eines Unternehmens für Umweltschäden beurteilen musste.
[254] Carli (1999).
[255] Ross/Sicoly (1979); Christensen et al. (1983). Zu Labordaten über den verbesserten Abruf unserer eigenen Handlungen vgl. Engelkamp/Zimmer (1996).
[256] Bei Symons/Johnson (1997) findet sich ein gründlicher Überblick.
[257] Taylor/Browns (1988) wichtiger Überblick befürwortet positive Illusionen und fasst einschlägige Daten zusammen. Taylor (1989) bietet dem Nichtfachmann eine verständliche Zusammenfassung des Problems.
[258] Sanitioso et al. (1990).
[259] Bahrick et al. (1996). Wie Bahrick und seine Mitarbeiter anmerken, ist es möglich, dass man durch Gedächtnisverzerrung die wirklichen Noten vergisst. Es könnte auch sein, dass die richtigen Noten aus Gründen vergessen werden, die nichts mit Verzerrung zu tun haben (Gedächtniszerfall oder andere Faktoren, die für Transienz verantwortlich sind), während die Verzerrung erst später interveniert, um die resultierenden Gedächtnislücken zu füllen. Bahrick und Mitarbeiter führen einige Argumente an, um letztere Interpretation zu untermauern.
[260] Gray/Silver (1990), Zitat S. 1188.
[261] Keuler/Safer (1998) legen Daten über den Abruf von Examensangst vor, während Breckler (1994) die Erinnerungen von Blutspendern untersuchte.
[262] Ursprünglich erschien das Zitat 1997 in einem Artikel in *Ladies' Home Journal* (Gerosa, 1997). Es taucht später bei Ross/Wilson auf (1999), S. 238.
[263] Staples (1994) berichtet davon in seiner Autobiografie; das Zitat steht auf Seite 202. Im Zusammenhang mit Stereotypen hörte ich von diesem Vorfall erstmals im Oktober 1997 in einem Vortrag des Sozialpsychologen Claude Steele an der Harvard University.
[264] Vgl. Macrae et al. (1994) zu den Daten und ihrer Erörterung.
[265] Vgl. Allport (1954/1971), Zitat S. 35. In ihrem ausgezeichneten Essay über Stereotype und Vorurteil zitieren Banaji/Bhaskar (1999), S. 143, diese Zeilen und weisen darauf hin, wie hellsichtig Allports Thesen waren.
[266] Devine (1989).
[267] Lepore/Brown (1997).
[268] Das Experiment wird kurz skizziert bei Banaji und Bhaskar (1999), Zitat S. 151.
[269] Banaji/Greenwald (1995). Ihre Arbeit stützt sich auf frühere Studien von Larry Jacobys Gruppe (Jacoby et al., [1989a]), die falsche Erinnerungen an vermeintliche Prominente untersuchte.
[270] Vgl. Banaji/Bhaskar (1999) zu einer scharfsinnigen Erörterung.
[271] Macrae et al. (1994).
[272] Spiro (1980) hat über das Experiment berichtet. Ein ausgezeichneter Überblick ähnlicher Arbeiten findet sich bei Alba/Hasher (1983).

[273] Zu Zusammenfassungen dieser Arbeiten vgl. Gazzaniga (1983, 1998).
[274] Gazzaniga (1983, 1998) hat den Begriff des Dolmetschers entwickelt und ausgearbeitet. Phelps/Gazzaniga (1992) berichteten über Experimente zur falschen linkshemisphärischen Wiedererkennung von Ereignissen in Einklang mit vorhandenen Stereotypen; vgl. auch Metcalfe et al. (1995) zu weiteren Experimenten mit ähnlichen Ergebnissen.
[275] Koutstaal et al. (2001b) berichten über diese Experimente.

7. Persistenz: Wenn Erinnerung zur Qual wird

[276] Die Mitteilung von Associated Press erschien am Mittwoch, dem 19.7.1989, und stammte von Louinn Lota.
[277] Laurie Gordon, persönliche Mitteilung vom 13.12.1999.
[278] Macleod (1991) liefert einen gründlichen Überblick über die umfangreiche Literatur zum Stroop-Effekt. Eine Zusammenfassung der Forschungsergebnisse findet sich bei Williams et al. (1996). Wie Williams et al. anmerken, ist der emotionale Stroop-Effekt am stärksten bei Patienten mit emotionalen Störungen, während er bei gesunden Erwachsenen nicht immer auftritt.
[279] Vgl. Lazarus (1991) zu den Ideen über emotionale Bewertung und Ziele sowie Ochsner/Schacter (2000) zur Entwicklung dieser Ideen im Rahmen der kognitiven Neurowissenschaft.
[280] Vgl. Loftus et al. (1987) zum »Waffenfokus« sowie Heuer/Reisberg (1992) zu einer allgemeinen Erörterung.
[281] Rimé (1995), vgl. S. 274f.
[282] Ochsner (2000).
[283] Walker et al. (1997).
[284] García Márquez (1987), S. 11.
[285] Mit diesen Worten wurde Downing am 19.7.1989 von Associated Press zitiert.
[286] Zu einem informativen Überblick vgl. Roese (1997). Zu Forschungsergebnissen über den emotionalen Einfluss auf kontrafaktisches Denken vgl. Roese/Hur (1997) sowie Zeelenberg et al. (1998).
[287] Vgl. Williams (1997), Zitat S. 224. Das Zitat zur Persistenz nach unheilbarer Krankheit findet sich bei Parkes (1974), S. 90.
[288] Roese/Hur (1997).
[289] Zitat aus einem Artikel von D'Amato (1999).
[290] Zu einem Überblick über das Konzept des Selbst-Schemas im Zusammenhang mit Depressionen vgl. Segal (1988). Ein Überblick zu verwandten Gedächtnisphänomenen findet sich bei Mineka/Nugent (1995).
[291] Das Gedicht trägt den Titel »Erinnerung« und ist der Gedichtsammlung Puschkin (1999) entnommen, S. 621.
[292] Die Experimente werden bei Deldin et al. (2001) beschrieben.
[293] Brewin et al. (1996).
[294] Brewin et al. (1998). Zu Labordaten über die Auswirkungen von Stimmungen auf das Gedächtnis vgl. Varner/Ellis (1998).
[295] Nolen-Hoeksema (1991).
[296] Lyubormirsky et al. (1998).
[297] Nolen-Hoeksema (1991).
[298] Pennebaker (1997) gibt einen nützlichen Überblick über Forschungsergebnisse, aus denen hervorgeht, wie förderlich

sich die Offenbarung emotionaler Erfahrungen auswirkt.
[299] Bei Williams (1997) findet sich ein Überblick über die einschlägigen Forschungsdaten (Zitate auf S. 170).
[300] Davidson et al. (1999) liefern einen umfassenden Bericht über neuere Entwicklungen.
[301] Nolde et al. (1998).
[302] Das Zitat ist entnommen aus Burton (1621/1989), S. 336.
[303] Bogacz (1989).
[304] Die Häufigkeitsangaben werden erörtert bei Leskin et al. (1998), S. 984.
[305] Vgl. Ehlers/Steil (1995) sowie Ehlers/Clarke (2000).
[306] Reynolds/Brewin (1999).
[307] Zur Erörterung vgl. Ehlers/Clarke (2000), Leskin et al. (1998).
[308] Holman/Silver (1998).
[309] Zitate aus Van Arsdale (1995), S. 3 und 19.
[310] Clohessy/Ehlers (1999).
[311] Zu einem Forschungsüberblick und einer theoretischen Diskussion des »Nachholeffekts« bei Gedankenunterdrückung vgl. Wegner (1994). Wegner/Gold (1995) erforschten Versuche zur Unterdrückung der Erinnerung an »alte Liebe«. Das Zitat stammt aus Wegner/Gold (1995), S. 791. Ein allgemeiner Überblick zum Zusammenhang von Gedankenunterdrückung und Psychopathologie findet sich bei Purdon (1999) sowie Koutstaal/Schacter (1997c).
[312] Zu Keanes Arbeit, auch als »Reizüberflutungs-« oder »Implosionstherapie« bezeichnet, vgl. Keane et al. (1989); einen Vergleich zwischen den Verfahren zur Behandlung von PTSD liefern Foa et al. (1991). Leskin et al. (1998) geben einen Überblick über die einschlägige Forschung und bieten Behandlungsempfehlungen. Zur Erörterung verwandter Ansätze für die Behandlung von PTSD vgl. Foa/Meadows (1997) sowie McNally (1999).
[313] Weine et al. (1998), Zitat S. 1721.
[314] Cahill/McGaugh (1998) liefern einen Überblick über die einschlägige Forschung.
[315] Vgl. Adolphs et al. (1994, 1999); LeDoux (1996).
[316] Phelps et al. (1998) bieten eine detaillierte Fallstudie dieses Patienten.
[317] LeDoux (1996) liefert einen faszinierenden Bericht über die eigenen Arbeiten und die anderer Forscher zur Furchtkonditionierung bei verschiedenen Arten. Zitat S. 141 f.
[318] LeDoux (1996), S. 168.
[319] Cahill/McGaugh (1998).
[320] Bei Whalen (1998) findet sich ein umfassender Überblick. Zu Whalens Arbeit über Amygdala-Aktivierung nach kurzer Darbietung angstvoller Gesichter vgl. Whalen et al. (1998).
[321] Cahill et al. (1996). Alkire et al. (1998) haben festgestellt, dass Hippocampus-Aktivität mit dem Gedächtnisabruf neutraler Ereignisse korreliert.
[322] Ein Überblick findet sich bei Whalen (1998). Rauch et al. (1996) und Shin et al. (1997) legen Neuroimaging-Daten über Amygdala-Aktivität während des traumatischen Gedächtnisabrufs bei PTSD-Patienten vor, während Shin et al. (1999) keine Amygdala-Aktivierung bei solchen Patienten beobachten konnten. Obwohl die Gründe für die unterschiedlichen Ergebnisse nicht ganz klar sind, äußern Shin et al. (1999), S. 582, die Auffassung, die Patienten in ihrer Studie hätten während des traumatischen Abrufs möglicherweise weniger Furcht

empfunden als Patienten in anderen Studien.

[323] Zu einem Überblick über die wichtigsten Forschungsergebnisse vgl. Southwick et al. (1999a).

[324] Southwick et al. (1999b), Zitat S. 443.

[325] O'Carroll et al. (1999b) schildern dieses Experiment; eine andere Studie mit ähnlichen Ergebnissen wird kurz zusammengefasst von Southwick et al. (1999a), S. 1199.

[326] Cahill et al. (1994) legen vorläufige Ergebnisse vor, aus denen hervorgeht, dass Propranolol selektiv die Erinnerung emotionaler Inhalte beeinträchtigt. Van Stegeren et al. (1998) wiederholten die Versuche mit den gleichen Ergebnissen und gingen darüber hinaus, indem sie zeigten, dass ein Betablocker (Nadolol), der die Blut-Hirn-Schranke in geringerem Maße überwindet als Propranolol, den emotionalen Gedächtniszugriff weniger beeinträchtigt. Doch O'Carroll et al. (1999a) legten eine etwas andere Versuchsanordnung zugrunde als Cahill et al. (1994) und konnten nicht feststellen, dass Propranolol den emotionalen Gedächtnisabruf einschränkt. Zwar ist nicht bekannt, wie es zu den verschiedenen Ergebnissen kam, doch die Versuchspersonen in der Studie von O'Carroll et al. (1999a) reagierten mit anderen Herzfrequenzen auf emotional bewegendes Material als die Teilnehmer in den Untersuchungen von Cahill et al. (1994) sowie van Stegeren et al. (1998). Diese Unterschiede könnten mit den unterschiedlichen Auswirkungen des Propranolols auf das Gedächtnis zusammenhängen (Larry Cahill, persönliche Mitteilung vom 23.3.2000).

8. Die sieben Sünden: Laster oder Tugenden?

[327] Zitat aus Anderson/Milson (1989), S. 703.

[328] Eine Einführung in die Evolutionspsychologie aus Sicht ihrer Vertreter geben Barkow et al. (1992), Buss et al. (1998), Cosmides/Tooby (1994) sowie Pinker (1998). Zur Kritik an verschiedenen Aspekten des evolutionären Ansatzes vgl. Coyne (2000), Gould (1991, 1997a, 1997b) sowie Sterelny/Griffiths (1999). Das Zitat zur Rückwärtsplanung stammt aus Pinker (1998), S. 21.

[329] Sherry/Schacter (1987) bieten eine evolutionäre Erklärung multipler Gedächtnissysteme.

[330] Vgl. Hauser (2001) und Gallistel (1990), S. 68.

[331] Zu diesen wegweisenden Beobachtungen vgl. Lorenz (1935). Ein Überblick und eine Erörterung der Forschungsergebnisse findet sich bei Shettleworth (1998).

[332] *Die Leidenschaften der Seele* (Descartes [1649/1984], S. 115).

[333] Bjork/Bjork (1988).

[334] Anderson/Schooler (1991, 2000).

[335] Vgl. Krebs/Davies (1993), Kap. 3. Wissenschaftler, die Tierverhalten in natürlicher Umgebung untersuchen (Verhaltensökologen), haben quantitative Verfahren zur strengen Kosten-Nutzen-Analyse der beteiligten Abwägungsprozesse entwickelt. Die Gedächtnisforscher müssen solche quantitativen Verfahren erst noch entwickeln, doch der Versuch wäre höchst wünschenswert.

[336] Vgl. Bjork/Bjork (1988).

[337] Vgl. Lurias (1968) klassischen Bericht.

[338] Vgl. Schacter et al. (1996b, 1998) zu Untersuchungen mit dem Paradigma der semantisch zusammen-

gehörigen Wörter. Die Studie zu kategorisierten Bildern wird beschrieben von Koutstaal et al. (2001a). Ähnlich berichten Koutstaal et al. (1999c), dass bei amnestischen Patienten die falsche Wiedererkennung neuer visueller Formen, die Ähnlichkeit mit zuvor dargebotenen Formen haben, in verringertem Maße auftritt.

[339] McClelland (1995), Zitat S. 84. Interessanterweise sind amnestische Patienten in der Lage, sich in ganz ähnlicher Weise wie gesunde Kontrollpersonen kategoriales Wissen anzueignen (Knowlton/Squire, 1993). In dem Maß, wie das Erlernen neuer Kategorien auf dem Gedächtnis für wesentliche Informationen beruht, scheint sich dieses Ergebnis nicht mit der Beobachtung zu decken, dass amnestische Patienten seltener zur falschen Wiedererkennung semantisch verwandter Wörter, kategorisierter Bilder und visueller Formen neigen, die ebenfalls auf der Erinnerung für wesentliche Aspekte beruhen. Möglichen Gründen gehen Koutstaal et al. (1999c) nach.

[340] Mottron et al. (1998); Waterhouse (1988).

[341] Beversdorf et al. (2000). Happe (1999) hat verwandte Forschungsergebnisse zusammengefasst, die darauf schließen lassen, dass der kognitive Stil autistischer Patienten stärker auf lokaler als auf globaler Informationsverarbeitung beruht. Diesen kognitiven Stil nennt sie »schwache zentrale Kohärenz«. Autistische Patienten neigen dazu, sich auf Kosten des Gesamtbildes auf die Besonderheiten eines Reizes oder einer Situation zu konzentrieren.

[342] Allport (1954/1971), Zitat S. 27. Banaji/Bhaskar (1999), S. 141, erörtern und zitieren Allports Ideen.

[343] Vgl. Taylor (1989) und Taylor/Brown (1988) zu einer Erörterung der einschlägigen Forschung.

[344] Vgl. Reeve/Sherman (1993) sowie Williams (1992).

[345] Vgl. Gould (1991), Zitat S. 47.

[346] Vgl. Gould/Lewontin (1979).

[347] Pinker (1998), S. 21; Tooby/Cosmides (1992), S. 24.

[348] Gould (1991), Zitat S. 59. Zur Debatte zwischen Pinker und Gould vgl. Gould (1997a, 1997b) und Pinker (1997).

[349] Buss et al. (1998); zu den 30 Vorhersagen aus einem evolutionären Blickwinkel vgl. S. 544.

[350] Dawkins (1996). Zum ursprünglichen Uhrmacher-Argument vgl. Paley (1802/1986).

[351] Pawlowski et al. (2000).

[352] Vgl. Møller/Swaddle (1997) sowie Thornhill/Møller (1997). Zu einer kritischen Analyse ihrer Ideen vgl. Houle (1998).

[353] Cunningham et al. (1995). Zur Beziehung zwischen Attraktivität und geistiger/körperlicher Gesundheit vgl. Shackelford/Larsen (1997, 1999).

[354] D. E. Browns (1991) Buch behandelt dieses Thema sehr ausführlich, und auch Gaulin (1997) liefert eine kluge Analyse.

[355] Zur Jäger-Sammler-Hypothese und zu verwandten Experimentaldaten vgl. Eals/Silverman (1994) sowie Silverman/Eals (1992). Bei McBurney et al. (1997) finden sich weitere Daten, die diese These stützen, während James/Kimura (1997) Ergebnisse aus einer veränderten Versuchsanordnung vorlegen, die keine Geschlechter-

differenz beim Gedächtnisabruf lokalisierter Objekte erkennen lassen.
356 Vgl. Sherry et al. (1993) zu den Studien an Braunkopf-Kuhstärlingen; vgl. frühere Arbeiten von Sherry/Vaccarino (1989) über das Gedächtnis und den Hippocampus bei Futter hortenden Vögeln. Die Entdeckung, dass Weibchen des Braunkopf-Kuhstärlings einen größeren Hippocampus haben als Männchen, deckt sich mit der Hypothese, dass dieser Größenunterschied auf die Selektion nach räumlichen Fähigkeiten beim Weibchen zurückzuführen ist – ein evolutionäres Merkmal, das der Lokalisierung und dem Gedächtnisabruf geeigneter Nester dient. Die unterschiedliche Hippocampus-Größe könnte aber durch andersartige Erfahrungen zustande gekommen sein: Die häufige Verwendung des Hippocampus zur Lokalisierung und Erinnerung von Nestern könnte dazu beitragen, dass er größer wird. Zwar gibt es keine unmittelbaren Daten über Braunkopf-Kuhstärlinge (David Sherry, persönliche Mitteilung vom 11.7.2000), doch als Clayton (1996) junge Sumpfmeisen daran hinderte, Nahrung zu horten, stellte sie fest, dass die Hippocampus-Größe ihrer Versuchstiere hinter der von Kontrolltieren zurückblieb, die Futter horten durften. In anderen Studien konnte man jedoch bei vergleichbaren Unterschieden in der Erfahrung keine Auswirkungen auf die Hippocampus-Größe erwachsener Vögel feststellen (Cristol, [1996]). Unterschiede der Hippocampus-Größe bei Futter hortenden Vögeln sind also wahrscheinlich nicht einfach eine Folge der Hippocampus-Nutzung. Es wäre allerdings möglich, dass hinreichende frühe Erfahrung notwendig ist, um evolutionär bedingte Unterschiede in der Hippocampus-Größe zum Vorschein zu bringen.
Zu dieser Frage gibt es ein interessantes Gegenstück in der menschlichen Kognition: Der hintere Teil des Hippocampus ist bei Londoner Taxifahrern, die umfangreiche Erfahrung mit räumlicher Orientierung und räumlicher Erinnerung haben, im Durchschnitt größer als bei Kontrollpersonen (Maguire et al., [2000]). In diesem Befund könnte eine Zunahme des hinteren Hippocampus-Volumens infolge verstärkter Erfahrung zum Ausdruck kommen. Umgekehrt wäre es aber auch möglich, dass Individuen, bei denen der hintere Hippocampus relativ groß ist, besondere Fähigkeiten in der räumlichen Orientierung besitzen und deshalb Taxifahrer werden. Hierzu stellten Maguire et al. fest, dass größere Erfahrung im Taxifahren mit größerem Volumen des hinteren Hippocampus in der rechten Hemisphäre verknüpft war.
357 Gaulin/Fitzgerald (1989); vgl. auch Hauser (2001), Kap. 4, zu einer Erörterung.
358 Sherry/Schacter (1987).
359 LeDoux (1996).
360 Yu/Shepard (1998).
361 Schooler et al. (1999).
362 Heine et al. (1999).
363 Vgl. Pendergrast (1995), Spanos et al. (1993, 1994).
364 Sully (1881) berichtet über zahlreiche anekdotische Beispiele; Geary (1994) liefert im Zusammenhang mit Arnolds Geschichte aufschlussreiche Thesen zum Gedächtnis im 11. Jahrhundert.
365 Shay (1998), Zitat S. 91.
366 Austen (1816/1984), S. 233.

Literaturverzeichnis

Ackil, J. K./M. S. Zaragoza (1998), »Memorial consequences of forced confabulation: Age differences in susceptibility to false memories«. In: *Developmental Psychology*, 34, S. 1358–1372.

Adolphs, R./D. Tranel/H. Damasio/A. Damasio (1994), »Impaired recognition of emotion in facial expressions following bilateral damage to the human amygdala«. In: *Nature*, 372, S. 669 bis 672.

Adolphs, R./D. Tranel/S. Hamann/A. W. Yang/A. J. Calder/E. A. Phelps/A. Anderson/G. P. Lee/A. R. Damasio (1999), »Recognition of facial expression in nine individuals with bilateral amygdala damage«. In: *Neuro-psychologia*, 37, S. 1111–1117.

Alba, J. W./L. Hasher (1983), »Is memory schematic?« In: *Psychological Bulletin*, 93, S. 203–231.

Albert, M. S. (1997), »The ageing brain: Normal and abnormal memory«. In: *Philosophical Transactions of the Royal Society of London (Series B: Biological Sciences)*, 352, S. 1703–1709.

Alkire, M. T./R. Haier/J. H. Fallon/L. Cahill (1998), »Hippocampal, but not amygdala, activity at encoding correlates with long-term, free recall of non-emotional information«. In: *Proceedings of the National Academy of Sciences*, 95, S. 14506–14510.

Allport, G. W. (1954/1971), *Die Natur des Vorurteils*. Köln: Kiepenheuer & Witsch.

Anderson, J. R./J. M. Fincham (1994), »Acquisition of procedural skills from examples«. In: *Journal of Experimental Psychology: Learning, Memory, and Cognition*, 20, S. 1322–1340.

Anderson, J. R./R. Milson (1989), »Human memory: An adaptive perspective«. In: *Psychological Review*, 96, S. 703–719.

Anderson, J. R./L. J. Schooler (1991), »Reflections of the environment in memory«. In: *Psychological* Science, 2, S. 396–408.

Anderson, J. R./L. J. Schooler (2000), »The adaptive nature of memory«. In: E. Tulving/F. I. M. Craik (Hg.), *The Oxford handbook of memory*. Oxford, New York: Oxford University Press, S. 557–570.

Anderson, M. C./B. A. Spellman (1995), »On the status of inhibitory mechanisms in cognition: Memory retrieval as a model case«. In: *Psychological Review*, 102, S. 68–100.

Anderson, M. C. (2001), »Active forgetting: Evidence for functional inhibition as a source of memory failure«. In: J. J. Freyd/A. P. DePrince (Hg.), *Trauma and cognitive science: A meeting of minds, science, and human experience*. New York: Haworth Press.

Arkes, H. R./R. L. Wortmann/P. D. Saville/A. R. Harkness (1981), »Hindsight bias among physicians weighting the likelihood of diagnoses«. In: *Journal of Applied Psychology*, 66, S. 252 ff.

Austen, J. (1984), *Mansfield Park*. Stuttgart: Reclam.

Baddeley, A. D. (1992), »Is working memory working?« In: *Quarterly*

Journal of Experimental Psychology, 44A, S. 1–31.
Baddeley, A. D. (1998), *Human memory: Theory and practice*, 2. Aufl. Boston: Allyn & Bacon.
Baddeley, A. D./S. Gathercole/C. Papagano (1998), »The phonological loop as a language learning device«. In: *Psychological Review*, 105, S. 158–173.
Baddeley, A. D./V. Lewis/M. Eldridge/N. Thomson (1984), »Attention and retrieval from long-term memory«. In: *Journal of Experimental Psychology: General*, 13, S. 518–540.
Bahrick, H. P. (1984), »Semantic memory content in permastore: 50 years of memory for Spanish learned in school«. In: *Journal of Experimental Psychology: General*, 113, S. 1–29.
Bahrick, H. P. (2000), »Long-term maintenance of knowledge«. In: E. Tulving/F. I. M. Craik (Hg.), *The Oxford handbook of memory*. Oxford, New York: Oxford University Press, S. 347–362.
Bahrick, H. P./L. K. Hall/S. A. Berger (1996), »Accuracy and distortion in memory for high school grades«. In: *Psychological Science*, 7, S. 265–271.
Bailey, C. H./M. Chen (1989), »Time course of structural changes at identified sensory neuron synapses during long-term sensitization in Aplysia«. In: *Journal of Neuroscience*, 9, S. 1774–1781.
Banaji, M. R./R. Bhaskar (1999), »Implicit stereotypes and memory: The bounded rationality of social beliefs«. In: D. L. Schacter/E. Scarry (Hg.), *Memory, brain, and belief*. Cambridge, Mass.: Harvard University Press, S. 137–715.
Banaji, M. R./A. G. Greenwald (1995), »Implicit gender stereotyping in judgments of fame«. In: *Journal of Personality and Social Psychology*, 68, S. 181–198.
Barkow, J./L. Cosmides/J. Tooby (Hg./1992), *The adapted mind: Evolutionary psychology and the generation of culture*. New York: Oxford University Press.
Basden, B. H./D. R. Basden/G. J. Gargano (1993), »Directed forgetting in implicit and explicit memory tests: A comparison of methods«. In: *Journal of Experimental Psychology: Learning, Memory, and Cognition*, 19, S. 603–616.
Berrios, G. E. (1996), *The history of mental symptoms*. Cambridge: Cambridge University Press.
Beversdorf, D. Q./B. W. Smith/G. P. Crucian/J. M. Anderson/J. M. Keillor/A. M. Barrett/J. D. Hughes/G. J. Felopulos/M. L. Bauman/S. E. Nadeau/K. M. Heilman (2000), »Increased discrimination of ›false memories‹ in autistic spectrum disorder«. In: *Proceedings of the National Academy of Sciences*, 97, S. 8734–8737.
Bjork, E. L./R. A. Bjork (1996), »Continuing influences of to-be-forgotten information«. In: *Consciousness and Cognition*, 5, S. 176–196.
Bjork, R. A./E. L. Bjork (1988), »On the adaptive aspects of retrieval failure in autobiographical memory«. In: M. M. Gruneberg/P. E. Morris/R. N. Sykes (Hg.), *Practical aspects of memory:*

Current research and issues, Chichester: John Wiley, S. 283–288.
Bogacz, T. (1989), »War neurosis and cultural change in England, 1914–1922«. In: *Journal of Contemporary History*, 24, S. 227–256.
Bornstein, B. H./D. C. LeCompte (1995), »A comparison of item and source forgetting«. In: *Psychonomic Bulletin and Review*, 2, S. 254–259.
Box, O./H. Laing/M. Kopelman (1999), »The evolution of spontaneous confabulation, delusional misidentification and a related delusion in a case of severe head injury«. In: *Neurocase*, 5, S. 251–262.
Brandimonte, M./G. O. Einstein/M. McDaniel (Hg./1996), *Prospective memory: Theory and practice*. Mahwah, N.J.: Erlbaum.
Breckler, S. J. (1994), »Memory for the experiment of donating blood: Just how bad was it?« In: *Basic and Applied Social Psychology*, 15, S. 467–488.
Brédart, S. (1993), »Retrieval failures in face naming«. In: *Memory*, 1, S. 351–366.
Brédart, S./T. Valentine (1998), »Descriptiveness and proper name retrieval«. In: *Memory*, 6, S. 199–206.
Breen, N./D. Caine/M. Coltheart (2000), »Models of face recognition and delusional misidentification: A critical review«. In: *Cognitive Neuropsychology*, 17, S. 55–71.
Brennen, T./T. Baguley/J. Bright/V. Bruce (1990), »Resolving semantically induced tip-of-the-tongue states for proper nouns«. In: *Memory and Cognition*, 18, S. 339–347.
Brewer, J. B./Z. Zhao/G. H. Glover/J. D. E. Gabrieli (1998), »Making memories: Brain activity that predicts whether visual experiences will be remembered or forgotten«. In: *Science*, 281, S. 1185 ff.
Brewer, W. F. (1996), »What is recollective memory?« In: D. C. Rubin (Hg.), *Remembering our past: Studies in autobiographical memory*. New York: Cambridge University Press, S. 19–66.
Brewin, C. R./B. Andrews (1998), »Recovered memories of trauma: Phenomenology and cognitive mechanisms«. In: *Clinical Psychology Review*, 18, S. 949–970.
Brewin, C. R./E. Hunter/F. Carroll/P. Tata (1996), »Intrusive memories in depression«. In: *Psychological Medicine*, 26, S. 1271–1276.
Brewin, C. R./M. Watson/S. McCarthy/P. Hyman/D. Dayson (1998), »Intrusive memories and depression in cancer patients«. In: *Behaviour Research and Therapy*, 36, S. 1131–1142.
Brown, A. S. (1991), »A review of the tip-of-the-tongue experience«. In: *Psychological Bulletin*, 109, S. 204–223.
Brown, A. S./D. R. Murphy (1989), »Cryptomnesia: Delineating inadvertent plagiarism«. In: *Journal of Experimental Psychology: Learning, Memory, and Cognition*, 15, S. 432–442.
Brown, A. S./L. A. Nix (1996), »Age-related changes in the tip-of-the-tongue experience«.

In: *American Journal of Psychology*, 109, S. 79–91.
Brown, D. E. (1991), *Human universals*. Philadelphia: Temple University Press.
Brown, E./K. Deffenbacher/W. Sturgill (1977), »Memory for faces and the circumstances of encounter«. In: *Journal of Applied Psychology*, 62, S. 311–318.
Brown, J. (1958), »Some tests of the decay theory of immediate memory«. In: *Quarterly Journal of Experimental Psychology*, 10, S. 12–21.
Brown, R./D. McNeill (1966), »The ›tip-of-the-tongue‹ phenomenon«. In: *Journal of Verbal Learning and Verbal Behavior*, 5, S. 325–337.
Bruck, M./S. J. Ceci (1999), »The suggestibility of children's memory«. In: *Annual Review of Psychology*, S. 419–439.
Bruck, M./S. J. Ceci/H. Hembrooke (1997), »Children's reports of pleasant and unpleasant events«. In: D. Read/S. Lindsay (Hg.), *Recollections of trauma: Scientific research and clinical practice*. New York: Plenum Press, S. 119–219.
Bryant, F. B./J. H. Brockway (1997), »Hindsight bias in reaction to the verdict in the O. J. Simpson criminal trial«. In: *Basic and Applied Social Psychology*, 19, S. 225–241.
Buckner, R. L. (2000), »Neuroimaging of memory«. In: M. S. Gazzaniga (Hg.), *The new cognitive neurosciences*, 2. Aufl. Cambridge, Mass.: MIT Press, S. 817–828.
Burke, D./D. G. MacKay/J. S. Worthley/E. Wade (1991), »On the tip of the tongue: What causes word failure in young and older adults?« In: *Journal of Memory and Language*, 30, S. 237–246.
Burton, R. (1621/1989), *The anatomy of melancholy*, Bd. 4. New York: Oxford University Press.
Buschke, H./G. Kulansky/M. Katz/W. F. Stewart/M. J. Sliwinski/H. M. Eckholdt/R. B. Lipton (1999), »Screening for dementia with the Memory Impairment Screen«. In: *Neurology*, 52, S. 231–238.
Buss, D. M./M. G. Haselton/T. K. Shackelford/A. L. Bleske/J. C. Wakefield (1998), »Adaptations, exaptations, and spandrels«. In: *American Psychologist*, 53, S. 533–548.
Cabeza, R./S. Rao/A. D. Wagner/A. Mayer/D. L. Schacter (2000), »Can medial temporal lobe regions distinguish true from false? An event-related functional fMRI study of veridical and illusory recognition memory«. In: *Proceedings of the National Academy of Sciences*, 98, S. 4805–4810.
Cahill, L./R. J. Haier/J. Fallen/M. T. Alkire/C. Tang/D. Keator/J. Wu/J. L. McGaugh (1996), »Amygdala activity at encoding correlated with long-term, free recall of emotional information«. In: *Proceedings of the National Academy of Sciences*, USA, 93, S. 8016–8021.
Cahill, L./J. L. McGaugh (1998), »Mechanisms of emotional arousal and lasting declarative memory«. In: *Trends in Neurosciences*, 21, S. 294–299.
Cahill, L./B. Prins/M. Weber/J. L. McGaugh (1994), »ß-Adren-

ergic activation and memory for emotional events«. In: *Nature*, 371, S. 702–704.
Canby, V. (1998), »Theater: Highly intoxicating wit, served straight up«. In: *New York Times*, 11.10.1998, S. 5.
Cappa, S. F./M. Frugoni/P. Pasquali/D. Perani/F. Zorat (1998), »Category-specific naming impairment for artefacts: A new case«. In: *Neurocase*, 4, S. 391–397.
Caramazza, A./M. Miozzo (1997), »The relation between syntactic and phonological knowledge in lexical access: Evidence from the ›tip-of-the-tongue‹ phenomenon«. In: *Cognition*, 64, S. 309–343.
Carlesimo, G. A./M. Sabbadini/L. Fadda/C. Caltagirone (1997), »Word-list forgetting in young and elderly subjects: Evidence for age-related decline in transferring information from transitory to permanent memory condition«. In: *Cortex*, 33, S. 155–166.
Carli, L. L. (1999), »Cognitive reconstruction, hindsight, and reactions to victims and perpetrators«. In: *Personality and Social Psychology Bulletin*, 25, S. 966–979.
Ceci, S. J. (1995), »False beliefs: Some developmental and clinical considerations«. In: D. L. Schacter (Hg.), *Memory distortion: How minds, brains, and societies reconstruct the past*. Cambridge, Mass.: Harvard University Press, S. 91–128.
Ceci, S. J./M. Bruck (1995), *Jeopardy in the courtroom*. Washington, D.C.: APA Books.
Christensen, A./M. Sullaway/C. E. King (1983), »Systematic error in behavioral reports of dyadic interaction: Egocentric bias and content effects«. In: *Behavioral Assessment*, 5, S. 129–140.
Clancy, S. A./D. L. Schacter/R. J. McNally/R. K. Pitman (2000), »False recognition in women reporting recovered memories of sexual abuse«. In: *Psychological Science*, 11, S. 26–31.
Clayton, N. S. (1996), »Development of food-storing and the hippocampus in juvenile marsh tits (Parus palustris)«. In: *Behavioural Brain Research*, 74, S. 153–159.
Clifford, B. R./P. Gwyer (1999), »The effects of the cognitive interview and other methods of context reinstatement on identification«. In: *Psychology, Crime and Law*, 5, S. 61–80.
Clohessy, S./A. Ehlers (1999), »PTSD symptoms, response to intrusive memories and coping in ambulance service workers«. In: *British Journal of Clinical Psychology*, 38, S. 251–265.
Cockburn, J. (1996), »Assessment and treatment of prospective memory deficits«. In: M. Brandimonte/G. O. Einstein/M. McDaniel (Hg.), *Prospective memory: Theory and practice*. Mahwah, N.J.: Erlbaum, S. 327 bis 350.
Cohen, G. (1990), »Why is it difficult to put names to faces?« In: *British Journal of Psychology*, 81, S. 287–297.
Cohen, G./D. Faulkner (1986), »Memory for proper names: Age differences in retrieval«. In: *British Journal of Developmental Psychology*, 4, S. 187–197.

Conway, M./M. Ross (1984), »Getting what you want by revising what you had«. In: *Journal of Personality and Social Psychology*, 39, S. 406–415.
Conway, M. A. (Hg./1997), *Recovered memories and false memories*. Oxford: Oxford University Press.
Cosmides, L./J. Tooby (1994), »Beyond intuition and instinct blindness: Toward an evolutionarily rigorous cognitive science«. In: *Cognition*, 50, S. 41–77.
Costello, A./P. C. Fletcher/R. J. Dolan/C. D. Frith/T. Shallice (1998), »The origins of forgetting in a case of isolated retrograde amnesia following a haemorrhage: Evidence from functional imaging«. In: *Neurocase*, 4, S. 437–446.
Courbon, P./G. Fail (1927), »Syndrome d'›illusion de Frégoli‹ et schizophrénie«. In: *Bulletin de la Société Clinique de Médicine Mentale*.
Coyne, J. A. (2000), »Of vice and men. Review of R. Thornhill and C. Palmer, *A natural history of rape*«. In: *The New Republic*, 3.4.2000, S. 27–34.
Craik, F. I. M./M. Byrd (1982), »Aging and cognitive deficits: The role of attentional resources«. In: F. I. M. Craik/S. Trehub (Hg.), *Aging and cognitive processes*. New York: Plenum Press, S. 191–211.
Craik, F. I. M./R. Govoni/M. Naveh-Benjamin/N. D. Anderson (1996), »The effects of divided attention on encoding and retrieval processes in human memory«. In: *Journal of Experimental Psychology: General*, 125, S. 159–180.
Craik, F. I. M./E. Tulving (1975), »Depth of processing and the retention of words in episodic memory«. In: *Journal of Experimental Psychology: General*, 104, S. 268–294.
Cristol, D. A. (1996), »Food storing does not affect hippocampal volume in experienced adult willow tits«. In: *Behavioural Brain Research*, 81, S. 233–236.
Crombag, H. F. M./W. A. Wagenaar/P. J. Van Koppen (1996), »Crashing memories and the problem of ›source monitoring‹«. In: *Applied Cognitive Psychology*, 10, S. 95–104.
Crook, T. H./B. Adderly (1998), *The memory cure*. New York: Simon & Schuster.
Cunningham, M. R./A. R. Roberts/A. P. Barbee/P. B. Druen/C. Wu (1995), »›Their ideas of beauty are, on the whole, the same as ours‹: Consistency and variability in the cross-cultural perception of female physical attractiveness«. In: *Journal of Personality and Social Psychology*, 68, S. 261–279.
Curran, T./D. L. Schacter/M. K. Johnson/R. A. Spinks (2001), »Brain potentials reflect behavioral differences in true and false recognition«. In: *Journal of Cognitive Neuroscience*, 13, S. 201–216.
D'Amato, G. (1999), »Van de Velde still smiling after British Open fiasco«. In: *Milwaukee Journal Sentinel*, 12.8.1999, S. 1.
Damasio, H./T. J. Grabowski/D. Tranel/R. D. Hichwa/A. R. Damasio (1996), »A neural basis for lexical retrieval«. In: *Nature*, 380, S. 499–505.

Daniels, G. H. (1972), »Acknowledgment«. In: *Science*, 175, S. 124 f.
Davidson, R. J./H. Abercrombie/J. B. Nitschke/K. Putnam (1999), »Regional brain function, emotion and disorders of emotion«. In: *Current Opinion in Neurobiology*, 9, S. 228–234.
Davies, G. (1988), »Faces and places: Laboratory research on context and face recognition«. In: G. M. Davies/D. M. Thomson (Hg.), *Memory in context: Context in memory*. New York: John Wiley, S. 35–53.
Davis, L. (1997), *Almost no memory*. Hopewell, N. J.: Ecco Press.
Dawes, R. (1988), *Rational choice in an uncertain world*. San Diego: Harcourt, Brace, Jovanovich.
Dawkins, R. (1996), *Der blinde Uhrmacher. Ein neues Plädoyer für den Darwinismus*. München: Deutscher Taschenbuchverlag.
Deese, J. (1959), »On the prediction of occurrence of particular verbal intrusions in immediate recall«. In: *Journal of Experimental Psychology*, 58, S. 17–22.
Deldin, P. J./C. M. Deveney/A. S. Kim/B. R. Casas/J. L. Best (2001), »A slow wave investigation of working memory biases in mood disorders«. In: *Journal of Abnormal Psychology*, 110, S. 267–281.
DeLillo, D. (1997), *Unterwelt*. Köln: Kiepenheuer & Witsch.
Descartes, R. (1649/1984), *Die Leidenschaften der Seele*. Hamburg: Meiner.
Devine, P. G. (1989), »Stereotypes and prejudices: Their automatic and controlled components«. In: *Journal of Personality and Social Psychology*, 56, S. 5–18.
Dewhurst, S. A./M. A. Conway (1994), »Pictures, images, and recollective experience«. In: *Journal of Experimental Psychology: Learning, Memory, and Cognition*, 20, S. 1088–1098.
Drake, E. B./V. W. Henderson/F. Z. Stanczyk/C. A. McCleary/W. S. Brown/C. A. Smith/A. A. Rizzo/G. A. Murdock/J. G. Buckwalter (2000), »Associations between circulating sex steroid hormones and cognition in normal elderly women«. In: *Neurology*, 54, S. 599–603.
Drummie, G. (1998) »Memory block possible – doctor«. In: *Toronto Sun*, 20.3.1998, S. 44.
DuBreuil, S. C./M. Garry/E. F. Loftus (1998), »Tales from the crib: Age regression and the creation of unlikely memories«. In: S. J. Lynn/K. M. McConkey (Hg.), *Truth in memory*. New York: Guilford Press, S. 137–162.
Duka, T./R. Tasker/J. F. McGowan (2000), »The effects of 3-week estrogen hormone replacement on cognition in elderly healthy females«. In: *Psychopharmacology*, 149, S. 129–139.
Duzel, E./A. P. Yonelinas/G. R. Mangun/H. J. Heinze/E. Tulving (1997), »Event-related brain potential correlates of two states of conscious awareness in memory«. In: *Proceedings of the National Academy of Sciences*, 94, S. 59731–59738.
Eals, M./I. Silverman (1994), »The hunter-gatherer theory of spatial sex-differences: Proximate factors mediating the female advantage in recall of object arrays«. In: *Ethology and Sociobiology*, 15, S. 95–105.

Ebbinghaus, H. (1885/1971), *Über das Gedächtnis. Untersuchungen zur experimentellen Psychologie*. Darmstadt: Wissenschaftliche Buchgesellschaft.

Ehlers, A./D. M. Clarke (2000), »A cognitive model of posttraumatic stress disorder«. In: *Behaviour Research and Therapy*, 38, S. 319–345.

Ehlers, A./R. Steil (1995), »Maintenance of intrusive memories in posttraumatic stress disorder: A cognitive approach«. In: *Behavioural and Cognitive Psychotherapy*, 23, S. 217–249.

Einstein, G. O./M. A. McDaniel (1990), »Normal aging and prospective memory«. In: *Journal of Experimental Psychology: Learning, Memory, and Cognition*, 16, S. 717–726.

Einstein, G. O./R. E. Smith/M. A. McDaniel/P. Shaw (1997), »Aging and prospective memory: The influence of increased task demands at encoding and retrieval«. In: *Psychology and Aging*, 12, S. 479–488.

Eldridge, M. A./P. J. Barnard/D. A. Bekerian (1994), »Autobiographical memory and daily schemas at work«. In: *Memory*, 2, S. 51–74.

Ellis, A. W./A. W. Young (1991), *Einführung in die kognitive Neuropsychologie*. Bern: Huber.

Ellis, H. D./J. Whitley/J. Luauté (1994), »Delusional misidentification: The three original papers on the Capgras, Frégoli and intermetamorphosis delusions«. In: *History of Psychiatry*, 5, S. 117–146.

Engelkamp, J./H. Zimmer (1996), »Organisation and recall in verbal tasks and in subject-performed tasks«. In: *European Journal of Cognitive Psychology*, 8, S. 257–273.

Erdelyi, M. H. (1985), *Psychoanalysis: Freud's cognitive psychology*. New York: W. H. Freeman & Company.

Feinberg, T. E./L. A. Eaton/D. M. Roane/J. T. Giacino (1999), »Multiple Frégoli delusions after traumatic brain injury«. In: *Cortex*, 35, S. 373–387.

Fernandes, M. A./M. Moscovitch (2000), »Divided attention and memory: Evidence of substantial interference effects at encoding and retrieval«. In: *Journal of Experimental Psychology: General*, 129, S. 155–176.

Festinger, L. (1957/1978), *Theorie der kognitiven Dissonanz*. Bern: Huber.

Fink, G. R./H. J. Markowitsch/M. Reinkemeier/T. Bruckbauer/J. Kessler/W. Heiss (1996), »Cerebral representation of one's own past: Neural networks involved in autobiographical memory«. In: *Journal of Neuroscience*, 16, S. 4275–4282.

Finkelstein, K. E. (1999), »Yo-Yo Ma's lost Stradivarius is found after wild search«. In: *New York Times*, 17.10.1999, S. 34.

Fisher, R. P. (1995), »Interviewing victims and witnesses of crime«. In: *Psychology, Public Policy, and Law*, 1, S. 732–764.

Fisher, R. P./R. E. Geiselman (1992), *Memory-enhancing techniques for investigative interviewing: The cognitive interview*. Springfield, Ill.: Charles C. Thomas.

Foa, E. B./E. A. Meadows (1997), »Psychosocial treatments for

posttraumatic stress disorder: A critical review«. In: *Annual Review of Psychology*, 48, S. 449–480.
Foa, E. B./B. O. Rothbaum/D. Riggs/T. Murdock (1991), »Treatment of post-traumatic stress disorder in rape victims: A comparison between cognitive-behavioral procedures and counseling«. In: *Journal of Consulting and Clinical Psychology*, 59, S. 715 bis 723.
Freyd, J. J. (1996), *Betrayal trauma: The logic of forgetting childhood abuse*. Cambridge, Mass.: Harvard University Press.
Friedman, W. J./P. A. de Winstanley (1998), »Changes in the subjective properties of autobiographical memories with the passage of time«. In: *Memory*, 6, S. 367–381.
Gallistel, C. R. (1990), *The organization of learning*. Cambridge, Mass.: MIT Press.
García Márquez, G. (1987), *Die Liebe in Zeiten der Cholera*. Köln: Kiepenheuer & Witsch.
Garrett, M. F. (1992), »Disorders of lexical selection«. In: Cognition, 42, S. 143–180.
Garry, M./C. Manning/E. F. Loftus/S. J. Sherman (1996), »Imagination inflation: Imagining a childhood event inflates confidence that it occurred«. In: *Psychonomic Bulletin and Review*, 3, S. 208–214.
Garven, S./J. M. Wood/R. S. Malpass/J. S. Shaw (1998), »More than suggestion: The effect of interviewing techniques from the McMartin Preschool case«. In: *Journal of Applied Psychology*, 83, S. 347–359.
Gathercole, S. E./A. D. Baddeley (1993), *Working memory and language*. East Sussex: Erlbaum.
Gaulin, S. J. C. (1997), »Cross-cultural patterns and the search for evolved psychological mechanisms«. In: G. R. Bock/G. Cardew (Hg.), *Characterizing human psychological adaptations*. Chichester: John Wiley, S. 195 bis 207.
Gaulin, S. J. C./R. W. Fitzgerald (1989), »Sexual selection for spatial-learning ability«. In: *Animal Behaviour*, 37, S. 322–331.
Gazzaniga, M. S. (1983), *Das erkennende Gehirn. Entdeckungen in den Netzwerken des Geistes*. Paderborn: Junfermannsche Verlagsbuchhandlung.
Gazzaniga, M. S. (1998), »Rechtes und linkes Gehirn: Splitbrain und Bewusstsein«. In: *Spektrum der Wissenschaft*, 12, S. 61 ff.
Geary, P. J. (1994), *Phantoms of remembrance*. Princeton, N. J.: Princeton University Press.
Gerosa, M. (1997), »Moore than ever«. In: *Ladies' Home Journal*, Herbst 1997, S. 79–83.
Goethals, G. R./R. F. Reckman (1973), »The perception of consistency in attitudes«. In: *Journal of Experimental Social Psychology*, 9, S. 491–501.
Goff, L. M./H. L. Roediger, III. (1998), »Imagination inflation for action events: Repeated imaginings lead to illusory recollections«. In: *Memory and Cognition*, 26, S. 20–33.
Gould, O. N./L. McDonald-Miszczak/B. King (1997), »Metacognition and medication adherence: How do older adults remember?«

In: *Experimental Aging Research*, 23, S. 315–342.
Gould, S.J. (1991), »Exaptation: A crucial tool for evolutionary psychology«. In: *Journal of Social Issues*, 47, S. 43–65.
Gould, S.J. (1997a), »Darwinian fundamentalism«. In: *New York Review of Books*, 44, S. 34–37.
Gould, S.J. (1997b), »Evolution: The pleasures of pluralism«. In: *New York Review of Books*, 44, S. 47–52.
Gould, S.J./R.C. Lewontin (1979), »The spandrels of San Marco and the Panglossian paradigm: A critique of the adaptationist programme«. In: *Proceedings of the Royal Society of London (Series B)*, 205, S. 581–598.
Gourevitch, P. (1999), »The memory thief«. In: *The New Yorker*, 14.6.1999, S. 48–68.
Gray, J.D./R.C. Silver (1990), »Opposite sides of the same coin: Former spouses' divergent perspectives in coping with their divorce«. In: *Journal of Personality and Social Psychology*, 59, S. 1180–1191.
Green, J.P. (1999), »Hypnosis, context effects, and the recall of early autobiographical memories«. In: *International Journal of Clinical and Experimental Hypnosis*, 47, S. 284–300.
Greenwald, A.G. (1980), »The totalitarian ego: Fabrication and revision of personal history«. In: *American Psychologist*, 35, S. 603–618.
Gudjonsson, G.H. (1984), »A new scale of interrogative suggestibility«. In: *Personality and Individual Differences*, 5, S. 303–314.
Gudjonsson, G.H. (1992), *The psychology of interrogations, confessions and testimony*. New York: John Wiley.
Gudjonsson, G.H./M.D. Kopelman/J.A.C. MacKeith (1999), »Unreliable admissions to homicide: A case of misdiagnosis of amnesia and misuse of abreaction technique«. In: *British Journal of Psychiatry*, 174, S. 455–459.
Gudjonsson, G.H./J.A.C. MacKeith (1988), »Retracted confessions: Legal, psychological and psychiatric aspects«. In: *Medical Science Law*, 28, S. 187–194.
Halperin, J.L. (1996), *The truth machine*. Dallas: Ivy Press.
Hanley, J.R. (1995), »Are names difficult to recall because they are unique? A case study of a patient with anomia«. In: *The Quarterly Journal of Experimental Psychology*, 48A, S. 487–506.
Hanley, J.R./E.S. Cowell (1988), »The effects of different types of retrieval cues on the recall of names of famous faces«. In: *Memory and Cognition*, 16, S. 545–555.
Hanley, J.R./J. Kay (1998), »Proper name anomia and anomia for the names of people: Functionally dissociable impairments?« In: *Cortex*, 34, S. 155–158.
Happe, F. (1999), »Autism: Cognitive deficit or cognitive style?« In: *Trends in Cognitive Sciences*, 3, S. 216–222.
Harley, T.A./H.E. Brown (1998), »What causes the tip-of-the-tongue state? Evidence for lexical neighborhood effects in speech production«. In: *British Journal of Psychology*, 89, S. 151–174.

Hastie, R./D. A. Schkade/J. W. Payne (1999), »Juror judgments in civil cases: Hindsight effects on judgments of liability for punitive damages«. In: *Law and Human Behavior*, 23, S. 597–614.

Hauser, M. D. (2001), *Wilde Intelligenz. Was Tiere wirklich denken*. München: C. H. Beck.

Hawkins, S. A./R. Hastie (1990), »Hindsight: Biased judgments of past events after the outcomes are known«. In: *Psychological Bulletin*, 107, S. 311–327.

Hay, D. C./A. W. Young/A. W. Ellis (1991), »Routes through the face recognition system«. In: *Quarterly Journal of Experimental Psychology*, 43A, S. 761–791.

Hayden, J. O. (Hg./1994), *William Wordsworth: Selected poems*. London: Penguin Books.

Heine, S. J./D. R. Lehman/H. R. Markus/S. Kitayama (1999), »Is there a universal need for positive self-regard?« In: *Psychological Review*, 106, S. 766–794.

Henke, K./B. Weber/S. Kneifel/H. G. Wieser/A. Buck (1999), »Human hippocampus associates information in memory«. In: *Proceedings of the National Academy of Sciences of the United States of America*, 96, S. 5884–5889.

Henkel, L. A./M. K. Johnson/D. M. DeLeonardis (1998), »Aging and source monitoring: Cognitive processes and neuropsychological correlates«. In: *Journal of Experimental Psychology: General*, 127, S. 251–268.

Henson, R. N. A./M. D. Rugg/T. Shallice/O. Josephs/R. J. Dolan (1999), »Recollection and familiarity in recognition memory: An event-related functional magnetic resonance imaging study«. In: *Journal of Neuroscience*, 19, S. 3962 bis 3972.

Heuer, F./D. Reisberg (1992), »Emotion, arousal, and memory for detail«. In: S.-Å. Christianson (Hg.), *The handbook of emotion and memory: Research and theory*. Hillsdale, N.J.: Erlbaum, S. 151–180.

Hicks, V. L. (1998), »Experts explain John Doe 2 ›sightings‹: Bombing suspect may have been figment of witnesses' imaginations«. In: *Boston Globe*, 14.6.1998, S. A14.

Higham, P. A. (1998), »Believing details known to have been suggested«. In: *British Journal of Psychology*, 89, S. 265–283.

Hilts, P. (1995), *Memory's ghost: The strange tale of Mr. M and the nature of memory*. New York: Simon & Schuster.

Hilts, P. J. (1996), »In research scans, telltale signs sort false memories from true«. In: *New York Times*, 2.7.1996, S. C3.

Hinkle, L. E./H. G. Wolff (1956), »Communist interrogation and indoctrination of ›enemies of the states‹«. In: *Archives of Neurology and Psychiatry*, 76, S. 115–174.

Holman, E. A./R. C. Silver (1998), »Getting ›stuck‹ in the past: Temporal orientation and coping with trauma«. In: *Journal of Personality and Social Psychology*, 74, S. 1146–1163.

Holmberg, D./J. G. Homes (1994), »Reconstruction of relationship memories: A mental models approach«. In: N. Schwarz/

S. Sudman (Hg.), *Autobiographical memory and the validity of retrospective reports*. New York: Springer, S. 267–288.
Houle, D. (1998), »Review of A. P. Møller and J. P. Swaddle: Asymmetry, developmental stability and evolution (1997)«. In: *Evolution*, 52, S. 1872–1876.
Huppert, F. A./M. D. Kopelman (1989), »Rates of forgetting in normal ageing: A comparison with dementia«. In: *Neuropsychologia*, 27, S. 849–860.
Hyman, I. E./F. J. Billings (1998), »Individual differences and the creation of fake childhood memories«. In: *Memory*, 6, S. 1–20.
Hyman, I. E./T. H. Husband/F. J. Billings (1995), »False memories of childhood experiences«. In: *Applied Cognitive Psychology*, 9, S. 181–197.
Hyman, I. E., jr./J. Pentland (1996), »The role of mental imagery in the creation of false childhood memories«. In: *Journal of Memory and Language*, 35, S. 101 bis 117.
Jack, C. R./R. C. Petersen/Y. Xu/P. C. O'Brien/G. E. Smith/R. J. Ivnik/E. G. Tangalos/E. Kokmen (1998), »Rate of medial temporal lobe atrophy in typical aging and Alzheimer's disease«. In: *Neurology*, 51, S. 993–999.
Jack, D. (1998), »Between the lines of writer's fall from literary pinnacle«. In: *The Scotsman*, 11.7.1998, S. 3.
Jacoby, L. L. (1991), »A process dissociation framework: Separating automatic from intentional uses of memory«. In: *Journal of Memory and Language*, 30, S. 513–541.
Jacoby, L. L. (1999), »Ironic effects of repetition: Measuring age-related differences in memory«. In: *Journal of Experimental Psychology: Learning, Memory, and Cognition*, 25, S. 3–22.
Jacoby, L. L./C. M. Kelley/J. Brown/J. Jasechko (1989a), »Becoming famous overnight: Limits on the ability to avoid unconscious influences of the past«. In: *Journal of Personality and Social Psychology*, 56, S. 326–338.
Jacoby, L. L./C. M. Kelley/J. Dywan (1989b), »Memory attributions«. In: H. L. Roediger III./F. I. M. Craik (Hg.), *Varieties of memory and consciousness: Essays in honour of Endel Tulving*. Hillsdale, N.J.: Erlbaum, S. 391–422.
James, T. W./D. Kimura (1997), »Sex differences in remembering the locations of objects in an array: Location-shifts versus locations-exchanges«. In: *Evolution and Human Behavior*, 18, S. 155–163.
Jennings, J. M./L. L. Jacoby (1993), »Automatic versus intentional uses of memory: Aging, attention, and control«. In: *Psychology and Aging*, 8, S. 283–293.
Johnson, M. K./B. L. Chalfonte (1994), »Binding of complex memories: The role of reactivation and the hippocampus«. In: D. L. Schacter/E. Tulving (Hg.), *Memory systems 1994*. Camridge, Mass.: MIT Press, S. 311 bis 350.
Johnson, M. K./S. F. Nolde/M. Mather/J. Kounios/D. L. Schacter/T. Curran (1997), »The similarity of brain activity associated with true and false

recognition memory depends on test format«. In: *Psychological Science*, 8, S. 250–257.
Jones, G. V. (1989), »Back to Woodworm: Role of interlopers in the tip-of-the-tongue phenomenon«. In: *Memory and Cognition*, 17, S. 69–76.
Jones, G. V./S. Langford (1987), »Phonological blocking and the tip-of-the-tongue state«. In: *Cognition*, 26, S. 115–122.
Jung, C. G. (1966), »Psychiatrische Studien«. In: ders., *Ges. Werke*, Bd. 1. Zürich, Stuttgart: Rascher.
Kanowski, S./W. M. Hermann/K. Stephan/W. Wierich/R. Horr (1996), »Proof of efficacy of the Ginkgo biloba special extract EGb 761 in outpatients suffering from mild to moderate primary degenerative dementia of the Alzheimer' type or multi-infarct dementia«. In: *Pharmacopsychiatry*, 29, S. 47–56.
Kanwisher, N./J. McDermott/M. M. Chun (1997), »The fusiform face area: A module in human extrastriate cortex specialized for face perception«. In: *Journal of Neuroscience*, 17, S. 4302–4311.
Kapur, N. (1999), »Syndromes of retrograde amnesia: A conceptual and empirical synthesis«. In: *Psychological Bulletin*, 125, S. 800–825.
Karney, B. R./R. H. Coombs (2000), »Memory bias in long-term close relationships: Consistency or improvement?« In: *Personality and Social Psychology Bulletin*, 26, S. 959–970.
Kassin, S. M./K. L. Kiechel (1996), »The social psychology of false confessions: Compliance, internalization, and confabulation«. In: *Psychological Science*, 7, S. 125–128.
Kassin, S. M./L. S. Wrightsman (1981), »Coerced confessions, judicial instruction, and mock juror verdicts«. In: *Journal of Applied Social Psychology*, 11, S. 489–506.
Kawabata, Y. (1999), »Yumiura«. In: *First snow on Fuji*. Washington, D.C.: Counterpoint.
Keane, T. M./J. A. Fairbank/J. M. Caddell/R. T. Zimering (1989), »Implosive (flooding) therapy reduces symptoms of PTSD in Vietnam combat veterans«. In: *Behavior Therapy*, 20, S. 245–260.
Kebbell, M. R./R. Milne/G. F. Wagstaff (1999), »The cognitive interview: A survey of its forensic effectiveness«. In: *Psychology, Crime and Law*, 5, S. 101–115.
Kebbell, M. R./G. F. Wagstaff (1998), »Hypnotic interviewing: The best way to interview eyewitnesses?« In: *Behavioral Sciences and the Law*, 16, S. 115–129.
Keuler, D. J./M. A. Safer (1998), »Memory bias in the assessment and recall of pre-exam anxiety: How anxious was I?« In: *Applied Cognitive Psychology*, 12, S. 8127–8137.
Kihlstrom, J. F. (1995), »The trauma-memory argument«. In: *Consciousness and Cognition*, 4, S. 63–67.
Killany, R. R./T. Gomez-Islia/M. Moss/R. Kikinis/T. Sandor/R. Tanzi/K. Jones/B. T. Hyman/M. S. Albert (2000), »Use of structural magnetic resonance imaging to predict who will get Alzheimer's disease«. In: *Annals of Neurology*, 47, S. 430–439.

Kirkpatrick, L. A./C. Hazan (1994), »Attachment styles and dose relationships: A four year prospective study«. In: *Personal Relationships*, 1, S. 123–142.

Knowlton, B. J./L. R. Squire (1993), »The learning of categories: Parallel brain systems for item memory and category level knowledge«. In: *Science*, 262, S. 1747–1749.

Koutstaal, W./D. L. Schacter (1997a), »Gist-based false recognition of pictures in older and younger adults«. In: *Journal of Memory and Language*, 37, S. 555–583.

Koutstaal, W./D. L. Schacter (1997b), »Inaccuracy and inaccessibility in memory retrieval: Contributions from cognitive psychology and cognitive neuropsychology«. In: P. S. Appelbaum/L. Uyehara/M. Elin (Hg.), *Trauma and memory: Clinical and legal controversies*. New York: Oxford University Press, S. 93–137.

Koutstaal, W./D. L. Schacter (1997c), »Intentional forgetting and voluntary thought suppression: Two potential methods for coping with childhood trauma«. In: L. J. Dickstein/M. B. Riba/J. M. Oldham (Hg.), *Review of Psychiatry*, Bd. 16. Washington, D.C.: American Psychiatric Press, S. 79–121.

Koutstaal, W./D. L. Schacter/L. Galluccio/K. A. Stofer (1999a), »Reducing gist-based false recognition in older adults: Encoding and retrieval manipulations«. In: *Psychology and Aging*, 14, S. 220–237.

Koutstaal, W./D. L. Schacter/M. K. Johnson/L. Galluccio (1999b), »Facilitation and impairment of event memory produced by photograph review«. In: *Memory and Cognition*, 27, S. 478–493.

Koutstaal, W./D. L. Schacter/M. Verfaellie/C. J. Brenner/E. M. Jackson (1999c), »Perceptually based false recognition of novel objects in amnesia: Effects of category size and similarity to category prototypes«. In: *Cognitive Neuropsychology*, 16, S. 317–341.

Koutstaal, W./M. Verfaellie/D. L. Schacter (2001), »Recognizing identical versus similar categorically related common objects: Further evidence for degraded gist-representations in amnesia«. In: *Neuropsychology*, 15, S. 268–289.

Koutstaal, W./A. D. Wagner/M. Rotte/A. Maril/R. L. Buckner/D. L. Schacter (2001), »Perceptual specificity in visual object priming: fMRI evidence for a laterality difference in fusiform cortex«. In: *Neuropsychologia*, 39, S. 184–199.

Krebs, J. R./N. B. Davies (1993), *An introduction to behavioural ecology*, 3. Aufl. Oxford: Blackwell Scientific Publications.

Kroll, N. E. A./R. T. Knight/J. Metcalfe/E. S. Wolf/E. Tulving (1996), »Cohesion failure as a source of memory illusions«. In: *Journal of Memory and Language*, 35, S. 176–196.

Langer, E. J. (1997), *The power of mindful learning*. Reading, Mass.: Addison-Wesley.

Lazarus, R. S. (1991), *Emotion and adaptation*. New York: Oxford University Press.

Leary, M. R. (1982), »Hindsight distortion and the 1980 presidential election«. In: *Personality and Social Psychology Bulletin*, 8, S. 257–263.

LeDoux, J. E. (1996), *The emotional brain*. New York: Simon & Schuster.

Lepore, L./R. Brown (1997), »Category and stereotype activation: Is prejudice inevitable?« In: *Journal of Personality and Social Psychology*, 72, S. 275 bis 287.

Leskin, G. A./D. G. Kaloupek/T. M. Keane (1998), »Treatment for traumatic memories: Review and recommendations«. In: *Clinical Psychology Review*, 18, S. 983–1002.

Levelt, W. (1989), *Speaking: From intention to articulation*. Cambridge, Mass.: MIT Press.

Levine, L. J. (1997), »Reconstructing memory for emotions«. In: *Journal of Experimental Psychology: General*, 126, S. 165–177.

Levinson, A. (1999), »Two-time memory champion still lives by Post-its«. In: *San Antonio Express-News*, 22.2.1999, S. 5A.

Lieberman, M. D./K. N. Ochsner/D. T. Gilbert/D. L. Schacter (2001), »Do amnesics exhibit cognitive dissonance reduction? The role of explicit memory and attention in attitude change«. In: *Psychological Science*, 12, S. 135 bis 140.

Lindsay, D. S./J. D. Read (1994), »Psychotherapy and memories of childhood sexual abuse: A cognitive perspective«. In: *Applied Cognitive Psychology*, 8, S. 281–338.

Loftus, E. F. (1993), »The reality of repressed memories«. In: *American Psychologist*, 48, S. 518–537.

Loftus, E. F./J. Feldman/R. Dashiell (1995), »The reality of illusory memories«. In: D. L. Schacter (Hg.), *Memory distortion: How minds, brains, and societies reconstruct the past*. Cambridge, Mass.: Harvard University Press, S. 47–68.

Loftus, E. F./G. Loftus/J. Messo (1987), »Some facts about ›weapon focus‹«. In: *Law and Human Behavior*, 11, S. 55–62.

Loftus, E. F./K. Ketcham (1994), *The myth of repressed memory: False memories and allegations of sexual abuse*. New York: St. Martin's Press.

Loftus, E. F./J. E. Pickrell (1995), »The formation of false memories«. In: *Psychiatric Annals*, 25, S. 720–725.

Logan, G. D. (1988), »Toward an instance theory of automatization«. In: *Psychological Review*, 95, S. 492–527.

Lorayne, H./J. Lucas (1996), *The memory book*. New York: Ballantine Books.

Lorenz, K. (1935), »Der Kumpan in der Umwelt des Vogels. Der Artgenosse als auslösendes Moment sozialer Verhaltensweisen. Jakob von Uexküll zum 70. Geburtstag«. In: *Journal für Ornithologie*, 83, 2/3, S. 138–213 und 290–413.

Luria, A. R. (1968), *The mind of a mnemonist: A little book about a vast memory*. New York: Basic Books.

Lynn, S. J./K. M. McConkey (Hg./(1998), *Truth in memory*. New York: Guilford Press.

Lyubormirsky, S./N. D. Caldwell/ S. Nolen-Hoeksema (1998), »Effects of ruminative and distracting responses to depressed mood on retrieval of autobiographical memories«. In: *Journal of Personality and Social Psychology*, 75, S. 166 bis 177.

Macleod, C. M. (1991), »Half a century of research on the Stroop effect: An integrative review«. In: *Psychological Bulletin*, 109, S. 163–203.

Macrae, C. N./A. B. Milne/ G. V. Bodenhausen (1994), »Stereotypes as energy-saving devices: A peek inside the cognitive toolbox«. In: *Journal of Personality and Social Psychology*, 66, S. 37–47.

Maguire, E. A./D. G. Gadian/ I. S. Johnsrude/C. D. Good/ J. Ashburner/R. S. J. Frackowiak/ C. D. Frith (2000), »Navigation-related structural change in the hippocampi of taxi drivers«. In: *Proceedings of the National Academy of Sciences*, 97, S. 4398–4403.

Malinoski, P. T./S. J. Lynn (1999), »The plasticity of early memory reports: Social pressure, hypnoti-zability, compliance, and interrogative suggestibility«. In: *The International Journal of Clinical and Experimental Hypnosis*, 47, S. 320–345.

Markowitsch, H. J. (1999), »Functional neuroimaging correlates of functional amnesia«. In: *Memory*, 5/6, S. 561–583.

Markowitsch, H. J./G. R. Fink/A. I. M. Thöne/J. Kessler/W.-D. Heiss (1997), »Persistent psychogenic amnesia with a PET-proven organic basis«. In: *Cognitive Neuropsychiatry*, 2, S. 135–158.

Marsh, R. L./J. L. Hicks (1998), »Event-based prospective memory and executive control of working memory«. In: *Journal of Experimental Psychology: Learning, Memory, and Cognition*, 24, S. 336–349.

Marsh, R. L./J. D. Landau/J. L. Hicks (1997), »Contributions of inadequate source monitoring to unconscious plagiarism during idea generation«. In: *Journal of Experimental Psychology: Learning, Memory, and Cognition*, 23, S. 886–897.

Martin, M. (1986), »Aging and patterns of change in everyday memory and cognition«. In: *Human Learning*, 5, S. 63–74.

Mather, M./L. A. Henkel/ M. K. Johnson (1997), »Evaluating characteristics of false memories: Remember/know judgments and memory characteristics questionnaire compared«. In: *Memory and Cognition*, 25, S. 826–837.

Maylor, E. A. (1990), »Age and prospective memory«. In: *Quarterly Journal of Experimental Psychology*, 42A, S. 471–493.

Maylor, E. A. (1996), »Does prospective memory decline with age?« In: M. Brandimonte/G. O. Einstein/M. A. McDaniel (Hg.), *Prospective memory: Theory and applications*. Mahwah, N. J.: Erlbaum, S. 173–198.

Maylor, E. A. (1997), »Proper name retrieval in old age: Converging evidence against disproportionate impairment«. In: *Aging, Neuropsychology, and Cognition*, 4, S. 211–226.

Mazzoni, G. A./E. F. Loftus (1998), »Dream interpretation can change beliefs about the past«. In: *Psychotherapy*, 35, S. 177 bis 187.

McBurney, D. H./S. J. C. Gaulin/T. Devineni/C. Adams (1997), »Superior spatial memory of women: Stronger evidence for the gathering hypothesis«. In: *Evolution and Human Behavior*, 18, S. 165–174.

McClelland, J. L. (1995), »Constructive memory and memory distortions: A parallel-distributed processing approach«. In: D. L. Schacter (Hg.), *Memory distortion: How minds, brains, and societies reconstruct the past*. Cambridge, Mass.: Harvard University Press, S. 69–90.

McDaniel, M. A./G. O. Einstein (1992), »Aging and prospective memory: Basic findings and practical applications«. In: *Advances in Learning and Behavioral Disabilities*, 7, S. 87–105.

McDaniel, M. A./G. O. Einstein (1993), »The importance of cue familiarity and cue distinctiveness in prospective memory«. In: *Memory*, 1, S. 23–41.

McFarland, C./M. Ross (1987), »The relation between current impressions and memories of self and dating partners«. In: *Personality and Social Psychology Bulletin*, 13, S. 228–238.

McFarland, C./M. Ross/N. DeCourville (1989), »Women's theories of menstruation and biases in recall of menstrual symptoms«. In: *Journal of Personality and Social Psychology*, 57, S. 522 bis 531.

McKenna, P./E. K. Warrington (1980), »Testing for nominal dysphasia«. In: *Journal of* Neurology, *Neurosurgery, and Psychiatry*, 42, S. 781–788.

McNally, R. J. (1999), »Research on eye movement desensitization and reprocessing (EMDR) as treatment for PTSD«. In: *PTSD Research Quarterly*, 10, S. 1–7.

Memon, A./P. A. Higham (1999), »A review of the cognitive interview«. In: *Psychology, Crime and Law*, 5, S. 177–196.

Metcalfe, J./M. Funnell/M. S. Gazzaniga (1995), »Right-hemisphere memory superiority: Studies of a split-brain patient«. In: *Psychological Science*, 6, S. 157–164.

Meyer, A. S./K. Bock (1992), »The tip-of-the-tongue phenomenon: Blocking or partial activation?« In: *Memory and Cognition*, 20, S. 715–726.

Milders, M./B. Deelman/I. Berg (1998), »Rehabilitation of memory for people's names«. In: *Memory*, 6, S. 21–36.

Mill, J. S. (1843), *A system of logic*. London: Longman.

Mineka, S./K. Nugent (1995), »Mood-congruent memory biases in anxiety and depression«. In: D. L. Schacter (Hg.), *Memory distortion: How minds, brains, and societies reconstruct the past*. Cambridge, Mass.: Harvard University Press, S. 173–196.

Møller, A. P./J. P. Swaddle (1997), *Asymmetry, developmental stability and evolution*. New York: Oxford University Press.

Moss, M. (2000), »The story behind a soldier's story«. In: *New York Times*, 31.5.2000, S. A1.

Mottron, L./S. Belleville/E. Stip/K. Morasse (1998), »Atypical memory performance in an autistic savant«. In: *Memory*, 6, S. 593–607.
Munsterberg, H. (1908), *On the witness stand: Essays on psychology and crime*. New York: Clark, Boardman, Doubleday.
Myers, L. B./C. R. Brewin/M. J. Power (1998), »Repressive coping and the directed forgetting of emotional material«. In: *Journal of Abnormal Psychology*, 107, S. 141–148.
Nadel, L./S. Zola-Morgan (1984), »Infantile amnesia: A neurobiological perspective«. In: M. Moscovitch (Hg.), *Infant memory*. New York: Plenum Press, S. 145–172.
Nathan, D./M. Snedeker (1995), *Satan's silence: Ritual abuse and the making of a modern American witch hunt*. New York: Basic Books.
Newton, P. (1998), »Prescott forgets name of the game«. In: *The Times*, London, 30.1.1998.
Noice, H./T. Noice (1996), »Two approaches to learning a theatrical script«. In: *Memory*, 4, S. 1–18.
Noice, H./T. Noice/P. Perrig-Chiello/W. Perrig (1999), »Improving memory in older adults by instructing them in professional actors' learning strategies«. In: *Applied Cognitive Psychology*, 13, S. 315–328.
Nolde, S. F./M. K. Johnson/M. D'Esposito (1998), »Left prefrontal activation during episodic remembering: an event-related fMRI study«. In: *NeuroReport*, 9, S. 3509–3514.
Nolen-Hoeksema, S. (1991), »Responses to depression and their effects on the duration of depressive episodes«. *Journal of Abnormal Psychology*, 100, S. 569–582.
Norman, K. A./D. L. Schacter (1997), »False recognition in young and older adults: Exploring the characteristics of illusory memories«. In: *Memory and Cognition*, 25, S. 838–848.
Nyberg, L./R. Cabeza (2000), »Brain imaging of memory«. In: E. Tulving/F. I. M. Craik (Hg.), *The Oxford handbook of memory*. New York: Oxford University Press, S. 501–519.
O'Carroll, R. E./E. Drysdale/L. Cahill/P. Shajahan/K. P. Ebmeier (1999a), »Memory for emotional material: A comparison of central versus peripheral beta blockade«. In: *Journal of Psychopharmacology*, 13, S. 32–39.
O'Carroll, R. E./E. Drysdale/L. Cahill/P. Shajahan/K. P. Ebmeier (1999b), »Stimulation of the noradrenergic system enhances and blockade reduces memory for emotional material in man«. In: *Psychological Medicine*, 29, S. 1083–1088.
Ochsner, K. N. (2000), »Are affective events richly recollected or simply familiar? The experience and process of recognizing feelings past«. In: *Journal of Experimental Psychology: General*, 129, S. 242–261.
Ochsner, K. N./D. L. Schacter (2000), »Constructing the emotional past: A social-cognitive-neuroscience approach to emotion and memory«. In: J. Borod (Hg.), *The neuropsychology of emotion*.

New York: Oxford University Press, S. 163–193.
Offer, D./M. Kaiz/K. I. Howard/E. S. Bennett (2000), »The altering of reporting experiences«. In: *Journal of the American Academy of Child and Adolescent Psychiatry*, 39, S. 735–742.
Ofshe, R. J. (1992), »Inadvertent hypnosis during interrogation: False confession due to dissociative state; Mis-identified multiple personality and the satanic cult hypothesis«. In: *International Journal of Clinical and Experimental Hypnosis*, 40, S. 125–156.
Okuda, J./T. Fujii/A. Yamadori/R. Kawashima/T. Tsukiura/R. Fukatsu/K. Suzuki/M. Ito/H. Fukuda (1998), »Participation of the prefrontal cortices in prospective memory: Evidence from a PET study in humans«. In: *Neuroscience Letters*, 253, S. 127–130.
Orwell, G. (1950), *1984*. Rastatt, Stuttgart: Diana.
Paley, W. (1802/1986), *Natural theology*. Charlottesville, Va.: Lincoln Rembrandt Publishing.
Park, D. C./D. P. Kidder (1996), »Prospective memory and medication adherence«. In: M. Brandimonte/G. O. Einstein/M. A. McDaniel (Hg.), *Prospective memory: Theory and applications*. Mahwah, N. J.: Erlbaum, S. 369–390.
Parkes, C. M. (1974), *Vereinsamung. Die Lebenskrise bei Partnerverlust. Psychologisch-soziologische Untersuchung des Trauerverhaltens*. Reinbek bei Hamburg: Rowohlt.
Paulesu, E./C. D. Frith/R. S. J. Frackowiak (1993), »The neural correlates of the verbal component of working memory«. In: *Nature*, 362, S. 342–345.
Pawlowski, B./R. I. M. Dunbar/A. Lipowicz (2000), »Tall men have more reproductive success«. In: *Nature*, 403, S. 156.
Pendergrast, M. (1995), *Victims of memory: Incest accusations and shattered lives*. Hinesburg, Vt.: Upper Access.
Pennebaker, J. W. (1997), »Writing about emotional experiences as a therapeutic process«. In: *Psychological Science*, 8, S. 162 bis 166.
Perfect, T. J./J. R. Hanley (1992), »The tip-of-the-tongue phenomenon: Do experimenter-presented interlopers have any effect?« In: *Cognition*, 45, S. 55–75.
Perrett, D. I./J. K. Hietanen/M. W. Oram/P. J. Benson (1992), »Organization and functions of cells responsive to faces in the temporal cortex«. In: *Philosophical Transactions of the Royal Society of London (Series B)*, 335, S. 23–30.
Peterson, C./M. Bell (1996), »Children's memory for traumatic injury«. In: *Child Development*, 67, S. 3045–3070.
Peterson, L. R./M. J. Peterson (1959), »Short-term retention of individual verbal items«. In: *Journal of Experimental Psychology*, 58, S. 193–198.
Petro, S. J./D. Herrmann/D. Burrows/C. M. Moore (1991), »Usefulness of commercial memory aids as a function of age«. In: *International Journal of Aging and Human Development*, 33, S. 295–309.
Pezdek, K. (1997), »Memory for

pictures: A life-span study of the role of visual detail«. In: *Child Development*, 58, S. 807–815.
Phelps, E./M. S. Gazzaniga (1992), »Hemispheric differences in mnemonic processing: The effects of left hemisphere interpretation«. In: *Neuropsychologia*, 30, S. 293–297.
Phelps, E. A./K. S. LaBar/A. K. Anderson/K. J. O'Connor/R. K. Fulbright/D. D. Spencer (1998), »Specifying the contributions of the human amygdala to emotional memory: A case study«. In: *Neurocase*, 4, S. 527–540.
Pierce, C. P. (2000), *Hard to forget: An Alzheimer's story*. New York: Random House.
Pinker, S. (1997), »Evolutionary psychology: An exchange«. In: *New York Review of Books*, 44, S. 55–58.
Pinker, S. (1998), *Wie das Denken im Kopf entsteht*. München: Kindler.
Plude, D. J./L. K. Schwartz (1996), »Compact disc-interactive memory training with the elderly«. In: *Educational Gerontology*, 22, S. 507–521.
Pollitt, K. (1999), »›Finality‹ or justice?« In: *The Nation*, 269, 18.10.1999, S. 10.
Poole, D. A./D. S. Lindsay (1995), »Interviewing preschoolers: Effects of nonsuggestive techniques, parental coaching, and learning questions on reports of nonexperienced events«. In: *Journal of Experimental Child Psychology*, 60, S. 129–154.
Poole, D. A./D. S. Lindsay/A. Memon/R. Bull (1995), »Psychotherapy and the recovery of memories of childhood sexual abuse: U.S. and British practitioners' opinions, practices, and experiences«. In: *Journal of Consulting and Clinical Psychology*, 63, S. 426–487.
Porter, S./J. C. Yuille/D. R. Lehman (1999), »The nature of real, implanted, and fabricated memories for emotional childhood events: Implications for the recovered memory debate«. In: *Law and Human Behavior*, 23, S. 517–537.
Posner, M. I./M. E. Raichle (1996), *Bilder des Geistes. Hirnforscher auf den Spuren des Denkens*. Heidelberg: Spektrum Akademischer Verlag.
Price, J. L./J. C. Morris (1999), »Tangles and plaques in nondemented aging and ›preclinical‹ Alzheimer's disease«. In: *Annals of Neurology*, 45, S. 358–368.
Purdon, C. (1999), »Thought suppression and psychopathology«. In: *Behaviour Research and Therapy*, 37, S. 1029–1054.
Puschkin, A. (1999), *Die Gedichte*. Hrsg. v. R.-D. Keil. Frankfurt/Main: Insel.
Raichle, M. E./J. A. Fiez/T. O. Videen/A. M. MacLeod/J. V. Pardo/P. T. Fox/S. E. Petersen (1994), »Practice-related changes in human brain functional anatomy during nonmotor learning«. In: *Cerebral Cortex*, 4, S. 8–26.
Rapcsak, S. Z./S. L. Reminger/E. L. Glisky/A. W. Kasniak/J. F. Comer (1999), »Neuropsychological mechanisms of false facial recognition following frontal lobe damage«. In: *Cognitive Neuropsychology*, 16, S. 267–292.
Rastle, K. G./D. M. Burke (1996), »Priming the tip of the tongue: Effect of prior processing on

word retrieval in young and older adults«. In: *Journal of Memory and Language*, 35, S. 586–605.

Rauch, S. L./B. A. van der Kolk/R. E. Fisler/N. M. Alpert/S. P. Orr/C. R. Savage/A. J. Fishman/M. A. Jenike/R. K. Pitman (1996), »A symptom provocation study of posttraumatic stress disorder using positron emission tomography and script-driven imagery«. In: *Archives of General Psychiatry*, 35, S. 380–387.

Read, J. D./D. Bruce (1982), »Longitudinal tracking of difficult memory retrievals«. In: *Cognitive Psychology*, 14, S. 280–300.

Read, J. D./D. S. Lindsay (Hg./1997), *Recollections of trauma: Scientific research and clinical practice*. New York: Plenum Press.

Reason, J. T./D. Lucas (1984), »Using cognitive diaries to investigate naturally occurring memory blocks«. In: J. E. Harris/P. E. Morris (Hg.), *Everyday memory, actions and absentmindedness*. Orlando, Fla.: Academic Press, S. 53–69.

Reason, J. T./K. Mycielska (1982), *Absent-minded?: The psychology of mental lapses and everyday errors*. Englewood Cliffs, N. J.: Prentice-Hall.

Rebok, G. W./D. X. Rasmusson/F. W. Bylsma/J. Brandt (1997), »Memory improvement tapes: How effective for elderly adults?« In: *Aging, Neuropsychology, and Cognition*, 4, S. 304–311.

Reed, G. (1988), *The psychology of anomalous experience*. Buffalo, N.Y.: Prometheus Books.

Rees, G./C. Russell/C. D. Frith/J. Driver (1999), »Inattentional blindness versus inattentional amnesia for fixated but ignored words«. In: *Science*, 286, S. 2504–2507.

Reeve, H. K./P. W. Sherman (1993), »Adaptation and the goals of evolutionary research«. In: *The Quarterly Review of Biology*, 68, S. 1–32.

Reinitz, M. T./J. Morrisey/J. Demb (1994), »The role of attention in face encoding«. In: *Journal of Experimental Psychology: Learning, Memory, and Cognition*, 20, S. 161–168.

Reiser, M. (1990), »Investigative hypnosis«. In: D. C. Raskin (Hg.), *Psychological methods in criminal investigation and evidence*. New York: Springer, S. 151–190.

Reynolds, M./C. R. Brewin (1999), »Intrusive memories in depression and post-traumatic stress disorder«. In: *Behaviour Research and Therapy*, 37, S. 201–215.

Ribot, T. (1881/1924), *Les maladies de la mémoire*. Paris: Alcan.

Riefer, D. M./M. K. Kevari/D. L. F. Kramer (1995), »Name that tune: Eliciting the tip-of-the-tongue experience using auditory stimuli«. In: *Psychological Reports*, 77, S. 1379–1390.

Rimé, B. (1995), »Mental rumination, social sharing, and the recovery from emotional exposure«. In: J. W. Pennebaker (Hg.), *Emotion, disclosure, and health*. Washington, D.C.: American Psychological Association, S. 271–291.

Roediger, H. L., III/K. B. McDermott (1995), »Creating false memories: Remembering words not presented in lists«. In: *Journal of*

Experimental Psychology: Learning, Memory, and Cognition, 21, S. 803–814.
Roese, N. J. (1997), »Counterfactual thinking«. In: *Psychological Bulletin*, 121, S. 133–148.
Roese, N. J./T. Hur (1997), »Affective determinants of counterfactual thinking«. In: *Social Cognition*, 15, S. 274–290.
Roese, N. J./S. D. Maniar (1997), »Perceptions of purple: Counterfactual and hindsight judgements at Northwestern Wildcats football games«. In: *Personality and Social Psychology Bulletin*, 23, S. 1245–1253.
Ross, D. F./S. J. Ceci/D. Dunning/M. P. Toglia (1994), »Unconscious transference and mistaken identity: When a witness misidentifies a familiar but innocent person«. In: *Journal of Applied Psychology*, 79, S. 918–930.
Ross, M. (1989), »Relation of implicit theories to the construction of personal histories«. In: *Psychological Review*, 96, S. 341 bis 357.
Ross, M./F. Sicoly (1979), »Egocentric biases in availability and attribution«. In: *Journal of Personality and Social Psychology*, 37, S. 322–336.
Ross, M./A. E. Wilson (1999), »Constructing and appraising past selves«. In: D. L. Schacter/E. Scarry (Hg.), *Memory, brain, and belief*. Cambridge, Mass.: Harvard University Press.
Rubin, S. R./C. Van Petten/E. L. Glisky/W. M. Newberg (1999), »Memory conjunction errors in younger and older adults: Event-related potential and neuropsychological data«. In: *Cognitive Neuropsychology*, 16, S. 459–488.
Rudy, L./G. S. Goodman (1991), »Effects of participation on children's reports: Implications for children's testimony«. In: *Developmental Psychology*, 27, S. 527–538.
Salthouse, T. A. (1996), »The processing-speed theory of adult age differences in cognition«. In: *Psychological Review*, 103, S. 403–428.
Sanitioso, R./Z. Kunda/G. T. Fong (1990), »Motivated recruitment of autobiographical memories«. In: *Journal of Personality and Social Psychology*, 59, S. 229 bis 241.
Schachter, S./J. Singer (1962), »Cognitive, social, and physiological determinants of emotional learning«. In: *Psychological Review*, 69, S. 379–399.
Schacter, D. L. (1983), »Amnesia observed: Remembering and forgetting in a natural environment«. In: *Journal of Abnormal Psychology*, 92, S. 236–242.
Schacter, D. L. (1999), *Wir sind Erinnerung. Gedächtnis und Persönlichkeit*. Reinbek bei Hamburg: Rowohlt.
Schacter, D. L. (Hg./1999a): *The cognitive neuropsychology of false memories*. Hove: Psychology Press.
Schacter, D. L. (1999b): »The seven sins of memory: Insights from psychology and cognitive neuroscience«. In: *American Psychologist*, 54, S. 182–203.
Schacter, D. L./R. L. Buckner (1998), »Priming and the brain«. In: *Neuron*, 20, S. 185–195.

Schacter, D. L./R. L. Buckner/W. Koutstaal/A. M. Dale/B. R. Rosen (1997a), »Late onset of anterior prefrontal activity during retrieval of veridical and illusory memories: An event-related fMRI study«. In: *NeuroImage*, 6, S. 259–269.

Schacter, D. L./L. Israel/C. Racine (1999), »Suppressing false recognition: The distinctiveness heuristic«. In: *Journal of Memory and Language*, 40, S. 1–24.

Schacter, D. L./W. Koutstaal/M. K. Johnson/M. S. Gross/K. A. Angell (1997b), »False recollection induced by photographs: A comparison of older and younger adults«. In: *Psychology and Aging*, 12, S. 203–215.

Schacter, D. L./M. Moscovitch (1984), »Infants, amnesics, and dissociable memory systems«. In: M. Moscovitch (Hg.), *Infant memory*. New York: Plenum Press, S. 173–216.

Schacter, D. L./E. Reiman/T. Curran/L. S. Yun/D. Bandy/K. B. McDermott/H. L. Roediger, III. (1996a), »Neuroanatomical correlates of veridical and illusory recognition memory: Evidence from positron emission tomography«. In: *Neuron*, 17, S. 267–274.

Schacter, D. L./M. Verfaellie/M. D. Anes/C. Racine (1998), »When true recognition suppresses false recognition: Evidence from amnesic patients«. In: *Journal of Cognitive Neuroscience*, 10, S. 668–679.

Schacter, D. L./M. Verfaellie/D. Pradere (1996b), »The neuropsychology of memory illusions: False recall and recognition in amnesic patients«. In: *Journal of Memory and Language*, 35, S. 319–334.

Schacter, D. L./A. D. Wagner (1999), »Medial temporal lobe activations in fMRI and PET studies of episodic encoding and retrieval«. In: *Hippocampus*, 9, S. 7–24.

Scharfe, E./K. Bartholomew (1998), »Do you remember? Recollections of adult attachment patterns«. In: *Personal Relationships*, 5, S. 219–234.

Schmand, B./J. Smit/J. Lindeboom/C. Smits/C. Hooijer/C. Jonker/B. Deelman (1997), »Low education is a genuine risk factor for accelerated memory decline and dementia«. In: *Journal of Clinical Epidemiology*, 50, S. 1025–1033.

Schmolck, H./E. A. Buffalo/L. R. Squire (2000), »Memory distortions develop over time: Recollections of the O. J. Simpson trial verdict after 15 and 32 months«. In: *Psychological Science*, 11, S. 39 bis 45.

Schooler, J. W. (1994), »Seeking the core: The issues and evidence surrounding recovered accounts of sexual trauma«. In: *Consciousness and Cognition*, 3, S. 452–469.

Schooler, L./R. Rhine/J. C. S. Silva (1999), *Does human memory reflect the environment of early hominids?* Referat auf der Jahrestagung der Psychonomic Society, Los Angeles, California.

Schwartz, B. L. (1999), »Sparkling at the end of the tongue: The etiology of tip-of-the-tongue pheno-menology«. In: *Psychonomic Bulletin and Review*, 6, S. 379–393.

Scoville, W. B./B. Milner (1957), »Loss of recent memory after bilateral hippocampal lesions«. In: *Journal of Neurology, Neurosurgery, and Psychiatry*, 20, S. 11–21.

Segal, Z. V. (1988), »Appraisal of the self-schema construct in cognitive models of depression«. In: *Psychological Bulletin*, 103, S. 147–162.

Semenza, C./S. Mondini/M. Zettin (1995), »The anatomical basis of proper name processing: A critical review«. In: *Neurocase*, 1, S. 183–188.

Semenza, C./T. M. Sgaramella (1993), »Production of proper names: A clinical case study of the effects of phonemic cueing«. In: *Memory*, 1, S. 265–280.

Semenza, C./M. Zettin (1988), »Generating proper names: A case of selective inability«. In: *Cognitive Neuropsychology*, 5, S. 711–721.

Semenza, C./M. Zettin (1989), »Evidence from aphasia from proper names as pure referring expressions«. In: *Nature*, 342, S. 678–679.

Shackelford, T. K./R. J. Larsen (1997), »Facial asymmetry as an indicator of psychological, emotional, and physiological distress«. In: *Journal of Personality and Social Psychology*, 72, S. 456–466.

Shackelford, T. K./R. J. Larsen (1999), »Facial attractiveness and physical health«. In: *Evolution and Human Behavior*, 20, S. 71 bis 76.

Shallice, T./P. Fletcher/C. D. Frith/P. Grasby/R. S. J. Frackowiak/R. J. Dolan (1994), »Brain regions associated with acquisition and retrieval of verbal episodic memory«. In: *Nature*, 368, S. 633–635.

Shallice, T./E. K. Warrington (1970), »The independence of the verbal memory stores: A neuropsychological study«. In: *Quarterly Journal of Experimental Psychology*, 22, S. 261–273.

Shaw, J. S./R. A. Bjork/A. Handal (1995), »Retrieval-induced forgetting in an eyewitness memory paradigm«. In: *Psychonomic Bulletin and Review*, 2, S. 249–253.

Shay, J. (1998), *Achill in Vietnam. Kampftrauma und Persönlichkeitsverlust*. Hamburg: Hamburger Ed.

Sherry, D. F./M. R. L. Forbes/M. Khurgel/G. O. Ivy (1993), »Females have a larger hippocampus than males in the brood-parasitic brown-headed cowbird«. In: *Proceedings of the National Academy of Sciences*, 90, S. 7839–7843.

Sherry, D. F./D. L. Schacter (1987), »The evolution of multiple memory systems«. In: *Psychological Review*, 94, S. 439–454.

Sherry, D. F./A. L. Vaccarino (1989), »Hippocampus and memory for food caches in black-capped chickadees«. In: *Behavioral Neuroscience*, 103, S. 308–318.

Shettleworth, S. J. (1998), *Cognition, evolution, and behavior*. New York: Oxford University Press.

Shimamura, A. P. (1995), »Memory and frontal lobe function«. In: M. Gazzaniga (Hg.), *The cognitive neurosciences*. Cambridge, Mass.: MIT Press, S. 803–813.

Shin, L. M./S. M. Kosslyn/R. J. McNally/N. M. Alpert/W. L. Thompson/S. L. Rauch/M. L. Macklin/R. K. Pitman (1997), »Visual imagery and perception in posttraumatic stress disorder: A positron emission tomographic investigation«. In: *Archives of General Psychiatry*, 54, S. 233 bis 241.

Shin, L. M./R. J. McNally/S. M. Kosslyn/W. L. Thompson/S. L. Rauch/N. M. Alpert/L. J. Metzger/N. B. Lasko/S. P. Orr/R. K. Pitman (1999), »Regional cerebral blood flow during script-driven imagery in childhood sexual abuse-related PTSD: A PET investigation«. In: *American Journal of Psychiatry*, 156, S. 575–584.

Silverman, I./M. Eals (1992), »Sex differences in spatial abilities: Evolutionary theory and data«. In: J. Barkow/L. Cosmides/J. Tooby (Hg.), *The adapted mind: Evolutionary psychology and the generation of culture*. New York: Oxford University Press, S. 487–503.

Simons, D. J. (2000), »Current approaches to change blindness«. In: *Visual Cognition*, 7, S. 1–15.

Simons, D. J./C. F. Chabris (1999), »Gorillas in our midst: Sustained inattentional blindness for dynamic events«. In: *Perception*, 28, S. 1059–1074.

Simons, D. J./D. T. Levin (1998), »Failure to detect changes to people during a real-world interaction«. In: *Psychonomic Bulletin and Review*, 4, S. 501–506.

Skinner, B. F. (1983), »Intellectual self-management in old age«. In: *American Psychologist*, 38, S. 239–244.

Slamecka, N. J. (1968), »An examination of trace storage in free recall«. In: *Journal of Experimental Psychology*, 76, S. 504–513.

Slamecka, N. J. (1985), »Ebbinghaus: Some associations«. In: *Journal of Experimental Psychology: Learning, Memory, and Cognition*, 11, S. 414–435.

Sloman, S. A./G. H. Bower/D. Rohrer (1991), »Congruency effects in part-list cueing inhibition«. In: *Journal of Experimental Psychology: Learning, Memory, and Cognition*, 17, S. 974–982.

Small, S. A./G. M. Perera/R. DeLaPaz/R. Mayeux/Y. Stern (1999), »Differential regional dysfunction of the hippocampal formation among elderly with memory decline and Alzheimer's Disease«. In: *Annals of Neurology*, 45, S. 466–472.

Smith, S. M. (2000), *Blocking, tip-of-the-tongue-states, and incubation in word retrieval*. Referat auf der Jahrestagung der American Psychological Society, Miami, Florida.

Sno, H. N./D. H. Linszen (1990), »The déjà vu experience: Remembrance of things past?« In: *American Journal of Psychiatry*, 147, S. 1587–1595.

Sno, H. N./D. H. Linszen/F. De Jonghe (1992), »Art imitates life: Déjà vu in experiences in prose and poetry«. In: *British Journal of Psychiatry*, 160, S. 511–518.

Southwick, S. M./J. D. Bremner/A. Rasmusson/C. A. Morgan/A. Arnsten/D. S. Charney (1999a), »Role of norepinephrine in the pathophysiology and treatment of posttraumatic stress disorder«. In: *Biological Psychiatry*, 46, S. 1192–1204.

Southwick, S. M./C. A. Morgan/D. S. Charney/J. R. High (1999b), »Yohimbine use in a natural

setting: Effects on posttraumatic stress disorder«. In: *Biological Psychiatry*, 46, S. 442–444.
Spanos, N. P./C. A. Burgess/M. F. Burgess (1994), »Past-life identities, UFO abductions, and satanic ritual abuse: The social construction of memories«. In: *International Journal of Clinical and Experimental Hypnosis*, 42, S. 433–446.
Spanos, N. P./C. A. Burgess/M. F. Burgess/C. Samuels/W. O. Blois (1999), »Creating false memories of infancy with hypnotic and non-hypnotic procedures«. In: *Applied Cognitive Psychology*, 13, S. 201–218.
Spanos, N. P./P. A. Cross/K. Dickson/S. C. DuBreuil (1993), »Close encounters: An examination of UFO experiences«. In: *Journal of Abnormal Psychology*, 102, S. 624–632.
Spiro, R. J. (1980), »Accommodative reconstruction in prose recall«. In: *Journal of Verbal Learning and Verbal Behavior*, 19, S. 84–95.
Sprecher, S. (1999), »›I love you more today than yesterday‹: Romantic partners' perceptions of changes in love and related affect over time«. In: *Journal of Personality and Social Psychology*, 76, S. 46–53.
Squire, L. R./E. R. Kandel (1999), *Gedächtnis. Die Natur des Erinnerns*. Heidelberg: Spektrum Akademischer Verlag.
Staples, B. (1994), *Parallel time*. New York: Pantheon Books.
Starr, K. (1998), *The Starr evidence: The complete text of the grand jury testimony of President Clinton and Monica Lewinsky*. New York: HarperCollins.
Stegeren, A. H. van/W. Everaerd/L. Cahill/J. L. McGaugh/L. J. G. Gooren (1998), »Memory for emotional events: Differential effects of centrally versus peripherally acting ß-blocking agents«. In: *Psychopharmacology*, 138, S. 305–310.
Stepp, D. R. (1996), »Going by the book to cure forgetfulness; Planners work wonders, teachers say«. In: *Atlanta Journal and Constitution*, 7.10.1996, S. B1.
Sterelny, K./P. E. Griffiths (1999), *Sex and death: An introduction to philosophy of biology*. Chicago: University of Chicago Press.
Stigsdotter-Neely, A./L. Bäckman (1993), »Long-term maintenance of gains from memory training in older adults: Two 3½-year follow-up studies«. In: *Journals of Gerontology*, 48, S. 233–237.
Sully, J. W. (1881), *Illusions: A psychological study*. New York: D. Appleton.
Sunderland, A./K. Watts/A. Baddeley/J. E. Harris (1986), »Subjective memory assessment and test performance in elderly adults«. In: *Journal of Gerontology*, 41, S. 376–384.
Symons, C. S./B. T. Johnson (1997), »The self-reference effect in memory: A meta-analysis«. In: *Psychological Bulletin*, 121, S. 371–394.
Tang, Y. P./E. Shimizu/G. R. Dube/C. Rampon/G. A. Kerchner/M. Zhuo/G. Liu/J. Z. Tsien (1999), »Genetic enhancement of learning and memory in mice«. In: *Nature*, 401, S. 63–69.
Taylor, F. K. (1965), »Cryptomnesia and plagiarism«. In: *British*

Journal of Psychiatry, 111, S. 1111–1118.
Taylor, S. E. (1993), *Mit Zuversicht. Warum positive Illusionen für uns so wichtig sind*. Reinbek bei Hamburg: Rowohlt.
Taylor, S. E./J. D. Brown (1988), »Illusion and well-being: A social psychological perspective on mental health«. In: *Psychological Bulletin*, 103, S. 193–210.
Tempini, M. L./C. J. Price/O. Josephs/R. Vandenbergh/S. F. Cappa/N. Kapur/R. S. J. Frackowiak (1998), »The neural systems sustaining face and proper-name processing«. In: *Brain*, 121, S. 2103–2118.
Thompson, C. P./J. Skowronski/S. F. Larsen/A. Betz (1996), *Autobiographical memory: Remembering what and remembering when*. Mahwah, N. J.: Lawrence Erlbaum.
Thomson, D. M. (1988), »Context and false recognition«. In: G. M. Davies/D. M. Thomson (Hg.), *Memory in context: Context in memory*. Chichester, England: John Wiley, S. 285–304.
Thornhill, R./A. P. Møller (1997), »Developmental stability, disease and medicine«. In: *Biological Reviews of the Cambridge Philosophical Society*, 72, S. 497 bis 548.
Tong, F./K. Nakayama/M. Moscovitch/O. Weinrib/N. Kanwisher (2000), »Response properties of the human fusiform face area«. In: *Cognitive Neuropsychology*, 17, S. 257–279.
Tooby, J./L. Cosmides (1992), »The psychological foundations of culture«. In: J. Barkow/L. Cosmides/J. Tooby (Hg.), *The adapted mind*. New York: Oxford University Press, S. 19–136.
Trudeau, K. (1997), *Mega Memory*. New York: William Morrow.
Tun, P. A./A. Wingfield/M. J. Rosen/L. Blanchard (1998), »Response latencies for false memories: Gist-based processes in normal aging«. In: *Psychology and Aging*, 13, S. 230–241.
Usher, J. A./U. Neisser (1993), »Childhood amnesia and the beginnings of memory for four early life events«. In: *Journal of Experimental Psychology: General*, 122, S. 155–165.
Valentine, T./T. Brennen/S. Brédart (1996), *The cognitive psychology of proper names: On the importance of being Ernest*. London: Routledge.
Vallar, G./T. Shallice (1990), *Neuropsychological impairments of short-term memory*. Cambridge: Cambridge University Press.
Van Arsdale, S. (1995), *Toward amnesia*. New York: Riverhead Books.
Varner, L. J./H. C. Ellis (1998), »Cognitive activity and physiological arousal: Processes that mediate mood-congruent memory«. In: *Memory and Cognition*, 26, S. 939–950.
Vigliocco, G./T. Antonini/M. F. Garrett (1997), »Grammatical gender is on the tip of Italian tongues«. In: *Psychological Science*, 8, S. 314–317.
Vigliocco, G./D. P. Vinson/R. C. Martin/M. F. Garrett (1999), »Is ›count‹ and ›mass‹ information available when the noun is not? An investigation of tip-of-the-tongue states and anomia«.

In: *Journal of Memory and Language*, 40, S. 534–558.
Vortac, O. U./M. B. Edwards/C. A. Manning (1995), »Functions of external cues in prospective memory«. In: *Memory*, 3, S. 201–219.
Wagenaar, W. A. (1986), »My memory: A study of autobiographical memory over six years«. In: *Cognitive Psychology*, 18, S. 225 bis 252.
Wagner, A. D./W. Koutstaal/D. L. Schacter (1999), »When encoding yields remembering: Insights from event-related neuroimaging«. In: *Proceedings of the Royal Society of London (Series B: Biological Sciences)*, 354, S. 1307–1324.
Wagner, A. D./A. Maril/D. L. Schacter (2000), »Interactions between forms of memory: When priming hinders new learning«. In: *Journal of Cognitive Neuroscience*, 12, S. 52–60.
Wagner, A. D./D. L. Schacter/M. Rotte/W. Koutstaal/A. Maril/A. M. Dale/B. R. Rosen/R. L. Buckner (1998), »Building memories: Remembering and forgetting of verbal experiences as predicted by brain activity«. In: *Science*, 281, S. 1188 bis 1191.
Walker, W. R./R. J. Vogl/C. P. Thompson (1997), »Autobiographical memory: Unpleasantness fades faster than pleasantness over time«. In: *Applied Cognitive Psychology*, 11, S. 399–413.
Ward, J./A. J. Parkin/G. Powell/E. J. Squires/J. Townshend/V. Bradley (1999), »False recognition of unfamiliar people: ›Seeing film stars everywhere‹«. In: *Cognitive Neuropsychology*, 16, S. 293–315.
Warren, C. K. (1996), »The forgetfulness epidemic that is a plague to many of us«. In: *St. Louis Post-Dispatch*, 9.8.1996, S. E9.
Wasserman, D./R. O. Lempert/R. Hastie (1991), »Hindsight and causality«. In: *Personality and Social Psychology Bulletin*, 17, S. 30–35.
Waterhouse, L. (1988), »Extraordinary visual memory and pattern perception in an autistic boy«. In: L. K. Obler/D. Fein (Hg.), *The exceptional brain: Neuropsychology of talent and special abilities*. New York: Guilford Press, S. 325–340.
Wegner, D. M. (1994), »Ironic processes of mental control«. In: *Psychological Review*, 101, S. 34–52.
Wegner, D. M./D. B. Gold (1995), »Fanning old flames: Emotional and cognitive effects of suppressing thoughts of a past relation-ship«. In: *Journal of Personality and Social Psychology*, 68, S. 782–792.
Weine, S. M./A. D. Kulenovic/I. Pavkovic/R. Gibbons (1998), »Testimony psychotherapy in Bosnian refugees: A pilot study«. In: *American Journal of Psychiatry*, 155, S. 1720–1726.
Weiner, J. (2000), *Zeit, Liebe, Erinnerung. Auf der Suche nach den Ursprüngen des Verhaltens*. Berlin: Siedler.
Wells, G. L./A. L. Bradfield (1998), »Good, you identified the suspect: Feedback to eyewitnesses distorts their reports of the witnessing experience«. In: *Journal of Applied Psychology*, 83, S. 360–376.

Wells, G. L./R. S. Malpass/R. C. L. Lindsay/R. P. Fisher/J. W. Turtle/S. M. Fulero (2000), »From the lab to the police station: A successful application of eyewitness research«. In: *American Psychologist*, 55, S. 581–598.

Wells, G. L./M. Small/S. Penrod/R. S. Malpass/S. M. Fulero/C. A. E. Brimacombe (1998), »Eyewitness identification procedures: Recommendations for lineups and photospreads«. In: *Law and Human Behavior*, 22, S. 603–647.

Wesnes, K. A./R. A. Faleni/N. R. Hefting/G. Hoogsteen/J. J. G. Houben/E. Jenkins/J. H. G. Jonkman/J. Leonard/O. Petrini/J. J. van Lier (1997), »The cognitive, subjective, and physical effects of a Ginkgo biloba/Panax ginseng combination in healthy volunteers with neurasthenic complaints«. In: *Psychopharmacology Bulletin*, 33, S. 677–683.

West, R. L./T. H. Crook (1992), »Video training of imagery for mature adults«. In: *Applied Cognitive Psychology*, 6, S. 307–320.

West, T. A./P. J. Bauer (1999), »Assumptions of infantile amnesia: Are there differences between early and later memories?« In: *Memory*, 7, S. 257–278.

Whalen, P. J. (1998), »Fear, vigilance, and ambiguity: Initial neuroimaging studies of the human amygdala«. In: *Current Directions in Psychological Science*, 7, S. 177–188.

Whalen, P. J./S. L. Rauch/N. L. Etcoff/S. C. McInerney/M. B. Lee/M. A. Jenike (1998), »Masked presentations of emotional facial expressions modulate amygdala activity without explicit knowledge«. In: *Journal of Neuroscience*, 18, S. 411–418.

Whittlesea, B. W. A. (1993), »Illusions of familiarity«. In: *Journal of Experimental Psychology: Learning, Memory, and Cognition*, 19, S. 1235–1253.

Wiggs, C. L./A. Martin (1998), »Properties and mechanisms of perceptual priming«. In: *Current Opinion in Neurobiology*, 8, S. 227–233.

Williams, G. C. (1992), *Natural selection: Domains, levels, and challenges*. New York: Oxford University Press.

Williams, J. M. G./A. Mathews/C. MacLeod (1996), »The emotional Stroop task and psychopathology«. In: *Psychological Bulletin*, 120, S. 3–24.

Williams, M. (1997), *Cry of pain*. London: Penguin Books.

Winograd, E. (1988), »Some observations on prospective remembering«. In: M. M. Gruneberg/P. E. Morris/R. N. Sykes (Hg.), *Practical aspects of memory: Current research and issues*, Bd. 1. New York: Cambridge University Press, S. 348–353.

Winograd, E./J. P. Peluso/T. A. Glover (1998), »Individual differences in susceptibility to memory illusions«. In: *Applied Cognitive Psychology*, 12, S. 5–27.

Wolf, O. T./B. M. Kudielka/D. H. Hellhammer/S. Torber/B. S. McEwen/C. Kirschbaum (1999), »Two weeks of transdermal estradiol treatment in post-menopausal elderly women and its effect on memory and mood: Verbal memory changes are associated with the treatment induced

estradiol levels«. In: *Psychoneuroendocrinology*, 24, S. 727–741.
Wong, A. H. C./M. Smith/H. S. Boon (1998), »Herbal remedies in psychiatric practice«. In: *Archives of General Psychiatry*, 55, S. 1033–1044.
Wood, W. (2000), »Attitude change: Persuasion and social influence«. In: *Annual Review of Psychology*, 51, S. 539–570.
Wright, L. (1994), *Remembering Satan: A case of recovered memory and the shattering of an American family*. New York: Knopf.
Young, A. W./D. C. Hay/A. W. Ellis (1985), »The faces that launched a thousand slips: Everyday difficulties and errors in recognizing people«. In: *British Journal of Psychology*, 76, S. 495–523.
Yu, D. W./G. H. Shepard (1998), »Is beauty in the eye of the beholder?« In: *Nature*, 396, S. 321–322.
Zeelenberg, M./W. W. van Dijk/J. van der Pligt/A. S. R. Manstead/P. van Empelen/D. Reinderman (1998), »Emotional reactions to the outcomes of decisions: The role of counterfactual thought in the experience of regret and disappointment«. In: *Organizational Behavior and Human Decision Processes*, 75, 117–141.
Zelinski, E. M./K. P. Burnight (1997), »Sixteen-year longitudinal and time lag changes in memory and cognition in older adults«. In: *Psychology and Aging*, 12, S. 503–513.

Register

Kleine Zeichen der Körpersprache sagen mehr als tausend Worte ...

Peter Collett
ICH SEHE WAS, WAS DU NICHT SAGST
So deuten Sie die Gesten der anderen – und wissen, was diese wirklich denken
Aus dem Englischen von Wiebke Schmaltz
Sachbuch
416 Seiten
ISBN 978-3-404-60568-2

Nonverbale Zeichen begleiten jedermanns Rede, ohne dass wir diese Gesten bewusst einsetzen oder bemerken würden: Man zupft sich am Ohr, streicht sich durchs Haar, kneift sich ins Ohrläppchen, knabbert an den Fingernägeln, fährt sich über die Lippen. Diese Zeichen offenbaren dem Zuhörer binnen Bruchteilen von Sekunden, ob sein Gegenüber alles so meint, wie er es sagt, was er wirklich denkt, wie er sich fühlt und wie es in seinem Innersten ausschaut. Kommunikation besteht eben nicht nur aus Worten, sondern vor allem aus kleinen »nonverbalen Zeichen«: der ultimative Wegweiser zu ihrer Deutung.

Bastei Lübbe Taschenbuch